皖江文化

十讲

《安徽优秀传统文化丛书》编写组 编

北京师范大学出版集团
安徽大学出版社

图书在版编目(CIP)数据

皖江文化十讲/《安徽优秀传统文化丛书》编写组编.—合肥:安徽大学出版社,2019.12
ISBN 978-7-5664-1863-0

Ⅰ.①皖… Ⅱ.①安… Ⅲ.①文化史—研究—安徽 Ⅳ.①K295.4

中国版本图书馆CIP数据核字(2019)第108595号

皖江文化十讲
Wanjian Wenhua Shijiang

《安徽优秀传统文化丛书》编写组 编

出版发行:	北京师范大学出版集团 安 徽 大 学 出 版 社 (安徽省合肥市肥西路3号 邮编230039) www.bnupg.com.cn www.ahupress.com.cn
印　　刷:	合肥远东印务有限责任公司
经　　销:	全国新华书店
开　　本:	170mm×240mm
印　　张:	28
字　　数:	416千字
版　　次:	2019年12月第1版
印　　次:	2019年12月第1次印刷
定　　价:	98.00元

ISBN 978-7-5664-1863-0

策划编辑:朱丽琴　刘婷婷　　　　装帧设计:李　军　孟献辉
责任编辑:刘婷婷　邱　昱　　　　美术编辑:李　军
责任印制:陈　如　孟献辉

版权所有　侵权必究

反盗版、侵权举报电话:0551—65106311
外埠邮购电话:0551—65107716
本书如有印装质量问题,请与印制管理部联系调换。
印制管理部电话:0551—65106311

《安徽优秀传统文化丛书》编委会

名誉主任：

曹征海　　谢广祥

主任委员：

程　艺

副主任委员：

高开华　　李仁群　　宛晓春　　王建刚

闵永新　　张文兵

委员：（以姓氏笔画为序）

王玉斌　　王世华　　王群京　　王　键

方习利　　朱玉华　　汤仲胜　　李恩年

李铁范　　李琳琦　　吴　琼　　汪大白

王世珍　　张启兵　　张庚家　　陈　秀

柳友荣　　高玉兰　　樊嘉禄

主编：

高开华

副主编：（以姓氏笔画为序）

王世华　　卞　利　　方锡球　　史怀乐

朱立军　　纪健生　　吴文革　　吴功华

吴　微　　汪大白　　傅　瑛　　谈家胜

总序

　　文化是民族的血脉，是人民的精神家园。源远流长的中华文化，为中华民族发展壮大提供了强大的精神力量，为人类文明进步做出了不可磨灭的重大贡献。习近平总书记强调指出："中华优秀传统文化是中华民族的突出优势，中华民族伟大复兴需要以中华文化发展繁荣为条件，必须大力弘扬中华优秀传统文化。"我们要深入学习贯彻习近平总书记的重要讲话精神，按照"挖掘阐发、保护弘扬、传播推广、融合发展"的要求，在开掘利用传统文化这个宝库上下真功，在繁荣发展中国特色社会主义文化上见成效。

　　安徽物华天宝，人杰地灵，自古就是哺育华夏儿女的一方沃土、演绎中华文明的重要舞台。在这片底蕴深厚而生机勃勃的土地上，孕育形成了徽州文化、淮河文化、皖江文化等各具特色的地域文化，诞生过管子、老子、庄子、华佗、曹操、包拯、朱元璋、吴敬梓、戴震、胡适、陶行知、邓稼先等名垂千古的英才俊杰，产生了道家学说、建安文学、新安理学、桐城散文等博大精深的学术文派，滋养出徽剧、黄梅戏、花鼓灯等异彩纷呈的艺术奇葩。历经数千年的发展演变和选择组合，安徽文化以其独特的气质和成就，不断丰富着中华文化的内涵，对中华文明乃至世界文明产生了重大影响。研究、传承安徽优秀传统文化，是弘扬中华优秀传统文化的应有之义，是创造安徽文化乃至中华文化新辉煌的必然要求，对于当代安徽人尤其是安徽学人来说，这也是义不容辞、必须扛起的历史使命。

近年来，在省委省政府的高度重视和大力支持下，全省在加强历史文化研究、文物和非物质文化遗产保护、传统文化传承教育等方面做了很多工作，取得了可喜进展。这其中就包括省委教育工委组织教育界学者专家，合力编写的《安徽优秀传统文化丛书》。现在，《徽州文化十讲》《皖北文化九讲》《桐城文化八讲》《合肥文化十讲》正式面世了，以翔实的资料、精当的文字、并茂的图文，深入浅出地讲述了安徽的历史、安徽的人文、安徽的精神。打开书本，让人仿佛徜徉于诗情画意之境，穿行于历史与现实之间，进而在汲取先贤思想精髓中增长知识，启迪智慧，陶冶情操，重拾乐趣。

编写这种易于阅读、便于传播的地域文化丛书，是一种很好的尝试。希望今后有越来越多的优秀通俗读物生动而精彩地诠释安徽故事，让收藏在博物馆里的文物、根植在江淮大地上的遗产、书写在古籍里的文字都鲜活起来，让安徽优秀传统文化在创造性转化、创新性发展中走进当下，走向未来。

是为序。

中共安徽省委常委、宣传部长　曹征海
2015 年 8 月

目录

001 前言

第一讲 源远流长的皖江文化
002 第一节 史前时期的皖江人文
009 第二节 古代皖江流域的开发
028 第三节 近现代皖江流域的崛起
036 第四节 连绵悠长的皖江教育

第二讲 辉煌的冶铸文化
046 第一节 铜井炎炉歊九天
057 第二节 炽天炉火紫烟飞
069 第三节 诗人多爱铜官乐
074 第四节 铜陵马钢铸新篇

第三讲 活跃的商贸文化
084 第一节 古代皖江市镇贸易
102 第二节 近代皖江开埠通商
114 第三节 新时期皖江商贸经济的腾飞

121　第四讲　丰富多彩的圩田文化

- 122　第一节　皖江流域圩田的开发与管理
- 131　第二节　皖江流域著名的圩田
- 144　第三节　皖江圩田开发产生的社会效应
- 149　第四节　皖江流域圩田引发的环境问题
- 153　第五节　皖江流域圩区的文化事象

161　第五讲　移民与村落文化

- 162　第一节　皖江移民概述
- 167　第二节　皖江传统村落建设
- 189　第三节　底蕴深厚的村落民俗文化

201　第六讲　灿烂的皖江宗教文化

- 202　第一节　中国禅宗源于皖江
- 212　第二节　九华山地藏道场的形成和发展
- 221　第三节　皖江地区的居士佛教
- 233　第四节　道教在皖江的盛行
- 241　第五节　皖江地区其他宗教

249　第七讲　纷繁的戏曲文化

- 251　第一节　歌舞杂艺孕古剧
- 256　第二节　池州傩戏传曲文
- 264　第三节　青阳腔调遍词林
- 270　第四节　字字出色有才人
- 276　第五节　徽班进京占花魁
- 283　第六节　黄梅戏曲天下闻

293　第八讲　流淌千古的诗文化
- 295　第一节　安庆：雪霁万里月，云开九江春
- 306　第二节　池州：天河挂绿水，秀出九芙蓉
- 317　第三节　铜陵：我爱铜官乐，千年未拟还
- 321　第四节　芜湖：天门中断楚江开，碧水东流至此回
- 326　第五节　宣城：相看两不厌，只有敬亭山
- 334　第六节　马鞍山：牛渚西江夜，青天无片云

341　第九讲　书画王国展风采
- 343　第一节　皖江书法名家
- 352　第二节　皖江绘画名家
- 365　第三节　皖江书画纸
- 371　第四节　芜湖铁画
- 377　第五节　青阳农民画

385　第十讲　山水人文皖江游
- 386　第一节　皖江名山与名水
- 399　第二节　皖江两岸的文化名镇
- 417　第三节　诗情画意游皖江

429　参考文献

433　后记

前言

　　皖江是指长江流经安徽的区段，全长416公里，俗称八百里皖江。皖江区域是指皖江及其支系皖河、尧渡河、黄盆河、秋浦河、九华河、青通河、裕溪河、青弋江、水阳江等众多水系所流经的地区，覆盖地域涉及现行行政区划的8市，即合肥（除长丰县）、安庆、池州、铜陵、芜湖、马鞍山、宣城（除绩溪县）和滁州市东部。皖江流域地貌类型以平原与丘陵为主，间杂山地，山地多为低山，加之水资源丰富，致沿江两岸湖泊众多。皖江地区属于亚热带气候，四季分明，温和湿润。皖江区域优越的自然环境极适宜人类的生存与繁衍，早在250万年前，就有人类在这片土地上活动，芜湖繁昌县的人字洞遗址就是亚洲最早的古人类活动遗址。从发生学角度来看，文化是人创造的，也是由人传承下来。历史上生活在此地的皖江人创造出极为丰富的文化，若论其历史之悠久、内涵之丰富、影响之深远，学界并无异议，但多以"皖江区域文化"概之。如以"皖江文化"称之，则引起了如下的争论。

第一种观点认为，皖江文化指包括以安庆为中心的古皖文化和桐城文化，以及受这两种文化与徽州文化交叉影响的沿江池州、铜陵、宣城、芜湖、马鞍山地区的"徽皖文化"；第二种观点认为，皖江文化指从远古到现在的皖江地区的总体文化，考察其历史渊源和文化的内在整体性，皖江文化区的范围大体接近于现在的皖江经济区域，即芜湖、马鞍山、铜陵、安庆、池州、巢湖、宣城市（除绩溪县）和滁州市东部；第三种观点认为，区域文化必须具备鲜明的地域特色、完整的有机体系和丰富的文化遗存，从严谨的学术意义上说，提出"皖江文化"的概念不尽科学[①]。我们认为这些争论囿于"区域文化"和"文化区域"概念的差异性，忽略了它们之间的重叠性。"文化区域"一般指有着相同或相似文化特质的地理区域，又称文化地理区或文化区，这是从文化地理学角度审视的，较易理解；若从文化社会学角度理解，"文化区域"指创造并享有共同文化属性的人群所占据的地域空间单位；[②]如再从文化人类学角度看，"文化区域"又可理解为特定群体创造出来诸多的文化特质所形成的文化圈。[③]不论是从文化地理学、文化社会学还是文化人类学角度来看，"文化区域"的概念虽论及空间范围，但更侧重文化因素，注重文化的同质性。"区域文化"也是区域与文化要素的结合，学界基本趋同认为，区域文化在本质上属于复合型文化，是指特定的人群在具体的自然地理空间范围内所创造出来的并具有明显的地理位置信息的物质财富与精神财富的总和。它虽然也强调文化，但并不刻意追求文化的同质性，更多地注重地理空间要素所涵盖的文化范围，甚至还包括不同的文化区域。因此，区域文化就其内部组成状况来说，可能存在着某种程度的差异性，但也不排除可能出现的某些相近或相似的文化特征。换言之，区域文化讲究文化的多样性，不追求但也不排斥文化的同质性，当区域范围确定而文化的同质性形成时，区域文化与文化区域的内涵就可等同，"淮河文化""徽州文化"均可作此理解。究之"皖江区域文化"而言，有学者梳理"皖江"一词内涵的嬗变，认为"皖江"名词自其产生起直至当下，本身就内附着文化和区域的要素，"皖江文化"就是指"皖江区域文化"，是一种多质性的文化复合体。是故，本书以"皖江文化"冠名也是名正言顺的。

  皖江文化是历史悠久的文化。从人字洞到华龙洞，从薛家岗到凌家滩，从数百万年前到数千年前起，皖江人就一直生活在这片土地上，一处处发掘出来的古人类遗址、一座座矗立的恢宏古建筑、一页页凝结先人心血的珍本古籍，会让你更深刻地感受到这片土地的厚重。皖江文化是吸纳包容的文化。从两汉时期迁徙而来的瓯越之民，到唐宋时期的北方移民，再到元末明初的江西移民，面对一批批寻找希望的移民，皖江都以其博大的胸怀接纳了他们，为他们带来生活的新希望。皖江文化是拼搏进取的文化。皖江人的成长经历是艰苦的，区域内大江横亘，水网密布，蔓草横生，间杂山岭阻隔，而皖江先民们，筚路蓝缕，烧林开荒、围堰造田、驱逐猛兽、播种希望，即使战火一次又一次烧毁了村落，洪水一次又一次淹没了圩田，而希望的种子，却在淤泥中被滋润得更加强壮，只要足够坚强，皖江文化的火焰就不会熄灭。吸纳包容又拼搏进取，赋予了皖江文化锐意创新的特色。产生于皖江地区的汉乐府民歌《孔雀东南飞》是我国古代最长的叙事爱情诗，唐代诗人张籍推动了新乐府运动，北宋梅尧臣是宋初诗文革新运动的中坚之一；明末清初的方以智、梅文鼎开西学东渐之光；20世纪初陈独秀创办了《新青年》，成为了新文化运动的主将；现代的朱光潜、宗白华、邓以蛰则是我国美学研究的先行者和开拓者；就连戏曲方面也诞生了优美的黄梅戏与徽剧，而古老的青阳腔曾风行一时，"几遍天下"，极大地丰富了人民的精神生活……可以说皖江是一段流淌着文化的长江；皖江文化，就如同这条大江一般奔腾不息，有着不竭的活力。一言概之，她历史悠久、创新不断、传承不辍；她厚重而又璀璨，是安徽优秀传统文化的重要组成部分，也是安徽文化大省的重要表征。

优秀传统文化的继承与发扬是时代赋予我们的重任。因此，皖江文化的梳理与研究、传承与发扬值得我们高度重视，这样的工作既能提升皖江文化的软实力，对皖江区域经济社会建设也应有裨益。为此，我们怀着对皖江文化的挚爱和传承优秀传统文化的心愿，编撰此著，期以增进人们对皖江文化的了解、激发人们对优秀传统文化的热爱、助力人们的文化自信，进而为皖江经济带的建设与发展作出应有的贡献。

编者

2019 年 1 月

第一讲

源远流长的皖江文化

"大江东去,浪淘尽,千古风流人物"。千百万年来滚滚长江从未停歇它向东奔腾的脚步,无数的风流人物所写的篇章也未随东去的江水而被浪淘尽,皖江亦然。传言皖江之首岛——小孤山是一位美丽的女郎,终日站立在江心,痴心地等待着她心爱的彭郎归来。无数日夜的守候,终让她成为皖江历史的见证者。她曾目睹皖江区域人类的生存繁衍与辗转迁徙的艰辛,也曾感叹古人围湖造田的伟力;她见证着古代皖江流域的开发,也目睹着近现代皖江经济的崛起……可以这样说:皖江是一段流淌着文化的长江;皖江文化是一种璀璨而又开放的文化,她厚重广博、兼收并蓄,秀慧于中、影响于外。只有走近皖江,你才能更深刻地理解皖江文化的内涵,就让我们从皖江的源起说起吧。

第一节 史前时期的皖江人文

如今的皖江区域,江水安澜,沿岸圩田棋布,市镇繁华,村落错杂其间。远处青山叠嶂,名胜星罗,现代化的交通要道在皖江大地上纵横穿插。好一派令人赞叹的人文气象!这是人类征服自然的结晶,也是皖江人拼搏进取创造出来的人文盛景。然而,史前时期的皖江人文又是何种景象呢?让我们穿越时空,从亿万年前的地质变迁论起。

一、地质变迁与皖江的源起

远古时期,长江流域被古地中海(即特提斯海)所占据,西藏、青海、云南中西部和贵州西部都是茫茫大海。湖北西部包括宜昌在内,是古地中海向东突出的一片广阔的海湾,一直延伸到今日长江三峡的中部。远古时期的安徽,江北地区被称作"淮阳古陆",是陆地与海洋交错地带,江南地区则完全为海水所淹没。经过亿万年的地质变化，淮阳古陆屡次为海水所淹没、抬出，直到距今 4 亿年前的泥盆纪，才终于从海水中解放出来，安徽第一次出现了完整大陆。

那时的大陆构造与现在不同，那时的长江，也与现在的不同。古大陆是东高西低的地势，而古长江发源于今天的湖北一带，从东向西流动，注入天际的印度—青藏高原一带。之后，经历距今 1.8 亿年三叠纪末期的印支造山运动、距今 1.4 亿年侏罗纪的燕山运动和距今 3000 万～4000 万年始新世的喜马拉雅运动，西高东低的地势成形；到距今 2300 万年的中新世中期，安徽境内的长江干道已经基本形成；稍后，青弋江、水阳江等一级支流也开始形成。

进入第四纪冰川期后，受全球气候变冷影响，冰雪逐渐覆盖皖江大地，皖江大地成为一片肃杀之地。直到 200 万年前，随着气温的回升，冰封世界开始被打破，大大小小的冰川，在重力的牵引下，在陆地上到处滑动。其所到之处，岩石破碎、山高陵平。冰川在陆地上刻画出的深深凹槽，成为今天许多河流的河道；冰川的融水，成为了湖泊河流极好的补充。又过了几十万年，降水逐渐将大大小小的湖泊连接起来，最终形成了皖江今天的模样。

二、皖江文明曙光的肇端

自从达尔文的进化学说将"上帝造人说"扫入历史的垃圾堆后，人类起源问题就成为困扰着国际考古学界的永久谜题。各国的考古学家或根据自己发掘的古人类遗骸、或立足本国利益，纷纷提出本国的人类起源假说。大体上来说，这些假说可以归结为"非洲说"和"亚洲说"两种。其中，"亚洲说"的基础是建立在包括世人所熟知的云南元谋人、北京周口店人、印尼爪哇人等一系列古人类生活遗址的发掘上。皖江流域也有着丰富的古人类活动的遗迹，透过这些遗址，我们可以追溯皖江文明的曙光。

1. 旧石器时期的古人类

20 世纪 80 年代，位于皖江南岸的安徽省繁昌县孙村镇村民决定开采石灰以发展经济。然而，谁也没有想到的是，这阵阵开采石灰的爆炸声，却将人们带入了一段跨越数百万年的奇异旅程。

发现古人类活动痕迹的人字洞，位于当地癞痢山南坡，海拔约100米，因洞穴剖面近似"人"字形，故得斯名。最初发现的那几块神秘古生物化石被有心村民辗转送至中科院后，很快引起考古学家的注意。1998年9月，由中科院古脊椎动物与古人类研究所和安徽省考古部门协同组织的发掘队，对人字洞进行了初步发掘。第一次发掘，便出土了大量的人造石器、骨器和动物化石，这些成为古人类活动的有力证据。石器以打制石器为主，有石核、石片、刮削器等多种类型，材质多为黑色铁矿石、燧石、石英石。经过近20年的考古发掘，考古工作者从中发现古生物化石75种，化石标本10000多件，其中包括剑齿虎、乳齿象等第三纪残留种，大熊猫、鬣狗、三门马等第四纪现生种。动物化石中，还发现大型灵长类化石，对确定早期人类活动地域具有重要意义。经古地磁测定，这些化石距今有220万~250万年，这也是欧亚大陆迄今为止发现的最早的古人类活动遗址。事实证明，皖江流域也是中国乃至世界人类重要起源地之一。

实际上，早在发现繁昌人字洞之前，考古工作者就在和县陶店镇汪家山北坡的龙潭洞中发现了古人类生活遗迹。1973年，当地农民在兴修水利时发现了大量"龙骨"，在当地文物部门进行试探性发掘获得部分标本后，几经辗转，终于引起国家高度重视。1980年到1981年，中科院古脊椎动物与古人类研究所和当地文物部门联合发掘，获得大量化石标本。包括一个近乎完整的男性头盖骨化石、1片下颌骨化石、11枚牙齿化石以及一段桡骨化石，经检测这些化石属于6个以上个体。其中头盖骨化石属于一青年直立猿人，体质特征较为原始，但与北京猿人相比，某些部分又有明显进步。经测定这些化石距今25万~30万年。

1981年，在距离和县猿人遗址约70公里的巢湖市银屏镇银山村（现岱山村），安徽省地质局区域地质调查队发现一个化石点，后经中科院古脊椎动物与古人类研究所、安徽省文物考古研究所和安徽省地质局区域地质调查队发掘，获得一块人类枕骨化石和大量哺乳动物化石。枕骨属于一名早期女性智人，年代比和县猿人略晚；动物化石以第三纪残留种和第四纪现生种为主，如长鼻三趾马、剑齿虎、四稷嵌齿象、鬣狗和肿骨鹿等。经测定，巢湖智人距今 16 万～20 万年。

水阳江是长江下游南岸地区的一条主要支流。它发源于安徽省绩溪县和宁国市南部山区，全长 254 公里，先后流经绩溪、宁国、宣城、当涂、芜湖等地。1987 年以来，考古工作者在其周边县市获得了一系列令人惊喜的发现。其中最具代表性的有宣城市陈山，宁国市官山、毛竹山，芜湖县金盆洞等遗址，它们被统称为水阳江旧石器时代遗址群。考古工作者在这里获得石器标本 3000 余件，材质以石英砂岩为主。种类则包罗万象，有砍器、刮削器、砍砸器、球形器、石镐和石斧等。器型较为粗糙，与同时期北方石器相比，缺乏进一步加工与修理。根据其特征，考古工作者将其归类为砾石石器，属于我国南方的砾石石器和砍器传统的旧石器文化，距今 12 万～80 万年。

2015 年 11 月 20 日，安徽省东至县华龙洞遗址考古发掘成果发布会在东至县城召开，与会专家包括时任中国科学院古脊椎动物与古人类研究所所长、中科院院士周忠和和中国科学院院士、古脊椎动物与古人类研究所

新的发现华龙洞人类头骨化石

研究员吴新智等一大批古人类学界权威专家。这么多专家聚集在此所为何事？原来在前不久的发掘过程中，考古专家发现一个近乎完整的直立人头盖骨化石，东至县是继周口店、蓝田、和县、南京之后，在中国发现的第五处包含有头骨化石的直立人化石遗址。按照国际惯例，这个人头盖骨将被命名为"东至人"，这是继人字洞遗址发掘以来，皖江古人类考古的又一重大发现！与会专家表示，华龙洞遗址的发掘潜力还很大，这对于研究中国以及整个东亚地区人类演化有很重要的科学价值。

2. 新石器时期的皖江人文

与旧石器时代石制品的粗糙不同，新石器时期的石器制作水平有了明显提高。古人类普遍开始对石器进行磨制、钻孔及捆绑等二次加工，大大提高了生产工具的使用效率。不仅如此，农作物的驯化与种植、陶器的烧制与人类聚居点的出现，标志着原始人类社会的生产力提高到了一个全新的水平。皖江两岸的先民们，或渔猎，或耕种，或制器，繁荣的新石器文化发展起来了。皖江，再一次在人类发展史上添上了浓墨重彩的一笔。

薛家岗位于安庆市潜山县河镇乡，风景优美，水网密集，适宜人类生存居住。正是在这里，考古工作者发现了震惊全国的薛家岗文化，填补了皖江流域没有新石器时期人类生活的研究空白，对研究长江中下游新石器文化具有重要意义。

薛家岗遗址总面积有6万多平方米，按年代由近到远分为五层，其中第四、五层就是新石器文化遗址层。1979年以来，经过多次发掘，考古工作者在这里挖开2000多平方米，发掘出近3000件文物。出土文物从材质上可以分为石器、陶器、玉器3类。石器有刀、斧、锛、凿、镞等，多经过二次加工、通体精磨，有的还进行了打孔装饰；在周边绘上各色图案。其中最具代表性的就是十三孔石刀，长51.6厘米，宽9～12厘米，极富地域特色。陶器则有鼎、豆、壶、罐、盆、碗、杯等，多呈灰黑色。其从制作手法上可以分为手制和轮制，装饰较简单，部分陶器有少量彩绘。此外，还出土了大量大小不一的空心陶球，表面有小孔，摇动会有声响。考古工作者推断其可能为某种乐器。玉器则有环、璜、管、琮等，雕刻精美，应该为祭祀礼器。据测定，薛家岗文化距今4800年～5200年。

薛家岗遗址发掘后，考古学家又在周边地区进行了大规模的调查，先后发现并发掘了望江汪洋庙、太湖王家墩、宿松黄鳝嘴等十余处遗址。其中比较有代表性的是宿松黄鳝嘴遗址。

薛家岗遗址发掘现场

黄鳝嘴遗址位于安徽省宿松县程岭乡，距离泊湖仅7公里。同薛家岗一样，黄鳝嘴水肥地美，自然也成为古人类首选居住地点之一。黄鳝嘴遗址文化层很薄，但年代却在薛家岗遗址之前，甚至可以说薛家岗文化发源于黄鳝嘴文化。经过3次大规模发掘，考古工作者在这里发现了17座墓葬，出土了大量陶器、石器陪葬品，这些陶器、石器多为生活用具与生产用具。出土的陶器以夹砂红陶和黑衣陶为主，还包括少量夹砂黑陶和泥质红陶。陶器表面都刻绘有简单的几何纹饰，不少还有镂孔。石器主要是生产工具，有斧、簇、石弹丸等，均为磨制，有使用痕迹，表明渔猎在黄鳝嘴人类生活生产中占有重要地位。另外值得注意的是还出土了少量玉器，这些玉器普遍使用了切割和钻孔技术，制作颇为精美。

潜山薛家岗遗址和宿松黄鳝嘴遗址的发掘，初步解决了皖江地区没有新石器时期文化遗址的问题，其高度发达的新石器文化让人忍不住遐想：

如果该文化继续发展下去会是怎样？很快，凌家滩遗址的发掘，满足了人们的好奇心。

凌家滩遗址位于含山县铜闸镇凌家滩村，总面积达160万平方米，为皖江流域面积最大、保存最完整的新石器时代遗址。自1987年起，考古工作者在这里进行了5次大规模发掘，先后发掘墓葬60多座、建筑遗迹3000多平方米，出土各类文物1200余件，主要是陶器、石器和玉器。几乎每一次发掘，都给世人带来一次震惊。这也为其赢得了"中国最早的城市""中华远古文明的曙光"等一系列美誉。

凌家滩遗址出土的器具制作水平之高超、造型构思之繁复、蕴含信息之丰富，在全国范围内都居于前列。以玉器为例，就有"中华第一龙"之称的玉龙、"中国第一玉猪"之称的玉猪、可能为远古洛书和八卦原型的玉龟、玉版以及玉鹰、玉人等数千件的精美玉器。对玉器的崇拜与使用，不仅标志着皖江先民制作工艺水平有了提高，也标志着其精神文化水平有了质的提升，甚至具备了文明社会的某些特征。接连发掘出的大型祭坛、红陶土

凌家山遗址出土的玉鹰

广场以及陪葬品极尽奢华的酋长墓穴,对研究中国早期阶级国家的形成、研究早期哲学思想和社会伦理观念的构建与演化具有极其重要的意义。据此,考古工作者作出了大胆的推测:凌家滩文化可能是江浙地区良渚文化的源头之一,甚至是中华文明的源头之一!

长期以来,国内主流学界都把北方黄河流域视作中华文明的中心,甚至某些西方学者还炮制出了"中华文明西来说"的谬论。然而凌家滩遗址所展现出的皖江地区原始社会生活的繁荣景象,为重新探讨中华文明的起源和发展提供了重要线索。从人字洞、薛家岗到黄鳝嘴,再到凌家滩,我们可以得出这样的结论:长江流域尤其是皖江地区,同黄河流域一样,也是中华文明的诞生地之一,同样哺育了伟大的中华文明!一系列的考古证据,揭示了皖江先民的高超智慧和创造力,确立了皖江流域在中华文明起源中的特殊地位。

第二节 古代皖江流域的开发

方国时代的皖江区域,是各路诸侯角力的战场。来来往往的各路势力,都在皖江流域留下了属于自己的烙印。而皖江,也在这风风雨雨中,目睹了历史的兴衰更替、悲欢离合。王侯将相逐鹿中原时飞扬的尘埃,在这八百里皖江中被岁月洗涤,最终积淀成厚重的泥土。在这层堆积的泥土中,先民们播种、收获、成长,共同书写出一部无言的史诗。

一、行政区划轨迹

1. 方伯林立与楚吴之争

在传说中的三皇五帝时期,整个中国大地被大大小小的部落占据着。占据黄河流域的是炎帝、黄帝两大部落,他们的首领就是后来被称作中华文明始祖的炎黄二帝。占据今天山东、江苏部分的被称作东夷部落,首领是太昊。占据今天河南南部、湖北大部分地区的是三苗部落，首领是著名的蚩尤。而皖江地区当时情况比较复杂：安庆一带为三苗所占据，池州等江南部分则生活着古越人，再向东，则是东夷的势力范围。

随着以炎黄部落势力为代表的中原势力不断扩大，三苗部落被迫向南迁徙。于是皖江地区逐渐纳入炎黄部落的势力范围。为便于统治，涂山之会后，大禹利用各地诸侯的贡赋铸造了九鼎，将天下分成了九州，每个鼎代表一个州，其中皖江一带属于扬州。此后皖江地区一直寂寂无闻，直到夏王朝灭亡，其最后一任君主桀南逃到巢（今巢湖）并死在这里时，皖江地区才再一次出现在世人面前。显然，这一时期的皖江地区，被世人视作蛮荒之地。

西周建立后，为便于统治广大地域，继承和发展了夏商时期的方伯制度，设立了公、侯、伯、子、男五等爵制。在皖江沿线先后建立了大量诸侯国，其中比较大的有安庆一带的皖（今潜山）、宗（今枞阳）、桐子（今桐城），铜陵一带的越章，巢湖一带的群舒等。其中，皖国的首领被封为伯爵，宗、桐、群舒的首领被封为子爵。这大大小小一连串沿江设置的战略据点，既成为周王朝夺取南方铜锡等矿产资源的通道，也成为防御荆楚势力北上的前哨。

西周晚期，随着"昭王南征而不复"带来的王权衰落，位于今天湖北地区的荆楚势力逐渐强大起来。楚国不仅悍然僭称王号，而且还将兵锋推进到洛水一带，窥伺周王室的王权。但由于北方大国齐、晋的实力还很强大，楚国北上争霸的战略攻势受到遏制。为此，自楚成王开始，楚国转而向东发展，先后吞并了江、黄、英、六等小国，最终把势力深入皖江，进而威胁齐国附庸徐国。不久楚国又借口皖江一带的"群舒"投靠徐国，将其吞并，至此楚国占据了皖江半壁江山。此时，齐国由于内乱无力与之对抗，只得听之任之。鲁宣公八年，吴楚两国相会于滑汭（今合肥东），以巢湖为界，双方瓜分了皖江沿岸地区。

晋楚争霸时期，为遏制楚国北进的野心，晋国将楚国叛臣申公巫臣派往刚刚兴起的吴国，传授吴国中原地区的先进军事技术。在中原诸国的帮助下，吴国很快强大起来，成为牵制楚国向北发展的重要力量。此后，双方为争夺皖江地区进行了一系列战争。比较著名的有舒庸之战、衡山之战、庸浦之战、鹊岸之战、柏举之战,战线大体上就是今天安庆到马鞍山一带,双方胜败不一,皖江地区也因此归属不定。楚军强大时,属楚;吴军强大时,属吴,因而有了"吴头楚尾"的说法。吴国为越国所灭后,楚国趁机东进。到公元前233年,楚国基本占领了皖江全域。在新占领的皖江地区,楚国设郡管理,皖江地区大致分属会稽郡(皖东南)和九江郡(江淮之间)。

2. 置郡设县

公元前221年,秦国统一中国,在全国各地推行郡县制。皖江地区设有三县,即丹阳(今当涂)、居巢(今巢湖)、历阳(今和县),三县分属会稽、九江两郡管理。西汉推行郡国并行制,除了继承秦朝郡县制外,还分封了若干诸侯国。汉武帝时期,为加强对郡国的监察力度,又将全国分为13州,州设刺史。皖江全境属于扬州,归丹阳、九江、庐江三郡管理。其中丹阳郡中有8个县在皖江地区,分别是宛陵、宣城、泾、芜湖、春谷、石城、丹阳和陵阳。九江郡有4个县,分别是全椒、居巢、柘皋和阜陵。庐江郡有七县一侯国,分别是舒、襄安、临湖、枞阳、居巢、皖、湖陵和松兹侯。东汉时期稍有变动,部分县改为封侯国。

三国魏晋南北朝时期,由于常年战乱,皖江地区被不同割据势力分别占据。东汉末年,皖江地区被曹魏和孙吴两大势力各占一方。魏国大致占有巢湖、庐江地区,设扬州管理。吴国则占据了沿江一线大部,亦设扬州管理,下有松兹、皖、广德、安吴、宁国、临城等县。西晋建立后,皖江地区分属淮南、庐江、丹阳、宣城四郡,此后为南朝一直沿袭,期间仅增加了南陵郡(今池州)一郡。此外,南朝政府虽然一度为安置江北流人,设立了不少侨置郡县,但大多旋设旋废,实行土断政策之后被直接纳入皖江四郡中。

隋王朝成立后,出于精简机构的目的,地方上省并了一批州县,将地方直接化为州(郡)、县两级。此时皖江地区分属七州(郡):庐州(庐江郡)、舒州(同安郡)、和州(历阳郡)、扬州(江都郡)、蒋州(丹阳郡)和宣州(宣城郡)。唐朝建立后,为便于监察地方,在州郡之上又设"道"。皖江地区以江为界,江北属淮南道,涉及滁州、和州、庐州、舒州。江南属江南道,涉及宣州、池州。唐末藩镇割据，皖江地区先后为杨行密建立的吴和取代它的南唐所占据，除节镇规模略有缩小之外，州县两级基本沿袭了唐朝建制。

北宋建立后，在建制上，将唐代的"道"改为"路"，又有"军""府""监"之设，作为特殊地区的补充机构。皖江地区分属三路（江南东路、淮南东路和淮南西路），涉及宣州、池州、太平州、舒州、庐州、滁州、和州7个州和广德军、无为军两个军。北宋灭亡后，南宋先后与金及蒙古对峙，战线维持在江淮之间。出于军事需要，新设了安庆府和宁国府，分别隶属淮南西路和江南东路，其余大体维持不变。

3. 创设行省

元朝建立后，为管理空前辽阔的疆域，创设了行省制度。行省下设路或府，以下再设州县。皖江江北地区归属河南江北行省管辖，江南归属江浙行省管辖，下再设庐州路（涉及无为、和州）、安庆路（直管境内六县）、扬州路（涉及滁州）、宁国路（涉及宣城）、太平路（涉及芜湖）、池州路、广德路七个路。

明清两朝基本沿袭了元朝的行省制度，但在皖江地区，明太祖朱元璋将南京周边地区统统划入直隶范围，即后世所称的"南直隶"，皖江全境均被囊括在内。其下又设有府州，皖江地区涉及的有五府，分别是安庆府、太平府、池州府、庐江府和宁国府。另外还涉及滁州、和州以及广德州3个直隶州和无为州1个府州。清初，清政府将南直隶改为江南省。康熙六年（1667），又将江南省分为江苏、安徽二省，安徽省初步形成，但此时省会并不在今天的安徽境内。直到乾隆二十五年（1760），清政府将安徽省会从江宁迁往安庆，并健全三司机构，安徽省此时才算正式形成。皖江沿线，拥有安庆、池州、太平、庐州、宁国5个府，滁州、和州、广德3个直隶州，以及徽宁池太广道和安庐滁和道两个派出机构作为补充。

辛亥革命后，安徽省一度取消了府一级设置，改为道，长官称尹，全省分为三道。皖江地区属于芜湖道和安庆道。1928年，道又被废除。1932年，重新设立行政督察区，全省分为10个督察区。皖江涉及第一区（驻太湖）、第二区（驻芜湖）、第五区（驻滁县）、第八区（驻贵池）、第九区（驻宣城）。抗日战争爆发后，安徽省几乎全境沦陷，省政府迁往金寨县坚持抗战，期间将安徽省重新划分为九个行政督察区。但由于受战事影响，行政区划安排等于一纸空文。期间，中国共产党领导下的抗日武装深入敌后，在沿江一带建立了一些稳固的战略据点，成立了抗日民主政权，与"日伪顽"形成了犬牙交错态势。

抗日战争胜利后，安徽省会迁往合肥，安庆结束了其作为省会的历史。中华人民共和国成立后，安徽一度分设皖北与皖南两个人民行政公署，但很快撤销，重新建立安徽省，设省—市（专区）—县（县级市）三级管理。皖江地区则以今天的行政区划固定下来，分为安庆、池州、铜陵、芜湖、马鞍山、宣城六个地级市。

纵观两千多年的皖江政区划分历史，郡县两级一般比较固定，而受限于长江天堑等地理原因，皖江地区一直无法用一个稳固统一的政区空间进行整合，这无意间也赋予了皖江文化更多的流动性。皖江文化正是在这种不自觉的流动性中，通过各地区文化彼此间不断的自我认同与结合而形成了一个具有共同文化倾向的联合体，这也成为后世皖江文化的一大特色。

二、富庶一方的农业

先秦时期，中国政治经济文化中心在北方地区，包括皖江在内的广大江南地区生产力水平十分低下，尤其是皖江地区。由于常年遭受战乱，皖江地区好不容易积蓄起来的一点经济成果被战火摧毁殆尽。直到汉朝建立六十多年后，司马迁笔下的"楚越之地"，仍然是"地广人稀，饭稻羹鱼，或火耕而水耨"。在当时北方人眼中，皖江地区仍然是蛮荒之地。

然而皖江地区的自然条件十分优越：千万年的地质作用，使得沿江平原平均海拔不过 20 米，每年来自太平洋的湿热季风带来大量降水，配合北纬 30 度的充沛光照。皖江人民用勤劳的双手，在这样优越的自然条件下，终于造就了皖江一带"鱼米之乡"的美誉。

1."赋多口众，最于江南"——外来移民与人口增长

皖江的发展离不开历代外来移民的努力。在地广人稀、环境恶劣的湖沼地带开垦出田地，也只有勤劳的中国人能够做到。从先秦至今，皖江先后迎来了五波大规模移民，每一次移民，都对皖江社会经济的发展起到了独特的推动作用。

第一波大规模移民是秦汉时期被征服的越人。秦始皇统一六国后，曾将生活在闽越（今福建、浙江）一带的越人强制迁往今天的芜湖、池州地区。汉武帝时期，在江淮地区又安置了大量被征服的东越人。与此同时，东瓯人为躲避攻击，主动要求内附，被西汉政府安置在庐江等地。一直到三国时期，东吴政权仍然将征服山越作为主要军事行动之一，掳获而来的山越人除了安置为编户齐民外，往往也被作为奖赏，分给有功的将领贵族。值得注意的是，这一时期的迁徙往往是强制性的，其目的是为封建国家扩充赋税人口，掌握人力资源。通过将原本生活在山林之中、不受国家控制的越人迁到靠近封建政权中心的皖江地区，来强化封建人身隶属关系。尽管其手段残酷，但客观上促进了尚处于原始社会晚期的越人社会的封建化，也加快了皖江地区的经济发展。

第二波大规模移民是西晋末年南渡的北方士族。永嘉之乱后，为躲避北方战乱，大量北方士族携带宗族、部曲纷纷南迁，大多落户在今天的江淮一带。曹树基先生考证，迁往安徽一带的移民约有 17 万，其中包括谯郡夏侯氏、桓氏和沛国刘氏等一批世家大族。为安置这批移民，南朝政府特地设立了许多侨置郡县，在皖江地区，有南谯郡、颍川郡、淮南郡、太原郡等。齐梁之后，随着土断政策的实施，这些移民就此融入了皖江大地群体之中。这批移民在皖江地区的政治经济活动，为皖江的发展带来了全新的活力。以宛陵和姑孰为例，正是在南迁士族的大力经营下，它们迅速成为南朝首屈一指的商业都会与军事重镇。

第三波大规模移民行动发生在晚唐五代之时。安史之乱后，唐王朝的北方地区受到极大冲击，陷入了藩镇割据状态。北方人口源源不断向南方迁徙，出现"三川北虏乱如麻，四海南奔似永嘉"的局面。宣州（今宣城）濒临长江，是北方移民首先到达的区域。到唐末，宣州人口增至 50 万，数倍于天宝年间的 12 万。

第四波大规模移民行动发生两宋时期。面对辽、金等地战乱，南方地区重新成为北方人口大规模迁徙避难的首选。由于江淮地区成为宋金对峙区域，并遭双方反复争夺，因而受战火蹂躏较先前更为严重，皖江人口增长并不明显。

第五波大规模移民行动发生在明清时期。与前两次躲避战乱的自发性迁徙相比，此时移民行动多由封建政府强制执行，用以填补长期战乱造成的州县空虚。皖江一带的移民多从江西瓦屑坝迁入。以安庆为例，根据家谱研究，有超过一半的家族系明初从江西瓦屑坝迁入，因而中国移民史上有着"北有大槐树，南有瓦屑坝"之说。无怪乎清人朱书曾说："吾安庆，古皖国也……然元以后至今，皖人非古皖人也，强半徙自江西，土著才十一二也。"池州、巢湖一带移民情况也大体相同，江西移民构成了现今皖江人口的主体。

总之，两千年前的人口迁徙，八百里皖江的洗涤，无论秦汉时期的山越蛮夷，还是魏晋时期的北方士族，都最终在皖江大地这片沃土上找到了他们的归宿。去粗取精、兼收并蓄，不拘泥于一沟一汊、一山一壑，这不正是皖江地区得以发展的秘诀吗？

2. "邑陂增筑更渊沉"——水利设施与圩田的兴建

不断增加的移民，给皖江地区带来了严峻的生存压力。司马迁笔下，皖江地区"地小人众，数被水旱之害"，导致了"江淮以南，无冻饿之人，亦无千金之家"的局面。为了有效解决"水旱之害"的问题，两千年间，勤劳的皖江民众不断修建、维护了一系列水利工程。

相较于其他沿江平原地区，皖江地区呈丘陵与平原交错分布的地势。以皖江为中线，大体上安庆、池州一带丘陵较多，铜陵过去则是一马平川，因而修建的水利设施也具有不同的特色。在丘陵缺水地带，由于缺乏宽广的河道与湖泊，所以在雨季来临时，往往无法保留雨水，甚至造成山洪暴发，冲毁民居与农田，因而需要蓄水。在平原地区，由于缺乏地形阻隔，堤坝又往往为大水冲毁，因此需要防水。皖江地区的水利工程，基本是围绕着这两个方面修建的。

七门堰是皖江地区最早的水利设施，位于今天的舒城县。它是汉高祖刘邦的侄子羹颉侯刘信所修建的水利设施。关于刘信的封号羹颉侯，还有一段有趣的故事。刘邦年轻时，常去其兄长家蹭饭，但其嫂嫂特别厌恶这个"不事产业"的小叔子。有一次刘邦再来时，嫂嫂拼命刮锅底，以示没有饭了，刘邦为此记恨在心。后来在分封诸侯时，他只封了侄子一个"羹颉侯"，以泄当年之恨，而刘信的封地就在今天的舒城县。刘信显然比其父母要慷慨得多，因为他留给了舒城人七门堰这样一份财富。

传说刘信在距舒城20公里的七门山下，发现"舒城水源出于西山之峻岭，势若建瓴"，于是"阻河筑堰，曰七门"，成功达到了"灌田八万余亩"的目的。

这套水利设施在历代地方官的精心维护下，到明清时期，仍然能发挥作用。清人高华在《三堰余泽赋》中热情地赞颂道："山庄日丽，蓓屋云蓝。田分上下，亩尽东南。谛郭公之宛转，闻燕子之呢喃。一犁碧浪，叱乌犍，处处畦分卦布；千顷青畴，飞白鸟，村村水护烟含。伫看秧马行来，行行队队；却听田歌唱去，两两三三。盖由源泉不竭，涵濡有余。惠泽灌千区，光接巢湖之水；恩波流万转，若随仙令之车。"除农业贡献，七门堰更被后世文人视作"龙舒八景"之一，可见七门堰恩泽之广。刘邦当年一次恶作剧式的报复行为，却令舒城人民受益了两千多年。

七门堰

东汉末年，曹操与孙权两大势力在皖江沿线进行着长期的大规模军事对峙，为有效遏制对方的军事进攻，双方都把屯田作为增强己方军事实力的有效手段之一。庐江地区是当时双方争夺重点，也是重要屯垦区，为配合屯田，双方在此进行了一系列重要水利设施建设。曹魏官员刘馥任扬州刺史时期，除对七门堰等原有水利工程进行维护外，又在潜山地区修建了吴陂堰，极大促进了这一地区的发展。

中唐以后，随着经济中心的逐渐南移，江南地区成为唐王朝的财赋重地,因而受到中央政府特殊关照。为发展农业生产,地方官员也进行了一系列水利设施的修建与维护工作,例如和州韦游沟、宣城德政陂和南陵大农陂等,都是在这一时期重修的,其中比较重要的是大农陂。大农陂位于南陵县南,始建年代不详。元和四年(809),宁国令范传真重修,拦青弋江建石堰用水灌田,渠长60余里,"顺势导流,犹润百里",修建成功后,不仅"开荒埂数万亩",而且还能"溉田千顷"。咸通五年(864),南陵县地方官在大农陂的下游又引江水修建了永丰陂,形成了一套较为完善的水利灌溉体系。

南宋时期,随着宋金对峙线不断南移,皖江成为宋金双方势力分界线,沿江屯田再次成为南宋方面的主要辅助防御手段之一。然而,由于历经千年开发,皖江沿岸基本开垦殆尽,难有较大的突破发展,因此矛盾出现了:一边是"嗷嗷待哺"的抗金将士与百姓,一边是不堪重负的沿江田地,那么用什么方法去喂饱南宋朝廷呢?于是圩田开始在皖江地区大规模推广开来。

圩田,又名"围田",即利用人工筑造堤岸的方式从湖泊江河中开垦出来的水田。其最早出现在魏晋时期,中唐时有所发展,两宋后达到极盛。皖江沿岸人口密集、湖泊众多,具备开发圩田的有利条件,因而在池州、铜陵、无为、宣城等地都出现了许多圩田。比较著名的圩田有芜湖万春圩、永丰圩,宣城化成圩等。

与其他地区圩田相比,皖江地区圩田具有数量多、分布广、规模大、技术先进和生产效率高等特点。太平州内圩田,"自三百顷至万顷者凡九所,计四万二千余顷。其三百顷以下者又过之"。芜湖万春圩,周长八十四里,有田一千二百顷,其他水产收入不计在内,每年可收租三万六千多斛。宣城化成圩,"水陆地八百八十余顷,岁纳租米二万四千余硕"。皖江地区圩田事业欣欣向荣的局面,也激起了诗人无限的感慨,南宋大诗人杨万里有诗称道:"圩田岁岁续逢秋,圩户家家不识愁。夹路垂杨一千里,风流国是太平州。"其中"太平州"就是今天的当涂县。

综合《宋史》等资料考证可知,宋代皖江地区共有圩田数百处,遍布芜湖、当涂、宣城、庐江、无为、枞阳等地。这些圩田由于每年被征赋税"万数浩大",得到北宋政府的高度重视。为加强管理,北宋政府还颁布了《主管干圩岸围岸法》,派遣专人监管圩田生产。

3."淮南秋物盛"——农业经济的发展

人工种植谷物是新石器时期人类的标志之一,只有通过种植谷物,原始人类才能获得稳定的食物来源,从而有能力建造房屋开始定居生活。20世纪50年代,考古工作者在距今6000多年的含山县大城墩遗址中,找到了碳化稻谷,其表明皖江先民在当时已经开始种植水稻了。另外,从一些新石器时期遗址中发掘出的陶制酒器来看,当时粮食产量还很高,至少有多余粮食可以用来酿酒。在皖西南一带的新石器时期遗址中,考古工作者又先后发掘出大量用于农业生产的石器,包括多孔石刀、石斧、石铲、石镰等。其中以潜山薛家岗遗址中出土的十三孔石刀最具特色,其制作精细、表面光滑,很明显是古人经常使用的工具。虽然这些农具材质仍然以石质为主,青铜农具十分罕见,但门类已经基本齐全。此外,在薛家岗遗址中还发现了陪葬的猪骨头,表明当时可能发展了一定的家畜驯养业。

皖江地区农业的开发可以追溯到吴楚争霸时期。当时双方为争夺霸权,对农业发展有一定的重视,注重兴修水利、发展生产。但由于战争破坏严重,所以发展程度有限。西汉建立后,封建秩序趋于稳定,此时皖江地区才得到比较充分的开发。

东汉章帝八年(83),著名水利专家王景担任庐江太守。他了解到当地百姓还不会使用牛耕,于是发动百姓、推广铁犁牛耕。荒地被大量开垦成良田,产量也成倍增加,百姓不仅能自给自足,而且还有余粮积蓄。王景又教导当地百姓种桑养蚕、制定规章,使得当地百姓的生活和社会秩序有了很大好转。封建生产关系,也于此时在皖江地区逐步确立下来。

魏晋南北朝时期,皖江地区第一次步入发展的快车道,北方移民的南迁、屯田的兴起、水利设施的兴建、新型农作技术的推广,都为皖江农业的快车增添了新的燃料。魏军攻吴时,为破坏吴军后勤,曾经一次"焚其积谷百八十余万斛,践稻苗四千余顷",吴军积蓄如此丰富,可见其治下之丰赡。至萧梁之时,以姑孰(当涂)为中心的皖江经济带已经成为南朝最富庶的区域之一。然而侯景之乱后,皖江地区生产力遭到极大破坏,直到唐初才开始逐渐恢复。

唐初，皖江地区的生产力逐渐恢复，耕作方式开始转向精耕细作，农作物产量有了很大提高。尤其是稻米，已经成为皖江地区的主要种植物，史载"江淮民田十分之中，八九种稻"。因而中唐以后，皖江民间颇为富足，仅宣州一地，府库中就有粮食五十余万石、钱八十万贯。当宣州出现饥荒时，宣歙观察使穆赞也能够"以钱四十二万贯代百姓税"。这一方面说明宣州富庶，另一方面也表明皖江人民负担沉重。当时长安的粮食供应几乎全都仰仗东南地区，尤其是刘晏主持财政改革后，"复江淮转运之制，岁入米数十万斛以济关中"。自此，漕粮成为皖江百姓肩上始终摆脱不掉的负担。

宋代农业在唐代基础上进一步发展，除屯田规模扩大外，值得注意的是良种输入，其中主要有从越南地区传入的占城稻和从新罗传入的黄粒稻。相传黄粒稻是由新罗王子金地藏（即地藏王菩萨）从新罗带来的，南宋人陈岩评价黄粒稻说："其芒颖，其粒肥，其色殷，其味香软，与凡稻异。"。与原有稻种相比，黄粒稻不仅口味好、产量高，而且抗病虫害能力较强，是一种比较优良的稻种，因而得到皖江农民的广泛种植。想地藏王菩萨以"地狱不空、誓不成佛"为志，今传此良种，皖江当不再"野有饿殍"，这也是地藏王菩萨渡世济人的一大证明吧。

同时，棉花也逐渐从两广地区被引入皖江一带。至元朝时，棉花种植已颇为普遍。时人称："江东木棉树，移向淮南去"，可见当时皖江地区已成为全国重要产棉区。蚕桑业发展也很迅速，时人称："野无闲田，桑无隙地"。此时江南地区蚕桑业发展基本超越北方，成为全国重要蚕桑生产基地之一。另外，这一时期树木种植也开始出现，出现了第一部桐木种植书籍《桐谱》。

经历了残酷的元末农民战争和明清易代之后，明清两代统治者都把精力放在了恢复农业生产上，但生产方式总体上并无多大改变，基本是在原有基础上进行修修补补。小农经济有着顽强的生命力，易代之后经过几十年的休养生息，皖江地区的农业生产很快恢复并达到历史的最高水平。明成祖朱棣迁都北京后，漕运成为维持北京政府的重要粮食通道，其中江南地区每年要负担两百万余石的漕粮，占全国漕运总数的一半以上，而其中皖江地区提供的漕粮占有很大比例。这一方面固然是封建政府对皖江地区残酷压榨的结果，但另一方面也体现了皖江地区粮食生产在全国的重要地位。

同时，棉花、烟草等经济作物有了广泛种植，成为"日用不可缺之物"。经济作物的种植势必影响粮食生产，因而在经济作物大量种植的江南地区，往往需要从皖江地区输入稻米，每年输入数十万石。尽管湖广地区的水稻种植后来居上，但皖江地区的水稻种植仍然占有重要地位。

4."南方有嘉木"——茶叶贸易的兴起

饮茶之风，本源自巴蜀，魏晋后流行于江南。到唐朝时，茶叶业已遍布大江南北，上自达官贵人，下自贩夫走卒，乃至边疆少数民族人民，均嗜茶如命。士大夫往来交流之间，品评茶道，茶品自然也有了高下之分。而皖江地区的茶叶凭借得天独厚的地理条件，加上高超的制茶技术，拔得名茶头筹。皖江地区茶叶种植区集中于舒州和宣州两地，而这也是全国茶叶生产的重点区。宣州鸦山茶、池州九华山茶、舒州开火新茶等茶品风行一时，为世人所喜爱。尤其是舒州茶，最受上流社会珍视，成为官僚间交往的重要礼品。对此，还有一个有趣的小故事：

唐文宗年间，大宰相李德裕的一名亲信被派往舒州（今潜山）任官。出发那天，李德裕跑去跟亲信说："你在舒州，如果有天柱峰茶，倒不妨帮我弄几角来。"宰相发话，亲信自然听命。到舒州后，他急急忙忙收罗了几十斤普通舒州茶，送到了李德裕府中。结果李德裕不但不领情，反而将其原样退回。亲信大为尴尬，于是用心搜求，终于弄到了几角天柱峰茶，忐忑不安地送给了李德裕。李德裕这时才高兴地收下，并告诉周围的人这种茶能够"消酒肉毒"。茶能够消化肉？这怎么可能！看着众人半信半疑的眼神，李德裕当着众人的面做了个试验：他命人煮了一大杯天柱峰茶，然后扔进去一块肉。第二天再打开看时，"其肉已化为水矣"。大家此时不由得佩服李德裕见多识广，而舒州茶自然也由此名扬天下。

舒州茶这种神奇的功能，也得到了终年以乳肉为食的边疆少数民族的肯定。在一次吐蕃贵族招待唐使的宴席上，吐蕃赞普一次性拿出十几种茶向唐使炫耀，其中就有舒州茶，可见舒州茶的影响范围之广。因而后世很长一段时间内，"茶马互市"都是边疆贸易的重要内容。

中唐以后，财政极度困难的唐王朝把目光投向了新兴的茶业。通过贡茶、榷茶和茶税等方法，将国家权力深入茶园之中，直接控制了茶业生产，攫取了大量利润。仅贞元九年（793）一年，就得茶税"四十一万贯"，但也因此换来了茶农们"杀尽使者，入山反耳"的反抗。这次反抗极大地刺激了唐王朝，在盐铁使裴休的主持下，进行了部分改革。改革颇有成效，不仅百姓安居乐业，国家茶税收入也翻了一倍。

宋人饮茶之风较诸唐人更盛，形成了一套完整的饮茶文化。两宋时期皖江地区的茶叶生产主要集中于舒州、池州、宣州、太平州等地。宋朝政府在皖江一带设有两个茶场，实行统一销售管理，每年获利颇丰。然而到南宋时，金军屡次渡江焚掠，茶叶生产一落千丈，利润连北宋时期的十分之一都不到，因此茶叶生产逐渐转移到皖南、两浙等更为安定的地区。经此大难，到明清时期，皖江地区的茶叶生产在全国范围内基本失去了影响力，退出了全国茶叶的主流市场。

三、繁兴辉煌的手工业

1. "陶瓦于原"——陶瓷业的发展

陶器是一种很常见也很重要的生活器具。经过简单加工后，陶土可以很容易地烧制成各种器物。最初，原始人类只是简单地将泥土包裹在木质烹煮器物上，以防止器物被火烧裂。但很快他们发现泥土经烧制后变得更加坚固耐用，由此发明了陶器。陶器的出现使得定居生活成为可能，因为原始人类需要用它们来储存或烹煮食物。考古证据表明，皖江地区是世界上较早利用陶器的地区之一。

潜山薛家岗遗址和宿松黄鳝嘴遗址中都出土了大量夹砂红陶、黑陶、灰陶等器物，这些数量众多的陶器已经普遍采用轮制法，制作简便、成品率高，表面还装饰着各色花纹，如压印纹、篮纹、绳纹和划纹。这些花纹有些可能是在制作过程中无意间产生的，有些却是皖江先民有意为之，反映出皖江先民独特的审美观与精神文化追求。

到商代，皖江先民已经学会烧制原始瓷器。新中国成立后，皖江周边县市都曾出土了大批原始青瓷，这些瓷器造型奇特、质地坚硬，是不可多得的艺术品。六朝时期，芜湖出现了一批砖窑，专门为金陵烧制城砖，后人常常能从窑基中挖得旧砖,可见其产量质量都是不错的。至宋元,出现了一批以产陶瓷为主的市镇。宣城符里窑镇是其中较大的一个,生产的瓷器行销各方,一镇之人都以此为业。仅熙宁十年该镇就上缴商税 1400 余贯,符里窑成为当时民窑中的翘楚。此外,太湖刘羊窑和庐江果树窑,专烧黑釉器,瓷釉明亮、清澈淡雅,是不可多得的珍品。

2. "青山凿不休"——矿冶业的繁荣

青铜,一种在黄铜中加入锡熔炼成的合金,是人类最早得以利用的金属材料,被国际学术界视作人类文明出现的三大标志之一。中国也许并不是世界上最早学会冶炼青铜的国家,然而中国创造出的青铜文明却足以令世界其他地区黯然失色。如果说中国的青铜文明是世界青铜文明的皇冠,那么毫不谦虚地说,皖江地区就是铸造了这顶皇冠的熔炉。

在先秦时期,中国人称青铜为"金""美金",而后世流行的"铁"却被视作"恶金",所以有着"美金以铸剑戟,试诸狗马;恶金以铸钼、夷、斤、斸,试诸壤土"的说法。中国北方地区是少铜的,而南方的地底下却蕴藏着丰富的铜资源,尤其是皖江一带,铜矿资源极为丰富,几乎占整个长江中下游铜矿总量的三分之二。20 世纪 80 年代以来,安徽省考古工作者已查明古铜矿遗址 100 多处,仅南陵县就发现 33 处。铜陵金牛洞、南陵江木冲、池州梅根冶……这一处处遗址,构成了庞大的皖江铜矿冶炼群遗址,奠定了其在全国铜业生产中不容撼动的地位。

早在先秦时期,贪婪的北方奴隶主贵族就一次次发动战争,驱逐南方土著居民,抢占珍贵的铜矿资源。《诗经》中的:"憬彼淮夷,大赂南金",正是这一时期南方铜矿石运往北方的真实写照。千百年来,勤劳的皖江先民们,正是用这地底的矿石,支撑起夏商周三代灿烂的青铜文明。可以说,如果皖江地区这座熔炉的炉火熄了,那么夏商周三代乃至中华文明的色彩,必会少了几分古朴斑斓。

楚国人来了,其祖先"筚路蓝缕,以启山林"式的艰苦开发,终于找到了运用这地底神秘精灵的钥匙。凭借发达的青铜铸造技术,楚人拥有了"折钩之喙,足以为九鼎"的军事力量,楚人的兵锋得以直抵汉水、问鼎中原。吴王刘濞来了,依靠封地内"豫章郡铜山"的资源,刘濞"招致天下亡命者盗铸钱"，六十年苦心经营，遂"国用饶足"，趁机发动了"七王之乱"，一举席卷了整个北方，兵临东都洛阳，公然打出"我已为东帝"的旗号。东晋渡江后，南朝政府靠着梅根冶的炉火，支撑起半壁江山。隋唐以后，皖江地区的炉火昼夜不熄，皖江地区成为了全国的冶炼中心。每年，都有大量的银铜运往长安，成为大唐王朝盛世景象的完美点缀。这种热烈的景象，就连李白也心动不已，写诗歌颂道："炉火照天地，红星乱紫烟。赧郎明月夜，歌曲动寒川。"

铜矿往往有银伴生，因而银也一度成为宣、池二州的重要产品。唐初，就曾经有人向唐太宗建议："宣、饶部中可凿山冶银，岁取数百万"，统治者显然采纳了这一建议。1956年西安东北出土4件银铤，其中2件来自衢州、宣州，据此可知此地银制品已经成为贡品。除白银外，铁、锡储量也颇丰。皖江地区，足当"聚宝盆"之名！

中唐以后，或矿源枯竭，或政局动荡，皖江地区曾经日夜不熄的炉火渐渐熄灭。取而代之占领全国市场的，是白矾。宋人喜欢白矾，盛夏之时，盛一大盘装点室内，望之如白雪皑皑，心旷神怡，最是清凉消暑。当然，白矾还是一种重要染色剂，"以之染物，则固结肤膜之间，外水永不入，故制糖饯与染画纸、红纸者需之"。宋仁宗时期，无为出产的白矾全国知名，地方政府特设场出售白矾，听民间自由买卖，依额纳税，最高时每年达33.79万贯。到元代，庐江白矾产量已然跃居全国首位。明初，社会经济凋敝，政府实行矾矿专卖政策，但效果不大，白矾产量始终难以提高。直到明中后期，需求才有所增长。清初，政府逐渐废除专卖政策，至康熙四十年（1701），庐江地区每年可产白矾360万斤。

3. "舳舻相继"——造船业与芜湖浆染

皖江地区自古水运发达，促进了造船业的发展。早在汉武帝时期，就曾在庐江郡设立楼船官训练水军，作为征服东越的先遣军。庐江地区制造的楼船是汉军的主力战船，不仅高大威武，而且作战效能很高，因而南北朝时期，一直受到南朝政府的重视。进入唐代后，因漕运需要，皖江地区的造船业与时俱进，皖江地区民用造船业得到很大发展。所造的一种专门运货的"巨舫"，远远望去，如"三层大屋"，而且由于体积巨大，"非不大风不能行",这种船往往能载货数万石,甚至"居者养生送死嫁娶悉在其间",成为当时漕运与商业运输的重要工具。

中唐以后,政局不稳,池州一带多江贼,掳掠当地百姓及过往商户。为此,地方政府组织了巡逻队,保护航道安全,这有利于皖江地区的商业贸易发展。

因为明中叶以后,江南士大夫服饰崇尚奢华,对布匹的需求大大增加,白矾多运往芜湖。原有浆染业不能满足需要,芜湖浆染业趁势崛起,成为全国最重要的浆染中心,而白矾,正是浆染过程中的一种重要染料。芜湖浆染业分为色纸业和染布业两种。前者生产纸张,后者印染棉布,各司其职。明中叶,芜湖尚只有十几家小染坊。到嘉靖年间,徽商阮弼举家投资芜湖浆染业市场,阮弼改进技术、投资重本,终于染得大批优质棉布,逐渐占据了主要市场。后经过吞并周边小作坊,确立了芜湖浆染业龙头的位置。阮弼又凭借其强大实力,创立了具有早期手工业行会性质的"浆染总局",号称"芜湖巨店",基本垄断了芜湖浆染业市场。此外,色纸业也一度由阮弼经营,他利用徽商强大的商业网络,将产品行销全国。

4."宣毫自昔最称雄"——宣州纸笔业

炽烈的炉火之下,皖江地区有着精致的一面。宣州的山水,吸引了无数文人骚客,也精雕细琢出文人钟爱的文房四宝。文人在流连皖江山水的同时,很快又把目光投向了另两种更让其心醉神迷的方物——宣笔与宣纸。

传说秦代名将蒙恬伐楚经过中山(今宣城溧阳)时,为应付繁芜的文书传递工作,见中山多兔,遂取其毛发明了毛笔。虽然1954年,在长沙楚墓中发现的一支毛笔打破了这种认知,但这支毛笔以细竹筒为笔杆,以细兔毛为笔头,裹以麻丝,涂以胶漆,却也是正宗的宣笔做法。宣州有大好山水,竹木兔毫、麻丝胶漆均有出产,制笔原料充沛。如诗人云:"江南石有生老兔,吃竹饮泉生紫毫",而"紫毫"正是制作毛笔最顶尖的材料,再由聪明的"宣州之人采为笔",制作出世上最出色的书写工具之一——宣笔。而其中又以诸葛氏制作的"三副笔"最为出名,这种毛笔创造性地采用了"无心""长锋"等形制,将笔毛深深插入笔杆中,这样笔头既富有弹性,又不容易脱落,是制笔史上的一大创新,因而很快风靡大江南北。

自唐玄宗时期开始，宣笔就成为宣州地区重要贡品之一。在当时的官僚士大夫之间，宣笔成功掀起了一阵狂热的宣笔风潮：皮日休说"宣毫利若风"，才女薛涛说"越管宣毫始称情"，五代士人更是将其直接呼作"宝帚"。大诗人白居易曾热情赞颂宣笔"毫虽轻，功甚重"，因为它能使"臣有奸邪正衔奏，君有动言直笔书"，所以"紫毫之价如金贵"也就不稀奇了。这样看来，宣笔的作用真是不小，相信白居易也曾用宣笔写下了不少名传千古的诗篇。

　　相较于宣笔历史的悠久，宣纸尚显年轻。传说蔡伦改进造纸术，用破布麻头等材料造出了价格低廉的纸张。但这种纸张颜色往往很黄，质量也不太好，因而不受喜欢书法的士大夫欢迎。直到有一天，蔡伦的一名弟子在溪边看到雪白的青檀树皮，大受启发，于是选用深山里的青檀树皮，配以适量稻草，经过长时间的浸泡、灰腌、蒸煮、洗净、漂白、打浆等十几道复杂工序，才最终制造出这为文人所疯狂追捧的优质宣纸。

　　宣纸的第一个著名崇拜者大约是南唐那位皇帝词人李煜，正是他创造了宣纸中的王者——澄心堂纸。澄心堂纸是宣纸中的上上品，具有"韧而能润、光而不滑、洁白稠密、纹理纯净、搓皱无折、润墨性强"的特点，一笔落成，浓淡毕现。这种特性使得喜爱书法的宋朝士大夫极为钦服，一度"百金售一幅"。欧阳修偶然得到数幅，大为惊讶，不仅欣然作诗，而且还转赠数幅于好友梅尧臣，梅尧臣得到后亦作诗称"滑如春冰密如茧，把玩惊喜心徘徊"。可见，在宋人心中，宣纸已经超出了普通文房用品的范畴，转而成为一种艺术品了。

四、沟通东西的商业

1. 一江带河、水网密布

　　八百里皖江，自古便是一条流动的黄金水道。大大小小的沿江河流，勾连出一幅细密的水运交通网。俗话说，靠山吃山，靠水吃水，靠着这条黄金水道，航运业便很快发展起来。外来的本地或商人，可以很轻易地将外来的货物运进，将本地的特产输出。到唐代时，沿皖江两岸，已经形成了十六个航运系统：

皖河，舒州境内，通航潜山、怀宁、岳西等地，至皖口汇入长江。

秋浦河，贯通池州境内，通航池州。

青弋江，宣州境内，流经太平、泾县、南京，通航长江。

芜湖水，芜湖境内，源自丹阳湖，向西北流入长江。

……

如果说长江是一条搏动有力的主动脉，那么沿江的皖河、秋浦河、青弋江就是一条条细小的静脉，来自各地的养料，就通过它们源源不断地被注入皖江两岸，滋润着这一片沃土。因而，江水不再单纯地是隔断南北的天堑，而成为连接华中与华东这两块中华大地的脐带。几千年来，这两块大地就这样默契地配合着，既交换着各自的特产，也沟通着彼此的感情。

2. 依水兴商、吴楚贸易

北地走马，江南行舟。舟船在皖江地区很早被利用起来：既用于军事征伐，如吴楚之争；也用于商业往来，如吴楚贸易。皖江，就是在这种矛盾中生存着。

1958年，考古学家在寿县楚国遗址中发现一套金启节，经研究发现其属于楚国贵族鄂君所有，因而被命名为"鄂君启节"。这套启节是楚国国君授予鄂君从事商业贸易的凭证，分为舟节和车节，详细记载了楚人经商时行经的地点。舟节即水路，要经过枞阳、松阳、芜湖、宣城，车节即陆路，要经过寿县、合肥、巢湖、芜湖、宣城。显然无论水路还是陆路，都是沿着皖江一线行进的。而芜湖、宣城等后世商业名城，正是在这一时期崭露头角的。

唐代之前，皖江的水运功能未完全被开发出来。及至盛唐，天下承平，皖江两岸便出现了许多港埠。在舒州望江境内有雷池口港、怀宁有皖口港、当涂有采石戍与横江渡、乌江下游有安阳渡和乌江浦、宣州有鹊头镇港与鹊尾镇港、无为有濡须坞……大大小小数十处优良港口津渡，为皖江水运打下了良好的基础，直接促进了明清时期的吴楚贸易发展。

当皖江经济发展尤其是手工业发展逐渐走上正轨的时候，商业也走上了快车道。与晋商垄断某种商品的生产销售市场不同，有着"徽骆驼"之称的徽商经营十分灵活，其"豪长者多游于吴越荆襄间"，因而徽商便成了皖江航道上主要的旅客。茶叶大行时，便贩运茶叶；上游伐木时，便运输木材；上游缺盐时，又运来食盐；下游需要大米时，又贩运大米。正是徽商，让皖江真正游动起来，成为一条流动的贸易之江。

徽商贩运最多的是木材，明清虽然有禁海之举，但终有人抵不住海外贸易巨额利润的诱惑，加上漕船损耗严重，因而造船业兴盛起来。而此时长江中下游已无合适的木料，只能从上游湖广、贵川等地开采，采得木头，便扎成木排，沿江放下去。江浙一带对木料需求旺盛，以至于皖江都快成了一条流动的"木江"。为此，明成化年间，政府特地设置工关，征收竹木税。为方便管理，木商还特地在芜湖设立会馆，以为行业共同议事之所。

湖广多木却少盐，因而商人们又不失时机地利用皖江这条水道向上游贩起了盐。据统计，两淮盐场每年所产之盐，几乎有一半以上都销往了湖广地区。运盐的船自然不会空着回来，便又运上湖广的粮食。明中叶以后，大量流民迁入湖广，原来的湖滩荒地得到充分开发，纷纷变成了米粮仓。加之江南地区的经济逐渐走向转型，粮食生产大幅减少。因而粮食生产局面逐渐由"苏湖熟、天下足"转向了"湖广熟、天下足"，江浙地区反而需要从外地输入稻米。而运输稻米这种大宗商品，最廉价最便捷的方式自然是水运了。于是在你来我往间，吴楚贸易变得大有利润可图。

天下熙熙，皆为利来；天下攘攘，皆为利往。徽州商人如工蚁般忙碌，沿着皖江，建起一条连接着东西的通道：湖广的木材、粮食、煤、铁、生漆、桐油，苏浙的盐、丝绸、海味、日用杂货，双方优势互补、互通有无。日益扩大的吴楚贸易，使得长江上下游地域形成了紧密的经济关联。皖江这条航线，就这样演绎出了明清王朝最后的辉煌。

第三节 近现代皖江流域的崛起

当徽州商人还沉醉于其从传统的商业模式中攫取丰厚的商业利润时,西方列强早已盯上了东方这一古老国度广阔的市场。他们用坚船利炮敲开了中国的大门,源源不断地将他们的商品输入进来,将传统国家带入屈辱的近代。皖江见证了这一历史,皖江区域也在这段屈辱的历史中渐渐地苏醒并崛起,开启了中国近代化的大门。

一、洋务兴起、开埠通商

第一次鸦片战争后,清朝政府面临内忧外患的交困局面,为了强国富兵,摆脱内外困境,维护清朝政权统治,洋务派在中华大地上掀起了一场轰轰烈烈的洋务运动。19世纪60年代到90年代的"师夷长技以制夷"的洋务运动,虽然没有使中国走上富强的道路,但对中国近代化产生了深远的影响。

提起中国近代化,就不得不说一座古老的城市——安庆。在皖江乃至整个中国近代化历史潮流中,这座城市有着极其重要的位置,它是中国近代化的开端之地。安庆虽然经济并不发达,但在历史的选择下,却成为了中国工业近代化的先行者。19世纪中期,力主推行洋务运动的两江总督曾国藩决定创办一个利用西方技术的军事工业。1861年,中国工业史上第一个近代军事工业——安庆内军械所在安庆创立。安庆内

安庆内军械所

军械所是洋务派最早创立的一个近代军事工业,它取得的最卓著的成果就是制成了中国第一台蒸汽机和第一艘木质轮船。

在徐寿、华蘅芳等科学家的努力下,1862年,我国第一台蒸汽机研制成功。在解决了轮船的动力问题后,机械所在1863年制成了我国第一艘木壳轮船。1865年,"黄鹄"号火轮船研制成功。轮船的研制成功,在中国造船史上具有划时代的意义。安庆内军械所的创办,虽然主要以巩固封建统治为目的,自身的封建特征比较明显,但是在运行过程中,无论管理方式还是生产过程,都具有资本主义性质,特别是蒸汽机和轮船的研制成功,开启了中国工业由手工时代向机器时代过渡的近代化的历程,对此,夏东元先生曾这样评价安庆内军械所:"用自己的科技人员制造出火器弹药,特别是制造了第一台蒸汽机和第一艘木壳轮船,虽不甚得法,却标志了中国进入制造机器的历史时期。"

提到皖江近代化进程,还有一个历史人物我们不能不提,他就是清末的安徽巡抚邓华熙。具有维新思想的邓华熙在安徽省推行了一系列的变法改革措施,有力地推动了安徽近代化进程。由于这次变法的区域是以皖江地区为主,所以史称"皖江变法"。"皖江变法"所涉及的经济改革措施,对皖江乃至整个安徽经济的近代化具有重要的推动作用。1896年邓华熙在安庆设立了大清邮政局。1899年芜湖邮政总局下又分设大通邮局和安庆邮局。1897年,安徽第一个铸币厂——皖省银元局在安庆创办。1898年,邓华熙在芜湖创办了泰昌轮船公司,这是安徽第一家民族资本近代航运企业,有力地保护了皖江的航运事业。同年,在邓华熙的支持下,安徽近代第一家蚕桑公司——日新蚕桑公司在安庆成立。邓华熙在1898年秋,在安庆设立了安徽商务总局,且在芜湖设立了分局,促进了安徽工矿业的发展。虽然皖江的工业近代化始于曾国藩在安庆创办的军械所,但邓华熙的一系列经济改革措施,有力地推动了皖江地区的农业、工业和商业的近代化进程,促进了皖江近代经济的发展。

虽然皖江近代化的号角是从洋务运动开始吹起的,但皖江地区近代化的曙光却是从皖江开埠通商后出现的。

"千里江城"芜湖素以"皖之中坚,长江巨埠"而著称,明清时期,其农业、手工业、商业一直较为发达。便利的水运交通和重要的经济地位使其成为西方列强觊觎的目标,因此,1876年9月,中英签订的不平等条约《烟台条约》将芜湖辟为通商口岸。1877年4月1日,芜湖设立海关,正式对外开埠。

芜湖开埠后,皖江经济进入了快速发展时期,特别是芜湖,迅速成为安徽省的经济中心,在全国都具有一定的经济地位。芜湖开埠后,其近代商业贸易得到飞速发展,这从进出口贸易的数据中可以得出结论。1877年为158.6682万海关两,1899年增至2031.8896万海关两,至1919年猛增为4865.1184万余海关两,增长飞速。到19世纪末,芜湖已赶上九江、镇江,发展成为长江流域仅次于沪、汉的重要通商口岸。

继芜湖开埠后,西方列强又迫使清政府把皖江的安庆和大通列为寄航港,进一步加强对安徽市场的控制。据《安徽通志稿·外交考》记载,"安庆、大通两处之货客上下亦复兴盛异常"。寄航港的开辟促进了皖江地区的商业兴盛,加速了皖江地区自然经济的解体。当时外商在安庆设的洋行、公司日益增多,据《安徽省志·商业志》统计,1906年已有20多家,国人自己开办的商店也有百家以上。到1938年,安庆人口已达10万,大小商店1100多家,同业公会46个。

芜湖开埠以及安庆和大通成为外商的寄航港,对于皖江乃至整个安徽经济来说是一把双刃剑。它一方面使外国货物冲击安徽城乡市场,破坏了传统的自然经济,致使安徽日益沦为西方列强的商品供销地和原料供应地;另一方面,促进了安徽商品经济的发展,并且通过引进先进的西方技术和机器,使安徽的一些民族工业开始走向近代化。随着西方先进技术的传入,皖江地区的民族工矿业开始采用资本主义生产方式,近代工矿业开始勃兴。当时比较著名的民族工业有芜湖的益新面粉公司、池州煤矿等。这一时期,皖江地区兴办的工厂较多,据统计,到20世纪30年代,安徽省60个县中,有36个县已创办各类工厂160家,其中皖江怀宁、芜湖、宣城、泾县、桐城等县就占100家。芜湖开埠后,皖江地区的工商业得以快速发展。

二、芜湖米市与商业重镇

近代皖江地区工商业的兴盛，除了与皖江城市开埠有关之外，还与当时芜湖是全国四大米市之首有很大的关联。近代芜湖米市的形成，与其独特的地理位置和自然条件是分不开的。芜湖地处安徽长江南岸，青弋江、水阳江、清水河等长江支流遍布其间，发达的水文环境为水运交通提供了便利。另外，芜湖周边腹地地处皖江两岸，土壤肥沃，是安徽圩田的集中之地，也是安徽向外输出稻米的主要产地。优越的水运条件和自然环境为芜湖米市的兴盛提供了重要的内在条件。而1877年芜湖开埠、镇江七浩口米市迁芜以及米厘局的设立，则为芜湖米市繁荣昌盛提供了重要的外部条件。

纵观近代芜湖米市的发展历程，其从1882年开市到衰落经历了几个阶段：兴盛期（1876—1927）、衰退期（1927—1937）、混乱期（1937—1945）、没落期（1945—1949）。从芜湖开埠后到抗日战争之前，这段时期是米市的兴起和繁荣时期。这段时期，芜湖米市由于政策支持和优越的外部环境，逐渐成为全国米市之首，其稻米运往江浙、广东、上海等地，也有少量运往海外，到20世纪芜湖已成为全国最大的米谷贸易市场。抗日战争之后，由于多方面的原因，芜湖米市进入没落期。但从芜湖米市的发展史来看，米市的兴起，为城市工商业的繁荣创造了条件，米市的兴盛带动了米谷加工业、水运业、金融业以及面粉厂等产业的发展，而城市工商业的繁荣直接推动了城市和商业市镇的发展。

随着芜湖米市的兴起，米市贸易直接带动了芜湖相关的各行各业的发展，如银钱业、运输业、米谷加工业等。"芜湖商业之盛衰，全恃米市为转移，米市不振则各业皆受间接影响。何以故？因江北一带之米船来芜售出之款，皆在此购货"。工商业的发展，为城市的经济发展奠定了基础，城市人口也骤增，推动了城市的兴起和发展。如原本就是安徽商业中心的芜湖，随着米市贸易的昌盛，其工商业得以飞速发展，逐渐成为长江流域的商品集散中心，加强了与皖江地区各城镇的经济联系，形成了以芜湖为中心的皖江城镇商业纽带。市镇是米谷交易的初级市场中心，所以，皖江地区商业重镇的发展深受米市的影响。近代，皖江许多商业市镇由于稻米交易成为区域性的商品集散中心，像三河、运漕、湾沚等镇，其商业地位已超过县城,成为区域性的商业中心。作为米市中心之一的三河镇,其商业非常繁华,"合肥城区商业,向来犹不及三河"。含山县的运漕镇,在1931年之前,一直是附近各县市的米谷交易中心。宣城的湾沚镇,其"粮食交易,倍徙余县城"。巨大的商品市场,推动了市镇的发展。据光绪四年的《安徽通志》统计,当时全省市镇共有468个,皖江地区的安庆府47个,宁国府38个,庐州府38个,太平府24个,滁州24个,和州20个,池州府30个,共计221个,差不多为全省市镇的一半。后来,随着芜湖米市的衰落,各市镇的商业地位也因其而受影响。1931年第31卷第2期的《东方杂志》就描述了当时芜湖米市衰落后芜湖市区的情况:"米市既不行,各业皆随之逊色,街面上店铺十有九家在闹穷,穷的门面成年无人租。最近新兴工业倒闭的有裕中纱厂、大昌火柴厂、正大榨油厂、大来鸭毛厂及其制砖厂;工人失业者在五六千人。"作为皖江区域商业中心的芜湖尚且如此,何况那些因米谷交易而兴盛的商业重镇呢?它们因米谷贸易衰落而受的影响更加严重。如三河镇,在1931年之前,其商业发达,但由于1931年水灾影响,其米市遭受重创,工商业也一蹶不振,全镇"钱庄三家因此倒闭,各米商只能代客买卖,不能自为囤积"。

虽然芜湖米市衰落了,但是因米市而兴起的商业功能仍然发挥中心作用,一些手工业也迅速进入了近代化,推动了皖江地区城市朝着近代化的方向迈进。

三、大通开港与铜陵崛起

在皖江地区近代化的历史长河中,有一座小县城掀起了近代崛起的潮流,它就是安徽长江南岸的铜陵县。近代,铜陵县的近代化与治下的大通镇发展息息相关。大通镇襟江带淮,三面环水,其江心有和悦洲抑控江涛,江岸有羊山矶屏障阻风,最宜停舟泊船。在交通不发达的古代,徽州及邻近各县经商运货大都从大通港进出;大通距佛教圣地九华山79公里,是九华山的水路门户。明代洪武初年在大通设巡检司、河泊所、驿运站,清咸丰年间设参将衙、二府、衙厘金局等。优越的地理位置,使大通镇成为商业和军事要镇。

1865年，清朝在大通和悦洲大关口建立"盐务招商局"，规定"凡盐船溯江而上的，都得经过大通局另给水路执照方可转运他出口岸"。1866年，李鸿章将其更名为"皖岸督销局"，大通为总局，下辖芜湖分局。盐务机构的设立促进了大通商业的繁荣。当时销往湘、鄂、赣、皖四省的食盐都必须在大通查验后方可通行，由此，大部分盐商都在此地停留休整，带动了大通的商业消费，大通遂成为一座初具规模的商业重镇。

铜陵真正走向近代化是从大通被辟为"外轮寄航港"后开始的。1876年中英签订的《烟台条约》除了将皖江地区的芜湖辟为通商口岸外，还规定"至沿江安徽之大通、安庆……轮船准暂停泊，上下客商货物皆用民船起卸，仍照内地定章办理"。自此，大通开始成为外轮的寄航港。虽然，条约规定不准外商在大通居住和开设行栈，但列强无视条约规定，纷纷进入大通镇开设行栈、洋行等。从此，外国商品开始流入大通市场，而大量的内地廉价原料从这里被掠往国外。但是，随着对外开放，资本主义生产方式开始进入大通市场，这加速了铜陵传统经济的解体，民族工业开始出现，促使铜陵进入近代化。

大通成为寄航港后，外国轮船公司纷纷进入大通，如英国的太古和怡和两大轮船公司，还有美国的旗昌轮船公司等，它们因其先进的蒸汽机技术便于长距离地航运，成为外江航运路线的主要公司。而本地的公司除了轮船招商局外，其他公司的木帆船和小轮，一般主要从事短途航运，以弥补干线航运的不足。大通近代水路航运的发展，促进了铜陵近代交通体系的形成，加强了铜陵与外地的商业交流与联系，推动了铜陵工商业的兴盛与发展。

交通运输业的发展，促进了商业的繁荣兴盛。大通开港后，其商业规模进一步扩大。清末民初时，皖江周边和邻近省份的土特产品大多运至大通进行销售，大通成为皖江沿江和皖南山区的商品集散中心。民国初年，大通在鼎盛时期常住人口有3万多，其夹江中经常停泊的商业船有数百艘，有大小商户1000多家，其中巨商富贾100多户，每户资本一般在20万元左右，多的达30万元，街市白日人流如潮，夜晚灯火通明。大通的商品经营种类多样，有五洋杂货、京广百货、布匹、石油、烟草、米行以及茶楼酒肆、歌馆梨园等，大通成为安徽沿江仅次于安庆、芜湖的商埠。进入20世纪以后，大通与顺安、五松等镇发展成为商业中心，当时全县约有2000余家私营工商户。商业的发展，推动了商业组织的设立。1904年，大通成立商会组织。1908年，考虑其商业地位的重要性，清政府批准成立大通商务总会，其级位与安庆相同，直属商务部，沿江周边的青阳等地商会都归其管辖。

随着外国资本主义的进入，铜陵的工业开始进入近代化的轨道。大通本地第一个近代企业是创办于1919年的振通电灯公司。当时商业发达的大通镇，仍然用煤油灯照明，为了结束大通油灯照明的历史，上海商人祝大椿决定在大通和悦洲开设电灯公司。公司安装有一台110.33千瓦的煤气机和一台108千瓦的发电机，并安装了供电变压器10台，架设线路12公里，在民国九年(1920)开始发电。民国25年，其用电缆从江底将电输送至大通，从此，大通两岸灯火通明，街市熙攘，商业更加兴隆，成为安徽四大商埠之一，并有"小上海"之美称。

四、招商引资 工商兴盛

中共十一届三中全会以后，皖江地区在改革春风的吹拂下，开始在经济体制方面打破僵局，进行工商业管理体制改革，扩大企业自主权，实行承包责任制，激活企业活力。由此，皖江一批工业企业很快从亏损状态中走出来，扭亏为盈。如马鞍山市，29家企业产值、利税增长。马鞍山钢铁公司、安庆纺织厂还作为先进单位向全省推广它们的改革经验。皖江地区的商业管理体制改革也逐渐拉开序幕。20世纪80年代，安庆、芜湖、马鞍山等市的各商业公司扩大企业自主权，实行承包责任制，全部放开经营，增强了商业经营的活力。在改革氛围中，芜湖出现了我国第一代商业经济的典型代表——"傻子瓜子"。其品牌创立人为芜湖市个体户年广久，他抓住改革的浪潮，不断改进配方和管理体制，使"傻子瓜子"享誉全国。在改革、开放、搞活经济方针的指导下，皖江地区的商业逐渐走向新的繁荣。1990年，皖江地区4市3地区32县(市)的商业和饮食服务网点达28万个，比1978年增长7.9倍；其中国营商业网点增加35%，供销社和集体商业网点增加 2.3 倍，个体商业网点大约增加了 80 倍。

20 世纪 90 年代，中央作出开发浦东的战略决策，使中国对外开放格局向长江流域进一步延伸。早在 20 世纪 80 年代，安徽省就已着手制定开发皖江的政策。1984 年，芜湖市重新开放"芜湖米市"，开业首日成交粮食 1.07 亿斤，成交金额 2046 万元。1992 年 5 月，国家将芜湖辟为沿江开放城市，长江流域的开发开放正式起航。为顺应开放潮流，安徽省委省政府作出了开发开放皖江的决策，形成了"以合肥、黄山为两点，以皖江为一线"的经济开发开放的总体思路。皖江地区各地市利用政策条件优势兴办经济开发区，积极利用外资进行投资，增强皖江地区的经济实力。在交通方面，1995 年在利用外资投资的基础上兴建皖江第一桥——铜陵长江公路大桥，加强了铜陵长江两岸的经济联系。1993 年芜湖、安庆的原军用机场相继改为军民两用机场，先后开通到北京、上海等地的国内国际航线。在开放的整体思路下，皖江地区的一些大型工商业积极引进外资，推行股份制改革，进行改制和重组，形成了有一定实力的上市公司。1992 年到 1994 年，马鞍山钢铁公司率先进行了股份制改革，重组为马鞍山钢铁股份有限公司和马钢总公司，股份制公司由马钢总公司控股；1996 年，由铜陵有色金属公司等 8 家单位共同发起成立的安徽铜都铜业股份有限公司的股票开始在深圳上市，标志着铜陵有色金属公司重组完成；同年，安徽红星宣纸股份有限公司成立。而一些国有中小公司，采取了出售、拍卖、租赁等措施进行重组改制，激活了经济潜力。在招商引资政策引导下，皖江地区形成了一批有特色的大型工业企业，如马鞍山钢铁公司、铜陵有色金属公司、扬子集团、安徽海螺集团、奇瑞汽车等。1991 年至 1995 年，皖江地区经过开发开放，经济实力明显增强。如皖江 8 地市工农业产值年递增 24.1%，社会消费品零售总额年递增 19%，固定资产投资年递增 42%，均高于全省平均水平；国内生产总值由 1990 年占全省 41.3%，提高到 1994 年占全省 43.6%；工业总产值由 1990 年占全省 48.1%，提高到 1994 年占全省 48.7%。在开发开放皖江战略的推动下，皖江地区的工商业开始快速发展，经济实现腾飞。

第四节 连绵悠长的皖江教育

据说，世界上最聪明的犹太人在小孩出生时，会在书本上滴几滴蜂蜜，让小孩舔食，意在告诉孩子，书本是甜的。中国虽无此类故事，但论起对教育的重视程度，在世界上也是丝毫不逊于其他国家的。明清以来，江浙地区彻底奠定了"天下文宗"的地位，徽州也靠着理学的助力获得了"东南邹鲁"的美誉。在这两位名声显赫的邻居面前，皖江人并没有自卑，而是认真学习、小步快跑。功夫不负有心人，终于，皖江人也在明星璀璨的全国文坛上占据了一席之地。

一、古代府县儒学与书院

秦汉时期，由于各种原因，儒家文化并未对南方社会产生深刻影响。相反，起源于淮河流域的黄老思想成为当时的主流思想。直到汉武帝"废黜百家、独尊儒术"后，儒家才获得了空前的地位。汉武帝下令在全国各地设立官办学校，派员管理教授生员。北方儒学得以大规模向南扩张，皖江也正是在这个时候开始接受儒家的伦理道德观念，逐渐完成封建化。

说起皖江地区的教育发展，就不能不提到一个重要人物——文翁，文翁是庐江郡舒县人，《汉书》称其"少好学，通《春秋》"，汉景帝末年担任蜀郡太守，在当地"仁爱好教化"。面对蜀郡地区文化教育落后的局面，文翁选拔了数十名地方俊彦，亲自教导他们，并官费派送他们去京师学习，学成归来后又授予他们官职。这一举措极大地推动了蜀地文化教育事业发展，文翁所教弟子多有成为地方郡守。而从文翁本人所受的教育经历来看，皖江地区的教育也并不是一穷二白，而是有一定基础的。

西汉末年，山东人李忠为丹阳太守。李忠以"越俗不好学"，在郡治设立学校，鼓励当地人学习儒家经典，不久之后，"郡中向慕之"。正是在这种儒学化不断加深的过程中，皖江地区出现了一批士族地主集团。到了东汉末年，大批北方士族南迁，在当地定居，与地方士族联姻，终于形成如庐江何氏、周氏等一批著名的士族家族，构成了南朝士族集团的主体。相较于贵族集团，士族集团最大的特点之一就是崇尚经学，因而生命力较强。由于长年战乱，官学荒废，但世家大族内部的家学仍然有着顽强的生命力。

隋唐时期，封建社会重新步入繁盛时期。教育事业再次得到封建政府的大力支持。早在唐初，唐高祖就下令"上郡学置生六十员，中郡五十员，下郡四十员。上县学并四十员，中县三十员，下县二十员"，皖江地区官学教育起步缓慢，到唐玄宗时期，国力昌盛，又再下令"宜令天下州县，每一乡之内，别各置学，仍择师资，令其教授"。自此，唐代官学教育开始兴盛。在这种环境下，皖江教育也有了很大发展。史载：当时庐江地区的百姓"不好学而酷信淫祀"，地方官罗珦组织人力物力，对"童冠子弟"进行"鲁春秋及百王之言"的儒学教育，结果不到四十年，庐江地区"俊造之秀升于宗伯者""四十人"，由此可见教育之功效。而安史之乱后，唐王朝陷入藩镇割据的局面，即使南方也不能幸免，皖江地区的官学教育自此衰落下来。

直到宋代，书院教育异军突起，皖江教育才又得到突破性的发展。书院最早出现在唐代，当时地方士人多喜欢四处游学，遇到风景优美的地方便停留下来，于是九华山成为他们的首选之地。罗隐、杜荀鹤都曾在九华山隐居读书，时间一长，便有了书院的雏形。宋初，政府曾规定只准于藩镇大郡设立官学，地方支郡不准设立，这显然无法满足士人对于知识的渴求。因而宋中叶经历三次兴学运动后，这种局面慢慢被打破，地方官学也逐渐完备起来。同时，一批士大夫也在地方建造书院，作为清谈讲学之所，聚集生徒。南宋以后，理学诸家并起，书院作为一种相对独立的学术机构，用于各种学派讨论学术问题，因而很受提倡。其中位于宣城绩溪县的槐溪书院，始建于南宋淳熙年间，是安徽境内最早的书院之一。此后，各地书院如雨后春笋一般出现：池州有八桂、齐山书院，当涂有天门、采石、丹阳书院，泾县有峨岱书院，无为有林泉、芝山书院。这批书院大多由地方绅士精英奔走建成，得到政府力量的支持，拥有充足的经费和一套严密的管理制度，因而生命力极其长久。

延及明清，书院性质逐渐产生变化，最为明显的一点就是受到官方的控制并日益加强，渐渐由"私学"转为"官学"，由士人自由讲学的场所变为封建官僚的培养所。书院的兴衰也与政治环境密切相关，明末，阉党大兴党狱，几乎全国书院都遭到禁毁。直到清初，满洲贵族恐惧于江南文人的反清斗争，对书院仍有颇多限制。

而这一过程中，最具代表性的就是安庆敬敷书院。敬敷书院成立于清顺治九年（1652），是安徽地区存在时间最长的官办书院之一，直到清末才为新式学堂所取代。敬敷书院初名"培原书院"，为操江巡抚李培原捐银创办，位于今天安庆一中校内（1897年迁到现址——安庆师范学院菱湖校区内），设有礼让堂（教室）、经正阁（藏书室）、宗儒祠（供奉宋代大儒）和号舍（学生宿舍）等建筑，还购置了田产作为书院经费来源，初步确立了书院的基础。此后，书院继续受到地方官僚的重视，屡屡得到地方官员的捐银资助。清雍正十一年（1733），清政府改变原有书院政策，倡导书院教育，将培原书院改为官办，由地方藩库供给经费。乾隆元年（1736），清政府下令要求将省城各大书院办成"古侯国之学"，为此培原书院再次增修，并更名为"敬敷书院"，"敬敷"之词，语出《尚书》，意为"恭敬地布施教化"。此后，但凡新任巡抚到任，必亲临书院。由此，敬敷书院走向了鼎盛时期。

敬敷书院

以敬敷书院为代表的书院教育机构,不仅仅是普通的教书育人之所,更是滋润一方文脉的源泉,极大地影响了皖江后世的文化教育。

清乾隆四十五年(1780),桐城派大儒姚鼐第一次来到敬敷书院讲学,此后又多次前往,前后累计讲学12年。除此之外,刘大櫆、沈廷芳、梅曾亮等桐城派重要人物也纷纷来到敬敷书院讲课授徒,以致于敬敷书院很快成为桐城派活动的重要基地。利用敬敷书院这个重要平台,桐城派不断传播延续其学说,不仅将其影响力辐射到全国,而且成功垄断清朝文坛达三百年,成为当之无愧的文坛宗主,直到清末才在西方文化的冲击下走向没落。

可以说,敬敷书院不仅是桐城派扩张的一大助力,而且是皖江文化积累千年的一次大质变。皖江文化,因此第一次走到了全国的台前;皖江文化,从此以后焕然一新。

二、近代癸卯学制与皖江教育转型

甲午战争后,意识到亡国灭种危机的一批开明知识分子纷纷把视线投向海外。庚子事变后,更有大批知识分子远渡重洋,前往海外各国游学,学习西方先进知识。清政府显然也意识到推行新式教育的重要性,鼓励各地督抚兴办新式学堂。而当时安庆作为安徽省首府,自然成为近代皖江教育转型的起点。

1903年,在地方实力派人物张之洞的推动下,清政府颁布《奏定学堂章程》并在全国推行,史称"癸卯学制"。它详细规定了不同阶段的学校教育方略,为中国近代教育奠定了基础。

从纵向上看,"癸卯学制"制定的教育方案共分三大段:第一大段是初等教育,分蒙养院4年、初等小学5年、高等小学4年,近似现今幼儿园至小学毕业;第二大段是中等教育,只有中学堂一级共5年,近似现今初中至高中毕业;第三段是高等教育,有高等学堂或大学预备科3年,分科大学堂3或4年以及通儒院5年,近似现今大学至研究生毕业。接受完这些阶段的教育,累计需要30年。

从横向上看,"癸卯学制"包括高级师范教育和实业教育两大部分:师范教育有初级师范学堂和优级师范学堂两等,学制8年;实业教育有艺徒学堂和实业补习普通学堂，还有初等实业学堂、中等实业学堂、高等实业学堂三等，学制一共 15 年。

癸卯学制颁布后，经全省上下努力，安徽基本建立起一套较为完整的近代教育体系，而这些新式学堂又多集中在安庆。

在高等教育方面，早在 1897 年，安徽巡抚邓华熙即奏请在安庆设立新式学堂。1902 年，安庆又在原有敬敷书院的基础上，成立了安徽第一所近代高等大学——安徽大学堂，1904 年复改为安徽高等学堂。1906 年又新设了官立法政学堂和安徽全省师范学堂，初步建立起一套比较完整的近代皖江高等教育系统。中等教育方面，清末全省共有中学堂 27 所，其中皖江地区占 16 所。初等教育方面，1909 年，全省有小学堂 644 所，1912 年增长到 1430 所，大部分集中在皖江地区。

截至辛亥革命爆发前，安徽全省近代教育有了显著发展，高等学堂发展较为缓慢，但初等教育和中等教育却从无到有，为后来的皖江教育现代化奠定了良好的基础。

三、皖江高等教育的兴起与发展

辛亥革命后，北洋军阀倪嗣冲担任安徽都督，对教育事业百般摧残，安徽教育事业发展缓慢，某些方面甚至还出现倒退现象。前文所叙的安徽省高等学堂、官立法政学堂和安徽全省师范学堂甚至停办，这是前所未有的退步！但发展教育毕竟是全社会的共识，虽然曲折，但是努力后总归有所回报。1912 年，私立江淮大学在安庆成立，设文学院、法学院等院系。同年，私立高等农业学堂在安庆创办，下设农业、蚕丝两科。1922 年，又创设省立工业专门学校，下设土木、机械等科，基本填补了相关实业教育的空白。然而直到 1928 年，省立安徽大学在安庆成立，才标志着皖江乃至安徽高等教育有了突破性进展。

早在 1921 年 9 月，胡适在安庆参加安徽省教育会组织的暑期讲演会时，就鼓励安徽知识界组建安徽人自己的大学。嗣后，新任安徽省长许世英对此表示支持。同年 11 月，安徽大学期成会成立，并公布期成会简章。简章规定："本会以联络同志、促进安徽大学之成立为宗旨。"主要会务子项：一、拟定大学逐年筹备计划；二、筹备大学基金经费及开办费；三、实施其他筹备计划。但由于种种原因，直到1926年实质性筹备工作才开始进行。筹备处拟定，在原安徽工业专门学校校址的基础上建立安徽大学，于1926年秋季正式成立安徽大学，先行招收大学预科生，一年后开办本科。筹备处借鉴其他省立大学的经验，编制了此后十年安徽大学经常性经费和临时性经费的预算，分年度实施。受战局影响，直到1928年2月，安徽大学才开始正式面向全国招生，当年四月，首批172名新生到校报到并参加了盛大的开学典礼。至此，筹备七年之久的安徽大学宣告正式成立。

相较于之前各种更近似培训班的高等学堂，安徽大学从招生、专业设置、教学及就业等方面来讲，可以说是一所比较完备的综合性大学。校务先后由刘文典、程演生等文化名流主持，校内相继设立文学院、理学院、农学院等院系。曾先后聘请了包括法学家胡恭先，经济学博士、中山大学教授萧伟信，经史专家、复旦大学教授周予同，语言学家、复旦大学教授方光亮，历史学家、中山大学教授陈守实，文学硕士、上海大夏大学英文系主任戚叔含等一批著名学者来校任教，可谓师资力量雄厚。

安徽大学红楼

安徽大学的成立，是集皖江数代人之努力而成之硕果，是皖江文化近代转型的一次尝试，其建设过程中的曲折，正是皖江社会在近代中国艰难求得生存的反映。新中国成立后，皖江地区有了稳定的政治环境，在党和政府高度重视下，皖江文化教育事业得到了飞速发展。

四、皖江教育与皖江文化

十年树木，百年树人。

皖江人民用千年的积累，孕育出灿烂的皖江文化。而且，皖江人意识到，比皖江文化更珍贵的是教育，只有重视教育，才能保证文化之花常开不败。

一千年前，随着经济文化重心的南移，江南逐渐确定了其在全国文化中的中心地位。凭借"近水楼台先得月"的地理区位优势，皖江士人得以同江浙士人进行充分的文化交流。同时，以"贾而好儒"著称的徽商崛起后，也大力扶持当地的文化教育事业，宣扬朱子理学，竭力将徽州打造成"东南邹鲁"。而皖江文化在这两大区域文化的滋润下，自然变得生机勃勃。因而，当吴应箕、方以智成为复社骨干成员后，方苞、姚鼐成为桐城派魁首时，皖江文化崛起也就在意料之中了。

如果要追溯这一切的源头，那么恐怕还是要归功于书院。书院的出现，使得文化教育与学术研究真正有机结合起来。

在官方教育垄断文化教育之前，文化主要是通过家学的方式积累传承。自南宋后，皖江地区出现了一批文化世家。如桐城张氏和戴氏、全椒吴氏、宣城梅氏等家族，均以文学著称。以桐城张氏为例，一门仅清代就出举人、进士八十余人，可见其家学影响之深。而在文学成就上，戴氏出现桐城派大师戴名世，宣城梅氏则更是人才辈出。

而对于出身于下层社会的士人来说，接受教育的机会少之又少。在门阀社会，文化教育的权力往往为世家大族所垄断，国子监等国家教育机构成为其子弟的禁脔，普通百姓根本无法参与其中。书院的出现则打破了这一局面。书院的出现，为士大夫之间的文化交流提供了重要场所，也为地方士人晋升提供了机会。更重要的是，相比于官办之学，由地方精英负责的书院更为灵活，效果也更加明显。各地书院不定期举办讲学活动，彼此应和，陆陆续续形成了一个个小的学术中心，并相互影响、应和乃至融合，渐渐辐射周边，最终融汇到皖江文化的大潮中去。明清两代，皖江与徽州，无论进士数量还是文学创作，与江浙相比都毫不逊色。因而，"安（庆）"与"徽（州）"，也就成为了这个新兴省份的名字，共同组成了安徽文化的重要基石。

这是皖江文化的第一次飞跃，也让我们牢牢记住了那一所所为文化发展做出突出贡献的书院。

步入近代，鸦片战争、安庆保卫战、芜湖开埠，这一连串事件刺激着皖江，面对这"三千年未有之变局"，皖江文化艰难寻找着自身的定位。在炮舰的掩护下，"欧风美雨"以上海为起点溯江而上，直扑华夏腹地，湘湖保守势力与革新者激战正酣，湖广总督张之洞率先在湖北改革传统教育。而到清中晚期，书院教育渐渐失去了原有的精神与活力，沦为科举制度的附庸，成了阻碍皖江文化发展的礁石，东西文化的挤压迫使皖江文化作出改变。

因而，在"求新求变"的焦虑下，安庆出现一批新式学堂，开始讲求新式教育。以陈独秀为代表的大批皖江学子前往京沪、日本乃至欧美留学，学习西方先进文化。皖江的文化土壤，又埋下了革命的种子。当这些种子开花结果之时，就有了安徽第一个革命组织——岳王会，安徽第一份新式报刊——《安徽俗话报》，再往后，就有了《新青年》与新文化运动，乃至早期的社会主义宣传。

保守，从来就不存在于皖江文化的基因之中。近代教育的变革，成为皖江文化崛起的最大契机。吴汝纶、陈独秀、邓稼先，一大批接受了新式教育的皖江学子，正是在这场变革中，完成了自身的蜕变，从桐城文化到两弹元勋，这一剧烈的转向，昭示着皖江文化的涅槃。

皖江文化，更多的是一种象征。它象征着皖江人不甘落寞、勇于争先的精神。正如这八百里皖江一般，来自高山的冰雪，闯过险恶的礁滩，一头扎进皖江大地。千万年的流淌，依然磨不灭她的朝气。她一手持剑，劈开浊浪；一手举盾，遮挡风雨。她明白她的力量来源于何方，教育与文化已经浸润了每一滴江水；她也明白她的未来在何处，广袤的太平洋才是她最终的归宿。此时的皖江已不再是一条懵懵懂懂的普通河流,千百年的文化积累,早已让她成了当之无愧的文化之江。

　　走近皖江,用身心感受江水的每一次律动,倾听两岸江风的呼啸,你会感受到她身体里蕴藏的澎湃力量,这充满朝气的力量,这孕育希望的力量,纪念着过去,更昭示着未来。

第二讲

辉煌的冶铸文化

皖江流域物产丰富，尤其是江南有色金属的蕴藏在全国占据重要地位。从三四千年前的夏商时代开始，皖江流域的铜陵、南陵、繁昌、池州等地就开始了铜的开采与冶炼，成为古代中国的铜冶基地，是繁盛发达的中国青铜器铸造中铜、锡原料的重要产地。此后，在数千年的铜开采业、冶炼和钱币铸造业的历史过程中，孕育出值得后人炫耀的铜冶文化，在全国独树一帜。到现当代，皖江流域铜陵有色金属生产基地称雄国内，再铸辉煌；特色鲜明的钢铁冶炼生产基地马鞍山钢铁集团崛起，创造了非凡的业绩。皖江流域的民众在数千年的历程中创造出辉煌的冶炼文化，值得后人好好总结。

第一节 铜井炎炉歇九天

一、青铜冶炼与皖江早期文明

人类最早使用的金属器——青铜器，是文明出现的最重要的标志性创造之一。铜的开采、冶炼和青铜器的铸造象征着人类技术创新的一个巨大飞跃。皖江流域铜陵、南陵、池州等地铜的采冶历数千年而不绝，创造出灿烂的铜冶文明，是商周一直到汉魏唐宋时期铜料最重要的供给地，被誉为"中国铜都"。

在文明起源的诸多主要因素之中，青铜器的出现和使用无疑是非常重要的，已被历史学家与考古学家们公认为与文字、城市齐名的三大文明起源标志性要素之一。如果说文字的出现标志着人类智力文化水平达到一个新的阶段，从此人类的知识、经验跨越时空，存之久远；城市的出现意味着古国政治、经济和军事发展的巨大进步；那么铜的发现、开掘和冶炼，青铜器的铸造就象征着人类技术创新的一个巨大飞跃。人类早在进入文明时代之前，就与铜结下了不解之缘，当文明社会到来之后，不仅夏商周的青铜时代需要大量铜,而且在此后漫长的岁月中铜都是人类生活、生产必不可少的一种金属。铜的采治和铸造技术伴随着人类社会的发展而进步,数千年的文明发展史在某种程度上成为科学创新和时代进步的见证。

考古资料表明,早在夏代后期,至迟在商周时期,皖江流域的先民们就开始了开采冶炼铜的活动,其规模之大、延续时间之长、技术水平之高令人难以想象。由于铜在古代是特别重要的战略物资,对于产铜地点和有关的开采情况古代文献大多语焉不详,直到周代才有只言片语的记载,这就为人们了解早期铜冶历史增添了很多困难。现代考古揭开了这一埋藏数千年的秘密,在皖江流域的沿江县市地下蕴藏着丰富的有色金属资源,在古代北方铜稀缺的情况下,这里成为从先秦到宋代三千多年间的冶铜中心和铸钱重地。

青铜是红铜加锡或铅的合金,因其锈呈青绿色而得名。青铜熔点低,较易冶炼,具有硬度大、绝少气孔、易铸造等优点。青铜器出现以后很快在生活器具、兵器、工具等领域里取代石器,成为人类进步的标志性器物之一。人们在这一时期创造的文化被称为青铜文化。中国的早期阶级社会是与青铜时代相吻合的,学术界一般认为夏、商、西周就是中国的青铜时代。这一时期以青铜作为制造各种礼器、工具、用具和武器的重要原料,传世或出土的大量青铜器,成为这一时代的重要标志。中国古代的青铜器是古代文化最重要的要素之一,是中国古代文明值得骄傲的成果,在世界文明史上占有非常突出的地位。近一个世纪以来,中外学者围绕商周青铜器的用途、器形、纹饰及合金成分、铸造工艺诸多问题进行了大量的研究,有不少论文论著问世,成绩斐然。学者们发现,中国青铜器在最繁盛的商周时代的铸造和使用,几乎已到了"前无古人,后无来者"的程度,专家们往往用"鼎盛""繁荣"等词语来形容商周青铜器的发展盛况。已故美籍华裔考古学家张光直先生曾不无自豪地指出:已经出土的青铜时代中国青铜器的数量,是世界其他地区出土青铜器数量的总和;中国青铜器的种类,是世界其他地区出土青铜器种类的总和。中国青铜时代的辉煌大概维系了1500年,约占整个中国文明发展进程的三分之一。进入铁器时代以后,铜及其制品继续在许多方面发挥着难以替代的重要作用,与其他质地的制品共生共存,各显其能,各领风骚。

但是,在中国铜的最初生产地却始终是个谜。中国文明的中心地区即中原地区,铜的蕴藏量非常有限,郭沫若先生早在《两周金文辞大系图录考释》中就提出,制造青铜器的主要原料铜与锡的产地远离传统的中原核心地区,中原地区商周时期青铜或青铜冶炼技术可能是由江南传入的。他认为:"中国南方江淮流域下游,在古时是青铜的名产地。《考工记》云'吴越之金(铜)锡',李斯《谏逐客书》云'江南之金(铜)锡',都是证据。金锡的合金即是青铜。在春秋战国时,江南吴越既为青铜名产地,则其冶铸之术必渊源甚古。殷代末年与江淮流域的东南夷时常发生战事,或者即在当时冶铸技术传入了北方。"他通过对青铜铭文的考释,提出东南夷与中原政权之间存在着一条以金锡入贡或交易之路。但是长期以来,囿于传统观念和其他种种原因,学术界对中国古代青铜铜源的研究很不充分,对于铜的开采、冶炼技术的研究也很不深入。

商代兽面纹斝,铜陵县出土

令人欣喜的是,20世纪七八十年代以来,考古事业蓬勃发展,新的资料和研究成果层出不穷。学者们从楚文化、吴越文化和广汉三星堆古蜀文化遗址的一系列重大发现中,从江西新干大型商墓到苏南、皖南土墩墓等地出土的大量具有地方特色的青铜器中，从制造精良、造型新颖、工艺技术独到的青铜器皿中，对传统的南方文化长期落后于北方的观点重新加以审视，提出应该从更为广阔的领域，把黄河流域的中原文化与所谓夷蛮戎狄的文化（尤其是长江流域的古代文化）置于相互影响、互为辐射地的共同文化范畴内重新给予评价。早在1990年李学勤先生就提出"传统观念以为南方长期在文化上落后于北方，实在是一种误会"。中国的文明是两条大河（黄河与长江）共同孕育的，中华源远流长的文化在数千年的历史长河中从未中断，也得益于这两条大河的哺育。

在南方，主要是在长江中下游（北纬30°附近）地区，一系列先秦至唐宋时期的古铜矿遗址被发现。如湖南西部的麻阳东周古铜矿遗址、湖北大冶铜绿山东周至汉代铜冶遗址、江西瑞昌铜岭商周铜矿遗址、皖江流域古铜矿采冶遗址群（时代跨度为商周至唐宋）等。其中安徽铜陵、南陵铜矿铜的采冶历数千年而不绝，在当代仍然发挥着巨大的作用，是国内最重要的铜冶基地之一。据保守估计，皖南仅南陵、铜陵两处，就发现铜矿遗址几十处，其中南陵江木冲，铜陵凤凰山、木鱼山等三处炼铜遗址内的废渣至少有50万吨，加上其他地点的废渣，总量在百万吨以上，即使按铜、渣比例1∶10推算，皖南地区产铜量也至少在10万吨。这些新发现引起了考古学界、历史学界、冶金史学界、科技史学界的极大关注，为探索先秦铜源问题提供了丰富的资料。结合考古成果可以推断，长江中下游地区是先秦一直到汉魏唐宋时期主要的铜料生产地区和重要的铜料供给地。

其实，早期文献虽然极少涉及具体的产矿地点，但还是透露了一些江南铜冶的信息。先秦文献中有扬州、荆州进贡"金三品"和"吴越金（铜）锡"的记载。春秋战国时期楚、吴、越等南方诸国的崛起都与它们拥有丰富的铜矿资源和高超的采冶、铸造技术有非常密切的关系。《周礼》载九州各地区上贡特产给禹，扬州（今东南大部）、荆州（今长江中游地区）进奉的供品都有"金三品"，《周礼·考工记》也盛赞："吴越之金（铜）锡，此材之美者也"，还赞叹吴越之剑的精美，又说越地人人皆能铸形似锄头的农具，无须专门家族来铸。江南盛产铜锡，至迟在战国时代，已成为各地妇孺皆知的常识，其他如《诗经》《越绝书》等都有关于江南金（铜）锡的记载，而中原地区获得江南铜的方式,据研究除部分自产外,主要有各地纳贡、战争缴获、民间贸易、相互馈赠、进献等方式。

汉初吴王刘濞据有3郡53城,其中鄣郡盛产铜,铸钱煮盐,国用富足。后鄣郡改名丹阳郡,成为汉代唯一的铜官所在地,其具体地点应该就在铜官镇(今安徽省铜陵市),此后数百年间"丹阳铜"因被称为"佳铜""善铜"而盛名远扬。六朝至隋唐有屡见于史籍的冶铜中心——"梅根冶""梅根监",形成了以铜官镇为中心的,集开采、熔炼、铸造为一体的铜工业区和以梅根监(今属安徽省池州市)为中心的铸钱基地。宋朝江南地区涌现出许多规模较大的铜冶基地,有以池州永丰监、韶州岑水场、潭州永兴场、信州铅山场为代表的大型铜冶基地和盛极一时的四大钱监,出现年产铜上千万斤的古代特大铜矿和铸钱量达百万贯的铸钱基地,将宋代的铜冶业推向高峰,诚如宋代马端临所言,"产铜之地,莫盛于江南"。江南铜的开采延续数千年,成为中国古代铜矿开采、铜器冶铸业的缩影。江南铜的开采与冶炼,青铜器皿的铸造成为中国文明的重要内容,不能不引起人们的关注。

研究表明,古代铜矿开采和冶炼技术有许多值得称道的进步之处,尤其是硫化铜的冶炼、胆铜炼铜技术的运用在科技史上占有突出的地位。皖江流域众多县市古代铜开采量之大、技术水平之高、延续时间之长,对经济文化的发展和时代的进步发挥了巨大的作用。

马克思主义认为,生产工具的进步是生产力发展的标志。铜矿的开采水平、铜器的铸造技术不仅在青铜时代具有特别重要的意义,而且在整个铁器时代乃至现代社会都是社会进步不可忽视的要素。青铜原料成为各国争相夺取的战略物资,谁拥有了铜矿资源,谁就有可能强盛起来。春秋时期原本落后的楚国饮马黄河,问鼎中原,横扫江淮;吴越在春秋中后期迅速崛起,争霸中原,都与其拥有江南丰富的铜资源和高超的冶铸技术有着直接的关系。秦汉以后,铜的需求量有增无减,钱币、法器、佛像、铜镜等都要消耗大量的铜,刘濞之所以敢于发动七国之乱,是因为他占有江南铜矿、大肆铸钱暴富。六朝至唐宋时期,江南经济突飞猛进,最终赶上和超过北方经济,成为中国又一个重要经济中心,究其原因,江南铜的大规模开发功不可没。

二、皖江铜矿开采与冶炼遗址的考古发现

安徽矿产资源丰富，铜、铁、煤、矾等蕴藏量位居全国前列。安徽沿江江南是重要的有色金属成矿带，蕴藏着大量的铜、铁、锡、金等矿产。其中铜矿资源尤为丰富，约占长江中下游铜矿总储量的三分之二。现代考古发掘了众多采矿、冶铜遗址，使我们有可能将皖江流域古铜矿采冶的状况复原，恢复皖江铜矿从开采到冶炼、从铸造到运输的大致状况，以弥补文献的匮缺。

20世纪80年代以来，在安徽皖江以南地区的铜陵、南陵、繁昌、青阳、池州、泾县以及沿江江北安庆、枞阳、庐江、无为等县市先后发现了一批古代的铜矿采冶遗址。这些遗址分布在八百里皖江两岸，可分为皖南铜矿采冶遗址群和沿江江北古铜矿采冶遗址带两部分，合称安徽皖江古铜矿采冶遗址。早在数千年前，这些矿产即已开发，留下大批的古矿采冶遗址，其中以古铜矿采冶遗址最值得重视。

铜矿遗址包括采矿遗址和冶炼遗址，由于古代大都采取即山冶炼，所以两类遗址位置相对集中。考古调查发现的采矿遗址有南陵的戴腰山、上牧冲、井塌、老虎山、马鞍山，铜陵的金牛洞、药园山、虎形山、铜井山、包山，池州六峰山、人形山、铜山牌等，繁昌的铜山等40余处。许多冶炼遗址有南陵的江木冲、塌里牧，铜陵的木鱼山、金山盛、燕子牧、银坑冲，繁昌的铜山、梨山、峨山，宣城的麻姑山，贵池的六峰山、枫庄、黑洼、鬼神塘等60余处。铸造遗址有贵池的煅窑等。其中南陵、铜陵两地古铜矿遗址分布最为密集，并形成大工山、狮子山、凤凰山、铜官山等若干个规模巨大的古代冶炼中心，构成目前国内最大的铜矿遗址群。年代涉及商周、春秋、战国、两汉、唐宋等历史时期，许多遗址层层相因，遗物堆积丰厚，地表遗留数十万吨的废炼渣。安徽省文物考古研究所杨立新先生研究认为："从铜陵先秦铜业的规模来看，当时（铜业）已经超出家庭手工业作坊形式，初步形成采冶铸一条龙的铜工业体系的雏形，推测当时的铜业管理机构，应属于国家工官组织。"

考古调查发现，其中仅铜陵地区就发现古代铜矿冶炼遗址20处，采矿遗址9处，分布于金山片、凤凰山片、狮子山片、铜官山片。这些铜矿遗址大都分布在山坡或山坳中，一般为采冶结合型，即冶炼遗址附近往往均有采矿遗址。这些铜矿冶遗址经历了商周之际（有报道称最早可能始于夏代）的起始阶段、两周的发展阶段和汉至唐宋的兴盛阶段三个时期，延续两千年之久。其发展趋势是先东后西，由凤凰山片至金山片，然后是铜官片，狮子山片的木鱼山遗址所处年代最早。

皖江流域的古铜矿采冶遗址具有点多、面广、时代久远、采矿与冶炼并存等特点，是全国迄今为止发现的最大、最早的古代铜矿冶炼遗址之一。它的发现为研究我国青铜文化发展史及采矿冶金史提供了重要的实物例证，具有重大的意义。铜矿开采和冶炼是两个技术性很高的生产过程，以皖南古矿井为例，不仅需要解决建立井巷支护中的一系列难题，解决采掘通风、排水、提升等技术难题，需要初步测定矿石中的含铜品位，以决定采掘的方向，而且还需要解决选矿和运输等问题。矿石开采出来后，即山冶炼的技术性更强，皖南至迟在西周时已掌握冶炼较繁复的利用硫化铜矿炼铜的技术，在全国率先完成硫化铜矿—冰铜—纯铜的先进冶铜过程。通常火法炼铜工艺有两种：一种是在高温下将富铜的氧化铜矿石直接炼成粗铜，技术要求相对较简单；另一种是在高温下先将硫化铜矿石熔炼成冰铜，再将其吹炼成粗铜。硫化铜矿石必须经焙烧、精选才能入炉熔炼，这一技术的使用无疑表明当时的炼铜技术达到了更高水准。由于文献上迟至宋代才见到有关这方面技术的记载，皖南周代硫化铜矿冶炼技术的发现和确认，解决了我国硫化矿炼铜术起于何时的历史疑问。

在自然界，天然金属如铜、陨铁等资源很有限，要获得大量的金属，只能靠开采、冶炼矿石。由于各矿场金属有效成分的含量不同，其他金属和杂质的含量也不同，对冶炼技术的要求也有很大差异。我国古代的炼铜技术，可分为火法和湿法两种。铜矿物在自然界主要有两种类型，即氧化型铜矿和硫化型铜矿。前者主要有孔雀石矿、蓝铜矿（石青、曾青）等，后者主要有黄铜矿、斑铜矿、辉铜矿等。从目前所发掘出土的古铜矿矿石来看，大冶铜绿山等主要开采氧化型铜矿；皖南诸铜矿开采的既有氧化铜，也有硫化铜。因氧化铜和硫化铜在冶炼方法和程序上要求不同，其技术含量也就大不相同，但都属于火法炼铜的范畴。

古代炼铜矿石主要是属于氧化铜矿的孔雀石，其次是自然铜。氧化铜属于次生铜矿，原生铜矿石被水和空气氧化溶解成硫酸铜，硫酸铜再与周围的碳酸盐作用而变成氧化型铜矿石，这种变化经历了漫长的地质年代。在自然界，铜的矿物中氧化型铜矿石的蕴藏量有限，且大都蕴藏于地表，易于开采，这也是早期人类总是首先采冶氧化铜矿的原因。而实际上自然界铜矿主要是以硫化铜的形式存在，随着采掘的进展和炼铜业的发展，采用硫化型铜矿是炼铜业的必然趋势。大约在战国时期皖南地区古铜矿就掀开了我国采用硫化型铜矿炼铜的新篇章。世界上使用硫化矿炼铜最早的地区是伊朗、两河流域和欧洲的一些地区，其基本方法是矿石经焙烧，呈黏态流出，冷却后变成饼状炼渣，这些炼渣直径约数十厘米，内含炉料及硫（铜和铁的硫化物）。硫实际上是初级产品，内铜含量为 35%～40%，甚至高达 60%～65%，将硫焙烧成氧化铜，再加入石英等做熔剂进行精炼，就可以得到纯度相当高（约 98%）的铜料。研究表明，皖江流域硫化铜的冶炼经过了上述两个步骤。

1996 年 11 月，南陵县大工山铜矿遗址和毗邻的铜陵凤凰山铜矿遗址一起被国务院批准为第四批全国重点文物保护单位。现以铜陵金牛洞采矿遗址、南陵大工山古矿冶遗址、铜陵木鱼山冶炼遗址为例逐一加以叙述，就总体而言，它们都应属于铜官山古铜矿。

1. 铜陵金牛洞采矿遗址

金牛洞古采矿遗址保存较好，具有代表性。该遗址位于铜陵县新桥乡凤凰村，距铜陵市区 34 千米，因西部山腰有一古洞而得名。1987 年安徽省考古研究所和铜陵市文物管理所联合对该遗址进行了考古发掘，清理出多处古代采矿井巷和一批采掘工具，并在附近的药园山、虎形山、万迎山发现一些古代采掘遗址和大量炼渣堆积。金牛洞遗址年代始于春秋，迄于西汉。采矿最初是露天开采，再沿着矿脉走向凿井深掘。清理出的竖井、斜井、平巷都是木支撑结构，分半框式和方框式两种。采矿方式是由上而下，水平分层掘进。这里无疑是当时一处较大规模的采铜矿场。1992 年，铜陵市拨款修复金牛洞采矿遗址，使之成为继湖北铜绿山古铜矿遗址后第二个对外开放的古铜矿遗址。

铜陵金牛洞采矿遗址

采矿方法与技术是在漫长的岁月中逐步完善的。开始人们一般是先挖掘矿石露头（如自然铜、孔雀石等），后逐渐发展为露天开采。露天开采是一种既安全又省事且可多产的方法，大冶铜绿山采矿遗址即先采用露采，进而发展为地下开采，即井采。井采适合矿体较深、矿脉很窄的矿，矿脉宽一两米，深 10～60 米，地下采矿技术与矿井的支护、开掘技术，采矿工具等密切相连。当时人们在开采的过程中，普遍采用追踪富矿的矿脉走向的方法，逐富矿而采之。杨永光等《铜录山古铜矿开采方法研究》中列举了两种追踪富矿的方法：一种是挖掘竖井进行探矿；一种是挖掘浅井与短巷相结合的混合斜井（又称阶梯式斜井）进行探矿，此法灵活方便，适宜采掘者沿次生富矿带追逐，是一种探矿的有效方法。

早期采矿大致以井巷（包括竖井、斜井、平巷、斜行）联合开拓法为主，先秦至六朝多采用此法；或以井巷为辅、采场为主进行联合开拓，此法多见于六朝至唐宋时期。井巷采用有木质支护和无木质支护两种形式，这主要视井下有无坚固的围岩而定。铜陵金牛洞采矿遗址井巷为圆形，直径 70～80 厘米，呈"鼠穴状"，弯弯曲曲，很不规则。其围岩比较坚固，所以无木质支护使用的迹象。

2. 南陵大工山古铜矿采冶遗址

南陵大工山古铜矿采冶遗址由两大区域组成：大工山以西以北地区，主要进行开采和冶炼，年代为六朝至唐宋；大工山以东以南地区，以戴镇乡江木冲为中心进行开采和冶炼，年代为西周至西汉。在遗址分布区域内，许多地方堆积着大量的炼渣和废弃的炼炉壁与残炉基。工山镇西湖村塌里牧冶炼场的炼渣堆积厚达7米，分布面积达3万多平方米。在大工山等遗址的调查和清理中采集到很多文物和标本，其中有青铜凿、石球、铁钻、青瓷碗、几何印纹硬陶盛器等用具，经

大工山—凤凰山铜矿遗址

化验，冰铜锭的铜含量在30%左右，含硫量为2%，与现代冶炼厂的冰铜含量相近。炼渣的含铜含硫量比值大于0.258。这表明炼渣是冶炼硫化铜矿所产生的，且炼渣在炼炉内流动性良好。

皖南至迟在西周时已掌握较繁复的利用硫化铜矿炼铜的技术，在我国率先完成硫化铜矿—冰铜—纯铜的先进冶铜过程。经考古发掘，南陵戴镇乡江木冲古采冶遗址有一定的代表性，该遗址的年代在东周至西汉间，分布范围包括麻桥、工山、戴镇等7个乡镇，散布面积约400平方千米。采矿方法有用木制支护架的井下开采法，也有用无安全支护设备的"穴取"法，一般适用于矿石埋藏较浅的、岩石应力作用较差的地层。在冶炼遗址到处可见大量炼渣和废弃的炼炉壁与残炉基，工作人员发现的一大块完整的"菌"状炼渣，重量达41公斤。冶炼场分布面积达1.5万平方千米，厚0.5~1.5米，采矿场与冶炼场相连，或相距不远。炼渣内存有大量西周至战国时期的生活用具残片。在遗址的表层采集到3块1.1公斤的冰铜锭，还

发现 1 块 2.1 公斤重的银铅锭,以及一些散碎的孔雀石。在矿井中发现青铜镢(或称凿)、铁钻、石球、木棒、青瓷碗等生产生活用具。

3. 铜陵木鱼山冶炼遗址

木鱼山冶炼遗址位于铜陵县朱村乡新民行政村木鱼山自然村北,由木鱼山、火龙岗、鬼推磨 3 处遗址组成,总面积 10 多万平方米,是皖南发现的年代最早的冶炼遗址。经对木鱼山遗址 T1 第七层出土的木炭进行检测,碳 14 测定年代 2882±55 年,树轮校正为 3015 年。遗址文化层厚达 3 米,地表上炼渣堆积如山,并拌有大量的陶片、红烧土和少量的炼铜炉残壁。1974 年当地群众取土时曾发现春秋时期的铜鼎、陶罐以及数块铜锭,铜锭呈菱形,铁锈色,总重量有 200 多斤。1987 年安徽省文物考古研究所与铜陵市文管所联合对该遗址进行调查发掘,发现一座早期炼炉以及铜锭、炭屑、红烧土等遗迹遗物,推断其是西周至战国时期的冶炼遗址。

北京大学、中国科技大学、中山大学先后用不同的科学检测手段,对木鱼山遗址出土铜锭中的 3 块进行了测试,3 块铜锭含铜量平均值为 91%,含硫量平均值为 0.7%,证明铜锭是硫化铜冶炼的遗留物——冰铜。这将中国硫化铜采冶的历史从文献记载的宋代提前到了春秋战国时期,木鱼山冶炼遗址成为中国使用硫化铜技术年代最早的古冶炼遗址之一。该遗址作为大工山、凤凰山古矿冶遗址的一部分,1996 年被国务院列为全国重点文物保护单位。

皖南铜采冶遗址的大量发现意义十分重大,诚如中国著名自然科技史专家华觉明先生在皖南古文化研究会上的讲话中指出的那样:商周青铜文化延续一千多年,它的物质基础就是采铜炼铜,没有铜就没有这么灿烂的青铜文化。现代考古资料表明,湖北铜绿山是古荆州的产铜基地,遗址上的炼渣有几百万吨。皖南地区的古矿规模更大,年代跨度又长,从商周到唐宋一直是采铜、冶铜的中心。铜陵在古代全国所处的地位,大概就像今天的宝钢、鞍钢一样举足轻重。如果说湖北的铜绿山是古荆州的铜都,那么铜陵一带毫无疑问是古扬州的铜都(包括铜陵/南陵在内的皖江地区古属扬州),并且规模更大。皖江古矿冶遗址的发现对探索中国冶金史和青铜文化的起源、发展,都有着十分重要的价值。

第二节 炽天炉火紫烟飞

一、皖江铜冶与楚吴越崛起

张光直先生指出："对三代王室而言，青铜器不是宫廷中心的奢侈品或点缀品，而是政治权力斗争上的必要手段。没有青铜器，三代的朝廷就打不到天下。没有铜锡矿，三代的朝廷就没有青铜器。"先秦至西汉中期的古代文献表明，曾经拥有非常兴盛的青铜铸造业，创造出中国灿烂的青铜文化，并作为古代中国政治经济中心的中原地区铜的蕴藏量有限的结论顺理成章，即我国铜锡虽绝非江南（主要指东南荆、扬两州）所独有，但江南铜矿蕴藏点广、量多。早在先秦时期这些地区的铜矿就广为开采，并经熔炼后作为贡品或商品北运中原，是中原王朝铜料的主要供应地；东周时期，楚、吴、越等国所铸的青铜器质地优良，铸工精细，技术高超，为中原列国所赞叹。正如学者万全文先生指出的："中原地区的铜矿储藏量十分有限，品位也不高，以当时的技术条件，即使开采也难以满足大规模铸造的需要。何况此类贫矿，即使开采得早，枯竭得也必快。商代青铜器的冶铸那么繁盛，岂能取足于此？商王朝必须寻找其他出路。盛产铜料的长江中下游地区也就理所当然地为其势所必争了"。张正明先生指出，最迟在春秋时期，我国已形成蛮夷戎狄生产红铜原料和华夏生产青铜成品的分工。

从大量有关文献记载和传世或出土的商周时期青铜器看，中原地区部分铜料自产自销，其他部分主要通过各种途径从江南获得。笔者以为江南铜材向中原王朝流动主要是通过贡金、"献金"、赠金、交易、"俘金"等多种途径。

皖江地区铜料的开采与冶炼在春秋战国时期与楚国的迅速崛起关系甚密，可以说楚国对长江中游铜矿资源的控制和采冶技术的长足进步在某种程度上不仅改写了楚国的历史，还改写了春秋战国的历史。到了战国时期，楚国更是不可一世，吞鲁灭越，"地方五千里，带甲百万"，据有今湖北、湖南、河南、安徽、江苏、浙江广大地区，其势力范围远达五岭以南，几乎控制了整个中国南部。楚国不仅拥有鄂赣铜矿群，而且占据了皖江地区铜矿群，掌握了当时最先进的铜矿采冶技术，成为与秦、齐一样举足轻重的大国，是统一全国的最有力竞争者。从各地出土的楚青铜器来看，其数量之多、质量之精、技艺之高是其他诸侯国望尘莫及的。这些都与楚国拥有的重要的战略物资——铜有密切关系。楚国的青铜文化也因此大放异彩，成为列国文化中的佼佼者。研究者提出，楚文化最初以荆蛮文化为主，虽糅合了中原文化的部分精华，但特色还不明显，水平也不太高。春秋中期以后，楚文化（尤其是青铜冶铸工艺）博采众长，异军突起，领异标新，与中原文化并驾齐驱，在某些方面竟有后来居上之势。至此，"华夏文化就分成了南北两支：北支为中原文化，雄浑如触砥柱而下的黄河；南支为楚文化，清奇如穿三峡而出的长江。这北南两支华夏文化是上古中国灿烂文化的表率，而与时代大致相当的古希腊和古罗马的文化遥相辉映"。楚文化中最有特色的首推青铜器的冶铸工艺，这是因为楚国蕴藏着丰富的铜矿资源，在长期的采冶、铸造活动中，在吸收各地的青铜铸造技术中逐渐形成自己的特色。楚国主要的铜矿采冶基地在湖北大冶铜绿山，楚国吞灭越国后，皖江流域古矿采冶也尽入楚之囊中，铜绿山炼铜竖炉技术和皖南硫化铜冶炼技术同为当时我国最高超的炼铜技术，其冶炼的铜产量和质量非他国可比，为楚国经济、军事实力迅速赶超列国奠定了基础。

吴越是春秋战国时代东南太湖流域的两个毗邻的国家。吴在北面，建都姑苏（今江苏苏州）；越国偏南，建都会稽（今浙江绍兴），两国在春秋以前尚很少见于史籍。后至公元前6世纪末，吴国曾五战五捷，攻克楚都郢（今湖北江陵纪南城），后一度灭越，北上争霸。越国利用吴内部的矛盾，卧薪尝胆二十年，最终覆灭吴国，也北上称霸诸侯。吴越争霸尽管被称为春秋争霸的强弩之末，在事实上没有掀起大的波澜，且持续的时间不长，影响有限，但至少可以证明吴越潜在的力量是非常大的，其文化的根基是粗壮的，富有生命力和朝气。由春秋以前的默默无闻到先后争霸中原，吴越崛起的原因值得探究。除了经济发展、善于学习、博采众长等因素，青铜采冶和铸造业的发展无疑也是其崛起的主要原因之一。皖江流域多地发现的先秦时期铜矿采冶遗址，在春秋时期甚至更早时期都是属于吴国控制的地区，公元前473年吴国灭亡后,皖南铜矿易手于越国,如前所述,吴越铜矿资源丰富,其采冶技术非常发达,这就为两国的青铜器铸造业的进步奠定了基础。

吴越之地所产的金、锡,为青铜兵器的铸造提供了必不可少的原材料,且铸造技术之高超,在当时就闻名遐迩。吴越青铜兵器铸造技术堪称一绝,为列国之首。兵器中的青铜剑制造尤为精良,剑短小、锋利,便于随身携带,既可防身杀敌,又可用于装饰。《周礼·考工记》盛赞:"吴越之金锡,此材之美者也";战国时庄子盛赞吴越之剑说:"夫有干越之剑者"是"宝之至也",只可"柙而藏之,不用也";屈原《九歌·国殇》有"操吴戈兮被犀甲"的名句;李斯《谏逐客书》在提及"江南金锡"时特地提到和"太阿之剑"(古代著名的宝剑,据传为春秋吴国的欧冶子和干将所制)。《周礼·考工记》甚至提出:"吴粤之剑,迁乎其地弗能良也,地气然也",认为离开了吴越就难以铸造出如此精美的宝剑。剑是春秋战国时期最常见的兵器,铸剑应是很普通的工艺,各国均会铸造,而吴越之剑独精独美,由此可见其技艺更高一筹。不仅当时人对吴越兵器赞不绝口,后代人对其也是称赞有加。史学大师顾颉刚《史林杂识》中指出:"古之兵器制造,以吴越为最盛……以吴越金锡之美,加以擅长冶铸之工,故其所产睥睨寰宇。"这些论述也为现代考古所证实。

商周青铜器是我国上古文明的象征,对长江下游皖南地区青铜器的研究有利于揭示商周时期江南文明发展的进程。皖南沿江一带是长江中下游流域重要的铜矿分布地带,也是我国南方青铜文化的重要板块。近数十年越来越多皖南青铜器的出土,为综合研究提供了便利条件。皖江地区青铜器的出土情形包括土墩墓随葬、窖藏、零星发现。在这三种情形中,南陵、青阳、繁昌等地的土墩墓随葬品中的铜器一般成批出土,地点明确,种类繁多,器物组合丰富,资料完整,以考古调查及发掘所获居多,如宣城孙埠、铜陵县西湖乡、贵池徽家冲窖藏出土铜器;还有大量零星出土或收购的青铜器,这类器物大都出土地点不明确,有的没有地层关系;也有相当一部分是通过征集、拣选发现的。

皖江流域出土的商周青铜器器类比较齐全,按照器物类别和功用可大致分为炊食器、酒器、水器、兵器、乐器、工具和杂器七大类,主要有鼎、簋、甗、鬲、盂、敦、瓿、钵、盒、斝、爵、尊、卣、盉、壶、鸮觥、牺尊、罍、盘、匜、鉴、戈、矛、剑、镞、刀、削、甬钟、铙、铎、勾鑃、斧、凿、耨、镰、锄、镈、各类饰件等。皖江青铜器的一个重要特点是纹饰迤逦诡异、丰富多彩。纹饰带有浓重的地域色彩，与同出的陶瓷器纹饰有很大的相似性，如几何纹、各类动物纹、植物纹等，这些都是值得深入研究的。

我国青铜铸造业在殷末周初发展至高峰，器物厚重，装饰繁缛华丽，庄重神秘。西周中晚期风格转趋简陋轻率，纹饰少变而单调，进入所谓"颓败期"。这一状况至春秋中叶为之一变，其时重新崇尚繁缛华丽的装饰，但和商末周初的神秘诡异不同，纹饰多为现实性动物图案，式样翻新，形巧实用，有清新秀逸之气。这是我国青铜业发展的第二个高峰，即所谓"中兴期"。至战国末年，青铜器铸造又归于简朴，渐至转入铁器时代。纵观中兴期的青铜铸造业，南方楚国、

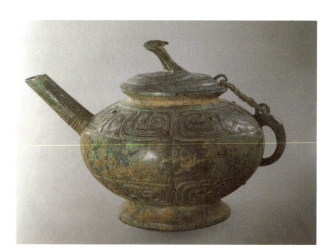

春秋龙纽盖盉，繁昌县出土

吴国、越国，北方的晋（三晋），西方的秦，东方的齐都有相当发达的青铜文化，相互间的影响较大，交流也相当频繁。我们可以将皖江出土的商周青铜器分成四期（其中第二、三期又各分为早晚两段）。对应的时代：第一期，肇始阶段——商代；第二期，勃兴与变革阶段——分属西周前后期；第三期，繁荣与转型阶段——分属春秋前后期；第四期，衰落阶段——战国时期。秦汉以后皖江地区的青铜器铸造文化加速融入中原文化，同时保留了地方的特色。

二、从蚁鼻钱铸造到设置铜官

在古代，铜最重要的用途就是铸造钱币，而且这一用途延续时间最长，大约从商代开始就有青铜铸造的仿贝（铜贝），到春秋战国时列国都流行用青铜铸造钱币，这一传统一直延续到清末。在古代无论什么王朝，包括一些分裂时期的小朝廷、农民起义建立的政权都曾经大量地铸造不同的钱币。铸造钱币需要大量的铜和锡，钱币的铸造和流通关乎政权的巩固，关乎王朝的经济命脉，因此对铜料的攫取和控制，是所有王朝的重要目标之一。

楚铜贝形币是一种表面有文字的仿贝，别称蚁鼻钱、鬼脸钱、骷髅牌等，始铸于春秋，兴盛于战国。其面文有数十种，形制有普通贝、鎏金贝、空壳贝、合背贝等，多数重量在3克左右。楚铜贝在各地均有大批出土，安徽、江苏、湖北等地尤甚，总数不下数十万枚。以安徽省为例，较大的几次出土如：1978年宿县固镇出土3856枚；1982年广德县誓节公社出土1150枚；1983年临泉县崔寨乡出土2355枚；1985年肥西县新仓乡出土9240枚；1982年年巢县出土1000余枚。在楚境以外的咸阳、曲阜等地也有数量较大的楚铜贝出土。蚁鼻钱的铸造遗址至今尚未被发现。据明董说《七国考》引《图书记》载："楚设铜官，铸钱洲上，遂名铜官（洲）。"清《一统志》认为："铜官渚在湖广长沙府城北六十里，有洲，旧传楚铸钱处。"铜官渚，即今湖南长沙西北的望城县铜官镇，但至今未有可以证明其为铸钱地的遗址发现，也未出土相关遗物。值得注意的是，1982年安徽省繁昌县文管所在该县横山古铜矿区征集到两件蚁鼻钱铜范，轰动一时，影响深远。这是国内已发现的五件同类范中最完整的两件。根据这些发现可知，楚铜贝是用金属原型范铸造的（不排除有泥质铸范的使用），一次可以铸造64枚、65枚、77枚不等。皖江流域的繁昌县或其周边产铜地区可能曾是楚国蚁鼻钱的铸造地，当然，蚁鼻钱的铸造地可能不止一处。

据文献记载，汉代设立的唯一的管理铜生产的铜官在丹阳郡的铜官镇（今铜陵市）。在汉代铜镜的铭文上，常常有"汉有善铜出丹阳，和以银锡清且明""新有嘉铜出丹阳"之类的铭文说明，"丹阳铜"在汉代和王莽新朝时名声卓著。《汉书·地理志》记载，汉丹阳郡设有17县，其中宣城县就设在今南陵县的青戈江镇。所以，早在汉代，南陵大工山一带生产的铜锭原料，就已成为铸造青铜镜的材料。同时，我们从南陵、铜陵等地发现的"银铅坑""银铅锭"上，也可看到"和以银锡"铭文的历史印记。

这一事实本身就表明，丹阳铜矿的蕴藏量非常丰富，否则这是不可想象的，丹阳铜矿以盛产"嘉铜""善铜"而闻名遐迩也就不难理解。经考证，汉代丹阳郡辖17县，其中皖南有11个县，计有宛陵（今宣城、宁国，故址在今宣城县城关镇）、陵阳（今铜陵、石台东北，包括今青阳、南陵、铜陵等地，故址在今青阳县南陵阳镇）、泾县（今泾县、太平、旌德，故址在今泾县青弋江西岸）、芜湖（今芜湖东，故址在今芜湖市东30里）、黝（今黟县东，故址在今黟县城东5里）、歙（今歙县，故址在今歙县徽城镇）、宣城（今南陵东，故址在今南陵县东弋江镇）、丹阳（今当涂，故址在今当涂县东北小丹阳镇）、春谷（今繁昌，故址在今繁昌县西，荻港与孙村乡一带）、石城（今贵池，故址在今贵池县西南灌口乡石城）等，几乎包括了现今皖南、皖东南的全部区域。此外丹阳郡还包括江苏省句容（今句容县）、胡孰（今江宁东南）、溧阳（今溧阳县）、江乘（今句容北）、秣陵（今江宁县）等5县和浙江于潜（今浙江于潜县）1县。汉代的丹阳郡辖17个县，实际范围甚广，包括了现今20多个县的范围，具体而言，大体上包括今天安徽长江以南、江苏大茅山、浙江天目山以西的辽阔范围。这些地方山岭起伏，矿产甚丰，是沿江成矿带，各种有色金属的蕴藏量非常丰富。那么，丹阳铜究竟产于丹阳郡的哪个或哪几个县呢？

有关记载已如前引，现据我们涉猎的古籍，可以作出这样的推论，即吴王濞领有3郡（东阳郡、鄣郡、吴郡）53城，因其境内有"鄣郡铜山"，濞才能招纳亡命者铸钱，遂至国用富足。《史记·货殖列传》说："吴东有海盐，章山之铜。"《盐铁论·通有篇》亦说："丹、章有金铜之山。"三者所说，基本一致，互为补充，完全可以证实丹阳郡产铜的记载。

以上史料至少说明3个问题：其一，丹阳郡境内产铜之地甚多，当非专指一山一地，其主要集中在今安徽铜陵、南陵、贵池、石台、宣城、繁昌、当涂、泾县以及江苏南部的句容等地，丹阳铜是丹阳郡内所属县所出之铜的总称。其二，汉代的丹阳铜实际上是先秦"吴越金锡"即皖江流域铜的继续和发展。其三，吴王濞因为占有了这一块宝地，所以开山采铜铸钱，遂至

"国用富饶",可以看出其在"地尽其力"方面还是做了一些努力,取得了不小成绩,对发展生产力有一定的贡献。

《汉书·食货志(下)》载,汉初"吴以诸侯即山铸钱,富埒天子,后卒叛逆。邓通,大夫也,以铸钱财过王者。故吴、邓钱布天下"。在铸币权和发行权全都非国有、为发展经济与民休息的总体政策下,有人即山铸钱,本来是好事,应该给予鼓励和奖赏。但问题是朝廷一方面鼓励地方郡国甚至私人开采铜锡,又允许私人铸钱;另一方面又担心地方经济实力大增后难以控制,故频频以"盗铸"的罪名强加于人,因此出现了十分矛盾的局面。《史记·吴王濞列传》载:"吴有豫章郡铜山,(刘)濞则招致天下亡命者(盗)铸钱,煮海水为盐,以故无赋,国用富饶。"刘濞要开采冶炼铜矿并即山铸钱,肯定需要大批的劳动力,这些劳动者是靠出卖劳力而谋生的百姓,何以称之为"亡命者"?

应该指出的是刘濞领有的东阳郡、鄣郡、吴郡3郡53城,包括今皖南、苏南大部分的产铜地,"章山之铜"以及后来的"丹阳铜"都以产铜而久负盛名。1980年10月,在贵池县灌口镇江村东首、秋浦河西岸,发现两件铜质半两钱范,2件2式,均为长方形。1式范长22.5厘米,下宽15.7厘米,肩宽15.3厘米,边厚0.9厘米,重2.4公斤。铸钱面由两道浇铸沟分开,两边各一行,每行6个钱槽,中间两行并列,每行5个钱槽,顶部另有1个钱槽,全范计23个钱槽。钱槽直径31~32厘米。2式范略小,铸钱面有两道浇铸沟分开,中间一行,两边各为一行,每行5个钱槽,计15个钱槽。这两件钱范保存完好,应该是汉初半两钱范,笔者认为有可能就是刘濞"即山铸钱"的见证。

三、从梅根冶到永丰监

六朝至隋唐时期江南铜矿采冶和铸钱业有了新的发展,主要表现在采冶的规模进一步扩大,技术有所提高。官府在产铜地设立铜监,由官府负责监督、运输,冶铜铸钱成为重要的产业,发挥着日益重要的作用。梅根冶是这一时期皖江地区盛极一时的铜矿冶炼中心,梅根监则是朝廷设在产铜地附近的管理、监督铸钱的机构。梅根冶所产之铜上继先秦的"吴越之金锡"和汉代的"丹阳铜",后启宋代四大铜监之一的"永丰监",将皖江铜冶铸业的历史连缀成数千年不断发展的画卷,引起了学术界的关注。但梅根冶的铜源到底在哪里?梅根监究竟设在今何地?南陵说、贵池说两者孰是孰非难有定论,笔者曾在《丹阳铜、梅根冶、永丰监考》《古代铸钱中心梅根冶在池州考》中专门做过考证,得出"梅根冶,即梅埂冶,又名钱溪。故址应在贵池县(现为池州市)东北五十里所,梅埂河入口处,即今梅龙镇附近"的论断。这一论断得到学术界的肯定。

《宋书·百官志》载:"卫尉一人,秦官也……晋江右掌冶铸,领冶令三十九,户五千三百五十。冶皆在江北,而江南唯有梅根及冶塘二冶,皆在扬州,不属卫尉。卫尉,江左不置,宋世祖孝建元年复置。"同书还记载:"东冶令,一人,丞一人。南冶令,一人,丞一人。汉有铁官,晋署令,掌工徒鼓铸,隶卫尉。江左以来,省卫尉,度属少府……江南诸郡县有铁者或署冶令,或署丞,多是吴所置。"这是梅根冶见诸史籍之始,表明梅根冶至迟在东晋、刘宋时已相当有名,而当地冶令的设置可以追溯至东吴。《隋书·百官上》:"又门下集书主事通正令史……籍田令、廪牺令,梅根诸冶令。"这说明隋朝诸冶令中,梅根冶冶令的地位相当重要。到了唐代,与梅根冶有关的记载才略有增加。

《新唐书·地理志》载:宣州宣城郡,"土贡:银、铜器……"辖8县,其中"南陵县,武德四年隶池州,州废来属。后析置义安县,又废义安为铜官冶。利国山有铜,有铁;凤凰山有银……有永丰陂,在青弋江中,咸通五年置。有梅根、宛陵两钱监"。这里析置义安,而后又废置的铜官冶、凤凰山肯定是在今铜陵境内(唐代义安县),但唐初在政区管辖上隶属南陵县。

铸钱是铜、锡等金属的主要用途,汉以后由国家垄断铸币权,不允许民间私铸钱币,这是保证货币统一和金融稳定的重要措施。唐代对铸币设专官督理,除在京师设有钱监外,还在各产铜州郡设置钱官,监督铸造。至唐肃宗乾元元年(758)以前,全国铸钱炉最多时有99处,绛州(治今山西省新绛县)30炉,扬(治今江苏省扬州市)、润州(治今江苏镇江市)、宣(治今宣州市)、鄂(治今湖北武汉市武昌)、蔚(治今河北蔚县)4州各10炉,益(治今四川省成都市)、邓(治今河南省邓县)、郴(治今湖南省郴县）3州各5炉，洋州（治今陕西省洋县）3炉，定州（治今河北省定县）1炉。又据《通志》卷六十二："约每炉役丁匠三十人，每年除六月、七月停作，余十月作十番。每炉约用铜二万一千二百二十斤，白镴（锌合金）三千七百九斤，黑锡（应作锡）五百四十斤。每千钱除工匠外用铜、镴、锡约价七百五十文，每炉岁铸钱三千七百缗。"全国每年铸钱三十二万七千缗（一缗即一贯，1000枚）。

天宝年间铸钱用的铜、镴、锡的比例为100∶17.4∶2.3，即铜83.5%、镴14.5%，锡2%。每年铸钱所费铜、镴、锡3种金属的重量，按99座炉计算，分别为210万斤、36.7万斤、5万斤。这一重量比实际可以生产的重量重很多，就铜而言比最多的年份多3倍有余。对此可以有两种解释：一是缺口来自销铸旧钱和铜器；一是每炉所铸钱数不可能完全相同，且铸数不足。

皖江流域铜资源丰富，每当社会动荡或允许私铸钱币时，盗铸成风。许多朝代都出现过这方面的问题，如开元二十六年（738）"宣、润等州初置钱监，两京用钱稍善，米粟价益下……天下盗铸益起，广陵、丹阳、宣城尤甚"。

南方宣州、扬州、鄂州、润州各置有铸钱炉10炉，益州、郴州各5炉，就其总量来说仅占二分之一。各州置炉的多少与各地金属铜的产量相匹配，也就是说这反映的是天宝年间的产铜及铸钱情况，在此之前与之后，全国铸钱炉数都在变化，并非固定不变的。现就宣州有关冶铜的记载做如下的梳理。

宣州：治今安徽宣州市，唐时包括今安徽省长江以南南陵、青阳、池州、繁昌等产铜地。有关这一地区的铜矿资源，史籍有较多记载。《新唐书·地理志》载：宣州宣城郡，"土贡：银、铜器……有铅坑一……"辖8县，其中"南陵县，武德四年隶池州，州废来属。后析置义安县，又废义安为铜官冶。利国山（今铜陵铜官山）有铜，有铁；凤凰山有银……有梅根、宛陵二监钱官"。析置义安，而后又废置的铜官冶、凤凰山在今铜陵境内，但在当时属南陵县。此外，安徽当涂、青阳、池州秋浦（今池州市）"有铜"，江北天长、滁州、庐江、均产铜。《太平寰宇记》载："梅根监领法门、石埭二场，铜官镇为法门场，宋置利国监，山亦置利国监，岁久铜乏，场与监俱废。"

利国山即今铜陵铜官山，因其产铜多而利国故名。到唐末，分南陵工山、安定、凤台、丰资、归化5乡，置义安县，县治今顺安镇，不久废义安县置铜官冶，专门管理附近（主要是今南陵、铜陵）境内的铜冶。这是铜陵独立为铜矿采冶地而建立行政机构的开始，到南唐大保九年（951），取"产铜之山陵"之意，正式置铜陵县。实际上在铜陵立县的两千多年前，当地的铜矿就一直在被开采并用于冶炼，这里应该就是江南铜的主要产地、丹阳铜的故里、梅根冶的基地，直到今天仍然是我国铜冶中心。

唐《元和郡县图志》载：南陵县东至宣州100里，境内有"利国山，在县西110里，出铜，供梅根监。梅根监，在县西135里。梅根监并宛陵监，每岁共铸钱五万贯。铜井山，在县西南85里。出铜。战鸟山，在县西北120里，临大江。"宛陵监设于何时何处？史籍并未说明，其地应在今安徽省南陵县宛陵县境内，该县西汉置，故治在今宣州市（古宣城县城关镇）境内，汉代该县是丹阳郡治所在地。隋改宛陵县为宣城县，故治依旧，铜监作为官府所设的管理机构设置于该县，并取旧名称为"宛陵监"是很正常和通行的做法。宣城郡辖10县，其中南陵、泾县、溧阳、当涂等县均产铜。

在隋之前，历代铸钱的炉数从来不见记载。隋代铸钱的地方，除京师长安外，只在扬州、并州、鄂州、益州等地共有25炉，其他地方是否还有铸钱炉座难以知晓。唐朝开元之前官炉所铸之钱每年平均恐怕不过10万贯，有时可能稍多。盛唐天宝年间全国拥有99炉，每炉役丁匠30人，一年约千人，每炉岁铸钱3100缗，年铸铜钱最多达327000贯。唐代铜的产地有70处，一共有11州铸钱，会昌年间也只有二十二三州铸钱。其中宣州当涂县北赤金山"出好铜与金类"，是当时最有名的产铜地区。从天宝到唐末的一百多年间，大抵共铸钱四百亿。前述皖南地区梅根监和宛陵监两个铜监，年铸钱50000缗，其铸量大约占全国的六分之一。

清初著名的地理学家顾祖禹在《读史方舆纪要》中说：贵池县有"梅根河，在府东四十五里。其源一出九华山泻于五溪桥，一出太婆山泻于马衙桥，交于双河，又北达大江。亦曰梅根港。港东五里即梅根监，历代铸钱之所，有钱官司之，故梅根港亦曰钱溪"。翻开今天的池州市地图，便可发现在县东大约25公里的地方，确实有一条名叫"梅根河"的河流，而且顾祖禹所记载的那几个地名，也仍然存在。"港东五里"，即今池州市梅龙镇郭岗行政村煅窑遗址附近。所以说梅根监在今池州市（古贵池县）是有科学根据的。考虑到历史上政区辖地的演变，这一结论更准确的表达应该是，梅根冶、梅根监属古扬州之域，秦、汉初属鄣郡，汉武帝后属丹阳郡，南朝梁、陈属南陵郡南陵县，隋唐初属宣州（宣城郡）南陵县或宣州秋浦县，唐中期属池州秋浦县，五代宋属池州（池阳郡）贵池县，元属池州路贵池县，明清为池州府贵池县，今属池州市。综上所述，梅根冶、梅根监在池州之说已无可争辩。

古代铜矿一般都是即山冶炼的，这冶炼之处就是梅根冶。所以梅根冶可能不止一处，其地址也不是自古不变的。可能在历史上因矿源的多寡贫富、开采的难易而发生过一些变化，有些矿区时有兴废。唐代梅根监领两场，即两处开采冶炼之处，所冶炼出来的铜和其他铸钱所需物资，集中到相距不远的梅根监，在有关官吏的监督下铸钱，所铸之钱再由附近（五里）的梅根港外运，因此"历代铸钱之所，有钱官司之，故梅根港亦曰钱溪"。宋代在铜官镇置利国监，后铜矿一度开采困难，场与监俱废。至于故址的名称，历代多有变化，在一个不大的范围内，相去不远，应在今池州市梅龙镇，古代属贵池县西南灌口乡石城附近，其故址现为省级文物保护单位。

两宋时期，随着商品经济的发展，社会对货币的需求量较前代倍增，加大铜矿开采和冶炼力度以增加产能显得尤为重要。朝廷设置专门的矿务机构进行管理，铜监的数量开始急速增加。宋王朝和过去历代王朝相同，对铁、铜、金、银等金属和非金属矿的开采冶炼均实行禁榷，所有权由国家垄断，在产地设监，矿务场务设专官管理。但实际采炼由该地坑冶户承包，按政府规定的数量缴纳岁课，用抽税的方法，实行国有民营。这与当时各种手工业直接由政府招募或雇工经营有所不同。凡出铜地区，一律禁止民采。但一段时间以后部分地区放开开矿权，控制冶炼和铸造权。矿务管理机构中最重要的是监，"监"是"主监官"的驻地，凡铸钱的场所都置监。"场"是采矿场，"坑"是矿坑，可管辖若干个坑，"冶"是金属冶炼场，"务"是矿冶税务所或矿产品收购站。一般置监之处必有冶，设务之地多有场，通常"冶"所需的矿石，由几个"场"供应。

两宋时期是中国钱币史上铸造数量特别多、钱名种类最为丰富的时期。唐天宝年间每年铸钱数只有三十二万贯,以全国人口计,每人只摊到六七文,北宋初年铸钱量就达一百万贯以上,元丰年间最多的达五百万贯以上,铁钱和纸币还不计在内,铸币数量数十倍于唐。根据各年铸造铜钱数来计算,从北宋立国到元丰末年,总铸造铜钱当在一亿四五千万缗,若加上私铸的钱,合计当接近二亿贯。官府的铜钱,在铜监监督下铸造,铜料一般来源于周边的矿山,也有从较远产区调配来的。铸钱的全过程由官府监督进行,其铸钱的铜、锡、铅等原料由附近县的"场"供给。铜监即铸(铜)钱监,铸造铁钱的地方也设有(铁)钱监。钱监的主要任务和职责是协调原料的供应、监督钱币的铸造和运输。南宋绍兴二年(1132)朝议以坑冶所得不偿所费,悉罢监官,以县令领其事。

太宗至道年间二年(996)十月,"诏以池州新铸钱监为永丰监"。其后又于真宗咸平二年(999)在建州(治今福建建瓯县)置丰国监、江州(治今江西九江)置广宁监,此即闻名于世的宋代四大铜(钱)监之三。宋英宗时在铸钱处设饶、池、江、建、韶、仪6州铜监,6监全在长江以南。据《宋史·食货志》每年各监铸钱数如下:太宗至道中,四监岁铸80万贯;真宗景德中,增至183万贯;真宗天禧末,铸150万贯;仁宗皇祐中,四监加韶州铸钱百64万缗;英宗治平中,六州(包括仪州)铸钱170万缗;神宗元丰年间,天下铸钱500多万缗。其中真宗大中祥符年间铜坑多不发。

又载:"时铜钱有四监:饶州曰永平,池州曰永丰,江州曰广宁,建州曰丰国""凡铸钱用铜三斤十两,铅一斤八两,锡八两,得钱千,重五斤。"按照这一标准,183万缗铜钱需铜约670万斤,铅275万斤,锡92万斤,这是非常巨大的数目,其中仅铜矿石(含铜1%的富矿计)就需要开采67000万斤。平年80万缗铜钱需要的铜矿也有29000万斤之多。

铸钱处设监不是始于宋代,魏晋南北朝时已多有设置,汉代的铜官实际上也是铸钱的监督官。大概早期铜产地与冶炼地不设官,官府通过收购的方式获得铜料等铸钱原料,以后才逐步过渡到在冶炼场设官课税。至于官府的管理,基本上是任民开采,只收税金。也就是各种矿产大都是令百姓任便采取,官司收什一之税。宋代"监"地大都具有交通便利、周围有矿、燃料取得方便等条件。开采一段时间后,如果铜源枯竭,铜监即予撤并,一旦发现新矿源,可视情况再次设置。如两宋之际,天下大乱,鼓铸皆废。"(高宗)绍兴初,并广宁监于虔州,并永丰监于饶州,岁铸才及八万缗。以铜、铁、铅、锡之入,不及于旧",表明宋代铜监在靖康之乱中受到严重的打击,而铜监只好撤并。

铜矿的开采和冶炼,钱币的铸造和运输都需要依靠劳动力,在缺乏现代化技术设备的古代,无疑将投入大量的劳动力。《宋会要辑稿·食货》之《坑冶》载宋代江西信州(上饶)采冶铜矿的情景是"常募集十余万人,昼夜采凿,得铜铅数十万斤,置四监鼓铸,一岁得钱百余万贯"。皖江采冶铜,加上铸钱和运输应该也有一支庞大的劳动大军,李白《赠刘都使》的诗中有"铜官几万人,诤讼青玉堂"句,打官司的工匠就有几万人,而实际人数可能更多。

第三节 诗人多爱铜官乐

一、火炽梅根冶

翻阅古籍可以发现,由于种种原因,史料上对皖江流域有关铜的开采、冶炼具体情况的记载并不多,尤其是宋代以前,有关记载更是寥寥无几。但仔细搜索可以发现,唐宋时期一些著名的诗人、文学家以他们特有的敏锐捕捉到工业文明的气息,在他们的作品中或多或少地描述并揭示了皖江流域铜开采、冶炼的许多信息。他们以诗人简练而富有创造性的语言为后人揭开了许多不为人知的秘密,犹如在漆黑深沉的夜晚,点亮了一盏明灯,为我们的研究指明了方向。

最早在诗赋中提到皖江铜的是北周著名诗人庾信。庾信原在南朝萧梁为宦,后到北方,先后在西魏、北齐为官,对南方很了解,他的诗赋中常表现出浓厚的思乡恋土情绪。他在《枯树赋》中写道:"北陆以杨叶为关,南陵以梅根作冶。"这里所说的"北陆以杨叶为关"是指江北以杨叶为官府设置的关卡。赋中的"杨叶"为何地?据查"杨叶"为"杨叶洲"之省。《太平寰宇记》载,杨叶洲在贵池县西北20里大江中,长5里,宽3里,状如杨叶,故名。《中国古今地名大词典》直接引用前述,确证杨叶洲在安徽贵池县附近的大江中。"南陵以梅根作冶"中"南陵"与"北陆"相对应,有学者以为"南陵"指当地的行政区划地——南陵县,笔者认为"南陵"系泛指南面的山陵,并不一定确指南陵县,如果"南陵"指南陵县,那么"北陆"也应是确切的地名。所以这句应解释为南面的山陵以梅根作冶。非常有意思的是南面的山陵在当时又属于南陵县(为南陵郡治所在地,治南陵戌,其故址在今贵池区西南12里处),此句一语双关,妙不可言。

　　唐朝中期著名诗人孟浩然所作《夜泊宣城界》(一作《旅行欲泊宣州界》)中有"火炽梅根冶,烟迷杨叶洲"的诗句,诗人乘船途经今池州江面,遂以诗人的口吻,描绘了铜矿冶炼的盛况。该诗全文是:西塞沿江岛,南陵问驿楼。湖平津济阔,风止客帆收。去去怀前浦,茫茫泛夕流。石逢罗刹碛,山泊敬亭幽。火炽梅根冶,烟迷杨叶洲。离家复水宿,相伴赖沙鸥。

　　这首诗是作者乘船夜泊宣州界有感而发的作品。南陵县当时属宣州,其西界直达大江。诗的前两句当是泛指:乘船绕过沿江岛屿,问路于南陵驿楼。"西塞沿江岛"的"西塞"应指西塞山,故址在今湖北黄石市东长江南岸,湖口以下江面宽阔,到了宣州境内(今池州地)江面开阔,眼见天色将晚,风也停了,船家收帆靠岸。"去去怀前浦,茫茫泛夕流"是对之前旅程的怀念和茫茫前程的思索。后6句是作者的遐想,有虚有实,其中"火炽梅根冶,烟迷杨叶洲",是孟浩然所见(或想象中)的梅根冶盛况,远处梅根冶炼铜的炉火熊熊、火光冲天,浓烟弥漫笼罩着江中杨叶洲,其铜冶情景之壮观令作者兴奋不已,于是欣然命笔,写下了这千古名句。"石逢罗刹碛,山泊敬亭幽",罗刹,又称罗杀、罗杀矶,应指池州李河附近,位于大江边的石矶,可能因为形似佛教中的罗汉故名。据史料记载,宋熙宁年间,舒州通判晁仲上奏请凿秋口浦(今池口)及枞阳渠,使秋浦水由杜湖出,以避罗刹之险。宣和六年（1124）太平判官罗宗原倡开车轴河，从罗刹矶旁直通杜湖出池口，来往船舶可避风浪折船之险。罗刹与敬亭相对，如果敬亭是指今宣州北的敬亭山，那么不仅与船行的方位不合，而且也与情理相悖。有文章认为孟浩然所宿之地是今南陵县的弋江镇，这更与诗意不合，难以令人信服。笔者以为"山泊敬亭幽"的敬亭应该也在大江边，一个"泊"字已说明了一切。况且梅根冶如果在南陵县弋江镇，那么其烟如何能笼罩到百里外的杨叶洲？全诗当是作者乘船到达池州附近江边的遐想，其中有实景的描写，也有虚拟的想象的叙述。"火炽梅根冶，烟迷杨叶洲"确凿无疑地表明梅根冶在大江边，距离池州附近的杨叶洲不远。

晚唐失意诗人罗隐屡试不第，曾"隐池之梅根，自号江东生"，留有《下山过梅根》《贵池晓望》等诗篇，表明梅根在晚唐属池州无误。清代姚鼐曾作《出池州》一诗："桃花雾绕碧溪头，春水才通杨叶洲，四面青山花万点，缓风摇橹出池州。"说明到晚清，杨叶洲仍在池州界内，大江是池州与其他州的州界，过了杨叶洲也就出了池州。

梅根，即钱溪，应在池州附近的长江边，这点有许多史料可以证明。《资治通鉴》载，宋明帝泰始二年（466）八月，"张兴世既据钱溪，陈庆引舸三百攻之，军于梅根"。胡三省注曰："梅根港自铜陵舟行六十里许，以有铸钱监，故谓之钱溪。"《南史·邓琬传》对这一史实有详细的描述：宋明帝之初，晋安王子勋以废立为名起兵，邓琬为其谋主，命刘胡等率楼船千艘入鹊尾（在今繁昌县东北三山）。明帝的讨伐大军占据赭圻城（故址在今繁昌县西北芦南乡赭圻冲），两军对垒，胜负难料。"（龙骧将军）张兴世建议越鹊尾上据钱溪，断其粮道。（刘）胡累攻之不克，乃遣龙骧将军陈庆领三百舸向钱溪，戒庆不须战。陈庆至钱溪不敢攻，越溪于梅根立砦。胡别遣将王起领百舸攻兴世，（被）击，大破之，胡率其余舸驰还……张兴世既据钱溪，江路阻断，胡军乏食。琬大送资粮，畏兴世不敢下。胡遣将迎之，为钱溪所破，夜走径趣梅根。"此数条史料明确无误地指出，南朝至隋唐，梅根冶、梅根监、铜井山均在南陵县。值得注意的是萧梁至隋唐，南陵县的管辖范围比今天的南陵县要大得多。

二、我爱铜官乐

唐代大诗人李白晚年曾在皖南各地游览，留下一大批脍炙人口的佳作，其中多篇与皖南铜冶有关。《与南陵常赞府游五松山》一诗，作者自注说："（五松山）在南陵铜井西五里。""五松山"，即《元和郡县图志》中距南陵县西南85里"出铜"的铜井山。李白既然游览到五松山，就应该看到了当时冶铜的盛况。果然他在《答杜秀才五松见赠》中有非常生动的描述：

> 千峰夹水向秋浦，五松名山当夏寒。
>
> 铜井炎炉歊九天，赫如铸鼎荆山前。
>
> 陶公矍铄呵赤电，回禄睢盱扬紫烟。

作者首先称赞当地的美景：千峰万壑夹着溪水流向秋浦河，五松山是避暑御寒的好去处。远处铜井炼炉火光直冲九天，紫烟缭绕，犹如历史传说中黄帝在荆山铸鼎时的盛况。

李白曾在秋浦游历多日，作《秋浦歌》17首，其中第十四首用诗的语言生动地描绘了月夜炼铜的情景，歌颂了冶炼工人的勤劳。诗曰："炉火照天地，红星乱紫烟。赧郎明月夜，歌曲动寒川。"这是李白脍炙人口的以炼铜和炼铜工匠为题材的佳作。诗人深入秋浦（今池州）炼铜现场，将一幅壮美的古代月夜炼铜图呈现在读者面前，作者用生动的语言描绘了月夜炼铜的情景：一轮明月下，只见远处炼铜炉前，火苗飞蹿，照得天地通明，红星乱舞，紫烟弥漫，好一片繁忙的炼铜景象。诗人对炼铜的场景观察得非常仔细，紫烟是炼铜特有的烟雾。只见炉火映脸的工匠仿佛因羞涩而满脸通红，他们的歌声在寒夜的山川中飘荡。诗人贴近社会，贴近生活，把在秋浦见到的铜矿冶炼的情况生动地描绘出来，字里行间流露出对普通劳动者的颂扬，这首诗也被认为是中国古代最早的一首歌颂炼铜工匠的诗作。

李白游历唐代铜冶基地铜官山时，作《铜官山醉后绝句》，诗曰：

> 我爱铜官乐，千年未拟还。
>
> 要须回舞袖，拂尽五松山。

这首诗是李白于天宝十三年（754）游铜陵时所作，诗人看到铜官山、五松山的壮丽景色，微醉以后，兴奋地舞之蹈之。诗人以饱满的情感，表达了他对皖江铜矿冶炼的热爱和对产铜地铜官山的热爱，他想象自己长袖当舞，表达要拂遍铜官镇的山山水水，住在此地千年也不离开的心愿。李白在政治上受排挤，很不得志，估计此生再也回不到长安去了，他不愿低头折腰事权贵的傲慢心态和壮志难酬、满腹才华无处可施的失意心态跃然纸上。

铜官山在当时是梅根冶铜矿的重要供应地。《太平寰宇记》载："梅根监领法门、石埭二场，铜官镇为法门场，宋置利国监，山亦置利国监，岁久铜乏，场与监俱废。"梅根监是官府设立的监督铸钱的机构，距离矿场有一定的距离，下辖（管理）两处矿场，其中法门场在铜官镇，石埭场可能在石埭县。唐代梅根监领两场，即两处开采冶炼之处，所冶炼出来的铜和其他铸钱所需物资，集中到相距不远的梅根监，在有关官吏的监督下铸钱，所铸之钱再由附近（五里）的梅根港外运，因此"历代铸钱之所，有钱官司之，故梅根港亦曰钱溪"。

唐上元二年（761），李白在《赠刘都使》的诗中有"铜官几万人，诤讼青玉堂"之句，说明当地从事铜矿采冶、运输、铸造的人员数量众多，铜官镇成了冶铜中心。

北宋文学家梅尧臣于景祐二年（1035）游铜陵作《铜坑》：

> 碧矿不出土，青山凿不休。
>
> 青山凿不休，坐令鬼神愁。

碧矿即铜矿，俗称孔雀石，一般的氧化铜矿石因含有大量的铜而发出青绿的颜色。诗人歌颂了矿工凿山不止的顽强奋斗精神，一句"坐令鬼神愁"犹如神来之笔，把矿工们的这种精神和开矿的盛况完美地展现出来。

宋代诗人苏东坡于北宋绍圣元年（1094）被贬宁远节度使途径铜陵时，作诗三首赞美铜陵的风光和铜铸业的发达，诗曰：

> 南北山光照绿波，濯缨洗耳不须多。
>
> 天空月满宜登眺，看取青铜两处磨。
>
>
> 春池水暖鱼自乐，翠岭竹静鸟知还。
>
> 莫言叠石小风景，卷帘看尽铜官山。
>
>
> 落帆重到古铜官，长是江风阻往还，

　　　　　要使谪仙回舞袖，千年醉拂五松山。

　　第一首诗中的"看取青铜两处磨"是指青铜器铸造成型后的打磨加工工艺。一般青铜器物铸造成型后，并不能立即使用，还需做进一步打磨修理加工，使纹饰更清晰，表面更光亮。诗人采取远近结合、虚实结合的方法，登眺远望则是天空月满，满山绿波郁郁葱葱，近观则到处是磨制青铜器的劳动场景。第二首诗写铜陵山水的赞美，重在"卷帘看尽铜官山"，对诗人对铜陵的眷念做了有力的烘托。第三首则是诗人对谪仙李白的怀念，到了李白故游之地，自然而然地想起了李白的《铜官山辞后绝句》中的"要须回舞袖，拂尽五松山"，巧妙地和之为"要使谪仙回舞袖，千年醉拂五松山"。联系到苏东坡当时被贬赴任时的心境，显然他被数百年前同样遭贬的李白的乐观开朗情绪所感染，表现出一种奋发向上的精神。

第四节　铜陵马钢铸新篇

一、铜陵有色金属冶炼辉煌再铸

　　铜陵是中华民族青铜文明的发祥地之一，也是迄今为止江南地区发现的规模最大的我国著名的古代采铜、冶铜基地。此地铜采冶历史源远流长，素有"中国古铜都""当代铜基地"之称。东汉时期，随着采冶铜业的繁荣和发展，朝廷在此设置"铜官"监管铜业，铜官山因此得名，铜业亦日益兴盛。唐、宋、元、明、清均在此地设置炼铜的官办机构。现查明铜陵金属矿产计有大型矿床1处，中型矿床9处，小型矿床19处，以铜矿为主，另有铁、金、银、钼、锰、铝、锌矿等矿产。铜陵以产铜著称，至迟夏商之际即开矿炼铜铸器。铜陵及附近地区出土了大量的青铜器，悠久灿烂的铜文化是铜陵的宝贵文化遗产。铜陵先后发掘了多处古采矿遗址，其中金牛洞被列为国家重点文物保护单位和青少年爱国主义教育基地。

以铜陵、南陵为代表的皖江古代铜冶业在经历北宋的发展高峰后，由于种种原因沉寂数百年，有人以为缘于技术上的问题，当胆铜法（又称水炼法）这种省时省力、成本低廉的新技术较大规模地运用于生产时，铜陵等地的铜矿区因缺乏胆水而大量减产，加上深掘技术的限制、传统的火炼法难以为继，此外受"风水""龙脉"被破坏等因素的影响，明朝一度下令中断开采，皖江铜冶业进入缓慢发展阶段。近代以后，随着帝国主义势力的入侵，外国资本觊觎以铜为主的有色金属开采，开始引进机器进行机械化开采冶炼，英、日等国先后染指铜矿主权，日本侵略者多年进行掠夺性开采，矿产资源备遭破坏。

中华人民共和国建立初期，由于铜官山铜矿历史悠久，矿产资源丰富，被国家首批确定、最早安排建设成铜陵有色金属工业基地。1950年，华东工业部派员到铜陵恢复矿山建设，揭开了铜陵经济建设新的篇章，使之成为新中国铜工业基地和摇篮。其后中央重工业部拨出首批建设资金，完成铜官山矿日采选矿石400吨生产系统的改造，1952年投产。当年生产铜料298吨，开始奠定有色工业的基础。1957年粗铜、铜料双破万吨关，铜陵累计生产粗铜26412吨，铜料26702吨，硫精砂340300吨，占全国总产量的47.4%，铜陵市首次实现工业总产值过亿元，成为安徽省重要工业城市之一。可以说新中国第一炉铜水、第一块铜锭出自铜陵，第一个铜工业基地建于铜陵，第一支铜业股票也发自铜陵。有色工业的发展，促进新兴工矿城市的诞生。1956年铜陵建市后，围绕矿山生产、生活的需要，先后开办多家企业，铜陵初具工业城市规模。20世纪末，铜经济已是城市最具特色的强市之基，铜文化已成为城市文化的核心元素，铜雕塑享誉全国，每两年举办一次的中国（铜陵）青铜文化博览会在国内外有一定影响力。

回顾铜陵有色金属工业发展历程，1958年开始到1978年的21年间，全民所有制工业固定资产原值由6522万元增加到48950万元，增长6.5倍，但是整体工业发展速度滞缓，经济效益较低。改革开放初的1985年工业总产值比1980年增长95.8%，比1978年增长1.48倍，完成总产值1622.4亿元，增长7.4%。工业经济发展对全市经济增长的贡献率达69.7%，拉动 GDP 增长 7.7 个百分点，加快了发展速度。2006 年 5 月，经安徽省国资委批准同意铜陵有色金属（集团）公司改制为铜陵有色金属集团控股有限公司，由一家工厂制特大型企业发展成为符合现代企业制度要求的现代公司制企业集团。公司现有全资子公司 7 家，控股子公司 15 家，已发展成为以有色金属（地质、采矿、选矿、冶炼、加工）为核心主业，以化工、装备制造为相关主业，集地质勘探、科研设计、井巷施工、物流运输、地产开发等相关产业多元化发展的国有大型企业集团。2007 年，公司实现销售收入 420 亿元，利税总额 33 亿元，2009 年名列中国企业 500 强第 135 位。

铜陵有色金属集团控股有限公司现为全国 300 家重点扶持和安徽省重点培育的大型企业集团之一，拥有国家级技术中心和国家级检测研究中心，为安徽省高新技术企业。公司主产品"铜冠"牌高纯阴极铜为中国名牌产品和全国用户满意产品；"铜冠"牌高纯阴极铜在伦敦金属交易所注册，"铜冠"牌高纯阴极铜、白银商标在香港注册，成为国际知名品牌；阳级磷铜、圆铜漆包线、工业硫酸、陶瓷过滤机、碳酸二甲酯、塑料电缆等 13 种产品均为安徽省名牌产品。"地下矿山连续开采工艺及装备""常温变量喷射－动力波洗涤闪烁炼铜技术"先后荣获国家科技进步一等奖。

公司同时为全国有外贸经营权 100 强企业、进出口贸易总额名列中国进出口额最大 500 强企业之一。先后获得全国企业文化建设先进单位、国家、安徽省创新型试点企业、全国实施卓越绩效模式先进企业以及全国"五一"劳动奖等荣誉。2012 年战略性新兴产业完成工业总产值 382.1 亿元，增长 34.3%。截至 2012 年 12 月底，公司总资产由上市时的 4.62 亿元增至 398.93 亿元，增长 85.35 倍；主营业务收入由 11.68 亿元增至 772.58 亿元，增长 65.15 倍；净利润由 0.48 亿元增至 9.24 亿元，增长 18.25 倍。主要产品铜精矿含铜量从零起步，发展到 5 万吨；电解铜由 5 万吨增至 90 万吨，增长 17 倍；黄金从 1600 千克增至 11185 千克，增长约 6 倍；白银由 30000 千克增至 444380 千克，增长 13.81 倍。

近年来，铜陵市想方设法地延长铜产业链条，重点提高铜产品的科技含量，开发和生产高端铜基新材料，不断拓展延伸铜基新材料产业链，涌现出一批像全威（铜陵）铜业科技有限公司和海亮集团等明星企业。统计显示，尽管遭受铜价下跌等不利影响，2012年铜陵市铜产业仍然稳步向前发展。工业产值过亿元的铜产业企业较上年增加两家，铜产业全年完成工业总产值1119亿元。

被铜陵市完善的铜产业链吸引，中国500强企业海亮集团于2010年投资6亿元，成立了一家专门生产铜管的铜加工企业。2011年6月与铜陵市洽谈签约意向，一个多月后进行开工建设，不久就进行设备调试并生产出第一根铜管，从建厂到生产仅半年时间，这在铜加工行业是前无古人的壮举，被誉为"海亮速度"。目前公司年产3万吨铜杆，年产值可达18亿元，生产的节能环保高精密铜管主要销往格力、美的、海尔等知名公司。铜陵市经济技术开发区的全威（铜陵）铜业科技有限公司生产线生产的铜线直径为0.16毫米，细如一根头发丝，专门给手机及电子产品做配套产品，每6分钟就有一吨的铜杆线下线，其优势在于断线率低，较为耐用。全威（铜陵）铜业科技有限公司2011年投资兴业，投产当年销售收入就突破百亿元，它也是安徽史上第一家突破百亿元的民营企业。

完善铜产业发展规划、不断优化软硬环境、加快建设铜精深加工项目等有力举措，使铜陵逐步成为众多铜加工企业的创业热土。继全威铜业、海亮铜业落户铜陵后，中建材、中国机械、宝钢金属也相中了铜陵这块热土，目前正在洽谈对接中。通过持续多年的艰苦奋斗，铜陵市产业结构不断优化，发展平台日益完善，逐步实现由铜材料加工基地向终端材料生产基地的转变。全市铜精深加工产值占到全市铜产业的一半以上；2014年，铜基新材料产业产值超过440亿元，占全市战略性新兴产业的85%，在铜产业总产值中的比重达30%以上。同时大力推进涉铜电子信息产业发展，并鼓励当地优势铜加工企业扩大再投资，全方位延伸铜产业链，这些举措取得显著成效。

十多年来，铜陵有色始终坚守改革、转型、融合、创新的发展战略，代表我国铜产业采选、冶炼技术最高水平的铜产业集群，在安徽发展壮大，而这一切资本市场功不可没。在清晰的战略引领下，铜陵有色依托资本市场，不断加快发展步伐，促进了经济总量持续快速增长和持续盈利。比如，铜陵现有十几家铜工艺品厂家，它们在不断开发各种铜工艺品的同时，还设计、制作了许多大型铜雕塑作品：1999 年省政府赠送澳门特别行政区青铜铸造的礼品"九九澳门回归镜"；2002 年为纪念中澳建交三十周年，安徽省政府赠送给中国驻澳大利亚大使馆一组"仿曾侯乙编钟"；2003 年制作的"出水芙蓉"入选奥运会场馆雕塑作品；为香港政府制作了大型仿金铜雕塑"蟠龙汇瑞"；为北京地坛制作了"北京地坛贡鼎"；等等。

展望未来，铜陵市铜产业将继续以结构调整和优化为主线，以提高产业自主创新能力为重点，加强资源控制，强化铜冶炼优势，紧紧抓住国家发展战略性新兴产业机遇，着重延伸发展铜杆（线、缆）、PCB、铜板带、铜棒、铜管、铜粉、铜艺术品等铜精深加工产业链，拓展电子信息产业、装备制造业、化工产业等铜产业关联产业，完善发展循环经济、铜拆解业、生产性服务业等铜产业配套产业，把铜陵建设成为中国最大的铜冶炼基地、铜拆解基地、铜基新材料产业基地、铜商品交易中心和铜文化中心，致力于打造一座世界铜都。

二、马鞍山钢铁冶炼成就非凡

马鞍山市地处最具经济活力的长江三角洲地区，临江近海，交通运输十分便利。历史上马鞍山隶属当涂县，是十分古老而充满活力的地区。马鞍山周边地区拥有极为丰富的矿石、煤炭、电力、水、石灰石等资源，其中铁矿石储量为 22 亿吨，可开采储量为 10 亿吨，20 世纪 50 年代后马鞍山逐渐发展成为新中国重要的钢铁生产基地。1953 年 2 月，马鞍山铁矿厂成立，1958 年 8 月马鞍山钢铁公司成立，毛泽东主席曾两次亲临马鞍山钢铁股份有限公司（后文简称"马钢"）视察。马鞍山钢铁股份有限公司是在此基础上改组设立的一家股份有限公司，现更名为马钢（集团）控股有限公司，是我国特大型钢铁联合企业之一，素有"江南一枝花"的美誉。

马钢以发展和振兴我国钢铁工业为己任，在 60 多年的发展历程中，创造了一个又一个光辉业绩，为我国钢铁工业的振兴，为经济发展和社会进步做出了重要贡献。马钢艰苦创业、滚动发展，从当年的一家小铁厂发展成为粗钢产能 1200 万吨规模的大型企业集团。马钢是我国特大型钢铁联合企业之一，拥有世界先进水平的冷热轧薄板生产线、高速线材生产线、我国最先进的热轧大 H 型钢生产线和亚洲最大的车轮轮箍专业生产厂，产业中拥有我国最先进的热轧 H 型钢生产线和我国最大的车轮轮箍专业生产厂，建成了车轮轮箍、高速线材、H 型钢、钢筋、CSP、冷轧、镀锌、彩涂等 20 条具有国际标准的生产线，形成了独具特色的"板、型、线、轮"产品结构，按国际标准组织生产的产品达到钢材产品总量的 80%，产品出口到 48 个国家和地区。马钢产品以建筑用型线材为主，约占总产量的三分之二，相较于国内宝钢、鞍钢和武钢等龙头钢铁公司，马钢对建筑用钢的需求更为敏感，在新区 500 万吨板材投产后，马钢的板材产能将超过长材，产品结构将进一步完善。

多年来，马钢牢固树立和落实科学发展观，坚持以发展为第一要务，以结构调整为主线，大力弘扬创业、创新、创造精神，加快完成"做强钢铁主业、发展非钢产业、建立现代企业制度"三大发展战略任务，以"马钢速度"完成了总投资达 150 多亿元的"十五"钢铁主业结构调整，实现了企业的跨越式发展。2006 年，马钢股份公司实现销售收入 343 亿元，实现净利润 22.77 亿元，生产铁 944 万吨、钢 1091 万吨、钢材 1030 万吨，分别居行业第 9 位、第 7 位和第 7 位。当前，马钢正在加快推进总投资达 250 亿元的以建设 500 万吨高档板材生产线为核心的"十一五"规划项目，全面建成投产后，马钢将形成 1500 万吨的钢生产规模，产品结构进一步优化，市场竞争力、科技开发能力和抗御风险能力进一步增强，在建设具有国际竞争力的现代化企业集团的进程中迈出更加坚实的步伐。

回顾马钢发展历程，我们发现，在新中国的发展历史上，这里诞生了许多第一。1964 年我国第一个直径为 840 毫米的整体车轮在马钢诞生，结束了我国车轮轮箍长期依赖进口的历史。1987 年马钢年产 40 万吨的高速线材厂正式建成投产，这是我国第一条具有国际先进水平的高速线材生产线。1992 年马钢第二炼钢厂实现全连铸。1993 年马钢作为我国首批 9 家规范化股份制试点企业之一，成功地进行了股份制改制，马钢重组分立为马鞍山马钢总公司和马鞍山钢铁股份有限公司。1994 年 4 月 26 日，马钢 2500 立方米高炉建成并投产。1994 年国家外经贸委批准马钢为中外合资股份有限公司。1994 年投资 1.6 亿元的车轮轮箍新加工线正式投产。1998 年马钢轧制出国产第一根 H 型钢，我国第一条年产 60 万吨 H 型钢生产线在马钢建成。1998 年马钢实行集团改制，马钢总公司改制为马钢（集团）控股有限公司。2001 年马钢热轧薄板生产线破土动工。2003 年二钢高速线材生产线顺利投产。2003 年马钢 2 号 2500 立方米高炉竣工投产，标志着马钢生铁年生产量跃上 800 万吨的新台阶，热轧薄板生产线成功轧出第一卷钢卷，结束了安徽省无热轧板卷生产的历史。2004 年冷轧薄板生产线轧出第一卷冷轧板卷，冷轧薄板工程顺利投产。2004 年热镀锌生产线顺利轧出第一卷镀锌板卷。

马钢集团现有非钢单位 25 家，其中马钢（集团）控股有限公司下辖 15 家非钢单位，马钢股份有限公司下辖 10 家非钢单位。马钢集团公司非钢单位辖南山矿业公司、姑山矿业公司、桃冲矿业公司、建设集团（机电分公司、路桥公司、钢构分公司商品混凝土等分公司）、设计研究院、房地产开发公司、实业开发公司（黑马公司等）、教委、报社、电视台、医院、监理公司，马钢股份公司非钢单位辖耐火材料分公司、汽车运输公司、修建工程公司、机械设备制造公司、第二机械设备制造公司、第三机械设备制造公司、粉末冶金公司、设计研究院、自动化工程公司、不锈钢分公司等。

马钢钢构公司是马钢为充分发挥马钢建材基地的优势，适应我国钢构产业蓬勃发展需求，以马钢"七五"建设项目为契机，为做强非钢产业而成立的公司，总投资 3000 万人民币。该公司生产中心占地 46000 平方米，投入运行的一期工程建成材料堆场 5400 平方米，生产厂房 8800 平方米，成品堆场 4000 平方米，有三条生产线，即重钢生产线、H 型钢精加工生产线和轻钢生产线。这些生产线不仅能发挥马钢热轧 H 型钢、中板和即将建成的热轧、冷轧薄板等资源优势，而且还可满足重型工业厂房、轻钢结构、高层建筑、桥梁结构、工业管道等构件的加工需要。设计年产量 2 万至 2.5 万吨，加上老厂改造后的产量，年产钢结构 3 万至 3.5 万吨、彩色压型板 3500 吨、卷边型钢 2500 吨。马钢"七五"建设项目本着"高标准、高起点"的要求，总图规划流畅合理，厂房整洁宏伟，设备先进实用，尤其是焊接、数控部份及精加工生产线全为进口设备，在行业中处于领先位置。生产中心建成后，联手马钢销售、设计等部门，形成马钢钢构市场开发、原材料供应、设计、加工、安装的工程总承包体系，成为华东地区一支实力强大的钢结构产业队伍。

马钢机制公司在加工制造业硬、软件上的提升上，降低了马钢大型成套设备的制造成本，迅速加快了开发大项目的速度，为马钢新产品快速占领市场赢得了时间，促进了经济效益的大幅度增长。特别是马钢机制公司自行完成了冷、热轧薄板机机架和 5000 吨油压机上下横梁等设备的成功制造，不仅使设备提前投入使用，而且还节约制造成本数千万元，引起了国内外同行业的关注。国际著名的意大利达涅尼公司、德国西马克公司等多家制造商，以及国内"一重""二重""太重""上重等著名企业，纷纷登门寻求合作，使马钢在成为世界原材料生产基地的同时，也使"马钢制造"成为令人瞩目的加工制造业品牌。

安徽马钢和菱包装材料有限公司位于马鞍山市经济技术开发区，是马钢集团公司与香港和菱工程（国际）有限公司合资建立的、具有独立法人资格的中外合资企业。薄板包装材料项目总投资 4600 万，建设 10 条生产线，主要生产金属包装盒、圆护板、侧护板、内外包装圈以及纸护角、木托架和塑料薄膜、锁扣垫片等四大系列包装材料，不仅能满足马钢热轧薄板、镀锌板、彩涂板等产品的包装要求，而且还能为其他生产厂家提供各种尺寸的包装产品及民用家电产品的绿色环保纸护角。该项目于 2003 年 2 月 8 日在马鞍市经济技术开发区马钢工业园开工建设，2003 年 10 月建成投产，预计全年产值 1.5 亿元。

2012 年以来，我国钢材价格持续大幅下跌，全行业经济连续下滑。在此背景下，马钢"跳"起转型之舞，以壮士断腕的决心摒弃效率低下的生产线，从"向钢铁要效益"转变为"向产品要效益"。大到车轮、建筑钢材，小到电视、电饭煲甚至智能手机，都能见到"马钢制造"的身影。2014 年，马钢收购世界四大高铁轮轴制造商之一的法国瓦顿公司，加速了马钢融入国家高铁战略、布局海外市场的进程。

一个朝气蓬勃的马钢集团正在不断地发展，它曾经创造过的非凡业绩，为我国打赢钢铁翻身仗，为经济的腾飞和国力的全面提升贡献了力量，我们有理由相信并期待马钢的明天会更加美好。

第三讲

活跃的商贸文化

皖江流域有着便捷的水路交通运输网络。凭借长江的黄金水道，皖江流域西连两湖流域，东接太湖平原；隋唐以后，由于京杭大运河的修筑，向北经过巢湖鸡鸣岗路线则可直上颍淮运河抵达洛阳；同时，向南通往歙州、新安江流域，虽道路隔山涉水，多高山深峡，但终究方便了皖南山区的对外交流。

皖江流域发达的水系，为皖江两岸港、津、渡口的出现提供了可能性，这也大大促进了区域内的商业运输和商贸活动的开展，同时也为皖江流域重要的商贸中心的出现提供了便利的交通条件。而且，历史上多次人口大规模的南迁，也为皖江地区提供了丰富的劳动力资源和技术支撑，大大提升了皖江地区的生产消费能力，成为了皖江地区经济发展的强劲动力。

第一节 古代皖江市镇贸易

一、"鄂君启金节"——皖江贸易的发端

在春秋以前，由于生产力比较低下，人们的生产生活主要围绕农业开展，商业贸易还处于萌动期。到春秋战国时期，生产力较之前有所发展，社会产品日益丰富。农民除粮食、布匹等少数产品可自给自足外，部分农具和少量生活日用品还需要从市场上购置；小手工业者也纷纷将自己制造的各类手工业品及部分农具投入市场，以换取所必需的日用品；达官贵人则需要用剥削所得换取奢侈型消费品，以满足自己的消费需求。为了适应社会各阶层不同层次的消费需求，商人阶层蓬勃兴起，商业活动空前活跃。许多商人为了牟取暴利，竞相奔走于全国各地城乡之间。近年来在安徽境内许多地方出土了大量春秋战国时期的货币，这充分说明这一时期包括皖江流域在内的安徽大地商业活动的兴盛。

1957年,考古工作者在安徽省寿县邱家花园发掘出了战国时期的青铜器"车节"和"舟节",自铭"金节"。"金节"是楚怀王颁发给鄂君启运输货物的免税通行凭证。鄂君启金节,详细记载着其行商的地点,其运输路线经过今天的湖北、湖南、江西、河南、安徽等省。车节路线,即陆路运输线为寿春(今寿县)—居巢—合肥—巢—芜湖—爰陵(即宛陵,今宣城);舟节路线,即水路运输线为枞阳—松阳—芜湖—爰陵(今宣城)。从安徽境内的水陆运输路线可以看出,皖江地区是当时鄂君启商业经营的重点地区之一,皖江流域的枞阳、松阳、巢县、居巢、芜湖、爰陵等地是鄂君启行商经过的重要城邑。这些商业活动促进了皖江地区城乡经济的发展。

鄂君启金节(现藏于安徽省博物馆)

如果没有鄂君启金节,那么谁能想象在两千多年前的战国时期,有这样一支庞大的满载着物资的楚国商队穿梭于长江流域的水路交通网上,鄂君启金节的发现足见当时的富商巨贾不但运输车船多、运货量大,而且运输里程长。

战国时期,楚国疆域几乎囊括半个中国,物产丰富,商贸活动活跃,与其他国家贸易沟通十分频繁,贸易地位举足轻重。楚国的主要出口物品包括矿产资源以及林木渔业的特产。迄今为止,长江中下游沿江地带如安徽铜陵、芜湖南陵县等已经发现了多处大型采矿与炼铜遗址。《史记·货殖列传》载:"江南多竹木。"《国语·楚语》载:"楚之所宝者……金木竹箭之所生也。"《战国策·宋卫策》载:"荆有长松、文梓、梗、楠、豫章。"这些史料表明,战国时期的楚国,贸易输出十分频繁,这也在一定程度上促进了楚国商业的发展。

这一时期还出现了大量的中国城市的雏形。一方面生产力的发展、生产技术的提高，促进了土地的大面积开发，人口也随之大幅度增长。各诸侯国纷纷开始增郡设县、筑城设守，随之而来的就是城镇的开发与市镇贸易的兴起。另一方面，长江沿岸物产丰富、交通便捷，春秋时期已经出现了一些古城，如潜山的皖、巢湖的柘皋、舒城的舒等；到战国时期又出现了一批新的城市，如合肥，其因"受南北潮"而成为"皮革、鲍、木输会"之地。这一时期，长江的安徽段沿岸出现了松阳这类水路通用的码头。前文鄂君启的商队从湖北鄂州来做生意就是从长江沿江而下，过彭蠡泽到达松阳，松阳因而成为商队贸易的重要中转站。

二、"万舸此中来，连帆过扬州"——秦汉至隋唐贸易的不断发展

自皖江流域开发始，该地区的市镇贸易在长江中下游流域一直都处于重要地位，皖江区域的市镇展现出无比的优越性。自汉末直至唐代，皖江市镇贸易一直处于不断发展的状态。南方社会长期的稳定以及北人南迁，加之南方自身优越的自然条件，为皖江的开发和本地区市镇贸易的发展提供了条件。到了唐代，皖江流域出现了"万舸此中来，连帆过扬州"的贸易盛况。

1. 秦汉时期

秦汉时期是皖江贸易发展的一个重要节点。经过了秦的短期统一，汉王朝迎来了恢宏的大一统时期，皖江地区的商业贸易于此迅速成长起来。汉代出现过两次大的移民潮。第一次在西汉末年，先是绿林赤眉农民起义，继而豪强兼并战争，大批中原百姓为躲避战乱迁至江南，其中不乏寄寓于皖江地区的。第二次在东汉末年，当时北方处于混战之中，广大中土人士纷纷南渡，落籍于皖江流域一带。两次大规模的移民潮给南方带来了大量的劳动力，同时也带来了先进的生产技术。秦汉时期，皖江地区基于农业、手工业的不断发展，工商业也有了一定程度的发展。再加上得天独厚的水运条件，皖江地区的水运贸易不断发展，当时长江上下往来的商船络绎不绝。于是，西汉政府在皖江各地设置了过市令，用以管理各种工商业和征收税钱，合肥便是其一。

皖江地区自古是我国南北交通的重要地区之一，合肥在这一地区中扮

演着举足轻重的角色。合肥是汉初至武帝时的全国19座大城市之一,仅次于全国八大都会,是皖江流域人口较为密集的地区之一,水运甚为发达。它北接淮水,南临长江,直达河、济、汝、泗四大水运网,是江淮之间极为重要的商品集散中心和中转站。公元前221年,秦统一天下后,合肥隶属九江郡;至西汉时被设为合肥县,隶属淮南国;东汉刘秀时合肥被封为侯国;三国时合肥为扬州治所。地理志《太平寰宇记》称合肥为淮南重镇,可见其经济和军事地位都十分重要。合肥在东汉时期的手工业和商业发展较为稳定,交通运输业也有了一定的发展。合肥水路的运输以依靠长江为主,因此水路贸易的活跃能够辐射到长江各个支流的流域内。陆路的运输在当时以马匹车辆为主。双辕车是当时主要的车型,只需一马或者一牛便可运行,节省了大量的动力资源。随着工商业贸易的持续发展,车辆的种类和车队的数量也有了大幅度的增长。

动乱的三国时期,皖江流域在东吴的统治之下,尽管时有兵祸、战乱发生,但长江上商船依然往来不断,热闹非凡。

2. 魏晋南北朝时期

魏晋南北朝时期,北方战乱较多,长江以南地区因受战乱的影响较小,所以社会秩序相对较为稳定,于是出现了中国历史上第一次的人口南迁,大量的北方人口从中原地区南迁到长江中下游地区。皖江地区的姑孰、宛陵、寿春和芜湖等地迁来了众多人口。三国时期,芜湖县治迁至长江青弋江口,该地当时是孙吴政权的军防重镇,吴将陆逊曾率数万士兵驻扎在此地。在东晋时,芜湖县建制被取消,但因其地形优越,濒临长江,又毗邻姑孰等地,所以虽然商业发展速度不如秦汉时期,但仍在不断发展。据史料记载,安徽的江淮之地是东晋侨置郡县的重要地区,当时,东晋的统治集团实施了许多优惠政策来接纳北方流民,这在很大程度上促进了江淮地区经济的恢复和发展,包括当时的姑孰和寿春。

马鞍山的姑孰镇,位于今天的安徽当涂县,北依银塘镇,西临长江,原本是长江沿岸的一个小渡口,后因其军事地位极为重要,而成为皖江流域重要的港口之一。东晋南朝时,称其为"南州"。宋、齐、梁朝时期,姑孰地区的地主庄园得到了迅速的发展,需要庞大的市场来进行商品交换,于是,皖江地区的商业借此机会得到了发展，同时也催生了一批长江沿岸的商业重镇。当时，权臣王敦等人都曾经驻兵于此，在此大兴土木，带来了许多人口，于是间接带动了姑孰城内的商业发展，使其愈加繁荣。六朝时期的姑孰，同样由于其自身极其重要的战略地位，加上先天优越的交通条件，"浮船长江，贾作上下"，商业发展一直兴盛不衰。

寿春，处于淮河中游南岸，背靠有"一人得道，鸡犬升天"传说的八公山。它以淮河为分界线，是南北文化的交汇点，也是江淮之间的一大要地，"鄂君启金节大道"从凤台至巢湖，正经过寿春。自秦汉以来，寿春就是江淮地区的经济、文化中心。《汉书·地理志》称："寿春、合肥受南北潮皮革、鲍、木之输，亦一都会也。"寿春北方的泚水和淮水交汇处是一个重要的造船基地，东晋南朝时，政府利用该地大力发展造船业，客观上带动了寿春水上交通运输业的发展。战国时，寿春曾为楚国故都，东接三吴的富庶之地，北连梁和宋，出产金石、皮革和竹木，用来供官府、军队之需。北齐占领寿春后，对新附的百姓给予优待，"其新附州郡，羁縻轻税而已"。这种政策给当时的寿春带来了大量的劳动力，为后期商业经济的发展提供了动力。

南北朝对立时期，刘宋朝廷在皖江地区实行"和市"制度，"和市之物，不绝于乡间；递送之夫，相继于道路"。这一制度，进一步促进了皖江地区商品贸易的活跃，同时还促进了同一时期皖江地区农业与手工业的发展。1984 年，考古工作者在皖江马鞍山市的雨山发现了孙吴右军师左大司马朱然的墓葬，其中最引人注目的就是墓葬中出土的 80 多件漆器。漆器上的文字，能够说明这些漆器由蜀郡制造，很明显是从遥远的蜀地长途转运来的。由此可以推断，当时各地有大量的商品运至姑孰、芜湖等沿岸城市进行交易。

3. 隋唐时期

随着隋朝的统一，纵贯南北的大运河修通，沟通了长江、淮河、黄河等水运动脉，于是皖江流域的商贸活动以此为契机，进一步发展繁荣。根据相关历史文献统计，经过修治可供通航的支流水路，有皖水、泚水、滁水、泾水、大雷池水、枞阳水、濡须水、贵池水、秋浦水、青弋水、芜湖水、姑孰水、桐钠水、运潜河、横江共 15 条。这些水路，连接了沿江的各个市镇地区，形成了庞大的皖江水运网。随着水运交通条件的继续发展和完善，皖江流域成为当时全国重要的商品集散地之一，形成了一个巨大的商业贸易交易区。

短暂的隋朝被唐王朝取代后，皖江地区的商业以及市镇的发展有了一段相当长的稳定时期。唐代由于水利工程的修筑，农业生产得到了重要的保障，从而促进了沿江商业的发展。随着社会经济的增长，鹊头、鹊岸沿线都发展了起来。唐代还在皖江地区设置了"梅根监"矿冶机构，"每岁共铸钱五万贯"输出。除了梅根监，还有铜井山、战鸟山，位置都濒临长江，蕴藏着丰富的铜矿资源。于是，唐代朝廷直接设机构管理和开发这些地方，这样既规范了市场，又间接带动了皖江流域的经济发展。由于皖江地区水域广阔、水网密布，水陆交通便捷，皖江地区的手工业产品能够通过长江以及其他各条水运路线，送至全国各地进行商品交易。当时长江上下商贾云集，十分热闹。商船最为密集的路线便是沿江顺流而下，途经池州、和州、滁州、然后直达扬州，最后经扬州运河北上。于是，皖江地区出现了"万舸此中来，连帆过大江"的贸易盛况。

唐代皖江流域内的商品贸易按照商品种类来分，主要有茶叶贸易和食盐贸易。唐代，饮茶风靡一时，整个皖江地区的茶叶贸易也因此而活跃，在宛陵一带还形成了专业化的茶叶销售市场。与此同时，食盐运输成为皖江水运的大宗商品。特别是刘晏改革盐法，在江淮各地区设置"四场""十监""十三个巡院"，加强了对食盐的运销管理，为安史之乱后的唐朝经济发展做出了重要的贡献。

宛陵，即现在的宣城，土壤肥沃、物产丰富，在唐代十分繁荣。当时享有"扬一益二"盛誉的扬州，在人口上还远不及宛陵。《新唐书·地理志》记载宛陵"户十二万一千二百四，口八十八万四千九百八十五"。宛陵紧靠长江水系，其支流水系也很发达。同时，宛陵规模巨大的人口带来了潜在的巨大市场，当时最具代表性的便是冶金业和纺织业。宛陵境内拥有丰富的银、铜、铁等矿产资源，铸造全国近十分之一的铜钱，这在很大程度上依赖于皖江便利的运输条件；宛陵的红线毯做工十分精美，可以媲美当时著名的太原毯和蜀都褥，"太原毯涩毳缕硬，蜀都褥薄锦花冷，不如此毯温且柔","此毯"指的就是宛陵的红线毯。

五代时期,全国的经济重心已经转移到了南方,此时皖江地区经济发展愈加繁盛,呈现跨越式发展。当时皖江地区一些著名的市镇商铺林立,甚是热闹。

三、"繁华满目,市声若潮"——皖江市镇贸易的繁荣鼎盛

1. 新兴市镇应运而生

皖江市镇发端于宋元,发展成熟于明清。北宋时期,中国经济重心已经南移,江浙、荆湖、淮南等地是政府的赋税重地,是支撑王朝运行的重要基石。这些地方的米粮、布帛等供养着京师规模庞大的人口,维持着封建官僚机器的正常运转。东南地区离国都开封路途遥远,在交通工具非常原始的情况下,只得靠往来不绝的舟车商贾长途贩运。然而无论走陆路还是经水路,皖江地区都是他们的必经之地。就水路而言,荆湖、广南、江西等地的船只都得经由皖江东下,至真州入江淮运河;就陆路而言,东南地区商旅多经广德走芜湖过江,再经庐州、寿州、颍州一线向西北入京师开封。因此不管是水路还是陆路,皖江地区都是沿线必经之地。长江这一天然运输渠道的交通功能得到发挥,也刺激了一批商业型市镇迅速崛起。这些商业型市镇大多位于水陆交汇之处或交通要道的中间区位,而尤以水陆交汇之处的市镇发展最为迅速,表现出交通繁忙、商贾云集、居民众杂的特点。如无为县襄安镇,"系商贾冲要,舟车辐辏之地,兼并之家,产亨厚利"。此外,太平州当涂县黄池镇、贵池县的池口镇、天长县的石城镇,商业都很发达,其商税收入均为一般县城的十几倍。

除了因交通这一天然的地理优势而发展起来的市镇外,这个地区还有随着手工业的日益发展及一批新兴产业,如茶叶加工生产及贸易、制造业、大型矿产的开发等而出现的市镇。这些市镇以地方某种产业而闻名于世,被称为产业型市镇。如宣州的符里窑镇,原本是一个偏僻冷寂的小地方,由于制瓷业的兴旺,一时间发展成为商贸如云、人烟密集的新兴市镇。太平州黄池镇市场上不仅有鱼肉、菜蔬、米酒之类的本地土产,而且有从外地运来的缣帛、香货、珍贵药材等贵重商品。一些规模较大的市镇还设有巡

检官吏,这些官吏的职责是修缮城墙,维持社会治安,如无为军金牛镇设置巡检一员,专管巡视修治城墙、关防、盗贼等事。

两宋时期,皖江地区农业和手工业都比唐代有了较大的发展,市镇商业活动发展起来,各商业市镇贸易如火如荼。景德年间,江淮地区连续数年丰收,粮食价格很低,许多富商大贾就将江淮地区的粮食运到京师以获取高额利润。熙宁五年(1072),苏、湖大丰收,粮商纷纷将米运至江淮出售。茶叶又是皖江地区交易的大宗商品。《宋会要辑稿·食货三六》之一三讲道:"田昌于舒州太湖算茶十二万,计其羡数又逾七万。"这都体现了宋代皖江地区商品交易的兴盛。而且,此时各州县集镇的数目已经远远超过了北方地区,盐税、酒税及商税的税额也比先前高很多。据熙宁十年(1077)的统计资料,当时无为县每年上缴商税两万余贯,历阳县年交商税已接近无为。随着商业的发展,此时的无为已发展成为一个仅次于临安的大商埠,而就商业发展态势来看,江南明显快于江北,其中宣州、池州的江南地区的税额已较旧额增加了一倍。除了从缴纳的赋税可以看出两宋时期与唐代经济发展的不同,也可以从当地出产的主要产品发现其变化。

宋初之后,皖江流域各地的土产跟唐代的贡品有所不同,从总体上看,变化主要体现在当地经济的持续发展上,池州的土产较多,主要是因为唐中后期矿产资源的进一步开发。唐代皖江流域的商品种类大多是一些农副产品和手工业产品,而这些商品在不同州县的交易情况也不同,其主要还是由于当时自然环境的不同所导致的。如在沿江平原地区,主要的农产品是水稻,那么在这些地区的集市上能见到的主要商品就是大米;同时沿江平原区南陵、当涂、秋浦一带产铜铁,那么这些地区市场上见到的商品就多为一些金属制品。宣州以南和舒州西北地区的山区丘陵地带适合茶叶和果树的种植,所以这些地区专业化市场上的商品主要就是茶叶和水果。地区资源很大程度上限制了当地经济的发展深度,但是在一定程度上也有利于各地依靠自己的特色产品展现自己的优势。

南宋皖江市镇商品流通,除日常生产、生活和文化用品外,茶、木材、布帛、米粮等大宗商品成为皖江区域特色物产。皖江地区地形比较丰富,既有以出产粮食、布帛为主的平原地区又有以出产茶叶、木材为主的丘陵地带。淳熙《新安志》卷二《木果》说:"岁联为桴以下浙河,大抵松槠为尤多,而其外纸、漆、茶茗以为货。"此外,皖江地区小城镇迅速崛起,《永乐大典》卷二二六六董嗣杲《送刘汉老过芜湖》说:"浙客量盐少,淮商贩药多。随灯游晚市,沽酒隔昏河。"从这一首诗中,我们不难看出浙商和淮商盐、茶贸易兴盛对芜湖兴起的巨大作用。随着皖江地区商业的日益繁荣,因商致富的人多了起来。无为陈氏,家财数百万;休宁程卓家,财殷产广,徽、衢、严郡都有置业;绩溪张汝舟家,土地天才富甲一方,商店几乎占据郡县的一半,人称半州。各地商人的致富不仅表明当时从事商业的人数不断增多,而且说明当时经商规模的庞大,可见当时商业贸易的盛况。市镇贸易的兴盛催生了一批富商巨贾,而这些富商巨贾的商业活动又再次带动了市镇贸易的繁荣。

在元朝政府统治时期,徽商已经开始在全国各大商帮中崭露头角,经营方式、行业资本、活动地区、主营业务都有了巨大的飞跃。徽州商人不局限于省内经商,往往还要组建大型商队进行跨省贸易运输。如元代歙县棠樾人鲍昌孙"迁居岩镇,货肆经营",其经营范围遍及长江流域以及两淮地区,甚至包括京师、杭州、四川、秦陕等地。虽然经营范围进一步扩大,但是皖江流域作为徽商走出徽州的首要地区,仍然是徽商经营范围的重点。元代婺源苻村里人汪会,"壮尝买舟与商人出鄱阳,过九江,望荆湖之墟"。这大体上都表现出当时生机勃勃的商业景象。元统一全国后,随着这一时期皖江地区社会的日渐稳定,商业贸易也不断恢复,进而日渐活跃。首先,这一时期皖江地区不少地方的商业街市在宋代基础上有了新的发展。比如,元代徽州路治所所在地方的商业街市的规模在宋代的基础上有了一定的扩展。其次,这一时期皖江流域许多地方不断设立商税征收管理机构,说明政府不断加强对商税的管理和控制。以徽州路为例,元代在歙县境内共设有岩寺务、松源务、王村务、蛇坑务、牌头务、潜口务六处税务机构,征收境内行商坐贾的商税是这些机构的主要职能之一。

2. 市镇贸易走向繁荣

随着皖江流域的不断开发,以及明清时期商品经济的长足发展,明清时期皖江流域的集镇在数量和规模上都有了较大发展。

明代皖江流域集镇分布及变化表

府州	县名	成化年间	正德年间	嘉靖年间	万历年间
和州	和州	6		6	9
	含山	2		3	3
庐州府	合肥			9	12
	舒城		6	6	
	庐江			7	8
	无为			1	5
	巢县			2	3
	霍山			5	
安庆府	望江			6	
池州府	贵池		1	1	5
	青阳		4	4	4
	铜陵		4	4	4
	东流		6	5	6
滁州	滁州			16	31
	全椒			2	26
宁国府	宁国			5	

根据此表我们不难发现：在嘉靖以前，皖江流域的城镇数量较少，虽然有所增长，但是增长速度比较缓慢；嘉靖和万历年间，是皖江流域集镇快速发展时期。由此可知明代是皖江流域集镇发展的重要时期。究其原因还是明王朝的休养生息在嘉靖、万历时期达到了质变。

在明代，安徽是粮食的盛产区，一些地区由于区位优势和便利的交通，开始形成了粮食的聚散市场。皖江地处亚热带季风气候且土地肥沃，适宜水稻的种植。明清时期江南地区纺织业出现资本主义萌芽，因此人们大多种植经济收益更高的作物，粮食产出远远不及消耗，"苏湖熟，天下足"被"湖广熟，天下足"代替，皖江地区的商品粮也主要流入江浙一带。嘉庆、道光年间，苏州等地每年都要通过在皖江地区采购不下数百万石的粮食来满足自身的需要。皖江流域太平府当涂县为宁国府米粮和上江粮食聚散之处。据记载，当地的商人经营之物或有缺欠，但是粮食一直都是它的重中之重。其所属黄池镇更因"承十字圩之枢轴，米谷转输，故多饶"，同时黄池亦是旅芜徽商北上的重要中转站，由歙县经绩溪，过宁国府城，由黄池渡江西去或北上。府属芜湖和繁昌二县交界处的鲁港，也是"临江贾集，故多开砻坊，操舟楫为业"，米粮交易均较发达。但是由于皖江多山，沿江平原生产粮食有限，再加上内部消耗，因此除了向外输出粮食外，皖江内部也有为满足消耗而形成的粮食市场。例如贵池县土地贫瘠，耕田不足，收获的粮食不能满足内部需求，因而往往输入江北的粮食以供自身消耗。除受地理因素限制之外，还有人口增长、需求增多的缘故，明清实行一条鞭法，清朝继续完善施行摊丁入亩，人口迅速增长、粮食消耗增大。嘉庆时期，旌德县约三十二万人口，而粮食年产量却只有十几万石，远远不能满足自身需求。如遇荒年，更需要向外购进粮食，皖江流域因此形成了一些米市，有庐州府的三河、运漕，太平府的官圩，宁国府的湾沚镇，安庆府的中央镇，芜湖县的鲁港镇。

　　由前表格可知最先兴起的集镇的数量对于整个皖江地区来说是十分有限的，但其作用却不可低估。这个时期的集镇普遍具有中心市场的整合作用。如嘉靖《宁国府志》记载了港口市（县北三十里）、石口市（县东五十里）、东岸市（县西五十里）、河沥溪市（县东五里）、胡乐市（县西百里）五个集市，因此虽然后来宁国集镇在数量上有很大突破，但在规模和功能上具有核心作用的仍是这些集镇，河沥溪市后来甚至成为超过县城的中心市场。

　　明末清初的战乱和天灾使皖江流域经济衰退，人口减少，因此集镇发展无从谈起。崇祯十六年（1643），左良玉率军二十万由九江东下，池州、安庆、贵池、繁昌等所经之地皆化为废墟。以望江为例，雷池镇两番焚掠，吉水镇毁于兵燹，新沟镇灰烬皆无，扬湾镇屡遭兵焚，隶沟镇毁于左良玉军。因为明末的农民起义还有清初的战争，皖江流域处处显露萧索、衰败之景，集镇规模和数量都大幅缩减，经过清初经济恢复后，至康熙中叶，国家安定，经济复兴，集镇发展也随之恢复，部分地区更胜以前。如上述望江吉水镇"招商列肆复见比屋之风"，雷港镇"自招集流鸿渐次复旧"。国家安定，百姓安居，经济恢复发展，不仅原有集市恢复往昔繁荣之象，而且还增加了两个重要集市。太平府当涂县，明代嘉靖年间仅有五座城镇，至乾隆年间，又新增亭头、塘沟、塌桥、乌溪水、青山、薛镇、新市、博望八镇。

清代至民初皖江流域集镇分布及变化表

府州	县名	顺治	康熙	雍正	乾隆	嘉庆	道光	咸丰	同治	光绪	民初
庐州府	合肥					11				17	
	庐江					18				40	
	舒城					11				12	
	巢湖					10				16	
	无为					36				37	
六安	霍山								12/62		
滁州	全椒		42								
	来安		15							35	
安庆	桐城		9							29	
	潜山		5							27	
	怀宁										28
	太湖		4								14
	宿松		11								
	望江		8	9							
池州	贵池				7						19
	青阳				6						6
	铜陵				8						7
	石埭										
	建德										
和州	含山									10/19	
太平府	芜湖				10						18
	繁昌				10		12				
	当涂					13	14				23
宁国府	宣城					21					
	宁国					13				11	16
	泾县	8				21				12	
	太平					7				10	
	旌德					15				4	
	南陵					13				12	29

由上表可见，清代中期以后皖江流域所辖区域大部分州县集镇数目都显著增加，嘉庆、道光年间为其高峰。其中缘由除国家安定、商品经济繁荣外，还有赖于地方官吏和士绅乃至宗族在其中发挥的重要作用。如宁国麻园市临近南陵官道，为"故县尉王鉴创立，初以寅中己亥日为会，农商贸易

者赴焉"；藤溪市"市居房廊，原系管进士创造，商族辐辏，贸易货财极为民便"。可见官绅在招抚流亡、恢复集市建制、经营商业等诸多方面着力颇深。

明清皖江流域市镇商业贸易的繁荣鼎盛离不开徽商的经营。明清时期，由于徽州商帮的奋起，芜湖进一步繁荣，成为全国著名的商业都会。明清几百年间的发展，使芜湖发生翻天覆地的变化。明初黄礼描绘："芜湖附河距麓，舟车之多，货殖之富，殆与州郡相埒。今城中外，市廛鳞次，百物翔集，文采布帛鱼盐襁至而辐辏，市声若潮，至夕不得休。"经过一百多年的发展，到万历年间，芜湖成为了"辏五方而府万货"的大商业都会。明代晚期，徽商汪道昆在其所著《太函集》中详细描绘了当时芜湖的贸易盛况："五方购者益集其所，所贸易者，东及吴、越，西达荆、梁，南播闽、粤，北至豫、鲁。"青弋江的北岸，形成了绵延近十里的贸易区域，被称作"十里长街"，由此可见当时商家之多、行业之兴盛、货物之繁多。商品贸易"北连牛渚，历淮阳而达燕蓟；西接秋浦，为荆、楚、闽、粤"。芜湖的发展离不开在芜湖经商的商人群体，其中徽商在皖江这一广阔市场上的分量尤为重大，"无徽不成镇"说的便是。如果一个地方没有徽商这个群体，那么是很难发展起来的。徽商群体庞大，经营规模较大，其中在典当业、盐业、木材、粮食业、茶业等重利行业涉足颇多，以及其他如布匹、丝绸、药材等多行多业均有涉足，大体来说只要有利可图，无业不就。徽商经营方式灵活多样，大体有5种：一是长途贩运；二是囤积居奇，贱买贵卖；三是广设店肆，开展竞争；四是经营典当，权子母钱；五是以所多易所鲜。除了上述几种主要经营方式之外，也有前店后坊或设厂兼营直接生产的方式，许多墨商经营的墨店采取的就是这种经营模式，即前面是墨店后面是生产徽墨的作坊。而盐商获利较高的几大行业大部分都是采用长途贩运的方式，这不外乎以贱易贵之理。采取何种经营模式也是依据当时的具体情况而定。

徽州和皖江地区相去不远，且交通方便，这极利于徽商进入皖江地区经商。商业发达的地方使得徽商集聚，庐江、天长、安庆等地徽商经营均见于记载。嘉庆《芜湖县志》载："安徽省据江南大江之上游，其府属有八，而滨大江以南者，唯池州、太平二府，其二府之县属有九，而滨大江以南者东流、贵池、铜陵、繁昌、芜湖、当涂六县，皆舟舢停泊之所。"在这些具有水乡特色的地区，尤其是人员往来如织、货物进出频繁的市场区域，基本交通设施如桥梁、渡口的建设便显得尤为重要，是当地市场发展的必要条件。由于芜湖周围自古就是水网密布的地区，中江（青弋江）两岸纵横交错的沟渠可以灌溉周围的万顷良田，因此农产品的产量和商品率较高；同时还形成巨大的米业市场，与无锡、九江、长沙并称为全国"四大米市"。芜湖米市的繁荣还促进了皖江地区商业的发展，加速了这一地区农业商品化的进程。对于芜湖本身来说，由于经济的发展，其政治建制也获得了相应提高。清代实行道制，芜湖道辖皖南23县，又在芜湖设皖南镇守使，芜湖成为皖南行政上的首邑。

据《徽商研究》一书的不完全统计，明清时期在芜湖的徽商大户有38家之多。这些巨商大贾或为行商，"远挟巨资"贸易四方；或为坐贾，"定业芜湖""贷本经商"；或列肆于街衢，"客芜湖，往来吴越扬楚间"；或经营作坊，"募工冶铁""开设染局""开设永春药店"等。其中有木商、茶商、粮商、典当商、盐商、布商、药商等，均称雄于芜湖。此外，许多小贩，逐利于市井，叫卖于街巷，尽管他们的资本不多，获利甚微，但给芜湖增添了不少商业气氛。总之，芜湖的各种商业活动几乎无一不有徽商的身影。歙县人阮弼全国连锁式的染局、休宁人汪尚权"指挥百人，斩斩有序"的冶铁作坊等是其中的重要代表。芜湖成了往来于大江之上，奔走于川、楚、吴、越之间，从事商品贩运活动的徽商的理想之地。徽商一旦在事业上立了足，便可以芜湖为基地，进一步向长江上下游和中原地区发展，赢利四方；万一失利也便于返回故乡，不致坐困他乡。

景泰年间的胡棐赞道："芜湖濒大江，据要冲，受廛而居者鳞攒星聚，舟车之辐，货贝之富，达官贵人之往来，悉倍他邑。"之所以如此，就是因为芜湖地处大江和长河青弋江交汇之处，交通便利，所谓"鸠兹为四通五达之涂，此天所授转输地也"。芜湖优越的地理位置，吸引了众多的商人，这里已成为商品集散中心。长江上游的四川、湖北、江西的商品，甚至湖南的木材、粮食，还有从皖南运来的木材、茶叶等都要运到这里集散或中转，再运往浙江及江苏仪征、扬州、清江浦等处，转运到北方五省销售。长江下游所产的盐、布绸要运往上游销售也需要在这里中转集散。

明成化年间和崇祯年间,朝廷在芜湖先后设立工关和户关,征收赋税。清人刘献廷在其所著《广阳杂记》中就描述了当时荻港的繁华:"(荻港)居人不下数千家,百货皆具,市井耕接,屋宇宏丽。有石桥精致如大内之制。游击开府于巷内,门境萧然。太平景象,可乐也。"

乾隆年间,芜湖繁华更胜往昔,"四方水陆商贾日经其地,阛阓之内百货杂陈,繁华满目,市声若潮",其商业盛甲于江左。故有称道者认为,"芜湖扼中江之冲,南通宣歙,北接安庐,顾客往来,帆樯栉比,皖江巨镇,莫大乎此"。由此可见当时芜湖商业贸易的繁荣。除芜湖之外,皖江的另一城市也成为重要的商业都会,那就是安庆。

安庆是安徽政治中心,位于长江中下游,交通便利,因此该地商贾辐辏。宋之前,徽州六县的山民"多向舒、池、无为迁徙",以谋生存。其后徽人多善贾,陆续来安庆经商。清乾嘉年间,徽商鼎盛时期,安庆城内外之较大钱庄、当铺、绸缎庄、布店、纸坊、茶叶号等,多为徽商开设。徽商资金雄厚,经营行业广泛,掌握金融、物资,操纵市场,执安庆商场之牛耳。安庆附近之县镇,如潜山、太湖、宿松、望江均有徽商开设之店铺。乾隆《望江县志》记载,吉水镇"盖郭内与吉镇异镇,属通衢,徽商居多,如京果海味之类俱籴于江广松扬之间,其价廉而利广,若列肆郭内许时所售与输值所需俱攘攘争于镇,其价较倍"。枞阳也是徽商活动的重要市镇,民国《桐城续修方志》记载,该地"为桐城首镇,鱼虾蕃衍,罛罾相望,舟船来往,百货俱集,民多以贸易为业,徽宁商贾最多"。徽商商号遍布安庆大小集镇,很多成为当地著名的老字号,如枞阳日兴茂南货糖菜号、石牌盛天长百货糖纸号、太湖及徐桥王信茂南货号、高河久伦布店等,这些商号都在当地发挥着重要作用。

在清代,庐州地区的居民仍多坚守"本业","勤于稼穑,不喜商旅",依旧从事传统的农业生产,较少涉足商业经营活动。如康熙《巢县志》记载:"商所货竹木、布帛、钉铁、油麻,皆外商所贩,巢民性惮远涉,无行货者,即为行货,亦土产、稻米、鱼、薪而已,而盐策独徽商巨贾司焉,巢之市贾要皆取诸外商,以资贸易。"庐江县居民也多"勤稼穑","为商贾者少,厥产唯谷,厥货唯矾,皆外来之人兴贩。凡食用之物,多山陕、徽宁之人开设铺号，本地贫者力穑，富者食租而已"。可见，在清代，活跃在庐州地区商业舞台上的商人多是来自省内外其他地区的客商，他们是推动当地市场发展与繁荣的主要力量。在这些外地客商中，徽商依据得天独厚的区位优势成为其中的主导力量。如婺源人夏嘉宾，在顺治十六年时，就跟随自己的父亲"至巢贸易"，后"遂家焉""世历五代，仍同居爨"。作为一位从徽州走出来的商人，夏嘉宾虽然常年客居异乡，但其家庭生活依旧保留着徽州文化的诸多特点，累世同居的家庭观念或许就是一个很好的印证。徽商素有"儒贾"之名，在儒家文化深深的影响下，他们的商业行为通常具有强烈的自我规范意识，"以义取利""义利并举"是这一商人群体的普遍特点。传统儒家的"义利观"成为他们恪守的一个重要的商业伦理准则。在开展商业经营活动的同时，他们积极投身于当地的公益事业建设，用自己的善举践行着这一传统儒家文化理念。在清代庐州地区，也不乏此类事迹。如在巢县柘皋镇东三里许有座古探花桥，"岁久倾颓，一遇淫雨，山溜遄发，接路泥沙没胫，行者病焉。邑侯马公税驾时临，心甚恫然，谋所以新之，捐俸以先众。时大歉之后，民力维艰，新安诸商人雷成美、谢鳌、吴良采等仰体侯意，各输金助工，僦石鼎新之，竖以木楯，桥前土埂萦以石甃，近二百余丈……"正是徽商的慷慨解囊，才让这座古桥得以重换新貌，这不仅为往来于此的行人提供了方便，也成就了邑侯马公的美名：事竣，易桥名曰"弘济""志侯德政也"。以徽商为代表的客籍商人也为清代庐州地方文化的发展增添了新元素。

除了这些比较繁荣的城市外，安徽地域还点缀着大批繁荣的商业城镇。一些交通便利的地方也随着商业的繁荣发展成繁华的商业城镇。如明代嘉靖年间宁国河沥溪，由于水陆交通便捷，商业发达，市井繁荣，市容之盛，人口之多，城镇规模远远超过县城，成为宁国首镇，故有"大大河沥溪，小小宁国县"之说。明天启年间，原本偏居一方的太平府黄池也是"闤闠相联，舟车四集，实姑孰一巨镇也"。无为黄泥河镇，"在治北三十五里，当外河湍须水汇流之冲，东往含山，北入巢境必经之地，米之出多由是，故成市集"。大通镇，在"铜陵县南四十里，枕山面江，商旅鳞集"。湾沚镇，芜湖"县西北八十里，青弋江所经，盐艘鳞集，商贩辐辏"。下仓镇，宿松"县东南七十里,俯临长河","东通望江县吉水镇,商旅络绎"。合肥三河镇,"为三邑犬牙之地,米谷廪聚,汇舒、庐、六诸水为河者三,河流宽阔,枝津回互,万艘可藏",该地慈善堂残碑记载三河"水池环街,万商云集"。

皖江流域便利的水运条件也促使不少集镇形成,并由此繁华起来。据《安徽航运史》统计,清代皖江流域长江沿岸关津,县级建制以下的水运集镇共计212个。其中安庆府54个,宁国府34个,太平府23个,庐州府29个,滁州府24个,和州府21个,六安州有27个。

明清时期,这一区域不仅形成了安庆、芜湖两个中心市场,而且还存在着其他具有不同经济功能的市场层级。它们在区域内部及与外部区域的商品交流中形成了一个有机系统,分别具有不同层次地位,并且地区间相互依赖。

康熙年间,和州当涂县所辖区域就已形成13座城镇。其中采石镇为"南北孔道,舟车辐辏,故人物之胜,他镇罕比"。黄池镇在明代就已"圜阓相联,舟车四集,实姑孰一巨镇也"。嘉庆《合肥县志》载:"谷米之出入、竹木之栖泊,舟船经抵县桥,或至郡邑署后,百货骈集,千樯鳞次,两岸悉列货肆,商贾喧阗。"元代毕仁16岁便在庐州开设茶叶店,充当坐贾。其父毕天祥则每年运茶数百引,充当行商。坐贾与行商结合,获得高额利润,知名于时。庐江县"商以行货,贾以居货,亦日用所必需,而庐江民悉土著,故为商贾者少,厥产唯谷,厥货唯矾,皆外来之人兴贩。凡食用之物,多山、陕、徽、宁之人开设铺号,本地贫者力穑,富者食租而已"。

皖江流域自先秦至明清,经过历代的开发与发展,逐步由荒蛮之地成长为影响全国的商贸市场,这得力于皖江流域自身的优越条件,也得力于历代人民群众的开发以及商人的商贸活动。皖江市镇贸易是不断发展的,市镇的数量和规模也在不断发展。虽然动态发展过程中会有一些曲折,但是发展总是时代的主旋律。明清时期,皖江市镇贸易达到了鼎盛,产生了"繁华满目,市声若潮"的繁华场景,这不仅得益于明清时期商业资本的产生以及资本主义萌芽与徽商在皖江流域的活动,而且得益于皖江地区人民群众的勤劳奋斗。以上种种,使得皖江贸易成为中国古代商业贸易史上一颗璀璨的明珠。

集镇	专业	记载情况	资料出处
湾沚镇	盐	县北八十里地今为盐埠盐艘鳞集，商贩辐辏	嘉庆《宁国府志》卷十二《舆地志》
王公市	蚕	在县北三十里贺堂山之下，蚕市特盛云	
鲁港镇	粮食	在县西南十五里，境内集镇属此最大，多砻坊，为粮米聚贩之所，商旅骈集	清《芜湖县志》卷五《镇市》
和悦洲	盐	洲以盐务为大宗	《全国风俗总志》之《鹊江风俗志》
黄泥河	粮食	黄泥河镇，在治北三十五里，当外河湍须水汇流之冲，东往含山，北人巢境必经之地，米之出多由是，故成市集	民国《无为县小志》卷六
襄安镇	粮食	襄安镇……在城西南四十里，为四郡米粮集中地	
姚王集 会商集 杨家女	牲畜	桐城开集，据清道光七年所修县志内载有四集：曰姚王集，曰会宫集，曰矶子墩集，曰杨家市集。姚王集在县境石溪之西北，钱家桥之西南，有姚王庙一座（其历史不可考），每年法历二月，庙前开集，各省商贾均贩牛马驴骡于此集（显盛时约有三、四万头），民间或卖或买，各听共便，大有日中为市之风	民国《桐城志略》
三河	粮食	聚粮之地，首在庐州之三河，运槽两处	宋雪帆《水流云在馆奏议》
运漕镇	粮食		
枞阳	粮食	为桐城首镇	民国《桐城续修县志》卷一《舆地志·乡镇》
汤家沟	鱼米	杨家沟，为桐之次镇，鱼米贩运与枞阳相等	
香草镇 苏家嘴	渔业	县西三十里，居民八十余家……秋冬客旅鬻贩鱼盐舟集于此	万历《望江县志》卷一《舆地类·乡镇》
洪家铺 江镇	烟草 烟草	扬州烟贾大至，拱家铺、汀镇牙行填满，货强辐辏，其利几与米盐等	民国《怀宁县志》卷六《物产》
王家河		有集镇，河洲产竹最蕃，民多为业罩，交易之广达于江淮	民国《怀宁县志》卷三《市镇》

第二节 近代皖江开埠通商

一、"三千年未有之变局"——内忧外患与皖江近代化的开启

1. 皖江近代化的开启——曾国藩与安庆内军械所

晚清名臣李鸿章曾说，清王朝面临的是"三千年未有之变局"。近代中国，外有两次鸦片战争后西方列强的不断侵略，内有太平天国运动的爆发，整个清王朝面临着土崩瓦解的局面。在内忧外患的局面下，部分中国人开始主动向外国人学习，先有魏源提出"师夷长技以制夷"，后有曾国藩、李鸿章等洋务派官员兴起洋务运动，由此拉开了中国近代化的序幕。而安庆作为当时安徽省的首府，在洋务运动期间，由曾国藩在此设立了近代第一家官办军用企业，由此开启了皖江走向近代化的第一步。

曾国藩，初名子城，字伯涵，号涤生，道光十八年（1838）中进士。太平天国运动时，清政府八旗、绿营军腐败不堪，无力抵抗。曾国藩组建湘军，力挽狂澜，在与太平天国的长期作战中，他从洋枪洋炮等武器中逐渐意识到西方先进技术的重要性。1861年秋末，湘军收复安庆。安庆不仅是安徽省重镇，而且是下游南京、上海等各大城市的天然门户，所谓"安庆安而皖安，皖安而金陵安，金陵安而天下安"。基于这一战略思想，曾国藩在收复安庆后，首选安庆作为最早的军工科研基地，并在此设立安庆内军械所。安庆内军械所正常运作后，由蔡国祥负责轮船制造，委托华蘅芳、徐寿等人负责科学技术。初步设立的军械所规模虽然小，但它不断学习西方先进的技术，成功仿制出开花炮、弹药及轮船等军事用品，为湘军提供了部分武器装备。同时所内"全用汉人，未雇洋匠"，集合了一批当时中国著名的科学技术专家，如华蘅芳、徐寿、龚芸棠、徐建寅、张斯桂、李善兰、吴嘉廉等，还有上百名工人。1862年7月，由徐寿、华蘅芳设计建造，安庆内军械所成功制造出我国第一台蒸汽机。安庆内军械所虽然在安庆存在时间较短，但它迈出了皖江地区走向近代化的第一步。

2. 条约制度与皖江近代化——《烟台条约》与芜湖开埠通商

自道光二十年（1840）鸦片战争之后，中国社会便有了和以前完全不同的运行轨迹。中英《南京条约》签订之后，沿海地区率先受到资本主义经济的冲击，皖江地区虽受影响，但是却没有受到直接冲击。中英《烟台条约》的签订，使芜湖被迫成为通商口岸之一。虽然相对于其他沿海地区来说，芜湖成为通商口岸的时间较晚，但它是皖江地区第一座对外开放的城市。至此西方列强打开了对皖江地区进行经济入侵的门户，使皖江地区成为其原料产地和商品倾销地。《烟台条约》第三端第一款载："由中国议准在湖北宜昌、安徽芜湖、浙江温州、广东北海四处添开通商口岸，作为领事官驻扎处所……至沿江安徽之大通、安庆，江西之湖口，湖广之武穴、陆溪口、沙市等处均系内地处所，并非通商口岸，按长江统共章程，应不准洋商私自起下货物。今议通融办法，轮船准暂停泊，上下客商货物皆用民船起卸，仍照内地定章办理。……外国商民不准在该处居住，开设行栈。"条约签订后，其他资本主义强国迅速加入对皖江地区的经济掠夺队伍中来，外国势力经由芜湖，将其影响逐渐辐射到沿江城镇及安徽各地。芜湖的开埠，使芜湖从传统社会逐渐走向近代社会。芜湖作为通商口岸，一方面对于西方列强来说，能够改变其通过其他城市与安徽地区进行间接贸易的传统，开展直接贸易，便于倾销商品；另一方面对于芜湖等皖江地区来说，通商口岸增加了芜湖地区的传统优势，芜湖通过其区位优势汇集皖江地区乃至安徽地区的原料和产品进行进出口贸易，带动了近代芜湖商贸乃至皖江地区的快速发展。芜湖开埠之初，洋货、土货进出口总额为150多万两，到了1899年增至2000多万两，增长了12倍。其中洋货进口额由89.3408万海关两增为695.9066万海关两，增长了近7.8倍。芜湖对外贸易的繁荣同时带动了其他行业的兴盛，1877年，芜湖商号只有121家，1891年增至499家，到1901年，又增至722家。到1935年，芜湖有各类商号1633家，资本总额达1158.6970万元，营业总额达7025.0865万元，职工人数为13913人。

西方列强通过条约控制了芜湖海关的主权，实行不平等的税务政策，享有领事裁判权，并在芜湖开辟租界，逐渐将芜湖等皖江地区纳入资本主义市场之中。正如《安徽通志稿·外交考》所言："本省襟江带淮，控引吴楚，地非滨海，大部环山，四境货物多各以其便利输入邻省，有若干部分间接转趋外洋，故在外人未入内地经商以前，即经济方面亦不与外邦发生何等关系，至政治方面更无论矣。与外邦发生直接关系之始，厥为

芜湖海关

芜湖租界之开辟。"芜湖开埠和设立租界之后，大批外国洋行公司进入芜湖，同时也带来了先进的科学技术，推动了芜湖近代工业的发展。安徽省最早的一批民族工业开始在芜湖建立，"裕中纱厂""明远电厂""益新面粉厂"等新式工厂及其他一些小工厂在芜湖开办。1883年，芜湖架设了有线电报线路，成为全省第一座使用电报的城市。1897年，投产的益新（机磨）米面公司，规模居当时全国同类工厂首位。当时的芜湖被誉为"万货之会"，店铺林立，货物琳琅满目。

3. 开埠后的皖江地区——安庆、大通乃至沿江地区的经济

芜湖开埠前，皖江地区在经济方面与外国很少发生直接联系，主要是间接地与国外开展了一些贸易。其中，宁国府、庐州府、滁州等地的农产品，如米粮、茶叶、豆类等部分运往镇江、上海，再转运到国外；一些洋货，如糖、煤油、火柴、棉布等日用消费品再经镇江、上海输入进来。池州、安庆的竹席、烟草等土货的外销和棉毛货品、五金等洋货的输入也主要通过汉口、九江的转口贸易实现。芜湖开埠后，芜湖的商业贸易得到较快发展，其"商场地位进居上海、汉口以次之第三位"。而皖江地区因有了直接进出口的窗口，所以对外贸易也进入一个新时期。

芜湖开放为通商口岸后，其贸易圈涵盖省内的池州、宁国、太平、安庆、庐州等府，六安州、和州等地。在芜湖的发展影响下，素有"千年渡口百年港"之称的安庆于1902年被辟为轮船停泊、上下客商货物的港口，由

此安庆对外联系大为增强，出现"安庆、大通两处之货客上下，亦复兴盛异常"的景象。光绪二十二年（1896），安庆设立邮政局。光绪三十一年（1905），安庆成立安徽省商务总会。光绪三十二年（1906年），在安庆设立的洋行公司已有20多家，国人开的商店也在百家以上。民国二十七年（1938），安庆人口已达10万，大小商店1100多家，同业公会46个。当时的利民街、国货街、倒爬狮街、西正街、吴樾街等主要商业街道两旁，茶楼酒肆，店堂林立，市面比较繁荣。安庆在芜湖的带动下，通过自身的发展，成为皖江地区又一重要的商贸市镇。

大通（今属铜陵）在《烟台条约》中被确定为"外轮寄航港"后，商业日趋繁荣。民国初年达到兴盛："夹江中经常停泊货运驳船、帆船数百艘，街市白日人流如潮，夜晚灯火通明；有大小商户1000多家，其中富商巨贾100多户，一般资金在20万元，多则30万元；经营五洋杂货、京广百货，成为安徽沿江仅次于安庆、芜湖的商埠"。清末民初，"大通已经成为沿江及皖南山区各县的商业和贸易中心……皖南山区及邻近各县的行商均千里迢迢行至大通赶集，参加集市贸易人数远远超过往昔"。民国初年，宣城城区商业活跃，店铺鳞次栉比，为宁国、泾县、郎溪、广德等县茶商集聚之区，是粮、茶、竹木、山货集散地。至民国二十六年（1937），县城商业进入鼎盛时期，有大小工商户1200多家，30多种行业，资本总额90.1100万元，营业总额160.8000万元，职工人数2370人，曾有"小芜湖"之称。贵池县城"因其濒临长江，轮船民船往来如织，水运甚便，附近货物，咸以此为集散地，所以商业颇为繁盛，市况极为活跃"。1911年，当涂县城拥有米行、布店、茶叶店、南北杂货等39个行业，304家商店；1936年，当涂商户增至2193户，从业人员6500人。清光绪二十六年（1900），外地商贩纷纷来广德开店经商，商品经营品种繁多，市场日渐繁荣。清末民初全县商业出现前所未有的兴盛景象。至民国二十五年（1936），城区商户发展到1400余家，县城著名的商号有72家。随着城市商业贸易的不断发展，农村商业贸易也受到影响，皖江地区涌现出一批著名的农村贸易市镇。皖江地区较为有名的市镇有怀宁县石牌、桐城县青草塥和姚王集、潜山县黄泥岗、太湖县徐桥、望江县华阳、贵池县殷家汇、东流县大渡口等。如怀宁县高河镇，古称高河埠，清末民初，该镇"商贾云集，舟楫如林，山货、稻米由此转运入江……居民 1200 多户，商店 300 多家，日有千人进市，夜有百船返航，市场较为繁荣"。黄泥岗是潜山县素负盛名的小商品集镇，是潜、怀、太三县农副土特产品集散地，水运交通便利，有"三县集镇""五县市场"之称，商铺有 200 余家。"石牌与潜、太、望三邑水陆交通，粟布云集，货贿泉流，为怀宁诸镇之首"。清末民国时期，上下石牌屋宇栉比，人口密集，大小商店 400 余家，闹市区集中在下石牌汀字街、后街城隍庙一带，有"安庆四牌楼、石牌半街头"之说。

20 世纪初，英国为进一步扩大在长江流域及中国南方的势力，于 1902 年 9 月 5 日由清政府商约大臣吕海寰、盛宣怀与英国使臣马凯在上海签订《中英续议通商行船条约》，其中第八款第十二节规定：中国允愿将下列各地开为通商口岸，与江宁天津条约所开之口岸无异，即"湖南之长沙、四川之万县、安徽之安庆、广东之惠州及江门"。但"皖省交通之埠三，有已设关开埠者一，芜湖是也；有初允停泊上下客货旋允开埠而迄未开埠者一，安庆是也；有但允停泊上下客货者一，大通是也"。由此可见，在近代经济发展的过程中，安庆和大通早已卷入其中。

芜湖、安庆、大通作为皖江地区开埠通商的三个前沿地区，带动了皖江地区的商业贸易的发展。自 1877 年芜湖被迫对外开埠始，皖江的商贸就逐渐开始和世界市场联系在一起，在芜湖的影响下，安庆、大通等地也相继打开了与世界交往的大门，皖江对外贸易不断发展，商业发展也进入繁荣时期。在对外贸易交流的过程中，皖江流域独特的商贸文化逐渐形成，该文化在商贸过程中呈现出继承传统、开拓进取、灵活多样、开放包容等特色。

但经济的发展与上层建筑息息相关，中国长期实行的封建制度，阻碍了商业贸易的长足发展。近代皖江地区通商口岸的开放，使商业贸易获得了发展，但是这种经济发展带有明显的半殖民地半封建性质，在受制于西方资本主义市场的同时，也受制于封建专制势力。为了改变这一状况，一部分中国人为了更好地发展经济，开始了寻求改变传统上层建筑的尝试。

二、"世界潮流浩浩汤汤"——皖江近代化的努力

1. 变法维新，振兴经济——邓华熙与皖江近代化的变革

中国尝试近代化的第一步——洋务运动由甲午中日战争的失败而告终，洋务运动的失败使得中国人向西方学习先进技术以自强求富的希望化为泡影，一部分中国人开始从新的角度向西方学习。以康有为、梁启超为代表的维新派，开始学习西方先进的政治制度，掀起了一场维新运动。由此中国人开始由学习西方的先进技术转向学习西方先进制度，而维新变法时期的皖江同样开始了对西方先进制度的学习，打破了传统限制商贸发展的种种桎梏。当时的安徽巡抚邓华熙在安徽推行了一系列的变法，不断推进皖江商贸的近代化。

光绪二十二年（1896），时任安徽巡抚的邓华熙在其主政安徽期间，积极支持维新变法在皖江地区的传播，促进皖江近代化的变革，推动了皖江商贸文化的发展。邓华熙的门生郑观应在他的委派下赴英美考察，回国后写下《盛世危言》一书。书中提出在中国发展资本主义的主张，在宣传维新变法思想、传播新知识方面起到了积极的作用。《盛世危言》《时务报》《湘学报》等书籍和报刊在当时安庆、芜湖一带广为传播，为促进皖江近代化的变革及皖江商贸文化的发展解放了思想，创造了条件。邓华熙就任安徽巡抚后，进行政治改革，革新旧的官僚体系，开安徽近代史上政治改革之先河，在政治制度上为皖江地区商贸文化的发展提供了条件。

邓华熙在安徽任巡抚期间尤其重视兴办实业，发展商贸，促进经济发展。1898年，邓华熙命人在"（安庆）城内设立了大清邮局"。次年，在芜湖邮政总局下又分设两所邮局：一所是大通邮局，另一所是安庆邮局（设于安庆清节堂西首），从此开始了安庆官办邮政的历史。

1896年3月，邓华熙"借拨地方财税款银2万两、息借商款银6.5万两为本金"，在安庆东门火药库旧址建筑厂房，创办了安徽近代第一个铸币厂——皖省银元局，解决了制钱匮乏的问题，促进了安徽商品的流通。

1898年春，邓华熙委派"深悉蚕桑事务"的候补知州彭名保在安庆城外的空闲官地设立课桑园，派人到浙江湖州购买桑苗、蚕种，雇请湖州桑工进行植桑养蚕实验。实验成功后由彭名保出面控股集资创办了安徽近代第

一家蚕桑公司——日新蚕桑公司。

1898年秋，邓华熙在安庆设立安徽商务总局，在芜湖设立商务分局，并以所收煤矿厘金拨归局用，这是近代安徽对矿务进行管理的开始。安徽商务总局和芜湖商务分局的设立，推动了安徽省采矿业的发展。此外邓华熙还大力支持和鼓励民办企业的开办，例如泰昌轮船公司等民办企业的创办和发展，大大方便了皖江各地人员和物资的交流，使商贸文化更加活跃。

邓华熙所推行的皖江变法，对于全面推进皖江乃至安徽地区的近代化具有重要意义。邓华熙宣传维新思想，追求思想的近代化，在思想上促进商贸文化的发展；通过创办铸币厂、银元局、商务总局、邮政局等，推动了安徽传统农工商业向近代工商业的转变，促进了皖江地区经济的发展。在安徽全面近代化的历程中，邓华熙所推行的皖江变法为安徽走向近代化奠定了坚实的基础，促进了民族工商业的发展，进一步推动了皖江商贸文化的发展。

2. 民族工商业的发展——孙中山与皖江开发计划

辛亥革命后，清帝退位，孙中山按照约定将临时大总统让位于袁世凯，不久后担任全国铁路总督办，负责实业建设。孙中山认为"交通乃实业之母，铁路又为交通之母"，要振兴经济，首先要从修建铁路入手。他曾计划在10年内修建10万英里的铁路，而沿江铁路的兴建尤为重要。因此孙中山于1912年底进行了长江流域的考察，先后考察了安庆、九江和芜湖。在安庆，他坚决支持当时安徽都督柏文蔚所进行的禁烟之举。在芜湖，他发表演说，表达了对芜湖的期许。孙中山先生根据他对芜湖的考察和研究，在其所发表的《建国方略》中，对芜湖的建设做了较为详细的规划。他称赞芜湖是"长江巨埠，皖之中坚"。孙中山在沿江两岸共规划6个商埠，芜湖是其中之一，他还对芜湖的港口资源和独特的地理优势给予了足够的关注，并对芜湖城市的规划提出了许多具体的开发设想。第一，修建运河："此所计划之运河，起于鲁港合流点下游约一英里处。此运河应向北东走，至芜湖城东南角，与山脚中间一点，与青弋河相合；更于濮家店，循此河之支流以行。如此，则芜湖东南循此运河左岸，得一临水之地。运河两岸，应建新堤，一如长江两岸。"第二，修建船坞："且建船坞于运河通大江之处，以容内地来往船只,加以近代之机械,供盘运货物过船之用。"第三,发展商业:"自江岸起,向内地,循运河之方向,规划广阔之街道,其近江者留以供商业之需,其沿运河者留为制造厂用地。"孙中山先生还在整治芜湖段长江、开拓运河、兴建工厂等方面对芜湖提出了设想。

孙中山先生不仅在《建国方略》中对芜湖提出过设想,而且还对皖江地区的发展进行了规划。其一,发展交通。近代以来,皖江地区仅有津浦铁路,这对皖江地区经济的发展无明显的作用。在孙中山拟订的发展全国铁道线计划中,多条铁路与皖江地区息息相关。如:南京汉口线,其在安徽段的线路经过和县、无为、枞阳、安庆、望江、宿松诸县,这五县一市均位于皖江北岸,是皖江地区的腹部地带;霍山嘉兴线,起点在霍山县,经舒城、庐江、无为、芜湖;南京韶州线,经太平(今当涂)、芜湖、铜陵、池州、东流(今东至);等等。在孙中山先生的铁路路线规划中,穿越皖江境内的多条铁路,构成了一个微型铁路网,并同全国联系起来,从而便利皖江铁路运输,促进皖江经济的发展。除铁路外,在水路交通上,孙中山提出了整顿上海至汉口江段的计划。对皖江而言,则是拟以芜湖附近的涪港为起点,开运河,途经芜湖市区的东南角;然后开拓芜湖至宜兴间的水路,使长江与太湖相连通;再经太湖循南运河到达苏州、嘉兴;最终到达黄浦江。这一计划不仅能为皖江航运增加一条出海通道,而且大大缩短了芜湖至上海的航程,从而提高了皖江地区的运输效率。孙中山还对芜湖市政设施制订了相应计划,在新开运河同芜湖市区的接口处修建拥有近代机械的船坞,以便装卸货物。其二,重点建设芜湖与安庆。对皖江地区的发展,孙中山寄希望于芜湖与

1912年10月30日,孙中山及随行人员张继、王正廷、马君武(皆着西服)抵安徽芜湖,出席大舞台万人欢迎会时合影

安庆，希望它们能够带动皖江两岸经济腾飞，然后进一步发挥各自的功能，扩大区域优势。因此，他提出了重点建设芜湖、安庆两市的建议。关于安庆市的设想：在治江工程中，对于江之弯曲处，应行填筑，而填筑之地则作为市区之用，并建设现代运输机械；在设想的铁路建成后，六安产茶区与河南省之东南矿区，均当以安庆为其货物出入之港；在安庆对岸设立新市区，将安庆发展成跨江双联市，皖南、浙西之产茶区集中于该地进行贸易，徽州作为后方大市场。煤铁丰富的矿区在安庆对岸，能够发展成为重要的工业中心。除此以外，孙中山还提出了整治皖江，解决水患问题等众多关系到皖江地区经济发展的计划。在孙中山先生对于皖江地区的庞大计划中，其关于兴建铁路、开发皖江、发挥皖江区域优势的规划，虽然后来由于种种原因没有实现，但他对于皖江地区的设想为后人建设皖江地区提供了思路。

3. 工矿业的起步——池州煤矿的开采与中断

安徽近代矿产资源开发较早，1840年以后，安徽的矿业开始引进机器进行开采，使安徽的采矿业进入一个新的发展时期。洋务运动时期，清政府财政危机进一步加深，洋务派代表人物李鸿章认识到煤铁在西方经济发展中的重要地位。"炮船机器之用，非铁不成，非煤不济"，煤铁"固为铸造军器要需，亦欲渐开风气以利民也"。池州煤矿应运而生。池州煤矿前期聘请西洋矿师勘探矿山，查明煤层分布情况，接着就着手进行修路、制车、购置机器设备等一系列工作，间接促进了相关产业的发展。池州煤矿所产之煤，皆属于无烟煤，火力远不及工业用煤，致使池州煤矿的经济效益并不理想。池州煤矿"矿口煤价每吨二两四五钱；运至芜湖，每吨银三两至三两二钱"，"该煤厂所产之煤皆运往上海，售价每吨约银五六两，主要供给上海一带华人消费。一小部分供轮船招商局使用，但因其热量较低，必须掺和洋煤（烟煤）使用，即四分之一的池州煤须掺和四分之三的日本煤，因此一般轮船购用者甚少"。

池州煤矿所出口之煤除部分本地留用外，大多经过芜湖海关进行出口，带动了芜湖海关贸易的发展。但芜湖海关所出口的池州煤矿所产之煤数量并不稳定。从1882年开始，池州煤矿出口煤数量猛减，收益也不高，经济效益并不理想。而且由于选址不佳、资金不足、机器设备不全、运输困难、经营不善以及煤质不佳，池州煤矿经营陷入窘境，其股票价格不断下跌。1877年一百两一张的股票，到1882年12月时已降值为29.5两，到1885年5月时价格为11.5两，到1885年10月更是跌至8两，近十年间，股票价格下降了11.5倍。安徽池州煤矿在其创办经营过程中，虽得到地方官府以及中小资产阶级的支持与扶助，但煤质不佳等自身因素以及交通运输不便等外部因素致使池州煤矿经济效益并不理想，直至最后破产倒闭而停产。但是池州煤矿的开采，在一定程度上开启了皖江地区工矿业的近代化，其作为皖江地区官办企业的代表，也促进了皖江地区商贸经济的发展。

随着官办企业的衰败，民族工矿业开始发展。甲午战争后西方资本主义强国获取了中国的采矿权，随着民族工矿业的发展，一部分人开始主张收回矿权，并掀起了收回矿权运动，带动了安徽地区自办矿业的热潮。如1910年安徽人民在收回铜官山矿权后，便自筹资本创建公司。据统计，甲午战争后至辛亥革命前安徽民族资本创建的矿业公司有23家，领有矿区32个，但这些矿业公司规模都比较小，资本超过一万元的只有7家，即1898年开办的繁昌商办晋康公司、1899年开办的贵池商办礼和公司、1903年开办的泾县商办万安公司、1904年开办的宿县商办烈山煤矿、1906年开办的广德商办益煤矿公司、1910年开办的泾县、铜陵官商合办经矿务公司、1911年开办的怀远商办大通煤矿。辛亥革命后，再加上第一次世界大战的爆发，安徽的工矿业获得了较快的发展。在这一时期领照开矿的公司明显增多，煤矿产量也有显著增长，铁矿业发展速度更快，宝兴公司、益新公司、福利民公司、裕繁公司铁矿正式投产。其中裕繁公司繁昌桃冲铁矿的年产量在1925年居全国七大铁矿首位，在全国具有举足轻重的地位。安徽地区工矿业的发展为其他产业的发展提供了原料和资金，促进了皖江地区商贸经济的发展。

4. 农商业的缓慢近代化——芜湖米市和以芜湖为中心的商业市镇网路

《烟台条约》签订后，芜湖作为通商口岸汇集了来自皖江地区的货物。1882年李鸿章奏准朝廷将镇江米市迁往芜湖，芜湖正式成为长江中下游地区的米市。因此在芜湖进出口的产品中，以米的出口为大宗。1885年以前，米市贸易量在30万担左右，到1894年增至340万担。1899年，芜湖出口米达492万担,占芜湖出口货值总额的87%,约占当时中国各埠输出米的四分之三。到20世纪初,芜湖已发展成为"城中外市廛鳞次,百物翔集,文綵布帛鱼盐襁而辐辏,市声若潮,至夕不得休"的繁荣城市。

芜湖等地开埠通商以后,大大促进了皖江地区城市商贸的发展,而城市商业贸易的发展,也在一定程度上推动了皖江农村地区商品经济的发展。许多农村地区开始融入皖江市镇贸易的网点,成为对外贸易货物的重要来源地。随着通商的深入,传统的生产生活被打破,为了迎合市场的需求,经济作物的种植量也在不断增加。棉花是皖江地区重要的经济作物之一,在芜湖开埠通商以后,棉花种植的面积及产量都在不断地扩大,棉花为皖江地区带来了巨大的经济收入。太平天国运动后,国际市场对蚕丝需求增加,中国生丝出口量继续增长,促使安徽长江沿岸的蚕桑生产有较大的发展,"芜湖开设商埠又带来了新的刺激"。丝货出口量年年迅增,光绪后期,宁、池两府每年出口蚕茧5000多担。20世纪初,芜湖海关出口白丝多数年份在千担上下。1925年,芜湖海关出口乱头丝多达12665担。茶是世界三大饮料(茶叶、咖啡、可可)之一,安徽是我国著名的产茶区。芜湖开埠后,种茶业在世界市场的刺激下出现了极度兴旺的局面,茶叶出口量激增,由19世纪50年代的每年100万担左右增加到80年代的200万担。其他如烟草、麻等经济作物的种植和销售量也有了大幅增长。皖江地区经济作物的种植,为皖江地区的农村注入了发展活力,促进了整个皖江地区的商贸发展,而商贸的发展又带动了皖江地区金融业的发展。

5. 近代皖江地区的金融业——裕皖官钱局与近代皖江银行的发展

近代安徽,传统金融机构如私人开办的典当、钱庄遍及皖江,而安徽省地方政府建立的第一家地方性金融机构则是裕皖官钱局。官钱局是清政府为了兑换银钱、调节钱价、熔铸银锭和发行纸币而设立的金融机构,裕皖官钱局的设立在一定意义上促进了近代金融业的发展。作为安徽省第一家地方性金融机构,裕皖官钱局的建立,为安徽省近代银行的建立奠定了基础,进而促进了近代皖江商贸的发展。

"联络商情,维持财政,与宁、赣等省合为一气,务在浚本省之财,而不夺商家之利"是裕皖官钱局的营业宗旨。裕皖官钱局成立之后,便开始发行铜元票、银元票。清晚期，安徽主要流通货币为银两、银元、铜元及制钱，货币市场混乱，且由于其材质主要是金属，故不易携带。铜元票、银元票是一种可以兑现的地方信用货币，通过铜元票、银元票兑换银钱，极大地满足了商民经商对货币的需求。且铜元票、银元票信誉好，携带方便，因此行用流畅，这就在一定程度上统一了安徽地方的货币金融市场，缓解了流通银元和制钱短缺的状况，促进了安徽省经济的发展。裕皖官钱局还为商民提供存款服务、经营放贷业务，在一定程度上缓解了商人资金短缺的状况，促进了商办企业的发展。安徽裕皖官钱局虽然存在仅仅五年的时间，但是其作为安徽省近代地方银行的雏形对安徽省的货币统一、金融市场的发展及经济的发展产生了积极的影响。它就像磁铁一样，将原本散漫无序的金融市场统一到由省政府直接控制中来，不但为后来安徽地方近代银行的创办开创了先河、奠定了基础，也为皖江地区商贸的发展提供了一个相对稳定的金融市场环境。

辛亥革命后，裕皖官钱局改组成立安徽中华银行。安徽中华银行总行设于省会安庆，并在芜湖、合肥、大通等地设立分行。安徽中华银行正式开业后，逐步行使其发行钞票、汇兑、代理金库的职能。"二次革命"时期，中华银行深受影响，被迫停业。民国九年（1920）6月省政当局在蚌埠设立安徽省银行，并在芜湖、安庆设立分行。除安徽省地方兴建的银行外，辛亥革命前后其他银行在安徽各地市设立了众多分支机构，如：大清银行在安庆设立分号，辛亥革命后改组为中国银行安庆分行；上海商业储蓄银行、交通银行、中国实业银行等均在安庆建立分支机构。近代皖江地区金融业随着芜湖开埠而逐渐走向近代化，但它不可避免地受控于官僚资本，因此也在一定程度上阻碍了近代皖江地区工商业的发展，但总的来说金融业发展对于近代皖江商贸发展利大于弊，金融市场的活跃极大促进了商贸经济的快速发展。

第三节 新时期皖江商贸经济的腾飞

一、改革开放与长江经济带建设

1. 改革开放为皖江发展注入新活力

中华人民共和国成立以后,党中央以及国家领导人对皖江地区的重视,以及皖江地区本身所具备的巨大优势,使皖江地区经济、文化等多个方面都得到了一定程度的发展。但是后来由于多方面的原因,皖江地区的发展受到影响,停滞不前,甚至一些发展成果也遭到破坏,发展陷入低潮。1978年的冬天,凤阳县小岗村的18户农民深夜筹划他们的出路,他们立下了"包干到户"的誓言,并在"合同"上按下了通红的指印,于是一场惊心动魄、席卷全国的改革风潮从此处蔓延开来,最先受到影响的便是皖江地区。到1979年底,滁县、巢湖、宣城、池州等地区,实行"包产到户"的生产队已占总数的40%～57%。这种"包产到户"的家庭联产承包责任制,由最开始的农民自发形成,到后来发展成为党和政府肯定、支持的农村改革方针,对我国农业生产的发展和农村经济的振兴起到重大作用。

中共十一届三中全会以后,皖江地区响应国家政策,积极走在改革开放的前沿,坚持改革、开放、搞活的方针,为皖江地区商品流通和商业发展注入新的活力,使皖江地区商业走向新繁荣。到1990年,皖江地区4市3地区32个县(市)商业和饮食服务网点达28万个,比1978年增长7.9倍。其中国营商业网点增长35%,供销社和集体商业网点增长2.3倍,个体商业网点大约增长了80倍。从1978年至1990年,皖江地区全年社会商品零售总额中,国营商业所占比重由47.1%下降到34.4%,供销合作商业比重由38.3%下降到17.1%,其他集体经济商业比重由10.8%上升到21.9%,个体商业比重由0.3%上升到16.8%,农民对非农业居民零售额的比重由3.5%上升至9.6%。同时,皖江地区的集市贸易也得到良好的发展,从1978年到1990年,集市贸易成交额增长了20多倍。

以上发展成绩得益于改革开放的推行,正是由于改革开放,皖江地区才得以重新焕发生机与活力。随着改革开放的深化，党中央和国务院把经济发展的目光聚焦到长江流域，推动长江流域发展成为改革开放的重要内容。在这一背景下，安徽省委省政府紧随国家改革形势，积极制定皖江发展政策，把握皖江发展大局，利用长江经济带建设的发展优势，实现了皖江经济的新发展。

2. 长江经济带建设把皖江经济发展推向新高度

经过多年的改革开放，我国沿海地区得到了快速发展，经济实力大增。为了凸显效率，兼顾公平，实现国民经济的健康发展，党中央和国务院依据现实、审时度势，做出了开发浦东以及长江流域等一系列旨在发展中西部地区的战略决策，绘出了以浦东为龙头带动长江流域城市发展的宏伟蓝图。1992年5月，芜湖、九江、岳阳、武汉、黄石、重庆被确定为长江沿线开放城市，长江经济带建设初具规模。

面对这种发展局势，安徽省委省政府积极采取措施，确立了"开发皖江"的战略决策。早在1984年至1986年，"开发皖江"的构想就已经开始进入讨论、论证阶段。1987年至1989年，安徽省政府积极开展皖江地区开发工作的部署，并确定沿江四市率先扩大对外开放程度。到1990年以后，"开发皖江"战略正式实施。1990年7月12日至13日，省委在芜湖召开常委扩大会议，作出了"抓住时机、开发皖江、强化自身、呼应浦东、迎接辐射、带动全省"的战略决策。在长江经济带建设以及"开发皖江"战略的带动下，皖江地区的合肥、芜湖、安庆、马鞍山等城市得到较快发展，成为皖江地区乃至整个长江流域的重要城市。

合肥作为安徽省会，具有连贯东西、贯通南北、连接中原的重要地位。1978年以来，其经济实力显著增强，商业发展逐步繁荣。1992年，合肥进入中国城市综合实力50强。合肥以建设现代化城市为目标，积极对外开放，吸引外资，实现了经济的飞速发展。1999年，全市实现国民生产总值294亿元，实现财政收入39亿元。合肥作为皖中重要商埠，市场贸易繁荣，商业网点星罗棋布。改革开放以来，合肥逐步扩大对外开放和招商引资力度，建立多个经济技术开发区，实现了合肥地区经济、科技等多方面的发展。同时，合肥还扩大对外交流范围，同世界上许多国家的城市结成友好城市，与世界上130多个国家和地区建立商贸合作伙伴关系。作为江淮地区一颗璀璨的明珠，合肥正以快速发展的姿态，逐步成长为21世纪中国的经济热点城市之一。

芜湖地处安徽省东南部，位于长江与青弋江交汇口，有着独特的地理位置。作为安徽省开埠通商最早的城市，芜湖的发展与其他城市有着不同之处，发展程度也较高。1978年以后，芜湖依据自身优势，把握改革开放大局，积极融入皖江开发和长江经济带建设之中，实现了经济总量和综合实力的不断攀升。目前，芜湖正逐步成长为经济实力较强的区域经济中心。

马鞍山是中华人民共和国成立以后的新兴城市。马鞍山位于长江下游，作为安徽东部门户、皖南交通要冲，地理位置优越。而且马鞍山市自然资源丰富，开发潜力巨大，现已探明矿床30余种，其中铁矿床60余处，铁矿石储藏量16.5亿吨，加上附近可利用矿源，矿石总储量在30吨以上，占安徽省矿石总储量的一半以上。改革开放以后，马鞍山市进入经济快速发展期，各项事业快速发展，人民生活水平有了很大的提高。1999年全市国内生产总值达124亿元、财政收入达18.9亿元，人均国内生产总值逾万元，在省内各市中位居第一。马鞍山市作为钢铁工业城市，其发展主要以重工业为主，但是经济发展的同时也给城市带来巨大的负担。在长江经济带建设以及"开发皖江"战略实施后，马鞍山市积极融入其中，转变发展理念，正成长为长江流域的重要都市。

安庆位于长江下游北岸，地处皖、鄂、赣三省交界处，是长江流经安徽的第一座城市，其境内自然资源丰富，人文气息浓厚。自改革开放以来，其经济发展迅猛。到1999年，全市国内生产总值达248.23亿元。在长江经济带建设带动下，目前安庆在基础设施建设、工农业发展以及高新技术发展等多个领域取得重要突破，已接近东部地区发展水平，并朝着现代化建设逐步迈进。

随着改革开放的深入，长江流域的开发成为中西部地区经济发展的焦点，皖江地区以其独特的优势积极参与其中，使得皖江经济发展迈向新的高度。新时代下，改革开放进入深水区，长江经济带建设规划也逐步成熟，2016年9月，《长江经济带发展规划纲要》正式印发，确立了长江经济带"一轴、两翼、三极、多点"的发展新格局,皖江地区也迎来了发展的新时期。

长江经济带是指沿江附近的经济圈,覆盖上海、江苏、浙江、安徽、江西、湖北、湖南、重庆、四川、云南、贵州11个省市,面积约205万平方公里,人口和生产总值均超过全国总量的40%。长江经济带横跨我国东、中、西三大区域,具有独特优势和巨大发展潜力,成为我国综合实力最强、战略支撑作用最大的区域之一。

安徽是长江经济带承东启西、连南接北的重要枢纽。皖江城市带高铁、高速公路、长江水道等综合交通体系比较完善,区位优势明显,是长三角城市群的重要组成部分。长江自赣入皖,在安徽境内奔流416公里,被称为八百里皖江;皖江地区主要指长江流域安徽段两岸地区,该地区与长三角紧密相连。

20世纪80年代,我国鼓励东部地区率先发展,皖江地区跟东部沿海地区的差距不断拉大。20世纪90年代初,我省提出"开发皖江,呼应浦东"的经济发展战略,逐步形成以芜湖为突破口、沿江城市全面跟进的开发开放新格局。在这个发展战略的指导下,皖江地区以大中型骨干企业为主体组建优势产业集团,并取得了一定的成效;皖江地区结合自身优势,逐步确立冶金、化工、建材、汽车、机械电子五大产业的主导地位,全力发展马钢、奇瑞汽车、铜陵有色、海螺等知名企业。

二、沿江起舞,唱响中部——中部崛起与皖江城市带建设

进入21世纪,皖江地区商业贸易进入了高速发展时期。近二十年来,先后有中部崛起计划与皖江示范区在长江流域生根发芽,带动着皖江地区经济、社会、文化等方面的高速发展。

中部崛起战略是温家宝同志在2004年提出的针对安徽等中部六省,促进经济发展的一项重要国家级战略举措,中部崛起同时也是释放安徽自身发展潜力的措施。中部地区在中华人民共和国成立以来一直处在缓慢发展的过程中,而安徽省更是积蓄了很长时间的发展力量。皖江地区有着丰富的自然资源、充沛的劳动力资源以及发达完整的交通网络,充分发挥这些优势,有利于促进产业结构转型升级,实现以科技创新作为第一生产力的目标。安徽的崛起能够带动中部六省的经济总量增长，进而为中部崛起做出自己的贡献。

国务院在 2010 年 1 月批复了《皖江城市带承接产业转移示范区规划》，规划中明确指出安徽省的长江流域地区为国家级的示范区。这意味着，皖江城市带所囊括的合肥、芜湖、马鞍山、铜陵、安庆、池州、滁州、宣城、六安九座城市发展的高速时代已经来临，以皖江流域连接江、浙、沪三地，同时带动安徽全省发展。中部省份发展相对缓慢，经济资本不足、生产技术条件落后等客观因素，制约了中部的发展，这正需要承接来自东部沿海地区经济发达省份的产业转移来发展安徽地区的经济。而皖江城市群在交通运输上有着长江地区的黄金水道优势，有着多种矿产资源以及丰富的水利、劳动力资源，在区位地理上与江、浙、沪地区一脉相连，这些优势成就了皖江城市带承接产业转移示范区的"一轴双核两翼"，以长江为主动脉，两岸城市群抱团发展，集合优势大力发展工业。皖江城市群全面融入长三角，构成示范区与长三角地区的联动发展，两个地区优势互补，形成了完整的产业链条。

皖江示范区建设以来，"一轴双核两翼"的格局逐步确定：以安庆、池州、铜陵、马鞍山为发展轴，合肥、芜湖为两大核心，滁州与宣城作为两翼支撑，南北两岸城市优势互补，在自主创新与产业结构升级、人力资源发展、资源与环境、体制机制创新等方面有了长足发展。合肥、芜湖这两座处在核心地位的城市，在示范区的建设发展过程中起到了先锋带头作用。

作为两大核心之一的合肥市，在整个皖江示范区的经济体系中一直占据龙头地位，生产总值年年攀升，固定资产投资也不断增加，进出口总额再创新高。在皖江示范区高速发展的黄金时段，合肥市提出了"大湖名城、创新高地"的口号，开始了供给侧结构性改革，以科技创新作为促进发展的主要动力，期间涌现出了一大批知名的创新型企业，极大地促进了合肥市商业的发展，为合肥的发展注入了新的活力。

作为另一大核心城市的芜湖将自己定位为现代化滨江组团式大城市。在承接产业转移的过程中，芜湖充分发挥沿江重要港口城市的地理优势、高新技术产业的创新优势，大力发展电子电器、汽车装配等高新产业，建设全国重要的制造业基地。与此同时，芜湖的商业贸易同样得到了极大的发展，经济总量不断增长，居民消费指数不断上升，极大地增强了自身的经济实力。

皖江示范区自建设发展以来，经济总量不断增长、产业规模不断扩大，在与长三角地区深入合作发展的同时，又保持自身经济发展结构的合理化。皖江示范区对全省经济的发展做出了重大贡献，生产总值从2009年的6370.80亿元增长到2011年的10348.52亿元，2010年的增长率为24.90%，比安徽省高2.08个百分点；2011年的增长率为23.1%，与安徽省持平。2010年和2011年，规模以上工业主营业务收入增长率分别为47.42%和35.64%，分别比安徽省高5.36%和1.7%。经过产业转型升级之后的皖江城市带在依托原有产业的基础上，承接东部地区的产业转移，不断调整升级自身的产业结构，对原有的产业布局进行改造重组，已经取得重大的发展与突破。

皖江的商贸活动历史悠久，早在春秋战国时期就出现了商贸停泊的口岸，这些口岸成为鄂君启商贸活动的重要区域。随着社会的发展，商贸活动日益频繁，皖江的地区优势也不断展现。秦汉时期，皖江地区因其无比优越的地理条件，促使商业贸易发展到一个重要的节点，经济地位愈发明显。于是，西汉政府在皖江各地设置了"过市令"，用以管理各种工商业和征收税钱。即使到了汉末三国的战乱时期，皖江流域依然热闹非凡。魏晋南北朝时期，历史上第一次人口迁移的浪潮，为皖江地区输入了"新血液"，也为皖江的商贸活动提供了新动力。南朝刘宋时期在皖江地区实行"和市"制度，形成了"和市之物，不绝于乡间；递送之夫，相继于道路"的繁荣局面。隋统一全国后，修筑了贯通南北的大运河，使得长江同淮河、黄河、海河等水系相贯通，为皖江商贸活动提供了便利，使得皖江流域成为一个巨大的商业贸易交易区，成为当时全国重要的商品集散地之一。唐王朝建立以后，中国进入大开发、大开放时期，此时皖江流域的水路交通随着驿站制度的发展和完善，逐步形成了一个庞大的交通网络，一些新兴的市镇也随之崛起。这些商业型市镇大多位于水陆交汇之处，得天独厚的地理优势直接促进了商业贸易的繁盛。唐末至五代时期，军阀混战，出现了历史上第二次大规模的人口南迁，经济重心也随之南移，这时皖江地区的经济发展愈加繁盛，呈现跨越式发展。两宋时期，经济重心南移完成，江浙、荆湖、淮南等地成为政府的赋税重地，是维持王朝发展的重要经济来源地。而皖江由于独特的区域位置，成为南北运输的必经之地，这在很大程度上推动了皖江地区经济发展。商贸的往来，促进了皖江流域市镇的发展，市镇的发展反之又推进了皖江商贸的繁荣，这种繁荣一直持续到元朝时期。明清时期，皖江流域的市镇发展进一步由长江支流向四周扩展，同时，随着农业商品化和手工业进一步发展，明朝中期时，皖江地区已成为国家重要的粮食基地之一。明末清初，由于战乱的影响，皖江地区的市镇数大幅缩减，但经清初的经济恢复，至康熙时期，皖江地区商业贸易又恢复往昔的繁荣，出现了"繁华满目，市声若潮"的繁华场景。同时，徽商逐渐发展壮大，商贸活动遍及全国，皖江流域成为他们重要的商品来源地及集散地，徽商的活动使得皖江地区的商贸活动进入空前繁荣期。

近代以来，虽然中国被迫沦为半殖民地半封建社会，各种危害中国权力的条约付诸实际，皖江地区因为特殊的地理位置受到外国资本主义的猛烈冲击，但是皖江商业经济仍在风雨飘摇中发展。《烟台条约》签订后，芜湖作为通商口岸遭受外国资本主义的掠夺，但也因此汇集了来自皖江地区的货物，经济发展与明清时期不可同日而语。芜湖开放为通商口岸后，其贸易圈涵盖省内的池州、宁国、太平、安庆、庐州等府，六安州、和州等地。承芜湖之后，安庆和大通也卷入近代化的浪潮之中。芜湖、安庆、大通作为皖江地区开埠通商的三个前沿地区带动了皖江地区商业贸易的发展。

中华人民共和国成立后，由于政策的优势以及皖江地区自身的先天条件，皖江地区经济、文化等多个方面都有了不同程度的发展。中共十一届三中全会以后，在党和国家的带领下，皖江经济获得了新的生机与活力，实现了自身的新发展。同时，随着改革开放的不断深入，皖江地区以其独特的优势积极参与其中，使得皖江经济发展迈向新的高度。

新时代下，改革开放进入深水区，长江经济带建设规划也逐步成熟。2016年9月，《长江经济带发展规划纲要》正式印发，确立了长江经济带"一轴、两翼、三极、多点"的发展新格局。在长江经济带建设、中部崛起战略和"一带一路"倡议的带动下，皖江商贸发展必将走向新的巅峰。

第四讲

丰富多彩的圩田文化

皖江流域的圩田(又称围田)兴筑十分普遍,其中比较有代表性的圩田有宣城的金宝圩、当涂的大公圩、芜湖的万春圩和望江的西圩等。圩田是皖江流域人民在长期治田治水实践中创造的一种农田开发的独特形式,它将本地区一片片低洼的滩涂改造成万亩良田,使之成为远近闻名的"鱼米之乡",哺育了一代代人。然而,对于皖江流域来说,水,一直是高悬在它头上的一柄达摩克利斯利剑。兴利与除害,与水博弈,一直是这里的人们生存的永恒命题。皖江流域大规模的圩田开发,产生了"人与水争地为利,水必与人争地为殃"的历史性后果。治水与治田相结合,尤其是圩田的过度开发而产生的人地矛盾,以及为解决这一矛盾所做的努力,构成了皖江流域独具特色的圩田文化。

第一节 皖江流域圩田的开发与管理

圩田又称圩或圩子,它一般是利用地形,或沿自然河道堆土作堤;或开挖河沟、围田筑堤;或一面傍山水,三面筑堤围田。平原地区圩岸(堤岸)一般是闭合的,以阻隔圩内外水的交汇;围内开沟渠,设涵闸,使圩田可排可灌,确保稳产丰产。皖江流域的巢县、和县、芜湖、当涂等县的新石器时代遗址表明,早在四五千年前就有人类在此活动。自古以来,人类逐水而居,在长期的实践中不断认识到水利对农业生产的重要性。如《荀子·王制》中:"修堤梁,通沟浍,行水潦,安水臧,以时决塞。岁虽凶败水旱,使民有所耘艾",强调的便是筑堤通渠对农业生产的重要意义。

一、圩田繁兴的原因

皖江圩田的繁兴并非偶然,它与其他江南圩田一样是在特定历史时期、地域环境下,通过自然与人文双重力量的推动而形成的。

首先,圩田是皖江流域人民利用本地区优越的自然条件而采取的有效的土地利用形式。一方面,皖江流域属于亚热带季风湿润气候,具有气候温和、无霜期长、雨水丰沛等特点,夏季暖湿气流活跃,降雨较为集中,年均降水量一般在1240毫米。长江及其24条支流使这一地区水网密布,并在沿江及近湖附近形成大片土质肥沃的低洼地。因此,从自然环境上看,这里无疑具有发展农业生产的优越条件。另一方面,沿江地区泥沙淤积,使湖床(或沙洲)日益增高,为围湖筑圩创造了条件。早在战国时期,长江上、中游就有水土流失的现象,到了宋代更为严重。如南宋诗人陆游看到湖口以下江水之浊的情况后曾说:"江自湖口分一支为南江,盖江西路也。(长)江水浑浊……南江则(指湖口流出之水)极清澈,合处如引绳,不相乱。"湖口对岸为彭蠡泽,江水至此产生洄流,所以泥沙淤积严重。对这种因淤积而筑圩的情况,清代魏源分析:"浮沙壅泥,败叶陈根……随大雨倾泻而下,由山入溪,由溪达江达汉,由江汉达湖,水去沙不去,遂为洲渚。洲渚日高,湖底日浅,近水居民,又从而圩之田之。"意思是说,山中的沙石、淤泥、腐烂的树叶和树根……随着大雨倾泻而下,由山地进入溪水,再由溪水进入汉水,随后江汉之水又流入湖中。河流之水不断流淌,但是沙泥却沉积了下来,在河中逐步形成了洲渚。随着洲渚一天天变高,湖底却变得越来越浅,依水而居的百姓便对洲渚加以利用,围埂成田。魏氏的剖析十分精到。由此可见,圩田是江南人民充分利用沿江湖床垫高等自然生成的条件而采取的一种有效的土地利用形式,对于促进该地区将优越的自然地理条件转化为农业生产的潜力,起到了积极作用,这也是皖江地区圩田开发的根本动力所在。

其次,封建统治者的高度重视有力地推动了皖江流域圩田的开发。封建统治者对包括皖江流域在内的江南地带圩区的开发,其目的经历了由军事需要向发展经济需要的转变。大致说来,春秋吴越时期,皖江流域圩田开发出现端倪,但其开发规模及范围都很小,三国时期东吴为解决驻军粮秣补给问题而令诸将广开屯田,遂有五路总兵丁奉、丹阳都尉严密围湖圩垦之举。东晋、南朝时期,大规模的军事屯田仍是本地区农业开发的主要方式。

唐中叶以后，随着经济重心的逐渐南移，江南包括皖江流域成为封建政府财赋的重要来源地，唐代文学家韩愈曾说："赋出天下而江南居十九"。江南地区由先秦之际的"地广人稀"变为封建政府的赋税重地，足见该地区农业经济对封建政府的重要性。两宋之际，由于圩田在宣州、太平州、宁国府垦田中占有很大的比重，粮食产量又高，因而也就为政府提供了一笔极为可观的赋税收入。宋高宗曾称："今公私兼裕，一岁军饷，皆仰于此。"这表明，唐宋以后，封建政府对江南地区的开发已不仅仅限于军事需要，更主要的是想通过加快这一地区的开发以攫取大量的赋税。无论封建政府出于何种目的开发这一地区，其组织功能以及人力、物力和财力的大量投入对于皖江流域圩田的发展都起到了重要作用，这一点在宋代表现得尤为明显。宋代皖江圩田多属官圩，这一事实证明封建政府在圩田建设中发挥着举足轻重的作用。宋朝政府除积极组织军民修复五代以来湮毁的圩田水利工程，并加快圩田开发步伐外，还制定《农田利害条约》（即农田水利法），把圩田等水利工程的兴废作为对在任官吏升黜的考核依据之一，以督促官吏加强对圩田的管理与维护。明清时期，随着江南的经济在政府赋税中所占的地位日趋重要，封建政府进一步加大了沿江圩堤建设的力度，沿江圩田更为兴盛。

最后，人地矛盾也是促进江南圩田开发的一个重要原因。从沈括《万春圩图记》"江南大都皆山也，可耕之土皆下湿，厌水濒江"的描述中

古代圩田样式

我们可以看出，古代江南地区可直接用于耕种的土地是相当有限的。先秦之际，该地区"地广人稀"，人口与可耕地之间的矛盾尚不太尖锐，人们采用火耕水耨的低水平生产方式，便足以维持"无冻饿之人，亦无千金之家"

的平均生活水平。后来该地区人地矛盾的激化与数次大规模移民潮不无关系。我们知道，从西晋末年至宋代，我国历史上曾经有过三次黄河流域向南大规模移民的浪潮，分别起因于西晋末年的永嘉之乱、唐代中期的安史之乱和唐末、宋金之际的靖康之乱。这些移民主要迁徙到南方，其中第一次从北方迁往南方的移民数量大约为90万，第二次约为650万，第三次约为1000万。这三次大规模北人南迁，一方面给南方带来了大量劳动力和先进的中原文化以及生产技能；另一方面也直接导致了南方尤其是江南地区人口的骤增，致使江南地区耕地严重不足，皖江流域自然也不例外。当时这里已"野无闲田，桑无隙地"，于是人们将目光投向不宜开垦的山地和湖滩，开始了大规模以围江、围湖为主的造田运动。迨至明清两朝，虽受战争、水灾、瘟疫等原因的影响，人口大量死亡，但人口总数还是增多了。如宋崇宁年间，沿江的安庆、宁国、太平三府约有84万人，而明洪武二十六年（1393）三府人口增加到了121万。大量人口的涌入使该地区原本宽缓的人地关系一下子又紧张了起来，如何安置这些流民也就成了封建政府必须考虑的现实问题。在以农为本的封建社会里，束民于土地、发展生产是安辑流民的最好途径，于是，江南沿江低洼地区大量的湖滩地便成为吸引流民大规模开发的最佳去处，像皖江流域的低洼湖滩正是其中不可多得的待开发区之一。因此无论宋代，还是明清时期，封建政府都不遗余力地募集流民在此进行开发，从而有效地扩大了耕地面积，很大程度上缓和了一度紧张的人地矛盾。

二、圩田的演变与特点

宋代著名科学家沈括在《万春圩图记》中说："江南大都皆山地，可耕之土皆下湿厌水，濒江规其地以堤而艺其中，谓之圩。"可见圩田最主要的标志是具有合围的堤。堤内开沟渠，设涵闸，有排有灌。南宋著名诗人杨万里在考察了"上自池阳，下至当涂"的圩田后，曾说道："江南水乡，有一种四周为河堤，而田被堤坝围于其中的工程，被称为'圩'。农民说，圩就是围着的意思。圩堤对内用来围田，对外用来防水。这些圩大致上是河床高而田地反在水下，圩田沿堤有斗门，每个斗门具有疏通功能，可引水灌溉，也可排涝，因此圩区有丰年却无水患。"（杨万里《诚斋集·圩丁词十解序》）杨万里对于圩田的解释是确切的，他所提到的江东即皖江及其周边地区。先秦时期，这一地区由于劳动力稀少，加之生产技术落后，开发水平极其低下。根据《史记》的描述，这一时期，江南地区地广人稀，耕作技术落后，商品交换不发达，贫富分化不明显。据此可以判断，皖江流域在当时基本上还处于待开发状态。该流域的大规模开发始于三国时期的圈圩筑堤。三国之际，魏、吴在江淮地区长期对峙，为解决军粮补给问题，东吴"表令诸将增广农田"，就近屯兵垦殖，并于湖县（今当涂县）设督农都尉治，对古丹阳湖区（位于苏、皖交界处）进行军屯，从而拉开了圈圩垦殖的序幕。今青弋江、水阳江下游一带的当涂大公圩、宣城金宝圩、芜湖万春圩等圩亦均始筑于三国东吴时期。这时围筑的圩田数量虽不多，但是规模却很大。孙吴屯兵于皖河口，建望江西圩，周30里，垦田3.7万亩。建衡元年（269），丹阳湖周围陆续围垦圩田一百多万亩。在河湖滩地上围田，解决好排灌问题是关键，因此人们在圈圩垦殖的同时，兴修了一些水利工程，并收到了良好的效果。如为了确保江北含山、和县等地圩区的灌溉和防洪安全，东吴在牛屯河上建铜城闸，"遇旱则积，遇涝则启"，从而使含山、和县72圩环200里之域免遭洪水威胁，30万亩圩田均得灌溉之利。东晋、南朝时期，皖江一带因战乱等因素，水利工程大多湮毁，加上统治者重点开发的是三吴及太湖地区，因而这一流域在圈圩垦殖上成效不大。

  入宋以后，皖江流域兴建起大批圩田，主要集中于芜湖、宁国、宣州、当涂等地。其中宣城圩田最多，共179所，化成、惠民都是大圩，连接起来长达80多里，面积占全县垦田一半以上。当涂的广济圩，周长93里有余；庐江的杨柳圩，周长50多里。宋代最大的圩田是芜湖万春圩，该圩田位于芜湖县荆山之北。太平兴国年间为大水所毁，废弃近80年。修复后的万春圩宽6丈，高1.2丈，长84里，夹堤植桑数万株，治田127000亩。除万春圩外，芜湖尚有陶新、政和、独行、永兴、保成、咸宝、保胜、保丰、行春9个较大的圩田。此外，和州、无为等县及黄池镇，尚有10多个圩田。

  值得一提的是，在宋代，皖江圩区出现了联圩这一新的围垦形式。从筑圩到联圩，体现出人们认识上的飞跃，联圩也是治水的有效举措。联圩，即通过筑长堤，将众多小圩联并起来，以收"塞支强干"和防洪保收之效。皖江联圩的成功范例首推大官圩（今当涂县大公圩）。宋绍兴二十三年（1153），"宣州水泛滥至境，县诸圩尽没"，地方官吏据实上报，朝廷准予联圩，迨至乾道九年（1173），"太平州黄池镇福定圩周四十余里，延福等五十四圩周一百五十余里，包围诸圩在内"。这里所说的便是大官圩的联圩情况。宋代宣州的化成、惠民两圩，"圩腹内包裹私圩十五所"，说明化成、惠民两圩也是通过联圩形成的。这方面的例子不胜枚举。圈堤联圩有效地提高了圩区防御旱涝的能力，堪称筑圩史上的一大创举。

明清两代皖江流域人口迅猛增长，对土地的要求更为迫切，从而有力地推动了该地区圩田的发展，圩田开发因此进入了全盛阶段。统计表明，明清两代，皖江流域筑圩2000多个。其中千亩以上的大圩有一百多个，其数量之多，为前世所不及。圈堤联圩是这一时期皖江圩田开发的一个重要特点。如清咸丰年间，同马大堤沿岸因淤积甚速，江道改走南边，后经数次大水冲击，圩埂圮毁，清朝政府遂联并同仁堤、丁家口堤、德化圩、泾江长堤和马华堤等圩堤，形成了同马大堤的雏形。无为大堤围筑于明永乐三年（1405），历经江潮和大水冲洗，坝堤日渐毁坏。清乾隆三十年（1765）将沿江各圩联成四段，形成一个大圩。

民国时期，皖江流域的圩田建设继续取得进展。但主要是在1931年、1933年、1935年的洪水之后，大力堵口复堤、整修加固老堤。同时修建了许多圩堤涵斗，并在少数较小的支流出口处建闸，从而提高了防灾能力。新中国成立以后，20世纪60年代至70年代，皖江流域圩田开发进入一个飞速发展时期，大量湖泊被围。如皖江24个湖泊除巢湖、黄陂湖以外，共围垦湖泊1303平方公里，占湖泊总面积32%，可见当时的围垦速度是十分惊人的。

皖江流域圩田在兴筑过程中，形成了诸多特点，主要有以下三个方面：

一是创新了围垦形式。早在宋代，江南圩区即出现了联圩这一新型围垦形式。囿于当时的政治体制、生产水平和认识水平，再加上财力和物力的制约，许多圩堤的布局不尽科学合理，因而需要调整和联并。宋绍兴二十三年（1153），宣州一带洪水泛滥，波及当涂，致使这里的大小圩田全部被大水淹没。未几,当涂知县张津奉朝廷之命实行联圩,他组织人力筑长堤180里,至宋绍兴二十八年(1158),太守周葵完善之,成此浩大工程。到明万历十五年(1587),大公圩由联并后的29个小圩组成一个大圩,分四岸各设总长,对全圩堤防,分工划段,实行按亩轮修。此外,像当涂县的一五圩,芜湖县的十三连圩、麻凤圩,南陵县的下林都圩,繁昌县的保大圩,无为县的下九连圩、上九连圩、三闸圩、临河圩,和县的十四连圩、练钢圩、老西圩、郑浦圩,庐江县的庐北大圩、石大圩,枞阳县的永丰圩,安庆的广济圩,望江县的合成圩,铜陵县的东、西联圩,贵池县的大同圩,东至县的广丰圩、七里湖圩,宣州的双桥联圩等圩田,也都是联并众多小圩而成的大圩。实践表明,联圩具有缩短堤线、减轻修防任务和有利于防洪保收等优点。因此可以说,由筑圩到联圩,是当时人们治水活动的一大创举。

二是因地制宜发展农业生产。一方面,根据不同农历节气组织相应的农业生产。如立春时节"修农具、锄二麦、织草鞋、爬麦堆",惊蛰时节"粪菜子、插杨柳、造医、铲土粪"。另一方面,结合环境特点种植作物。圩区物产丰富,出产"白土、莼菜、九孔藕、杨柳、芦、苇、荻、籼稻……"这些丰富的物产与圩区的地理环境有着紧密联系"其在原隰之所植则有麻、麦、稻、菽、黍、稷、荍、萍五谷粒食之需;其在沟洫其所生则有鱼、鳖、虾、蚌、菱、藕、芡、荇百种佐餐之品"。由于因地制宜组织农业生产,加之圩田多是泥沙淤积之地,富含有机质,土质肥沃,且灌溉方便,水旱无忧,因而产量颇高。

三是形成了一套科学的养护方法。民间有所谓"守堤如守城"之说,道出了"守堤"对于圩区的重要意义。在圩堤的护养上,皖江圩田采取了人工与生物相结合的方式。在人工方面主要是从工程上加固圩堤,方法是把圩堤的用料换成石板,替换原来的泥土;生物方面则是栽种杨柳等植物固堤护圩。这些护养措施使圩堤的抗潮强度大大增强。

三、圩田的管理制度与方式

在皖江流域,历代政府都十分重视圩田的管理工作。其中唐宋和明清两个时期比较突出。

唐宋时期，在制度建设方面主要是构建了圩区基层组织。至宋代，皖江流域圩田系统已发展到相当成熟的阶段。庆历年间，范仲淹曾对当时的圩田系统做过如下描述："江南旧有大圩，方数十里，如大城，中有河渠，外有门闸。旱则开闸引江水之利，涝则闭闸拒江水之害。旱涝不及，为农美利。"也就是说，当时圩田的规模很大，内有纵横河渠，外有闸门，干旱时引水灌溉，洪涝时关闸拦水。这说明包括皖江流域在内的江南圩田是一个庞大而严密的系统。对于这样一个系统，宋政府除了在政策上给予支持、财政上给予倾斜外，还构建了圩区基层组织。皖江圩田有官私之分，官圩设有圩吏，私圩设有圩长。官圩的维修与护养由官府出面组织人力；私圩则由圩长召集圩丁，于每年雨季来临之前修筑圩岸、浚治沟渠和防护圩田。为加强管理，在有圩田的地方，官员衔内往往添上"兼提举圩田""兼主管圩田""专切管干圩岸"等字样，以强化其管理圩田的职责。而圩田建设与管理的好坏，还常常成为官员考绩升黜的标准。正是由于构建了圩区基层组织，皖江圩田的维修与护养才有了可靠的制度保证。

唐宋时期在圩田的管理方式上，主要做法有三个方面：

第一，规划农田，即对圩内农田进行有计划的布局。据沈括《万春圩图记》载，芜湖万春圩，圩内共有1270顷农田，每顷农田为一方，全圩分为1270方，按照天地日月山川草木取1270字，为每一方田定名。同时为便于农田排灌和人员往来，每方四周辟之以水沟，相互贯通。如此严密的规划有力地推动了集约农业的进一步发展。

第二，修筑堤岸。圩田四周，环有堤岸。圩堤与圩田是唇齿相依的关系，因此圩堤修筑便成为圩田管理的重要方式之一。从工程方面加固圩堤，是人们治圩的主要举措，其方法是将圩堤的用料由原来的泥土换为石板，从而大大加强了圩堤的抗潮强度。对此，杨万里在《诚斋集·圩丁词十解》中形容说："岸头石板紫纵横，不是修圩是筑城。"江东圩田的堤岸，"高阔壮实"，堤上有道路，供行人和纤夫行走。这说明当时的堤岸修筑得十分坚固。

第三，生物护养。当时在圩堤的修筑与护养方面，除了从工程角度来加固圩堤外，还进行生物护堤。所谓生物护堤就是在堤岸上植以各种树木，深植于堤中的树根与泥土联结在一起，成为护堤的屏障。其中种植得最多的是杨柳，杨万里《圩田二首》诗中"古来圩岸护堤防，岸岸行行种绿杨"，描写的就是杨柳护岸的情景。采取人工和生物相结合的方法来加固圩堤，既保护了圩岸，又美化了环境。杨柳和草都易生长，且耐水湿，因此自古以来，种草、植柳都是护堤的一种传统方法。在堤脚外浅滩上，则常种植芦荻、茭菱等水生植物。这既可防御风浪侵袭堤岸，又具有经济价值。茭菱可以食用，芦荻可用作编制器物的原料和烧饭取暖的燃料。另外，当时对圩堤上植物的保护也有严格的规定，如：对栽种植物一一登记造册；偷窃一株一茎则"罚补十倍、断罪枷令"；砍斫杨柳者重罚。

  迨至明清，官府对于圩田的管理更加制度化、规范化和精细化。这里以官府对大公圩的管理为例。在大公圩，有一支专门的队伍对农田水利及其他日常圩务进行管理，管理人员包括岸总、圩董、甲长、锣夫、工书、圩差等职务。岸总在明时称为总料或总圩长，"言总理各圩长"，岸总对圩田水利建设起着重要作用。一圩之中，设有圩董，时人指出，"圩董圩甲选有中人之产，年精且壮者为之。亦免本身徭役"。而官圩29个小圩中，圩中又有数甲，每甲又设有一长，其下还有负责鸣锣、集夫与邮差等工作人员。官府在圩官选拔和任用方面有两点值得注意。一是注重选拔廉洁之人从事圩务管理。在圩官的"廉"与"能"孰轻孰重的问题上，官府认为"廉为本，能次之"，也就是说选官应先考虑其"廉"，然后再考虑其"能"，这是因为"能而不廉，累民也"。本着这一选举原则，顺治十五年（1658），官圩所选举产生的四岸诸圩29名圩首，均为廉能兼备之人。二是建立对圩官的监督机制。那么，如何进行监督、察访呢？其做法有四：一是要求圩与圩之间互相监督；二是对于那些"催趱不力""卖夫卖卯""误公行私"以及对不法行为"扶匿不报，共相袒护"的圩官，一经查出立即予以革职；三是针对官圩实施轮修之法的实际情况，官府委派官员驻扎圩区要地，对修防堤工直接进行监督；四是对修防中的倡捐、挪借、亩费、津贴、借款、承领等诸项经费实行严格管理，一律要求记账、造册、呈报并张榜明示，以预防滋生腐败。

第二节 皖江流域著名的圩田

一、宣城金宝圩

金宝圩是宣城市内的首圩,现在大致位于宣城北部三十公里处,该圩田四周被水阳江及其支流环绕,西面临裘公河,其余三面均是水阳江干流。在地理位置上,金宝圩北与当涂县大公圩相望,南与幸福圩相邻,东面是高淳县的相国圩,西面则是芜湖县的咸定圩、新连圩。现在金宝圩四周堤坝长约53公里,圩内的总面积约138平方公里,其中耕地面积约10万亩。

金宝圩原本为古金钱湖,圈圩垦殖最早始于三国时期。当时中原战火不断,百姓纷纷避难于江南,为了解决军队口粮与百姓生活所需问题,吴侯才命令圈圩垦殖。孙权称帝后,又命大将丁奉带五路总兵,号称十万大军,驻扎在宣城一带,期间丁奉带人亲往金钱湖区勘察,查得该地有约二十万亩湖滩可供开发,宜于开垦屯粮,于是因地制宜草拟了筑圩计划上奏孙权,获得了准允。随后,丁奉亲自督工,发动军民修筑圩堤。关于金宝圩修筑的具体时间,有两种说法,一说是在黄武年间(222—229),一说是在赤乌年间(238—251),史书及传记中多取后种说法,即金宝圩距今已有1760多年的历史。金宝圩的修筑历时四年,底有五丈宽,高有二丈,顶有丈余,一开始是开垦金钱湖的上部,因此取名为金钱圩,后来开垦其下部,名为化成圩,后废除此两名,改为惠民圩,到明朝洪武之后,才改为金宝圩,一直沿用至今。

据记载,在孙权当政的赤乌四年(241)春,吴国遇到了大雪灾,积雪度厚达三尺,鸟兽因雪灾而死亡过半。而正是在金宝圩开垦驻扎的丁奉率部将圩内所屯的大批粮草运送至灾区,才使处于纷乱中的吴国度过了危机。千年的风雨可以洗净历史的尘埃,但终究无法冲尽历史的遗存。今天宣州的总管桥,正是为了纪念丁奉而兴建的。而这座桥本身的功能也不仅仅停留在纪念意义上,通过这座桥便可以到达金宝圩的全圩,大大方便了圩内外相互流动。此外,这座桥在建造时还根据圩田生产的需要设计了上下水位分洪闸口的功能。当地百姓还在桥的北面建造了一座"总管庙"，庙内供奉着丁奉的塑像，庙外立有五层高塔，取名为"承渊塔"。金宝圩中"总管庙"的建造，始于丁奉死后不久，圩内百姓感恩丁奉造圩之功，于是建庙立塔纪念丁奉。在此后的千余年间，庙塔曾数次因战乱和天灾而被摧毁，至今在原"总管庙"的旧址上仅存一块字迹不清的古字碑。1993年宣城金宝圩区的人民自发募捐筹集了数十万元资金，重建了"丁奉纪念馆"，馆内供奉着金宝圩的创始人丁奉的塑像，在塑像的两侧有一副对联，联曰"五路总管围湖垦田筑金宝，一代名将横刀立马保东吴"，横批为"江东遗爱"的金字牌匾。这副对联很好地诠释了金宝圩区人民对于丁奉这位金宝圩创建者的敬意。此外，在宣城地区水阳江东岸还坐落着一座龙溪塔，相传为东吴赤乌二年（239），大将丁奉镇守金宝圩时修建，用于督工眺望。遥望古老的龙溪塔，我们仿佛能看到当年丁奉总管站立于塔上，指挥浩浩荡荡军民筑堤修圩的壮观场面。

历史上金宝圩区还有一座可供吴王孙权驾临观赏的亭阁，名曰梓童阁，阁高三层，大约12米。史书记载，该楼阁建筑工艺精巧，且临水阳江而建，晨间可迎朝阳东升，夕阳西下可侧听渔舟唱晚，是水阳江沿岸著名的景观，历代政府均对此楼阁有过修缮，不幸的是，2000年时此楼阁因遭雷击而被焚毁。在金宝圩曾留下足迹的历史人物还有谯国神医华佗。东汉末年战乱不断，民生凋敝，华佗曾辗转于金宝圩行医救人。后来金宝圩区的百姓听说华佗被曹操杀害，悲愤于华佗之死，也为报答华佗的救人之恩，在当地建立了一所用于纪念华佗的庙宇，不过由于历史的沧桑巨变，今天我们已经无从找寻庙宇的遗迹了。金宝圩内也有部分庙宇是用于供奉佛像的，其中较为有名的是金宝寺，原名"净国寺"。清朝嘉庆《宁国府志》记载："晋永平中建，宋太平兴国时废，明洪武癸亥重建，景泰中修。"历史上这座庙宇曾有多次翻修，离庙宇不远处有一尊极为罕见的"八面佛"，两米多高，八面都雕刻着如来佛的镂空像，极具文化价值。

金宝圩从建圩到新中国成立前的1700多年中，圩堤的整修加固等记载很少，但在近400年间，有六次因大水溃决的记载很具体，这六次溃决分别发生在明万历三十六年（1608），清康熙四十七年（1708），清道光三年（1823年），清道光二十八年（1848）、二十九年（1849），以及民国二十年（1931），而在每次溃决之后都进行了堵口复堤及整修加固。从其圩堤断面和圩内隔埂等布局来看，确实做了很多工程，由于在地势上，整个圩区西南高东北低，全圩按照地形高低筑起了24道坝，级级控制水位，效果明显。而在民国二十八年（1939）秋到次年春，为了方便汽车通行，时任金宝圩堤工总局局长的杨恭寿，发动民众对东门渡经水阳到乌溪的堤段，进行加高培厚，使圩顶高达11.5米，顶面还建有可以同时通双车的道路。

金宝圩作为宣城地区重要的生产生活区域，新中国成立后，从省到地市的各级政府，都把金宝圩的防汛工作作为头等大事来抓，取得了明显的效果。1954年、1998年、1999年金宝圩都遭受了洪水的侵袭，每次水位都超过了警戒线，但由于圩体坚实牢固，圩区人民的生产与生活并没有受到影响。金宝圩田是现在皖江流域养护较好的圩田之一，这里几乎没有因干枯而不能使用的水渠、湖塘，鱼、虾、蟹、鳝等水产较为丰富，圩内广阔的水面是鹅鸭养殖的天然养殖场。宣城金宝圩还是闻名全国的"蟹苗之乡""水运之乡""造船之乡"和"产棉之乡"。

宣城金宝圩堤坝

随着社会的发展变迁，作为历史遗迹的宣城金宝圩也出现了一些问题，其中一个比较典型的问题就是金宝圩田内河水质的恶化。随着现代社会经济的发展，作为一个经济较为发达的地区，金宝圩田所在地区工业污染不断加剧，随着人民生活水平的提高，生活垃圾也在不断增多，加之圩田生产中使用的化肥、农药等化学物质不断浸入湖河，导致圩区生态环境恶化，不仅会给当地居民的生活带来很大影响，而且势必会影响圩区的可持续发展。因此这一问题必须引起高度关注。

二、当涂大公圩

大公圩被誉为江南首圩，属当涂县管辖，原名大官圩，简称官圩，又名十字圩，在民国年间改名为大公圩。全圩东临丹阳湖，南濒水阳江，西临青山江，北靠青山与姑溪河。全堤总长78.2公里，全圩面积大约363平方公里，耕地现约有30万亩。

远在秦汉时期，这一带尚属泽国，为丹阳湖的一部分，秦在此处设置了丹阳县。大公圩的开发滥觞于1700多年前的三国之际，三国时期，魏、吴两国干戈频仍，由于集中大量兵马会战，其消耗的粮秣很难全靠外地调运，为此便有了就近屯兵垦殖之举。黄武五年（226），东吴在古丹阳湖区（今苏、皖交界处）军屯，后于景帝永安三年（260）"建丹阳湖田，作浦里塘"，"浦"作水边解，"塘"作堤解。从建衡元年（269）起，陆续围垦丹阳湖一带（今青弋江、水阳江下游一带），著名的当涂大公圩、宣城金宝圩和芜湖万春圩等逐步形成。"作浦里塘"即在水边筑圩，其范围在今大公圩内，此后兴

宣城金宝圩堤坝

衰不一。南朝齐时，湖田多已荒芜。建元二年（480）竟陵王肖子良曾疏请复垦，唐朝时圩田颇多，北宋时湖田多废，田与湖连，宣和七年（1125）又议复修。首次联圩于宋绍兴二十三年（1153），因当年大水，"诸圩尽决，上遣钟世明相视修筑，当涂知县张津筑长堤一百八十里包诸小圩"，至宋绍兴二十八年（1158）太守周葵完善之，成此巨工。宋乾道年间（1165—1173）能详联并中的圩名者有54个小圩，其中官圩有三个。联圩后屡决屡复，"皆工夫苟简，人力不至"。咸淳九年（1273）七月，疾风骤雨数昼夜，陶家潭一带破圩，大水退后"相视仅存遗迹"，于是委官差吏进行修堤，历时百日工竣，后又增修低浪埂，每十丈开一缺，以导水势。此外，还在圩堤上广植杨柳、芦苇，保护堤岸。元顺帝至正四年（1344）修葺的官圩"百里长堤隐若长城"，圩民流亡者复归。明成祖永乐八年（1410），"诏修圩岸，以备风涛"，大公圩的砌石护岸，自此开始。到明仁宗万历十五年（1587）由联并后的29个小圩组成一个大圩，分四岸各设总长，对全圩堤防，分工划段，实行按亩轮修。万历三十六年（1608），"官圩堤溃，田禾淹没殆尽"，知县朱汝鳌大加修葺，划段分工，加高培厚，作中心埂，"自青山属黄池为官圩西岸，至今赖焉"。太平府中心埂纵横十字形布置，按地势高低，分成四大块。目的在于一旦大水为患，一块失事，三块可保，半部被淹，另半部可保，此乃十字圩之来历。当地人为纪念朱公，在大官圩修祠，而"官圩之名见于邑乘始此"。中心埂以西原为路西湖，宋初一度围垦，开宝年间（968—976）知县孙宣教呈请"路西湖永不围田"，以节省民力。到了清代，大公圩的开发已经十分成熟，在当地社会经济发展中具有重要的地位。时人指出："官圩之在当邑，固县治第一要区也。物产之丰美，又境内诸乡所莫及也。"至此，大公圩的圩堤修筑，也形成相关程式：

  内外皆无风浪谓之标工；外临大河，谓之次汛工；外临湖面，谓之汛工；花津十里风浪险恶，谓之要工，又谓之极汛工。

  意思是说，凡是筑造圩埂都有一定的程式。官圩工程大致有四种：圩埂内外皆无风浪的称为标准工程；圩外靠近大河的称为次风险工程；圩外临近湖面的称为风险工程；花津十里这一段风浪险恶，被称为"重要工程"，又被称为根"风险"工程。

对于不同工程的埂面、埂身、埂脚，也有相应的要求，"务令修筑如式，并勘其有无昂头、缩脚、躺腰、洼心、穿靴、戴帽诸弊。其高以水大之年为定，宽以地势之险为衡，阔以二五收分为妙"。修筑按照"分工老册数"统计，大公圩四岸29圩总共有田"二十四万八千有零"亩，成为皖江流域最大的圩田。

大公圩在长江下游地区圩田开发过程中具有典型性：一是地处水阳江和青弋江下游的冲积平原地带，地势低洼，四面环水，土地肥沃，并且气候温暖湿润，雨量充沛，自然环境十分优越。二是圩田规模大，圩内现有土地30余万亩，被称为"江南第一圩"，其面积相当于当涂县圩田之半，所承担的赋税也占全县之半，具有很高的经济地位，素有江南"鱼米之乡"之美誉。三是成为重要的形胜之地。大公圩四周有水阳江、青弋江、姑溪河等河流环绕，占据连接金陵、宣州、徽州、两浙的要冲区位，是重要的交通要道，当年就有古官道经由大公圩。交通便利的大公圩造就了黄池、乌溪、青山街和护驾敦等古码头和古集镇，圩内也兴起了马家桥、藏皇阁、华亭街等古街市。四是形成了一套富有特色的管理制度，这在长江下游圩区中具有较强的代表性。如在圩吏的选拔和任用上要求"廉""能"兼备，同时建立了对圩吏的监督机制。这些制度和做法被实践证明是行之有效的。

大公圩风光

有人曾这样表述大公圩的地位和价值：

——大公圩具有较高的人文和自然价值。作为水利工程的大公圩，不仅规模巨大，而且设计水平较高，历经千余年仍焕发着生命力；同时它的价值又超出水利工程，富有丰富的人文内涵，是十分难得的"活文物"。

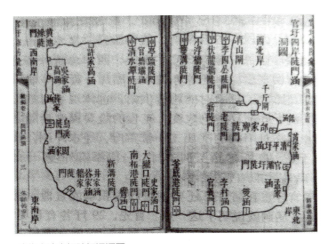

清代当涂官圩陡门涵洞图

——同样作为人类文化遗产,大公圩堪比长城:长城仅具有防御外侵的军事用途,明代以后的长城更多地作为一道景观,而大公圩时至今日,依然发挥着重要效用。

——与都江堰相比毫不逊色:都江堰是李冰父子组织的"地方工程",大公圩作为"官圩",乃是朝廷组织增修的"国家工程";大公圩陡门所蕴含的水利科学价值,并不逊色于都江堰鱼嘴。

——与荷兰的贝姆斯特圩田相比,大公圩的历史要比其长1300年,其丰富的人文内涵,更是贝姆斯特圩田不可比拟的。而贝姆斯特圩田在1999年被列入了《世界文化遗产名录》。

三、芜湖万春圩

芜湖县的清水是一个美丽而神奇的地方。清水因青弋江、水阳江两江之水在此交汇,形成清浑分明的两种水色而得名,清水迥色成为芜湖一奇异自然景观。清水历史悠久,人文荟萃,物产富庶,文化昌盛,开凿于一千多年前的万春圩就坐落在这里。万春圩东临青山河,南滨青弋江,西有扁担河,北与当涂县一五圩毗连,面积约90平方公里,是皖江流域开发最早的圩田之一,也是安徽古代农田水利工程中卓有成效的名圩之一。

三国时期的东吴为了对抗北方的曹魏,招募来自北方的流民在江南地区屯垦,其中分别在东吴赤乌二年(239)、永安三年(260)和建衡元年(269)三次在丹阳湖一带修建水利工程,进行围湖造田,其地包括今万春、咸保一带。三国末年,丹阳湖田的收入是嫔妃们的胭脂费。直到东晋义熙八年(412)才"田赐贫民",官田变为民田。唐代时为确保官粮漕运曾一度禁用丹阳湖水灌溉，圩田遭到荒废。后来圩田逐渐恢复，但为土豪"秦氏世擅其利"，名为秦家圩。南唐时收归皇家所有，置官管理，划荆山、万春、黄池为三曹，租税直接调入后宫，仍是嫔妃们的胭脂费。宋朝初期一度改革政治，废除后宫胭脂田，万春圩租税收入归于大农司（相当于今天的农业部），由芜湖县直接管理。北宋太平兴国年间，时逢江南水灾，由于圩务管理人员应对措施不力，万春圩被洪水摧毁，此后圩田被废弃八十余载，尽管期间也有官员建议重修圩田，但是最终都因为意见无法统一而不了了之。直到嘉祐六年（1061），江南东路转运使张顗、判官谢景温联合倡议重修万春圩，并派遣时任宁国县令的沈披前往圩区实地勘察，主持其事。沈披是北宋著名的政治家、科学家沈括的胞兄，精水利，有吏才。这时沈括正寄居在沈披处，于是积极参与修圩的工程规划，事后写了篇《万春圩图记》，详细记载了万春圩修筑的缘由和经过，这是研究我国古代圩田的重要文献资料。

　　沈披经过考察后，将情况呈报给张顗、谢景温，三人都极力主张重修万春圩，并上报朝廷，向皇帝承诺，如果修圩不成，那么"愿重坐之"。

　　然而，修圩消息一经传出，各种非难纷至沓来，沈披把反对修圩者的意见归纳成5条，逐条予以反驳，这就是著名的"圩田五说"，表达了沈披在水利工程学上的卓越见解，其内容大致如下：

　　第一种说法认为，当夏秋汛期来临，亟需广大湖泽以蓄水。排其20里的水面为圩，将使这20里之水无所宣泄而溢为害。筑圩虽有好处，但会造成水灾，重修万春圩得不偿失。

　　沈披反驳了这种说法。他经过勘察，发现汛期来临时水位虽高，但在圩的北界之外有丹阳、石

沈括著《万春圩图记》（铜浮雕）

门等湖，绵延三四百里；而当每次大水来临时，圩的四周也都漫延成湖，面积像丹阳湖那么大的不下三四个。何况万春圩的西面又有长江连接，它完全可以作泄水之用。因而划出20里水面来恢复旧圩，对洪水消长不会产生多大影响。

第二种说法认为，圩的西南靠近荆山，沿山麓修筑堤防，长江水从山峡流过，遇到阻塞，便会直灌山东，造成水灾。沈披反驳说：我看到荆山之西，水流宽度不及百步，如果将圩堤岸冲着荆山折筑，这样就能让出两百尺宽度，来扩大长江容量，就会减轻泄洪的压力。万一不幸发生阻塞，障碍产生在荆山之西，水患与圩田无关。如果在东边疏浚一些支流，便可以进一步减轻洪水的压力。有了这些措施，也就不用担心水患了。

第三种说法认为，"圩水之所赴，皆有蛟龙伏其下"，两岸容易崩溃。万春圩此前毁坏，未尝不是这个原因。但沈披不信此类迷信说教，认为圩堤的破坏根本不是什么蛟龙造成的，而是圩水穿堤，酾于堤外，天长日久，造成潭水越积越深，导致堤岸垮塌，不值得大惊小怪。沈披进而提出了补救的办法，即为防止潭水毁坏堤岸，可在堤岸的外面修筑一道复堤，将水引到数十步之外，注入江中。这样把水渊远移，自然就不会影响到相距较远的圩岸了。

第四种说法认为，秦家圩荒废之后，在此纳租从事采菱牧养的人共有100多户，一旦恢复成圩田，让他们停业或改行，势必迫使他们起来反抗，引起社会动荡。沈披却认为这个理由不能成立。因为将来圩田修成后要将其分给农民耕种，他们安居乐业，自然不会起来反抗。

第五种说法认为，圩田东南濒临大湖，风起水扬，不断冲击圩堤，时间长了就难以保持坚固。沈披则认为，这里地势并不是特别陡峭，并有百步缓坡，附堤还种植有一行行杨柳，堤下将种植一排排芦苇，可以抵挡风浪的冲击。加上堤身基础宽广，厚达几丈，堤外又有柳树、芦苇缓冲水势，使圩堤不直接与水浪相逆，完全不必担忧风浪冲击堤岸。

沈披上述强有力的论据，有力驳斥了反对派的观点，提出的方法也是切实可行的。最后他将调查的结果报告转运判官谢景温，谢景温上奏朝廷，朝廷很快批准开工。随后开始发官粟募民工，10天之内，用以工代赈的方式，从宣城、宁国、南陵、当涂、繁昌、芜湖、广德、建平（郎溪）8县，招募民工14000人，参加修复圩田工作。由沈披负责施工方略事宜。此时江东转运司也移治于芜湖，转运使张颙、判官谢景温也每日亲临工地指挥。经过80天的奋战，一所荒废了八十年的古圩终于巍然屹立起来，万顷沼泽之地变为良田，宋仁宗赐其名为"万春圩"。

沈括的《万春圩图记》记载万春圩的修筑情况说：用40天时间，筑起一道宽6丈，高1.2丈，长84里的大圩埭，在圩埭旁种植数万株桑树；在

《万春圩图记》（局部）

圩内开垦良田1270顷，每顷以天地、山川、草木杂字为名，开掘排灌沟渠，划定村落，村落之间可以行舟；圩中又开辟了一条纵贯南北的道路，长22里，道路宽阔，可两车并行，道旁植以柳树；大圩四周建有5个水门，"旱则开闸引江水之利，涝则闭闸拒江水之害"。如遇圩内积水过多，外河水位低于水门，亦可以打开水门向外河泄水。所以史称万春圩"筑堤于外以捍江流，四旁开闸以泄积水"。由此可见，万春圩圩中农田和沟渠组成棋盘式格局，圩堤、涵闸、沟渠设计合理，加之精心施工，蓄水排水都很方便，不但平年丰收无误，而且灾年也能保证丰收。例如工程完成后的第四年也就是宋治平二年（1065），长江又发大水，宣州、池州等地大小1000多个圩田被洪水淹没，唯万春圩屹立无恙，附近各小圩也赖以不毁。宋政和五年（1115）建康府开辟永丰圩，绍兴三十二年（1162）将永丰圩封赠丞相秦桧，秦桧曾竭力增修，圩田面积得以扩大，河面缩小，水流不畅，太平府各县圩田常为洪水所吞没，万春圩首当其冲。明永乐初年，高淳县筑东坝，宣、歙诸水不得东下太湖，丹阳湖所属圩田，十毁其五。明正统年间，当涂县民刘祖私自伙同建阳卫官军募工修筑万春圩将成，芜湖县民胡琦等根据《图经》

提出控诉，安徽巡抚只得下令掘毁，万春圩又成泽国。

到了清初，万春圩沦为牧场，光绪二十九年（1903）江宁将军信恪、两江总督张之洞等人提出重新开垦万春圩，同时于清水河镇设立屯垦局，加速农田开发。民国三年（1914）各开垦公司联合要求改永租田为民业田，最终经过批准，全圩8万多亩圩田，被36家公司占去6万多亩。然后他们再以苛重的租税租给农民，导致民不聊生，佃农经常发生抗租抗暴斗争。此后，万春圩的产权也多次落入大官、豪绅之手，赋税不断加重，进一步掀起了民众的反抗斗争。民国十九年（1930）农民组织代表到南京请愿，迫使国民政府派员实地调查，从而减轻了租税。新中国成立后，特别是1949年、1954年、1983年大水年后，堤防全面整修加固，20世纪80年代又进行了全面规划，分年分段开展"达标"活动，圩堤面貌焕然一新。如今万春圩堤顶高程已达14.8（上游）~13.6米（下游），顶宽由1951年的4米达到现在的8~12米，使得圩堤的防洪能力达到二十年一遇以上的防洪标准。

关于万春圩的修筑情况，有一个重要史实需要更正，就是从清初到现在的几百年，人们都说沈括是万春圩的主修者。对此，邓广铭教授在《学术月刊》1979年第一期发表了《不要为沈括锦上添花——万春圩并非沈括兴建小考》一文，以众多证据论证主持修复万春圩工程的不是沈括而是沈括的胞兄沈披。他还考证出这一错误源自清初学者吴允嘉，吴氏在重编《沈氏三先生集》中校勘沈括《长兴集·万春圩图记》时，将"宣州宁国县令沈披"，一律改为"沈括"。这样一来，便导致宁国县令不是沈披而是沈括了。同样，主持修复万春圩的也就变成沈括了。这个说法长期流传，以讹传讹。

那么，沈括在万春圩工程修筑中扮演了什么角色呢？刘尚恒研究馆员在《学术月刊》1979年第8期发表了《也谈万春圩的兴建——试与邓广铭先生商榷》一文，提出沈括应当是修复万春圩的参与者之说。他说：第一，嘉祐六年（1061）修万春圩时，沈括确实客居其胞兄沈披处，《万春圩图记》中有"予嘉祐中客宣州宁国县""嘉祐中予客宣之宁国"为证。他指出张荫麟、胡道静、张家驹等人把"客"解释为"官""仕"是不对的。客者，指客居、旅居、寄居。沈括是"客"而不是"官"宁国县；第二，沈括擅长水利，曾于至和元年（1054）治理过沭、沂二水，使7000顷良田获得灌溉之便。

另外,像浚治水渠,修筑堤堰、斗门之类,都可算是沈括的强项;第三,根据《宁国府志》记载,沈括曾任宣州监税务,在皖南生活过一二十年,熟悉皖南地理,并在这一带写下不少记游诗文;第四,沈括对万春圩及其附近的山势水流非常了解,没有到过现场进行实地勘察的人,很难在《万春圩图记》中做如此详尽的描述;第五,沈括在《万春圩图记》中对世事的针砭,对修圩遭到无端指责的愤慨,这不是代人立言者能写出来的。因此,刘尚恒认为沈括参与其兄沈披主持的万春圩修复工程,助其一臂之力是合理的、可信的。邓广铭教授也同意"沈括参"说。

四、望江西圩

望江西圩位于安徽省望江县东北20多公里处,是皖江流域开发较早的圩田之一。在相当长的一段历史时期内,西圩的兴废,直接关乎望江地区的民生,因此也就有了"家住望江,命在西圩"的说法,这也真实反映出了西圩的重要性。历代地方政府在其施政的过程中均对西圩有过不同程度的修筑,并逐步形成了一套行之有效的管理机制。

关于西圩的肇筑情况,明万历年间龙子甲《望江县志》记载,"世传李丞相筑"。清顾祖禹《读史方舆纪要》说"孙吴时屯皖口,得谷数万余斛,即此圩也",张楷(康熙)《安庆府志·地理志》的说法与此类似。龙子甲所说的李丞相为何许人,一时难考,顾祖禹、张楷所说是目前发现的有关西圩最明确的史料。

西圩的修筑当与这里优越的自然条件有关。位于望江县东北部的望江西圩处于皖江冲积平原区,这里土质肥沃,河网密布,利于农耕。值得注意的是,流经望江西圩的河流进入雨季,水位便会不断上涨,一旦"山洪一发,则潮头高几丈,漫百里,江涨助之,环抱如瀛海",因此在历史上围水抗旱排涝,保障农耕,便成了治理望江西圩的核心任务。最早进行围水护田的是春秋战国时的太湖流域,进入秦汉时期围水护田已经比较成熟,为太湖流域社会经济的发展打下了基础。与此同时,围水护田的方式也逐步向周边地区推广,在这个过程中江淮地区由于临近太湖流域,所以很快接受了围水护田这种新的方式,这便加速了望江地区圩田的开发。此外,望江西圩所处的江淮地区战略位置极其重要，它地处我国南北要冲，是三国时期北方曹魏与南方孙吴集团博弈的主战场，其中望江又是这个主战场的前线地带。在战争交锋中，望江地区曾多次易主，然而无论曹魏还是孙吴，他们在望江前线都迫切需要解决军粮问题，因而双方都在这里推行了屯田制度。与屯垦相伴的是水利的兴修。如前文所述，该区域的自然条件决定了围水护田是这里农田开发的最佳方式，所以，从东汉末年起在望江地区就开始了有计划、系统性的圩田开发。西晋咸宁四年（278），司马氏进军吴国突袭望江地区，"焚其积谷百八十万斛，践稻田四千余顷"，由此可见，望江西圩应当是当时众多圩田中规模较大，配套设施较齐全的圩田。至于望江西圩的规模，在明代以前的史料中记录不多，我们很难找到一些较为详细的描述。明万历年间《望江县志》卷一载：（望江西圩）"圩周三十余里，岸三千九百七十余丈，脚阔十丈，高二丈，内包西湖、小陂、后湖，为田三万七千余亩。"清乾隆年间《望江县志》载：（望江西圩）"民千有余家，国赋参邑之半。"由这两则记载可知，望江西圩的规模当是不小的。

治理望江西圩的首要任务当为治水。望江历来有"泽国"之称，历史上自然灾害频发，尤其是洪涝灾害对于西圩的破坏极大。明朝万历年间曾发生过数百年未遇的洪灾，时人曾作诗云："平原汇为泽……向来卧牛冈，亦变藏舟壑。"地方志记载，在清朝康熙年间，望江地区曾接连发生水灾。西圩近江临湖，每次洪水肆虐，田舍尽毁，因而对于望江地方官员而言，修筑堤坝，抗涝保收成了一项重要的政务。伴随着明清时期大规模地对西圩的修筑，西圩的管理制度也逐步完善，其中比较典型的是在乾隆三十三年（1768），县令郑交泰颁行的《示禁西圩条款》，进一步规范了西圩的管理机制，严令当地圩民遵守：第一，把原先整个圩田分成几个管理区，明确管理责任；第二，规定每年定期修圩；第三，堤上必须种菰植柳，利用植物的根系加固堤坝；第四，严禁盗伐树木；第五，经常疏通圩内沟渠；第六，对于失职人员进行追责；等等。总之，管理制度的确立，圩民的自觉遵守，加之历代官府注重对西圩的修筑，为西圩的长期发展提供了保障，使其成为我国开发历史最悠久的著名圩田之一。

第三节 皖江圩田开发产生的社会效应

由于皖江流域有着优越的自然条件,加之政府对圩田进行了有效的管理,因此圩田开发产生了多元化的社会效应。圩田的开发十分符合皖江流域水乡泽国的地理特点,使大量沿江沿湖滩涂变成了良田,这种土地利用形式是江南人民在长期实践中的伟大创举,它在抗御旱涝、夺取稳产高产方面,有着诸多优越性。包括皖江流域在内的江南地区优越的自然环境和相对安定的社会基础,以及江南人民和北方移民的共同劳作使江南地区迎来了大发展的时代,随着江南经济的发展,封建政府也加强了对该地的重视与扶持。一面是江南地区自下而上的开发,另一面是中央王朝自上而下的推动,使得江南地区逐步取代北方,成为我国经济的重心。

一、引起经济重心的转移

我国古代主要经济区域在唐以前主要集中于黄河流域,历代统治者把黄河流域的中原地区、关中地区等作为自己统治的核心区域,这些区域自然也成了王朝赋税的主要来源地。王朝的核心统治区域必然也是特定时期里各方力量争夺的焦点区域,成为了权力斗争和朝代更迭的博弈场。

相比于北方,我国南方自东汉末年以来相对安定,安定的社会环境促进了江南地区的开发。具体到皖江流域,其较大规模的开发也始于东汉末年,其中圩田的兴筑在此后皖江流域整个开发进程中发挥了重要作用。三国时期,曹魏和孙吴出于军事的需要,在江淮地区进行大规模屯田,"屯营栉比,廨署棋布"。在这些屯田中筑堤防水,圩田便初具雏形。到了南朝,围湖造田有了新的发展,皖江沿岸地区呈现出"畦畎相望""阡陌如绣"的景象。唐代在皖江流域的水利营田,已进入一个新的开发时期,无论圩堤建设的规模,还是防洪、排灌工程兴建的数量,都比以前有所增加。五代及北宋初年,太平州、宣州、宁国府等地区的圩田开始兴起,圩田规模很大,像"为博六丈,崇丈有二尺,八十四里长"规模的圩田并不在少数。此外,圩田修筑技术也在不断进步，如在圩堤修筑上往往根据实际的需要设斗门涵闸，根据旱涝情况调节闸门。至北宋末年，都城迁至浙江临安，南方人口剧增，迫切需要增加耕地，圩田便成为开发江南广大低洼地区的重要形式。乾道年间曾设招田之官，大兴围湖造田，促进了江南圩堤的建设。当时太湖流域及皖江沿岸的江宁、芜湖、宁国、宣州、当涂等地都兴起大批圩田，堪称圩区建设的鼎盛期。明、清两朝曾把发展军屯、民屯作为养兵裕国之本，再度加大沿江圩堤的建设力度。新中国成立以后，江南地区的圩田面积仍在扩大，并继续发挥着作用。

　　江南地区圩田的兴筑与我国经济重心南移之间的关系并非单线条式的，而是双向互动的。所谓重心"南移"，这里的"南"指的是江南，不包括岭南地区，因为当时同属于南方的岭南地区还被称为"烟瘴之地"，更多是士人、贬官与流人的"家园"。北方社会的战乱与动荡迫使原本生活在那里的百姓举家南迁，他们带着对未来的彷徨侨居江南，带来的不仅有人口，而

皖江圩区民众使用的部分农具

且还有中原的先进文化与生产技术，从这一层面上看，是外在力量推动了江南的开发。显然这样的分析并不全面，侨民来到江南尽管暂时远离了战乱，但是他们同样需要面对最基本的生计问题，而此刻江南自身的自然与社会优势则成为其可以大规模开发的必备基础。北方人口为躲避战乱多次大规模迁入江南，使得江南地区人地关系的矛盾极为突出，发挥江南自然地理优势，垦殖圩田成了解决这一矛盾的重要方式。起初三国东吴筑圩田多为军用，到了唐宋时期伴随着江南人口的激增，兴筑圩田的主要动因已然不是军用而是民需，大量的圩田带来了粮食的高产稳产，从这个层面上看，又是江南自身的优势冲击着此前北强南弱的经济格局，江南粮食的高产稳产进而改变了南北方在国家赋税中所占的比例。

  把皖江流域置于整个江南大开发的历史中，我们可以看到，自唐代安史之乱以来，淮南和江南的江东（含皖江流域大部）、两浙成为全国最重要的农业区，经济重心开始南移，国家财赋仰给淮南和江南。到了北宋，淮南和江南得到进一步开发，特别是江南发展更快。南宋初年，淮南由于战火的摧残而荒废，经济重心完全移到江南地区，江东和两浙的农业经济地位更加重要。太湖流域是宋代最大的粮食产地，太湖流域粮食增长趋势明显。政府极为重视这一地区的粮食生产，当时的苏州、常州、湖州、秀州等地被誉为国家之粮仓。而这里粮食的丰歉也直接关系到全国的粮食供应，"故岁一顺成，则粒米狼戾，充然有余"，米价也大幅回落。例如熙宁五年（1072），"苏湖大稔，米价视淮南才十分之五"。这一地区的粮食生产在宋代社会经济中起着重要作用，其中主要是作为税米漕运入京，以保证中央官僚机器的正常运转。江浙地区的农业生产，对于南宋的财政意义重大。而在这一地区中，浙西的苏州、湖州、常州等地尤其重要。在全国农业生产中，江东、两浙的农业生产占重要地位，而在江浙的农业耕地中，圩田又占有重要的份额。此外，圩田开发对于缓和该地区数度出现的人口压力也起到了积极的作用。这些都是我们在考察皖江流域圩田的作用和地位时必须注意的问题。

二、实现粮食的高产稳产

众所周知，在秦汉时期，因为水利发达，土壤肥沃，关中地区得到了较早的开发，这里的财富占全国的 3/5，而与此同时包括皖江流域在内的长江中下游地区则相对落后。然而，进入隋唐以后，北方生态环境开始退化，加之水利失修、土壤肥力减退，致使我国的经济格局发生了巨大的变化，逐步由北强南弱转向南强北弱。而南方经济的快速发展是与该地区粮食的高产稳产分不开的。对历史时期江南地区的粮食亩产量的估算，通常采用按佃农所纳租额翻倍计算的方法。一般佃农纳租，约为收成的一半，所以亩产量相当于租额的两倍。按照这一算法，我们以唐宋时期为例，尤其是在宋代，长江下游地区粮食亩产量比过去有明显提高，并达到了较高的水平。就比较保守地估计，唐代长江下游亩产量约为 1.5 石，而宋代长江下游地区的亩产量则能达到 2～3 石，有的甚至更高。

为了更为全面地揭示圩田兴筑对于实现粮食高产稳产的作用，我们在时间上选取圩田生产较为成熟的宋代，在地理范围上则把皖江流域置于整个江东地区来加以考察。在宋孝宗时，淮上之田，"凡田一千亩顷，岁收稻二十万硕"，平均亩产稻谷 2 石。关于太平州芜湖万春圩的亩产量，1976 年在湖南常德出土的张问的《张颙墓志铭》，为我们提供了殊为难得的重要资料。《张颙墓志铭》记载了嘉祐六年（1061）张颙担任江东转运使期间，主持修复万春圩之事：

> 李氏据江南，时太平州芜湖有圩，广八十里，围田四万顷，岁得米百万斛。其后圩废，地为豪姓所占。公见其利，募民之愿田者，筑堤于外，以捍江流；四旁开闸，以泄积水。自是，岁得米八十万，租入官者四万。民仰其利，名之曰万春圩。

这则史料意思是说，南唐李氏政权掌控江南之时，隶属太平州的芜湖有一处圩田，地广八十里，约有四万顷田地，每年可产米百万斛。之后圩田一度荒废，土地被豪强所占。政府看到这块地有开发的价值，于是招募愿意来开垦的百姓，在原圩的外面筑堤，以抵御江水的侵袭；又在圩堤的四周开闸口，以便于涝时排水。从此以后，该地每年得米八十万（石），其中的四万（石）为租税上交官府。百姓仰仗该圩而生活，将该圩田命名为万春圩。

沈括的《万春圩图记》记载：圩成，"圩中为田千二百七十顷……圩中为通途二十二里"。又说：为田 1270 顷，岁租二十而三，总为粟三万六千斛。将《张颙墓志铭》和《万春圩图记》中的相关数据联系起来分析可知，其租率为 15%，其总产量应为 24 万石，则平均亩产为 1.89 石，接近 2 石。《张颙墓志铭》所称官租 4 万斛，乃是就其整数而言，两者基本相符；这接近 2 石的亩产，与周边地区的亩产也十分接近，因而比较可信。沈括所记 15% 的租率，是北宋实行定额租的力证。关于圩田的亩产量，我们还可以从当时的租税中略知一二。据有关资料统计，并依高宗绍兴元年（1131）建康府圩田租额类推，宣州圩田可生产 49 万石租粮，太平州可生产 79 万石租粮，再加上芜湖、当涂、合肥县等地的圩田，租粮生产数额十分可观。对于宋朝政府来讲，这是一笔非常可观的收入。为了把包括皖江流域在内的江淮地区的稻米直接运往汴京，京师转运使李符建议在和州开凿横州渠，使巢湖和长江直接相通。横州渠开通后，漕运十分便利，军用无缺。而此时的江淮地区之所以能成为全国重要的粮食生产基地，是因为该地区皖江流域圩田的高产稳产。因之，南宋诗人杨万里、韩元吉等都曾作诗赞美圩田：

    圩田岁岁续逢秋，圩户家家不识愁。

    夹路垂杨一千里，风流国是太平州。

    ——杨万里《过广济圩三首》之一

    东西相望五百圩，有利由来得无害。

    ……

    请看今来禾上场，七百顷地云堆黄。

    ……

    ——韩元吉《永丰行》

  这些诗句都逼真地描绘了当时皖江流域的丰收景象。因此有人认为"天下根本在于江淮，天下无江淮不以足用，江淮无天下自可以为国"。特别需要指出的是，宋代皖江地区逐步实现了水稻两熟或麦稻各一熟，然而在淮河以北地区，由于气候条件和生产水平的制约，很难实行两熟制度，而在黄河流域乃至更为偏北的地方，只能是一年一熟，南方单产量既高，又实行两熟制度，南北之间的粮食产量差距则更大了。

总体来说，宋代长江下游圩区的亩产为每亩产米二三石之间，合谷四至六石。宋代一亩约合今之 0.896 市亩，宋代一石约合今之 0.6641 市石，稻一石重 120 斤，出糙米四斗九升。以此推算，宋亩产米 1 石，约合今亩产稻谷 180 斤。如此算来，宋代长江下游圩区水稻的亩产量约合今日亩产谷 360 斤至 540 斤，这样的亩产量在当时是比较高的。圩田的高产稳产，直接带来的是政府赋税收入的增加。正由于圩田粮食产量很高，所以有宋一代，政府对兴筑、修复圩田总是特别热衷，及至明清，圩田开发日渐深入，圩区经济在封建国家赋税中所占的份额也越来越大。圩田高产稳产的事实表明，圩区土地开发利用的价值是很高的。此外，前面已经述及圩田开发对于缓解该地区数度出现的人口压力也起到了积极的作用。这些都是应该充分肯定的。

第四节 皖江流域圩田引发的环境问题

圩田的开发主要是针对江南地区水乡泽国的地理特点，使大量沿江沿湖滩涂变成了良田。这种土地利用形式是江南人民在长期实践中的伟大创举，它在抗御旱涝、夺取稳产高产方面有着诸多的优越性。但是，圩田这种垦殖形态利弊并存，过度地开发势必会带来相应的环境问题。对于圩田在江南地区经济发展与生态环境变迁中的作用，历代文人学者都曾予以极大关注。沈括、陆游等人在他们的著述中对圩田的利弊都有着详细的论述；《宋会要辑稿》中也用不少篇幅记载了南宋时期皖南地区势家大户愈演愈烈的盗湖围田之风，说明当时已经认识到当地水旱之灾"弊在于围田"，整治圩田成为朝政的头等要务。概言之，圩田过度开发对生态环境所造成的影响，主要体现在以下几个方面。

一、破坏了湖泊河流的水文环境

皖江流域圩田的过度垦殖破坏了原有的湖泊河流水文环境。废湖为田，或随意改变河道，致使众多的圩田将水道系统全部打乱，外河水流不畅，圩内排水和引水难度也增加，造成"水不得停蓄，旱不得流注"的严重局面。对于围湖为田给圩区水环境所造成的影响，唐末即有人指出，"害大利小者，其以湖为田之谓欤"，直斥其弊。顾炎武亦说："宋政和以后围湖占江，而东南水利亦塞。"由于圩田多建立在水流要害之处，且田面反在水面之下，因此对水利要求很高，稍有罅隙，便有内涝之患。《宋会要·食货》七之四二至四三载绍兴四年（1134）太平州上奏说：当涂县所管辖的地方原来有个路西湖，其旁边有个跋笔港，是通往宣州和徽州的地界，在遭遇春夏之际山洪暴发时，山洪自跋笔港流入湖中，出海塘港，进入本州姑溪河通大江，所以很多圩田都没有水患。因政和二年（1112）将路西湖改筑政和圩，之后山洪无处宣泄，于是冲坏了圩埠，损害了庄稼。永丰圩自政和五年（1115）围湖成田，此后五十多年"横截水势，不容通泄，圩为害非细"。焦村私圩，"梗塞水面，致化成、惠民频有损害"。宣城童家湖是徽州绩溪与广德军建平二水会合之处，其势阔远，政和年间有贵要之家请佃该湖围成田，之后每遇水涨，都殃及周边圩田，损失惨重。孝宗隆兴二年（1164）知宣州许尹奏称："本州有童圩，实系创兴，委是湮塞水流去处，今欲依旧开决作湖，以为民利。"至乾道九年（1173），仍指出"他圩无大害，唯童圩最为民害，只决此圩，水势且顺"。这些史实告诉我们，大多自发性围垦，盲目与水争地，过度开发，使湖面大幅度缩小，调节库容剧减，河床缩窄，泄洪、除涝能力降低，生态环境不断恶化。

二、导致自然灾害频频发生

历代地方政府在圩田管理方面往往各自为政，各地区的圩田不能形成一个完整的系统，缺乏相互间的协作。特别是豪强贵势私筑圩埠，对圩区水利系统及小农生产的破坏更为严重，这一点在南宋宁宗嘉定三年（1210）卫泾所上的奏折中体现得甚为明显：

> 隆兴、乾道之后，豪宗大姓，相继迭出，广包强占，无岁无之，……围（圩）田一兴，修筑岸，水所由出入之路，顿至隔绝，稍觉旱干，则占据上流，独擅灌溉之利，民田坐视无从取水；逮至水溢，则顺流疏决，复以民田为壑。

意思是说，南宋隆兴、乾道之后，豪宗大姓纷纷涌现，他们利用自己的势力强占田地，年年如此。他们尤其热衷于筑堤围田，结果阻隔了河水的通道。每逢干旱季节，他们占据上游，掌控着灌溉之利，使百姓无法取水溉田；而一遇洪涝，则又决堤排水，导致周围的民田遭殃。圩田彼此间缺乏协作，使因破圩而形成的局部水灾年年有之。如据《安徽省水旱灾害史料整理分析》一书统计，有清一代，宁国府、太平府、池州府、安庆府、庐州府、和滁州、六安寿州发生的水灾分别有 76、59、90、107、83、49、87 次，这些灾害大多发生在圩区，导致圩埂被冲垮，禾苗被淹死，极大地破坏了圩区的农业生产。

三、圩田修筑影响到湖泊的蓄水量

大型湖泊作为陆地水系中的枢纽，具有吞洪吐涝、调节河川径流的重要作用。皖江流域大量利用湖边滩地修筑圩田，使湖面缩小，从而影响了其调节水量的功能，破坏了该流域的生态环境，由此灾害便接踵而至。水旱失调农民自然首遭其殃，接着公私圩田大户也同受其祸。因水中筑堤之后，水中泥沙向堤外淤积，湖底升高，于是圩堤又可向湖心延伸，这样，湖便逐渐缩小，以至于消失，一旦河水暴涨，湖已不能容纳，势必将大小堤岸冲垮，导致水灾频频发生。如皖江圩区，在新中国成立前夕许多较大的湖泊均不同程度地被围垦，新中国成立后，被围垦的湖泊仍在不断增加。据统计，20 世纪 80 年代，皖江流域被围垦的湖泊有 15 个，原有湖泊面积 4045 平方公里，被围垦后面积降至 2742 平方公里；围垦面积达到 1303 平方公里，占原湖面积的 32%。

四、围湖造田破坏了水生资源

包括皖江流域在内的江南地区的湖泊，水生资源极为丰富，如丹阳练湖，在唐代就有"菰蒲茭芡之多，龟鱼鳖蜃之生，厌饮江淮，膏润数州"之称；四明广德湖"菰蒲凫鸟，四时不绝"；越州鉴湖更有"鱼鳖虾蟹之类不可胜食，芰荷菱芡之实不可胜用"的美誉。这些水生资源，一方面为人们提供了丰富的食物，另一方面又为牲畜提供了饲料，为编织、造纸提供了原料，有的还是良好的药材，故此具有颇高的经济价值。围湖造田特别是废湖以后，这些水生资源便面临了绝灭之灾。对此，历代有识之士都给予了极大关注。如徐次铎在《复镜湖议》中说："使湖果复旧，水常弥满，则鱼鳖虾蟹之类不可胜食，芰荷菱芡之实不可胜用，纵民采捕其中，其利自溥。"陈仲宜等人在上徽宗书中也指出诸路湖泺池塘陂泽被围占以后"贫窭细民，频失采取莲荷蒲藕、菱芡、鱼鳖虾蚬蚌螺之类，不能糊口营生"。类似的记载尚能举出不少。这些史料无疑都说明古代江南地区围湖造田后水生资源遭到了严重的破坏。

  总之，无论在圩田兴筑过程中随意改变河道，还是盲目地围湖造田，其所导致的洪涝灾害都是很严重的，圩民也因此饱受灾害之苦。朱万滋在《当邑官圩修防汇述》续编《图说》卷五《修造溃缺》中便记述了道光三年至二十一年间大公圩遭受水灾后圩民的凄惨生活：

  道光三年癸未五月二十日，福定圩周家埠溃，波及官圩中心埂。二十二日，咸家桥溃……农佃闻风哭泣，坐任飘淌，田庐器具无一存者。次春，饿殍盈途。

  道光十一年辛卯六月十一日，花津稽村前溃……瘟疫盛行，闭门无人烟者，十居八九。麦熟田畔无能刈。

  道光二十一年辛丑五月十五日，花津孟公碑陶家潭溃。其日，疾风甚雨，至夜尤暴。余督夫往救，觉眼前都是微茫地，身外频临浩渺天。

圩田过度开发之弊，由此可见一斑。

第五节 皖江流域圩区的文化事象

从人文视角来看,皖江流域圩区因为百姓自身生产、生活方面的特殊性,在长期的发展变迁过程中,逐步形成了独具特色的风俗习惯,这些风俗习惯展现了圩区的生活图景,也从一个侧面彰显了圩区民众趋同的价值取向。此外,在皖江流域圩区,由于自然灾害频发,百姓形成了与之相对应的禳灾信仰,诸如雨旱信仰、水利信仰、虫疫灾害信仰等。不可简单地将这些禳灾信仰看成迷信,它本质上是圩区百姓面对频发的自然灾害在精神层面上作出的一种反应,是圩区人文减灾的重要事宜。

一、圩区风俗种种

在本质上,皖江流域圩区是典型的农业社会,因而在地方风俗习惯方面与其他农业区大体相同,比如在不同的节气,皖江流域圩区的民众会开展相应的活动进行庆祝。拿和州圩区来说,在立春节气的前一天,有些地方的百姓会在官员的带领下,前往庙宇迎接芒神和土牛。待到第二天立春时,圩内民众会拿出木棍将土牛敲碎,随后大家纷纷拾取碎片,因为他们认为这些土片会给他们即将到来的春耕带来好运。在正月十五这天,圩内的百姓会抬着"神"出来巡街,市坊之间要举行放花灯、杂耍等活动,农村则有舞长龙灯的习俗。而在端午节,圩区的百姓家家户户都要包粽子,插艾蒿,喝雄黄酒,以避除蛇虫的伤害。作为纪念屈原的节日,在这一天,圩区和其他地区一样要举行赛龙舟活动。每年的五月十五日被认定是城隍神的诞辰,圩内的民众都会举着香火前往城隍庙祭拜城隍,并且还会在头上绑盖有神印的带子,以求避过灾祸。夜晚还会举行灯会,点燃的灯火把街道照得通明。进入六月份,春夏之交,万物生长,和州圩区民众要前往青苗会祭拜田神,祈求大地生长,年岁丰收。而在随后的八月十五中秋佳节之际,家家都要品尝月饼,庆祝合家团圆。应该说,以和州圩区为代表的皖江流域圩区的风俗习惯大体上与其他地区是一致的,而在传统中国社会里,共同的风俗习惯中流淌的是共同的价值追求。

此外,皖江流域的圩区赛会也是一项重要内容。在安徽宁国府所属各州县有迎神演戏之风,而且只演出目连戏,大多使用"目连救母"这个戏本。在具体演出的过程中,有选取其中某一部分演出一个通宵的,也有用三个通宵直接把整个戏演出一遍的。在当涂圩区,大都在每年的春秋两季举办赛会,在赛会上多以演戏为主,当地民风比较强悍,所以在赛会上除了有戏剧演出,包括京剧、徽剧等,还常常会出现拳术表演。拳术打法也比较多,其中还有一些圩民会表演《水浒传》中的人物。在怀宁地区,赛会的形式也相当丰富,每年二月初二是土地生日,圩内村社均举行赛会,以求生活的安宁。除土地神外,五月六月间有关帝会,六月、九月有观音会,其中七月是地藏王会,一旦举行赛会圩区民众都会前往,男女老幼争相观看。这些赛会的举办寄托着圩内百姓某种愿景,也体现着对于神灵的崇拜。此外,赛会也起到了增进圩内群众感情,丰富生活、增强体质的作用。

二、雨旱与水利信仰

历史上的皖江流域,特别是进入明清时期,圩区内建有较多的寺庙庵堂。可以说皖江圩区的信仰是多元并存的,除了一般意义上的佛、道信仰,还有"雨旱与水利信仰""虫疫灾害信仰"等。

1. 雨旱信仰

以明清时期为例,龙王庙在皖江流域有较大规模的修建。作为地方上的一种文化事项,龙王庙的广泛修筑也从一个侧面反映出皖江流域水旱灾害多发。以前文提到的望江县为例,该县在明清时期所管辖的地域较小,但是该县用于祭祀龙王的庙宇数量则有七八个,以至于清康熙年间《望江县志》的撰写者感慨道:"岂龙之变化不测,多栖于此耶?"哲人曾说:"存在即是合理。"望江县之所以有众多龙王庙,主要是因为望江县十有五旱。望江金井庙用于祭祀龙神,原本建于太阳山上,在清顺治年间才移至陈师冲,并于乾隆八年(1743)重建;祈雨庙建于望江祈雨山上,也是用于祭祀龙神;望江石龙山上建有石龙庙,西圩坝上建有显龙庙,同样都是为了祭祀龙神。

皖江圩区周边的山脉对于其自身的生产也至关重要，因此在单一的龙王祭祀之外，我们也能看到与龙王一道的其他神明的祭祀。清代当涂地区就建有十余座祭祀山神的庙宇，而其中一位山神就是被赋予了神格的张渤，他是汉代人，因为疏凿有功而被后人供奉祭祀。由于圩区特殊的生产方式，我们还能看到桑神、渔神等诸神的祭祀活动。比如在无为州有座蒿神庙，据说蒿神为赵氏，因长期庇护农业，被供奉为桑神。部分地区也有将龙王与关羽放在一起加以祭祀的，民间相传关羽有司雨之权，这与关羽所用的青龙偃月刀有关，据说他每次磨刀时都需要使用很多水，所以在端午前后所下的大雨又被称为"磨刀雨"。

祈雨场所并不仅仅局限于龙王庙一处，部分丘陵地区的山川之地也被先作了祈雨之所。选择在山川之地进行祈雨，主要有两个原因：一是河流的发源地多在山川之间，民众祈求水之源头可以给他们带来雨水缓解旱情；二是在山川之间往往分布着一些深潭、幽洞，而在传统观念上这些深潭、幽洞多是龙的藏身之处，因为民间认为龙性喜静，其居于深潭之中储存水量能够及时布雨。《广雅》中说"潭，渊也"，意思是潭为水深之处。在古代龙潭还有别的称呼，比如"龙揪"，"揪"本无深的意思，可能与发音有关。刘禹锡在《陋室铭》中写道："山不在高，有仙则灵，水不在深，有龙则灵。"由于龙潭有龙，潭中之水也就有了灵性。于是，圩区民众往往在潭边建起龙王庙，用于祭祀龙王，即使没有龙王庙也会定时去龙潭边祭祀龙王祈求雨水。除了龙潭，还有龙泉。通常情况下，泉水常年不断涌出，在科学尚不发达的古代社会，人们认为这种不竭之水的涌出是神力在起作用，而这种神力在百姓眼中自然源于掌管雨水的龙王，这样的泉水也就被称为龙泉。清康熙五十三年（1714）夏，安庆府大旱，知府张楷步行三十多里，到龙泉所在地祈雨，结果普降大雨，庄稼获得了丰收。另外，井中之水也常是四季不枯，井底幽深，有神秘感，因此百姓也把水井视作龙王居所，即龙井。如今安庆宿松县的九井曾被选作当地官民祈雨的重要场所。据记载，明弘治五年（1492）宿松县令陈格分析总结了该县旱灾的情况，而后前往九井，从井中取出一瓢泉水祈祷诸神，不一会便降下倾盆大雨，当年农业生产获得了丰收。

无论对龙王还是对山水神，上面讲的多是在寺庙或自然界中进行的祭祀活动，其实皖江圩区也有在家举行的家祭活动。家祭的一个重要原则便是，如果有宗祠就在宗祠举行祭祀，如果没有宗祠就在家中某一室内进行祭祀。

为了获得神明的庇护，在祭祀中圩民往往要进行一系列仪式，这些仪式主要是为了表达对神明的尊敬。比如在每年寺庙祭祀活动之前，一般县令都会下令禁止屠杀，重新审查案件，以免出现冤案，因为时人认为冤气凝聚会带来灾异。祭祀场面一般都比较宏大，张灯结彩、锣鼓喧天必不可少，还会将神抬出来巡街，随后请当地有名望的人宣读祭告文，以告慰神灵，待这些程序都完成后，圩民们再将神明迎回寺庙。在这些烦琐的程序中，蕴含着的是圩民对于神明的敬畏之心，而这种祭祀活动本身也可以起到凝聚圩民的作用。

祭祀龙王是圩区的一件大事，参与祭祀的并不仅仅是当地的民众，还有地方官员，它是在官民互动之下共同完成的对龙王的祭祀活动。比如对于圩区龙王庙的修建，在自给自足的小农经济时代，普通百姓自然没有能力完成，只有借助于国家、地方政府的力量才可以。在地方上，对于龙王信仰的建构过程，是一种双向互动的过程，其中一条线是自上而下推动，即政府通过国家权力建构并完善龙王的正祀，其手段主要有不断册封龙王，派官员到地方直接指导工作等；另一条线是自下而上进行，即百姓往往会根据现实的需要，自发祭祀龙王，并出现一些不被官方承认的淫祀，这种具有地方特色的祭祀活动一旦成型，并且对于国家权力不构成威胁时，官方也会适时将这种淫祀纳入正祀之中。官民互动之所以能够实现，是因为双方共同的目标——向龙王祈雨。当然，官民的祭祀活动是存在差异的，由于双方的目的不同，官方祭祀一般都有固定的时间和固定的礼仪规范，而民间的祭祀则功利色彩较浓，百姓平时一般很少去龙王庙烧香，一旦遇到灾情龙王庙的香火便会随之增多。

2. 水利信仰

由于圩区常常遭受水灾的威胁，因此圩内百姓特别注重对水利神的祭祀。水利神的职能，主要是在水灾时庇佑止雨、在干旱时降雨缓解旱情，这个职能与上文提到的龙王信仰有重合之处。此外，在圩区除了生活着从事农业生产的圩民，也有部分从事渔业生产的渔民，因此对他们而言，水利神的主要职能是保佑江河湖水风平浪静。

每逢夏汛涨水之时，皖江圩区众多的湖泊河流便成为圩区安全的最大隐患。因此，在圩区内用于祭祀湖神的庙宇随处可见。另外，皖江圩区也建有天妃宫，众所周知，天妃是海神妈祖娘娘，这里的圩民祭祀妈祖自然不是为了出海谋生，而是将妈祖的神职扩大了，把海神妈祖的管理范畴扩大到了内陆的江河湖水。在圩内，因为历史的原因，天妃庙遭受多次损毁，但民众修建热忱如一，如当涂圩区就曾在道光二十九年（1849）、同治五年（1866）和光绪初年三次修缮天妃宫。在芜湖圩区，还有一种地方性的庙宇晏公庙，相比于天妃宫它的名气要小一些，但在芜湖当地，晏公却是大名鼎鼎的水神。在无为州还有清流庙，庙里供奉着清流神，清流神的神职主要是庇佑发生洪灾时及时消退洪水。

皖江流域圩区为了应对水旱灾害频发这一问题，有计划地修建堤坝与塘堰，经常对流域内的河道加以疏浚，在灾害前后根据需要对一些堤坝进行维护与抢修，这些都不失为良策。在上述工程建设中，无论生活在圩区的乡贤与当地的普通民众，还是客居于此的外来人士，都纷纷投身于对水利设施的修筑中，其中有许多工程成为了造福当地百姓的"希望"工程，于是圩区百姓为了表达对在兴修水利中立下重要功勋的先人的感激，修建了庙宇进行祭祀，并且逐步构成了皖江流域水利信仰中具有缅怀性质的水利防护的人格神体系。人们对于修堤护堤先人的祭祀也成了一种重要的精神寄托。如在桐城白兔湖边万家圩堤坝上耸立着一座将军庙，据说是为纪念宋代一个叫曹彬的将军而兴建的。曹彬率军行至江南，所到之处对百姓毫发未犯。一日夜间，暴雨袭来引发山洪，直接影响到万家圩堤坝的安全，紧接着坝上出现了漏洞，在雨水水力的冲击下，漏洞有不断扩大之势，眼看堤坝即将崩塌，在这千钧一发之际，曹将军不顾个人安危，跳入水中用自己的身躯堵住漏洞，最终漏洞被堵住了，万家圩区也平稳渡过了这次危险，而这位将军再也没有浮出水面。几日后，天气转好，洪水退去，圩区民众四处寻找将军的尸体未果，只在坝上原先的漏洞处找到一段木头，人们很自然地把这段木头视为将军的化身,便将其雕刻成菩萨的形象,供奉于庙中,并且此后逐步形成了每年的"三月三"。在这一日,圩区百姓会把这尊菩萨塑像抬至河中进行擦洗,以表达对这位将军的爱戴。

3. 虫疫灾害信仰

一般而言,在大的水旱灾害之后,如果灾后预防措施不当,便会发生较大规模的蝗灾或瘟疫。蝗虫,又被称为旱蝗,是谓旱极而蝗,也就是说大范围的蝗灾往往与大规模的旱灾相伴而生。此外,在大规模的水旱等灾害之后,往往是死亡的人畜遍地,卫生状况急剧下降,再加上灾民的迁徙与流动,更容易引起瘟疫的发生与传播。在治蝗水平不高和医疗卫生条件不足的年代,人们对于蝗灾,尤其是瘟疫的恐惧深入骨髓,因此他们往往会在现实世界之外寻找内心安宁的寄托,与之相适应的虫疫信仰也就应运而生了。

当涂大公圩设有八蜡庙。八蜡庙起于蜡祭,开始的时候不是单一为了祭祀蝗神而设。八蜡主要指的是八种农事神,而这八种农事神中有一位昆虫神,蝗虫正是昆虫中的一种。随着农业生产的发展,后来八蜡庙渐渐转变为用于祭祀农作物害虫的

位于芜湖老城区的城隍庙

庙宇,之后又演变为主要祭祀蝗神的场所。在这个演变过程中,我们可以看出,蝗虫对于农作物的危害是十分严重的,人们对于蝗虫的治理基本上是处于束手无策的状态。因此当科学技术还没有发展到相当水平时,百姓就会从神灵那里获取精神的慰藉。我国蝗灾最为严重的地区当然不是皖江流域,而主要是在今天的河北、山东等省,一般每隔十年便会有一次大蝗灾,在皖江流域一般每隔10~20年会发生一次大蝗灾,正由于蝗灾的爆

发周期较长,因此在皖江流域圩区的蝗神信仰也便带有较强的功利色彩:正常年份对蝗神的祭祀很少;一旦蝗灾降临,圩区官员与民众才会想到去八蜡庙祭祀蝗神,而且多是先祈祷后修庙。也就是说,祈祷之后,蝗灾退去,就会作为回报修缮庙宇。

对于八蜡神的祭祀往往有两个层面:一个是国家规定的正祀行为,在蝗灾来临时地方官员要亲自前往庙堂进行祭祀;另一个是流行于民间的祭祀,在蝗虫遮天蔽日之时,民众往往要杀鸡宰猪举行赛会,甚至也有百姓一起凑钱请人来演巫舞的,锣鼓喧天,喊声阵阵,以期蝗灾可以退去。

除了八蜡庙可以被视为专门的蝗神祭祀场所外,民间还赋予了城隍神驱蝗的神职,由此我们也可以看出城隍神被赋予了多重神格,它拥有驱旱降雨、治病、驱疫、治蝗、辨明曲直是非等多种职责。明清时期,皖江流域的地方官在遇到蝗灾时,往往也会去城隍庙祭拜,以求神灵不要降罚于无辜百姓。

由于古代医疗卫生水平有限,往往在大灾之后会发生较大规模的瘟疫。古人认为这是由于瘟神作祟而带来的。由于瘟疫传播速度极快,一旦瘟疫大规模爆发一定会有很多人随之死亡,而且死亡人数有时比一般的水旱灾害造成的死亡人数更多,因此民众在心理上对于瘟疫的恐惧往往大于对水旱灾害的恐惧。在驱除疫病方面,关公的神职得到了扩展。在民间流传着这样一个故事:有一天,一个渔夫在船上睡觉,梦中关公对他说:"明天早上会有五人由北而来坐船渡江,我在你手中写上一个符,你紧握手中,不要打开,见此五人手心朝他们打开可避祸。"渔夫梦醒,紧握手心,第二日清晨果然有五人前来坐船,渔夫朝他们打开手心,只见五人突然没有了踪影,只留下一只箱子,渔夫打开箱子一开,箱子中装着前往江南行疫的册子,此五人就是"五瘟神",他们原本打算前往江南散布疫病。这个故事自然是虚构的,但作为民间故事它反映了民众对于关帝驱除疫病的信仰。

此外,早在西周时期,百姓中便开始流行一种"傩舞",主要是通过这种仪式驱散疫鬼,这也在一定程度上反映出当时人们对于疫病的恐慌。在跳舞时,舞者往往戴上面具,手拿法器,用这样的方式驱赶疫鬼,祈求平安。

如前所述,皖江流域正好位于温带向亚热带过度的季风气候区,因此在气候方面是比较利于病菌生长的；此外唐宋以来，我国经济重心南移，皖江地区河网密布，交通便利，人员流动比较频繁，因此一旦爆发瘟疫，其传播速度往往比较快，且造成的后果也较为严重。在古代社

安徽池州地区的傩舞表演

会医疗水平低下的情况下，瘟疫是一种极其恐怖的急性、烈性传染病，不但发作快，传染也快，一旦染上在极短时间内就可以夺取人的生命，有的地区也常常因为瘟疫的爆发而造成人口骤减，人们惶惶不可终日，"谈瘟色变"成了民众的常态。这说明当时民众对于瘟疫是束手无策的，面对这种困境，他们很自然地会把得瘟疫与被鬼缠身画等号，在这种情况下，"恐惧创造了神"，进而地方上逐步兴起对于瘟神的祭祀，希望借助于超自然力量来消灭瘟疫，以求平安。

第五讲

移民与村落文化

"移民"一词最早出现在《周礼·秋官》中:"掌士之八成……八曰为邦诬。若邦凶荒,则以荒辩之法治之。令移民通财,纠守缓行。"原意是士师对士进行考察监督,如果邦国中发生因谷物歉收而引起饥荒时,就应该采取救济的措施,可以让受灾百姓迁往谷物丰收的地区,也可以从丰收地区调运谷物来救济,"移民"在此处是动词,即迁移人口。《中国大百科全书·地理学》有"人口迁移"的词条,认为"人口迁移"是"一定时期内人口在地区之间永久或半永久的居住地的变动。人口迁移的形式为移民",这里的"人口迁移"基本接近本讲所讨论的"移民"概念。

皖江流域也是古代中国重要的移民输入地之一。元明时期,特别是明代江西"瓦屑坝移民"给皖江地区的人口结构、村落发展以及民风民俗带来了许多新的变化,直至今天,其影响依然存在。十七世纪,桐城派朱书曾说:"吾安庆,古皖国也……神明之奥区,人物之渊薮也。然元以后至今,皖人非古皖人也,强半徙自江西、浙江,其徙自他省会者错焉,土著才十一二耳。"考诸历史与现实,不独安庆,池州、芜湖、宣城、巢湖等地亦多移民。他们或聚族而居或聚贾而居,创造出丰富的村落文化,其中村落民俗文化又是皖江地域文化中的一道独特风景线,成为当地民众精神生活的丰厚滋养。可以说,皖江文化表现出的独特文化品格和文化气象与外来移民不无关系。

第一节 皖江移民概述

皖江地区的移民起源甚早,秦汉时期政府就曾有组织地向皖江移民。秦始皇统一六国后,把浙东的越人西迁,其中一部分就迁到芜湖、石城(在今贵池)一带。在秦汉战乱年代里,北方人民自发地向皖南沿江一带迁移并出现两次移民高峰。第一次是在西汉末年,由于绿林赤眉起义以及之后的兼并战争，中原百姓"避乱江南"，从此不还"中土"。第二次是在东汉末年，江淮之间是军阀混战的主战场之一，所以大量人口逃往皖南沿江一带。

东汉末年至三国时期，曹操与孙权长期对峙、争战于江淮地区。为了解决军粮问题，双方开始大规模屯田。孙权屯田的重点在江南。在皖江流域，孙权在牛渚（在今当涂）、芜湖、赫圻（在今繁昌）、宣城、虎村（在今池州）等地开设了屯田区。孙权屯田劳动力的来源主要是移民，其中一小部分是流入江南的北方人，另一大部分是被降服或掳掠来的山越人。

西晋永嘉之乱，北人南迁，自东晋开始的南北对峙中，江淮之间人民为躲避战火，又多次南逃。安徽江淮之间渡江的人民大部分就侨居在皖南的沿江至宣城一带。东晋、南朝政府为了加强对北方移民的管理，陆续设立了许多侨置州、郡、县。位于皖江流域的主要有淮南郡（东晋置，治于湖，在今芜湖）、太原郡（南朝梁置，治尧城，在今东至）、陈留郡（南朝陈改置，治石封，在今广德）等。南渡的北方人民多以宗族、籍贯相聚而居，侨置州郡县有利于安置和控制移民。隋统一后，侨置州郡县完全被废除。北方人民南移带来了先进的生产工具与技术，推动了皖江地区经济的发展。例如，在今宣城地区一带，至南朝时，农业生产就比较发达。著名诗人谢朓做宣城太守时，写了不少田园诗，诗中描写了宣城郡内的农村景色，如"连阴盛农节，蘙笠聚东菑""切切阴风暮，桑柘起寒烟""暧暧江村见，离离海树出"等。

隋唐、五代十国时期，统一分裂局面交替出现。隋唐之际，安史之乱、藩镇割据、唐末战争；五代十国，周边民族的大举内迁，以及为躲避赋役寻求安定而出现的大量逃户，使得这一时期的移民呈现出极其广阔和复杂的历史情景。自东晋、南朝以来，江南就成为全国经济最发达的地区之一，加之长江的阻隔，发生在江南地区的战争远远少于黄河流域和淮河流域，因此江南在安史之乱以及唐末战争和五代十国的各个阶段，都成为北方移民最重要的分布地区。其中，皖江流域的宣州（在今宣城市境）和池州（在今池州市境）是北方移民渡江南下的重要集聚区。安史之乱阶段，著名诗人李白及其家人流落江南，曾在秋浦（今在池州市境）居住数年，最后定居当涂（唐时辖于宣州）。

还有一些北方人，大乱前由于任官等原因暂住南方，战后因避乱或其他原因决意不回。如《十国春秋》卷一一六记载："方虔为杨行密守将，总兵戍宁国，以备两浙。虔后为吴越所擒，其子从训代守宁国，故子孙至今为宁国人。"在唐末、五代时期北方逃户南渡的过程中，皖江有一个地方因移民集中而得以闻名于世，那就是池州建德（在今东至县境）的桃源。史书记载，"山溪源远，人迹罕到"，但是，在"五代之际，衣冠士族避难于此，皆获免焉"，故此地被称为桃源。根据葛剑雄教授《中国移民史》的统计，我们可以得知，唐、五代时期南迁的北方移民中，集聚在今皖江流域的人氏和家族主要有杨氏（五代时期从河南迁入宣州）、刁礼（唐末从河南上蔡迁入宣州）、刁彦能（唐末从河南上蔡迁入宣州）、许规（唐末从河北高阳迁入宣州）、李白（安史之乱时从北方迁入宣州当涂）、宗氏（安史之乱时从北方迁入宣州当涂）、李伯禽（安史之乱时从北方迁入宣州当涂）、方虔（唐末从中原迁入宣州宁国）、樊知瑜（光华年间从陕西长安迁入池州）、樊潜（光华年间从陕西长安迁入池州）。

靖康之乱后南迁的北方移民分布在南方广大地区，其中皖江流域吸引了大量移民。由于皖江流域环境比较安宁加之长江天堑的阻隔，移民定居下来后一般很少再向外迁移。根据史书记载，皖江流域的池州（今安徽池州市）、太平州（在今安徽当涂县）等州府集聚有相当数量的北方移民，特别是南宋理宗以后，池州、太平州为北方移民过江的主要登陆地之一，入境的移民日渐增多。嘉熙元年（1237），南宋朝廷下诏要求沿长江十府召集赈恤北方南下流民，池州、太平州均在其列。《宋史》记载，仅太平州境内的两淮流民便达40多万人。有流民定居于此当属无疑。当时地处皖江流域的宣州（后改为宁国府，在今宣城市境）、广德军（在今安徽广德县境）虽不在交通要道上，但其境内也有南下的北方流民分布。《宋史》记载，嘉熙二年（1238）散布在宣州城外的两淮饥民达3000多人。根据葛剑雄教授《中国移民史》的介绍，广德军是开禧二年（1206）朝廷安置两淮移民的12个州府之一，也有一定数量的北方移民存在。该书第4卷统计，靖康之乱后，南迁的北方移民流入皖江流域的主要有如下人氏：丁执中（靖康年间从江苏徐州迁入池州石埭，丁执中子丁述、孙丁泰亨、曾孙丁黻也迁入池州石埭）；

程瑞中、程易、程源祖孙建绍年间从河南迁入池州；吕和问建绍年间从河南开封迁入宣州太平；吕广问靖康年间从河南开封迁入宣州太平；杨正八及其子建炎年间从河南开封迁入太平州；赵时赏也迁入太平州（迁出地和迁出时间不详）；韩元象、韩元杰于建绍年间从河南颍川迁入太平州芜湖。

高宗绍兴十一年（1141）宋金和议以后，南方人口数量逐渐增多，经济开始恢复，其中，皖江地区开始有大批外来移民迁入。如绍兴中汪少卿知舒州（在今安徽潜山县北），"造瓦贷民以易苫盖，并给耕牛。江浙流民多至者"。徽州人民"比年（南宋淳熙前后）多徙舒、池（在今池州市境）、无为（在今无为县境）界中"。南宋端平二年（1235），蒙古军全面攻宋，淮南（此处所说的淮南地区，主要指今天安徽、江苏两省的淮河以南、长江以北地区，因位于长江和淮河之间，所以又被称为江淮地区）一带沦为战场，南宋政府下令江淮清野，淮南百姓为避难纷纷迁往长江以南。嘉熙元年（1237）"淮民避兵，扶老携幼渡江而南无虑数十百万"。此时，皖江地区的池州、宁国府出现不少淮民。

元统一南北以后，北方经济恢复较慢，人民负担沉重，加之自然灾害不断，黄河泛滥带来的灾害尤为严重，而此时南方受战争破坏较少，经济很快恢复并继续发展，生活水平上的差异使得不少北方人来到南方，并定居在南方。而此时的安徽政局较为稳定，经济也得到恢复和发展，因此在南方众多的栖居地中，流入安徽的北方人为数不少。史籍记载，延祐四年（1317），百姓因饥荒而迁移太平（今安徽当涂县）、宁国（今宣城市）等路，"千百成群"。

明代的移民运动主要发生于明朝初年，一般被称为"明初大移民"。关于明初大规模移民运动的社会背景，葛剑雄教授在《中国移民史》中认为，这并不能完全归结为元代末年的战乱，人口的恢复和发展是构成明初大移民的一个重要前提和背景。在明初大移民中，安徽省的长江两岸地区，包括安庆府（在今安庆市）、和州（在今和县）、池州府（在今池州市）和太平府（在今当涂县）是重要的移民输入地。根据《中国移民史》对潜山、怀宁、桐城等安庆府属县的36种族谱的研究结论可知，其中迁自江西瓦屑坝和鄱阳的家族有18个，占50%。作者以宿松县为例得出，在明代初年的宿松县，迁自江西的移民最多，占74.7%；来自安徽徽州和安徽其他地区的移民次之，占14.8%，余为零星迁入。与安庆隔江相对的池州府，在元代末年的战争中，破坏严重，"明初兵燹，逃亡殆尽"，池州府战后的人口补充也应当来自江西。"与安庆、池州两府相比，巢湖平原的移民来源更加分散，更加多样化。来自江西的移民仅占同时期移民氏族总数的四分之一；徽州移民与江西移民数量相当，甚至略有超过。其中来自宁国府的移民主要来自地处皖南山区北沿的泾县；来自南京近郊句容的移民异军突起，占同时期移民氏族总数的七分之一，在巢湖平原的移民中占有相当重要的地位"。

有清一代，安徽流民活动的高峰当出现在太平天国运动之后。安徽是太平军与清兵作战的主要战场之一，最初的战争在长江沿岸进行，包括安庆、池州、铜陵、芜湖等地，后来战事转移到巢湖平原，庐江成为战争的中心。安徽全省陷入这场大战乱中，时间长达11年。太平天国运动失败后，受战乱影响，安徽人口锐减，"在皖南，广德州战后土著不及1/10；南陵县土著死亡殆尽；当涂人口锐减8/10。在江淮之间，百姓不死即迁"。曾国藩当年的观察也说明了此种情况的存在："自池州以下，两岸难民，皆避居江心洲渚之上……壮者被掳，老幼相携，草根掘尽，则食其所亲之肉。风雨悲啼，死亡枕藉……徽、池、宁国等属，黄茅白骨，或竟日不逢一人"。人口锐减导致大量土地抛荒，时人指出："各省之中以皖南北荒田为最多，其他地方亦以皖南为最盛，如宁国、广德一府一州，不下数百万亩。"此时，政府的招徕政策使安徽地区的土地关系发生了较大变化，客民猛增，皖南地区尤为突出。以广德州为例，广德地处苏、浙、皖三省交界，战事尤其激烈，导致人口锐减，此外，战争引起的饥饿和瘟疫也导致人口锐减。光绪《广德州志》记载："自庚申二月贼窜州境，出没无时，居民遭荼，或被杀，或自殉，或被掳，以及饿殍疾病，死亡过半……其时尸骸枕藉，道路荆榛，几数十里无人烟。"太平天国战后，"江督曾侯出示招垦，于是楚、豫各邻省之民，络绎来归……不久，客民即为土民"。在客民中，"湖北人居其四，河南人居其三，江北人居其一，浙江人居其一，他省及土著共得其一"。除广德州外，"贵池客民占全县人口的70%，宣城更占90%"。贵池县，据20世纪30年代的调查，"贵池县以垦荒身份移入的农民，约占全县的70%，其中以桐城、庐江二籍为最多，约占全部移民的百分之八十，其余如怀宁、湖北各县者，亦均有之"。太平天国运动后宣城移民更多，"移入之外籍农民，估计约有百分之九十，其中以两湖籍占最多数，皖北次之"。客民虽然成分复杂，但大多数是无田贫民，通过垦荒，其中许多人成为自耕农，因此，太平天国运动之后，安徽地区曾一度出现自耕农陡增的现象。

历史上大量的移民来到皖江，与当地民众世代共处，融为一家，为皖江的经济社会发展做出了巨大贡献。如由于移民的集聚而产生城镇，以铜陵县大通镇的和悦洲为例，《光绪朝东华录》记载了和悦洲的来历："皖南池州府属铜陵县之大通镇，濒临大江、离城较远，向来设有巡检一员，并陆路把总一员驻于大通，自咸丰三年（1853）后，沿江被贼滋扰，以致该处市镇悉遭残毁，唯大通附近仅隔箭许之江面，旧有芦洲一片，地段较阔，四围皆水，俗称'荷叶洲'，所居洲户初不过土著寥寥数家，迨水师入江，先清江路，即就此洲屯割，以为水营，贼不致犯，于是四处商民纷纷避居于此，贸易其间，遂名之曰'和悦洲'，迄今十余年来，人烟稠密，瓦屋如鳞，已成皖境江面等一繁茂市镇。"外来人口也为皖江文化带来了新元素、新气象，对皖江地区的语言和风俗习惯都产生了影响，并成为皖江文化的重要组成部分，这些文化元素深深地蕴含在皖江人民历代生活的传统村落之中。

第二节 皖江传统村落建设

皖江地区地处北纬30度左右的亚热带季风性气候带上，光照充足，雨水充沛，物产丰饶，环境优美，最适宜人类休养生息。历史上众多移民迁居于此，耕耘于斯，繁衍生息。特别是明清以来，随着徽商经济的繁荣发展，皖江地区形成了一批独具特色的传统古村落。

一、传统村落形成与发展

人类对生存环境的选择与人类漫长的进化历程息息相关。依据出土文物、方志档案等资料，皖江地区传统村落发展可分萌发期、形成期、发展期与鼎盛期四个阶段。

远古时期是传统村落的萌发期。这一时期，古人类为了满足生存的需要，特意选择自然条件优越的洞穴作为栖身、聚集、繁衍生息的场所。繁昌县人字洞、和县龙潭洞、东至县华龙洞、巢湖银山等遗址考古发掘与调查证实，早在几十万年前或更早的旧石器时代，由于生产力水平低下，皖江地区先民选择在长江干支流附近、低山丘陵高埠、海拔高度或相对高度不大的洞穴生息居住，利用岩洞这一天然屏障，既抵挡风吹雨淋，避免烈日暴晒，御防山洪暴发、野兽侵袭等各种灾害侵害，又便于上山采摘果实、狩猎野兽，陆上采集植物、围猎动物，下水渔猎等，过着原始采集、狩猎、渔猎生活。

新石器时代至商周时期是皖江地区传统村落的形成期。随着人类利用和改造自然能力的不断提升，为适应地域生态环境，防范外部不可预见的侵袭与生存环境的突发变化，皖江地区先民选择远离深山、近于江河、高出平地的台地作为聚落场所，开始建设适宜的巢居等山地建筑，并磨制石器，制造陶器，刀耕火种，以水稻种植农业生产为主要经济形态，兼渔猎、采集活动。安庆市潜山县薛家岗、宿松县黄鳝嘴，池州市贵池区七星墩、东至县枣林湾，宣城市郎溪县欧墩、广德县下阳址，芜湖市繁昌县阮墩、南陵县牯牛山，马鞍山市雨山区烟墩山等一大批遗址是这一时期聚落的典型代表。

秦汉至唐宋时期是皖江地区传统村落快速发展期。先民们一方面不断寻求理想的生存环境，另一方面遵照对"天"自然崇拜与"天人合一"的观念，就地选取石、木、竹、土、砖等建筑材料，采取夯筑等技术，按照干栏式传统建筑模式，借鉴北方院落式民居样式，建造单层落地、庭院结合、中轴线对称布局的建筑居住。

明清时期是皖江地区传统村落的鼎盛时期。这一时期，随着人们生产水平的提高及生活目标的提升，特别是民间营造技艺大步提升，人们尊重当地人文习俗，借鉴吸收徽州程朱理学思想，皖江地区传统村落的发展极为鼎盛，形成后世冠以堪舆、地理、相宅、风水、阴阳等称呼的专门的知识体系。这一时期,一批批村落、大中型建筑勃然而起,商业市镇如雨后春笋般发展起来。宗祠、民居等传统建筑平面呈凹、口、H、日字型及自由型、复合型的多变形态,房屋二、三层梁架结构大量出现,选址讲究,选材考究,装饰雅致,徽派建筑文化、技术、艺术发展到高潮,不仅有明显的时代性,而且有显著的地方特色。"乡村如星列棋布,凡五里十里,遥望粉墙矗矗,鸳瓦鳞鳞,棹楔峥嵘,鸱吻耸拔,宛如城廓,殊足观也"。这正是当时皖江地区传统村落的真实写照,皖江地区现存数百处传统村落即为这一时期的建筑结晶。

二、传统村落选址与布局

据调查统计,皖江地区现存传统村落数百处,在已公布的国家级传统村落(已公布三批,安徽共111处)名单(截至2014年11月)中,皖江地区37个村落榜上有名,有85个村落被公布为省级传统村落(安徽省级传统村落228个),占安徽传统村落总数的三分之一以上。这些传统村落遍布风光旖旎、环境优美的地带,与地形地貌和山水巧妙结合,保存了古民居、祠堂、书院、牌坊、古道、古树名木等众多遗存,保留了民间技艺、民间习俗、宗教信仰、传统戏剧等众多非物质遗产,蕴含社会政治、区域经济、环境变迁、人口资源、风土民俗等许多历史文化信息。

皖江地区传统村落选址非常重视阴阳与风水。风水学家们概括出了一个适合人类居住的"风水宝地"的环境模式。这一宝地呈现一种背山面水、左右围护的理想格局,即村落建筑基地背后有座山"来龙",其北有连绵高山群峰为屏障,左右有低岭岗阜"青龙""白虎"环抱围护,前有池塘或河流宛转经过,水前有远山近丘朝岸对景呼应。皖江地区传统村落大多按照这种模式建设:宗族祠堂及活动中心等大型建筑处于村落核心地带,传统民居等其他建筑依附于大型建筑紧贴蜿蜒的清溪两侧呈带状分布,朝向大多坐北面南,粉墙黛瓦,飞檐戗角,雕梁画栋,石雕、木雕与砖雕"三雕"精雕细琢,徽派建筑艺术风格凸现。沿溪河岸铺就一条1.5米左右宽的青石板路,溪上架设石板桥或石拱桥。房屋后面为农田、菜地、山地。村口或水口处广植银杏、桂花、樟树等名贵树木,从村口进入村内,内部巷道错纵狭窄，给人古朴、沧桑之感。在清晨或雨后，整个村落就笼罩在薄雾之中，清风徐来，云雾缥缈，村落忽隐忽现，如同仙境一般。为寻求神灵呵护，彰显文风与财气，许多村落在村子的水口处修有文昌阁、文庙、关帝庙等建筑，这些是村落最华丽壮观的部分，代表着一个宗族的经济文化水平和伦理教化成就。

三、传统村落形态与功用

皖江地区传统村落形态按照形成与功用分类，主要有三种形式，即聚族而居、聚贾而居与聚尼而居。

1. 聚族而居

聚族而居是皖江地区传统村落的主要表现形式。随着全国经济中心的南移以及战争等社会动荡不安因素的影响，自唐末至明初，先后有张、章、刘、姚、汪、戴、郑等诸多姓氏，自江西赣州、饶州及本省徽州、宣州及等地迁入皖江地区。他们聚族而居，少有异姓掺杂，迄今依旧。池州市贵池区姚、刘二姓的繁衍最为繁盛。据谱牒记载，迁居贵池的姚姓共有三支，分别于唐末乾符年间、北宋靖康之变和南宋末年，自徽州和赣州迁入。迁入的这三支因同姓而合谱，历经元明至清初，姚姓一族不断繁衍壮大，形成山里、山外、上宋村、下宋村、庄村、荡里、南边、西华、殷村、茅坦、楼华、马家坦、古水洞等十三个自然村落，俗称"十三姚"，前国务院副总理姚依林的祖居地即山里姚村。刘姓一族于元末自江西吉安迁至贵池县元二保（今池州市贵池区梅街镇刘街村）南山，至清中叶形成南山上村、南山下村、汤村、中庄岭、观音阁、奄门、栗山畈、凤岭、前山等九个沿白洋河分布的自然村落，俗称"九刘"，晚清名宦刘瑞芬即出自南山上村。明清至民国时期，这些姓氏都组成了典型的族各有祠、支派分明的宗族社会。而这些姓氏村落建设有水溪、古树、湿地、灌木丛，设置村口、水口，铺就石板路主道、鹅卵石巷道，蜿蜒曲折，小街小巷高低错落，水口非常精致，小桥流水，宗族祠堂静谧而又亲切，传统徽派民居建筑与水圳相伴，最具原生态的村落环境风景宜人、引人入胜。

（1）蔡畈古村 蔡畈古村位于安庆市太湖县汤泉乡（因汤水湾温泉而设

乡）金鹰村，地处大别山区，濒临花亭湖，分别与潜山县、岳西县相邻，自然环境优美，水力资源丰富。

蔡畈古村三面环山，一条小溪绕村而过，现有居民近100户，以殷姓为主。古建筑多为民居，大小房屋650余间，建筑面积约14600平米，其中代表性建筑有上堂厅、中堂厅、下堂厅、呈禧公屋、维甲公屋、浴春公屋、殷赟公屋与殷氏宗祠8处，均系清代建筑。主体建筑坐西北朝东南，分普通民居、堂心、祠堂三个等次。普通民居均系两层砖墙维护的土木结构，内外装饰较简单，坎上坎下民居连成一个

蔡畈古村传统民居

统一的整体，户户有弄道相连，一条用青石垒岸的溪水围绕着民居。堂心和祠堂系青砖小瓦马头墙，外观古朴典雅，内部结构立柱穿枋，立柱、大梁、驮梁为当地自然生长材质坚硬防腐性强的槠树。堂心和祠堂这些徽派艺术建筑与古老的普通民居共同构成蔡家畈古民居建筑群，保留了许多具有丰富文化内涵的雕刻、楹联、匾额，其建筑规模和体量宏大，徽派建筑风格显明，具有极高的文物价值和历史研究价值。蔡家畈古建筑群于2009年、2012年先后被公布为县级文物保护单位、省级文物保护单位。

（2）龙潭古寨　龙潭古寨地处安庆市太湖县汤泉乡东北边陲，东与潜山县相连，北靠岳西山水，南与本县寺前镇接壤，西邻本乡朱湾村，是典型的大别山区，距花亭湖风景区17公里、天柱山风景区40公里、赤百公路6公里。

古寨地形呈长方形，四面雄山环抱，地势较高。人口300余人，社会经济以农业、林业和多经为主。一条约3000米长的溪流从村寨中东西向川流而过，村寨建造在河流两岸平地稀少的山脚下，以两条沿溪的不规则的步道

路为寨内交通的主要骨架,构成以东西向延伸为主的村落道路系统,大部分巷道均以青石条或青石板铺就。寨中古建筑多为木结构、砖墙维护、木雕、石雕、砖雕丰富多彩,寨内河道建有五座石桥。巷道和建筑的设计布局协调古朴,村寨层楼叠院与溪水和山色交辉相映,再加上村中的参天古树,处处是景,步步入画。

龙潭古寨

龙潭古寨既有瑰丽多姿、美不胜收的自然风光,又有绚丽多彩令人神往的大别山山寨风情;亦有源远流长、奥妙无穷的风水文化,这里集青山绿水、幽谷曲径、飞泉翠竹于一体,融良田美景、乡村风情、传统文化为一体,自然旅游资源、社会旅游资源与人文旅游资源相得益彰。

(3)南溪古寨 南溪古寨,又称金家村,位于池州市东至县花园里乡南溪村境内的一个深山峡谷中,距东至县城34公里,大山深处生活着800多户神秘的匈奴部门族后裔。村后有九条山脉俯冲而下,蜿蜒到村口,盘成三个圆丘,形似九龙戏三珠。村口的千年古樟下,有三座单孔石拱小桥,古朴典雅,被村民称作"进村三把锁"。

南溪是一座历史悠久的古老村寨。《金氏宗谱》记载,公元前121年,其祖金日磾为驻牧武威的匈奴休屠王太子,随匈奴王浑邪归汉,武帝授以马监侍郎,并赐名金姓。唐朝末年,金氏祖先金侨公为避黄巢战乱,从徽州黄灯迁到南溪,率族人在此安居,至今已有1130多年,传世60多代。明清时期,村内有1000多户、4000多人,99口古井,99条街道均以青石铺就,房屋大多为民居,粉墙灰瓦马头墙,徽派建筑格式明显,只有建于元代的一幢碉楼,仍然保留着些许匈奴民族的印记。这幢碉楼墙壁之间的夹角只有60度,形同利剑的锋刃,墙身厚实,门窗窄小,洞眼里似乎随时都会有利箭射出。碉楼如今已经废弃不用,只有屋檐上飞鹰般的瓦片,仍在默默诉说着金氏族人的往事。建于明代的大成祠是金氏宗祠,门楣高大,山墙耸立,占地面积1200平方米,共前后三进。祠堂内有99根柱子落地,宏伟庄严。该宗祠布局严谨,穿斗架构,梁枋、卷棚、雀替、磉墩用材考究,细部雕刻玲珑剔透,整体构架气势恢宏,是皖南古民居的建筑杰作。明清时期,金氏是当地的名门望族,在朝廷当官者为数不少。古代的石碾、石磨至今仍在使用,成套老家谱完好无损,许多老人还保留着古代的生活习性。

(4)石门高村 石门高村,石门高村因"山为城,石为门"的古老传说而得名,位于池州市贵池区棠溪镇石门村,地处贵池、青阳、石台、九华山的交界处,距池城45公里,是通过白沙岭石板古徽道到九华山的要冲。

石门高村是一座延续明清建筑风格、有着上千年历史的古村落,山清水美,四周青山环抱,一泓清泉从东南高山潺潺流下,绕过一片良田,至石门流入秋浦河。古村落整体风貌保存完整,徽派建筑风格鲜见,文化底蕴丰厚,现有高氏宗祠、桃花坞、八卦墓等古建筑约180幢,其中有保护价值的共17处,已列为文物保护单位的有两处。境内还有平天河、滴水崖、省级老山自然保护区等自然景观和人文景观,特别是李白改九子山为九华山的名句"妙有分二气,灵山开九华",描写的就是石门高村桃花坞。相传,九华山的金地藏曾到过石门,称之为"仙山仙水仙世界"。

石门高村

（5）渚湖姜村　渚湖姜村位于池州市贵池区墩上街道罗城村，西南靠义湖山，东北连船峰山，与九华佛国一脉相连，童溪河发源于此，穿村而过，构成"山—水—村—居"的滨水景观特色。这里光照充足，雨量充沛，四季分明，植被良好，主要有松、樟、杉、枫树、毛竹等，自然风光秀美。

渚湖村民多姜姓，俗称"十里长姜"，明洪武二年（1369）姜氏太祖均道携妻室，从青阳县土桥镇迁居渚湖建业，迄今已有650多年的历史，姜姓成为贵池"李姜杜章"四大姓之一。渚湖村民与大自然对话，与天籁共鸣，孕育出一朵美丽的文艺奇葩——罗城民歌，著名民歌手姜秀珍将山歌一直唱到北京，唱进中南海，罗城民歌享誉海内外；还有戏曲活化石——傩戏，即孔子所指的"乡人傩"等，民俗文化深厚；村落现保存有明代"翠宝桥""继翁桥""迎璋桥""怀亲桥"四座古桥，有沿童溪河两岸1200多米以花岗岩铺就的合面街，有"金公避兵处"摩崖石刻、太平天国义军营地遗址、贞节牌坊、姜百担老屋及城墙遗址，以及明清时期古民居28幢，物质遗存厚重。

渚湖姜村继翁桥

（6）老田吴村　老田吴村位于九华山柯村九华河畔，是江南有名的千年古村。《吴氏宗谱》载，吴氏始祖吴栋材系河南桐柏嘉兴人，西汉元康年间官封元顺太守，后弃官隐居陵阳县九子山，繁衍生息，至唐代已成一大旺族，素称"老田吴家"。相传唐天宝年间，诗仙李白应青阳县令韦仲堪之邀

老田吴村九华行祠石壁庙

途经此地，赞曰："洪荒既已判，江天今已图，未有九华图，先有老田吴。"新罗僧地藏于至德年间上九华山时曾落脚于老田吴村，受到族人款待，并受指引上山修行。老田吴村群峰环抱，玉带河绕村而过，小桥流水，名贤辈出，同时也遗留了众多文物古迹：现存古祠堂3座（部分损坏），古民居数十幢，牌坊3座，始建于汉重修于宋代的新城旧第石坊、明末吴文梓故宅门坊、清康熙吴襄居宅门坊等石门坊4座，始修于宋的玉带桥，宋代"云溪书院"遗址，相传为唐金乔觉落脚之处的九华行祠石壁庙，还有古里弄、古井、古店铺及珍藏于吴氏族人家中的古书、古谱、金石古刻、名人遗墨、古家具等大量文物。

（7）严家古村　严家古村位于石台县城南20公里处大演乡，是皖南牯牛降山下的一个传统村落，沿村子往山里走不远，便就是牯牛降山的主峰。

严家古村较小，就三十来户人家，仅百余人口，但建村历史久远，东汉著名隐士严子陵曾隐居于此，严家村民百分之九十姓严，均系子陵后裔。早在明末清初，村里人就追随同乡吴应箕（字次尾）进行抗清活动，顺治二年（1645）村里壮丁五十余人集体参加义军，阻击渡江南下的清军，终因寡不敌众而败退到村里一处名为乌鸦岭的山上，最终全军覆没。在新民主主义革命时期，红军在这里设过兵工厂。如今离村口不远的金竹洞内还残留

着锻打兵器的铁渣、铁片。抗日战争爆发后,北上抗日先遣队在此驻扎过,播下了革命的火种,先后有数十人参加了各种抗日组织,掩护、帮助抗日部队,人口不足百人的小村,有7人被追认为烈士。如今村头老屋墙上,保存有"抗日战争""土改""大跃进""文革"等各个时期留下的标语,如"打倒国民匪党消灭保甲制度""红军北上抗日先遣队""工业方面赶上或超过英国"等。

古村环境幽静,村口古树参差,绿荫蔽日;村前小溪潺潺,清澈见底;建筑错落有致,以民居为主,粉墙黛瓦,几条青石小巷干干净净,把家家户户串在一起。

(8)所村　所村位于青阳县陵阳镇南阳湾行四千米处,西接石台牯牛降风景区,北靠九华山,南临太平湖,是前往"两山一湖"(黄山、九华山和太平湖)的必经之路。

《陈氏宗谱》记载,所村村落形成于西汉武帝元封年间。其时设陵阳县,下隶二十一图,所村时名淳市图。三国吴太元元年(251),改陵阳为临城,下隶二十八里,所村时名清化里。唐天宝元年(742),洪州都督请改县名为"青阳",变陵阳县为陵阳乡,所村名为陈家村。直到宋哲宗时,才改

所村太平山房

称所村,沿袭至今。所村在先前800年间四易其名,及至唐代,陈姓在该村繁衍发展为大姓旺族,延续了千余年。

所村村落依山傍河,前有翠屏山峦,西靠金霞山体,村南小溪流淌。旧时,村庄内有九井十三塘,以陈氏家族为主,聚族而居,规模宏大,建筑密集。但由于清末太平天国起义军的破坏和日本侵华战争的摧残,村庄遭到极大破坏。现存一座保存完好的国家级文物——陈氏宗祠"太平山房"和30多栋徽派古民居,为所村留下了难得的古文化底蕴。其中,太平山房于1985年被安徽省政府认定为重点文物保护单位,2012年3月被国务院批准为国家级文物保护单位。

(9)查济古村 查济古村位于宣城市泾县桃花潭镇,地处泾县、太平、青阳三县交界处,离诗仙李白笔下的"桃花潭"不足20公里。

查济古村历史悠久,始建于唐武德八年(625),迄今已1390多年。查济族群庞大,支系繁多,人丁兴旺,明清时期达十万之众,人才辈出,一门六进士、三进士、兄弟进士、文武进士、文武举人一浪接着一浪,翰林、京官、封疆大员、知府、知州、知县等官职不绝于政坛。据统计,明清两朝,查济七品以上的官宦就达一百二十九人。古村沿岑溪、许溪、石溪而建,环村四门三塔,三水流中,意境仿佛山水画般。溪水两岸及巷陌皆用石板铺砌,曲折迂回,绵延数里。正街以外,宅第散布,高低起伏,疏朗有致,呈现出一派天然淳朴的田园景色,旧诗有云"十里查村九里烟,三溪汇流万户间。祠庙亭台塔影下,小桥流水杏花天"。

查济古村古建筑群坐落于三溪两岸,从元至清有200多处,门类众多,有村门、宝塔、牌坊、庙宇、社坛、祠堂、古桥、民居、古井等,众多明清建筑雕梁画栋,翘角飞檐,其中德公厅屋、诵清堂、爱日堂等住宅更是高大宏伟、结构精致。德公厅屋四柱三层牌坊式门楼,五朵斗拱屋面,略带翘角分三层覆盖门楼,古朴典雅、雄浑大方。背面以镂雕手法雕出二龙戏珠、丹凤朝阳、鱼跃龙门、狮子滚绣球等吉祥图案,手法娴熟精美。门窗扇格的木雕、厅堂柱础的石雕、门楼门汇的砖雕,均繁刻精镂,玲珑剔透、画面各异,或花鸟、或禽兽、或人物,无不栩栩如生;房屋结构为多进式,或三进、或四进,进间有"四水到堂"式的天井,沿天井二楼廊廊置有"美人靠";条石砌就墙基，柱基为圆形雕石，墙体青砖、屋上黑瓦。传统的双披屋顶半掩半露，躲在重重叠叠的山墙后面。高出屋顶的山墙既可阻止火势蔓延，又具防盗作用。山墙造型丰富，有云形、弓状、阶梯式等，墙头呈翘首长空的马头状。民居的分布巧妙地运用中国古典园林艺术的借景、对景等手法，形成"门外青山如屋里，东家流水入西邻"的"天人合一"的格局。

查济古村

（10）黄田古村　黄田古村位于宣城市泾县榔桥镇东南部、黄子山西麓，四周群山环抱，镶嵌在青山绿水之中。黄田古村始建于北宋嘉祐年间，距今已有近千年的历史。这里历代文风昌盛，人才辈出。有乾隆年间的贵州巡抚朱理，嘉庆年间的翰林院侍讲国史馆总纂朱珔，近代的民族实业家朱鸿度、朱幼父子，当代的著名交响乐作曲家朱践耳，中国工程院院士、核物理学家朱永睿等。黄田朱氏家族与理学家朱熹同宗共祖，并以儒商并重而鼎盛于清朝。

黄田村形似船形，东依黄子山，南临凤子河，立脚于河之北、山之南，取背山面水，负阴抱阳之势，按《周易》阴阳、五行等学说，将"依山造屋，傍水结村""天人合一"的理念表现得淋漓尽致。村中共有古建筑56处，单体建筑 135 栋，总建筑面积 33058 平方米。村中河岸和道路均以石块砌筑，河上架设石桥十余座。村中巷道平直，明沟暗渠相连，活水穿村西流，排水通畅。建筑以家庙、住宅和书院、书舍为主，建筑上饰以木雕、石雕和砖雕，题材丰富，雕刻精美。主要建筑有洋船屋（笃诚堂）、思慎堂、聚星堂、旗峰公家庙、敬修堂、崇德堂、思永堂等。

黄田古村

以"洋船屋"为代表的黄田古民居建筑群是物化了的古代哲学思想，是建筑美学的结晶，有着较高的历史价值、科学价值和独特的艺术价值。2005 年其被安徽省批准为省级重点文物保护单位，2006 年被国务院批准为全国第六批重点文物保护单位。

（11）江村　江村位于宣城市旌德县白地镇，地处黄山北麓，距离世界自然文化遗产——黄山风景区 30 公里，是江泽民同志的祖居地。

江村枕山环水，前有山峰耸然矗立，后有幽谷深藏，金鳌雄居其中，狮山、象山卧居江村村口左右。村中龙溪、凤溪环绕，汇锁村口聚秀湖。村口聚秀湖周旁古庙宝塔，诗碑堤栏，垂柳秀荷，相映成画。

江村始建于隋末唐初，明清时代渐入鼎盛。村中的乡土建筑是一个完整的系统，它由交通建筑、居住建筑、慈善建筑、文教建筑、崇祀建筑、宗教建筑等许多系统组成，有散落的石板、路亭、古道、老墙，有四水归堂并雕梁画栋的民居，有水口、水系；庙宇、古塔、书屋、义塾，有祠堂、族谱、牌坊、祖坟等。村中最多时建有八座宗祠，巍峨壮观；老街牌坊接踵林立，岿然雄踞；二十四天井古民居布局严谨，气势恢宏；数十亩之广的聚秀湖汇聚金鳌山飞流直下的双溪之秀。历经千年沧桑，现在江村境内牌坊、老街、宗祠、民居风韵依旧，父子进士坊、溥公祠等先后被列为省级、全国重点文物保护单位。周围"黄峰晓日""天都耸翠""箸岭晴雪""狮山著雨""羊冈夕照"，景色旖旎，如诗如画。可谓"进村有故事，入目皆文章。"

江村历来"重诗书，勤课诵，多延名师以训子弟"。据记载，咸丰初年江村人丁达八万余口，号称"小杭州"，共有书屋9所。厚积的历史文化使江村英才辈出：唐侍御史江全铭、明顺天府推官江中文、明湖广分巡江廷寄、明护理南河总督清河道江瀚、二品顶戴翰林院编修江树昀、内阁学士兼礼部侍郎二品戴江麟瑞。明清时期，江氏族人考取进士，文、武举人达126人，民国初又出博士、学士17人。清代医学家"人痘接种法"发明者江希舜，清代翰林院编修、书法家江志伊，中国社会党领袖江绍铨，《语丝》发起人、民俗学家江绍原，著名数学家江泽涵，胡适夫人江冬秀，民国代总理江朝宗，民国安徽省长江绍杰、民国海军将领江泽澍等明珠璀璨，"父子进士""兄弟博士"等佳话更是世代传诵。

江村聚秀湖

（12）龙潭肖村　龙潭肖村位于皖江南畔的铜陵市铜陵县钟鸣镇，东南与芜湖、繁昌、南陵交界，北面与无为县隔江相望。该村地处大山深处，四周树林繁茂，云雾缭绕，自然环境优美。

龙潭肖村

龙潭肖村建村历史久远。《铜陵县志》及龙潭《肖氏宗谱》记载,明宪宗年间,一位名叫肖鼎戴的年轻人带着新婚妻子因避水灾而从江西吉水地区逃荒至龙潭,发现此地山清水秀,土地肥沃,便搭棚置业,耕种劳作,繁衍生息,逐渐形成有两百余户近千人的村落。1938年12月,新四军第三支队副司令员谭震林率军进驻铜陵,其中的第五团团部就曾进驻龙潭肖村。

龙潭肖村背靠大山,围绕龙潭而建,村前有条小溪与龙潭相连,环村而绕。古民居、石板路、大古树分布其间,目前尚存有七八座古建筑,多以民宅为主,其中保存最好、年代最久的一幢,是始建于清乾隆年间的四水归堂式民居,青砖黛瓦,马头墙,雕梁画栋,一派徽派建筑风格。

(13)洪家疃 洪家疃是安徽省中南部的一个古村落,地处巢湖市黄麓镇,坐落于秀丽的西黄山南麓,隔西黄山与巢湖市烔炀镇以及肥东县长临河镇接壤,张治中故居及其创办的黄麓师范学校、黄麓学校都在这里。

洪家疃古村落的前身是一座水坝,它始建于明代初年的大移民时期。宋元战争之后,江淮地区一片荒芜,原来富饶的土地和村庄成为荒场,巢湖岸边也是野草丛生。在这种情况下,明政府下令从江南迁移了很多老百姓来到巢湖岸边。其中最著名的就是来自江西的"瓦屑坝"移民者和从皖南迁移来的徽州家族。"瓦屑坝",巢湖地区又称"瓦家坝""瓦砾坝",它在江西的莲湖边,早期是一个的港口。

时过境迁,今天在洪家疃村,还能看到古老的水坝和参天的古木。村庄还保留有明清时期的古建筑多处,甚至连祠堂也躲过了"文革"的破坏,成为巢湖宝贵的文化遗产。2013年,洪家疃开始美好乡村建设,作为安徽省美好乡村建设首批示范村，村容村貌得到较好的治理，众多文物得到立碑维护。通过美好乡村建设的实施，巢湖市政府正着力将这个古村落打造成一个文化旅游名村。2014年底，洪家疃入

洪家疃张治中故居

选了第三批《中国传统村落名录》，并升级为中国特色景观旅游名村。

2. 聚贾而居

聚贾而居是皖江地区传统村落另一表现形式。皖江地区自古崇尚"以商重文，以文入仕，以仕保商"的儒家文化理念。特别是明清时期，随着徽商经济的繁荣发展，皖江地区先辈依托丰富的自然资源开展各类商贾活动，主要经营山货、木材、茶叶、棉布、食盐、烟酒、文房四宝等众多商品，一批村落因此逐渐发展壮大，贵池殷家汇、青阳陵阳、芜湖黄池、宣城弋江等地不断发展成为集镇，时称"无徽不成商，无商不成镇"。这些传统村落大多地处徽池两地通往杭州、饶州、衢州等地或通往周边县城的交通要道上，传统建筑沿着石板道呈带状分布，道路两侧设置店铺，均为前店后坊式。建设风格整体统一，黑瓦白墙，高墙封闭，马头翘角，外观错落有致，色彩典雅大方。

（1）高路亭村　高路亭村位于石台县七都镇东部，徽宁通衢经过此地。村落始建于唐代，明成化年间这里兴建了一座灵光寺和一座凉亭，因凉亭位于大道上，故称"高路亭"。古村多系李氏族人聚居，现有李姓60多户300多人。几百年来，村民以制售酒曲为生，至清康熙年间，酒曲远销东南亚等地，已成为全国闻名的酒曲生产村，高峰时曾有30多家店面制售酒曲，生

意红火,高路亭酒曲享誉盛名。其他的还有布坊、茶坊、油坊和豆腐坊等。

商业的发达,经济的积累,促使高路亭村村民大兴土木,兴建祠堂、宅院,曾有"堂屋二十七、庭院七十二"的辉煌。村落街巷由青石板铺就,两侧多为前店后坊式商铺,店面屋檐向外延伸,鳞次栉比。现存乾坤里等古民居10多处,乾坤里的主人李仰之系乾泰酒曲创始人,"乾坤"与"里"合用,有包容天下的含义。乾坤里是一座宅院前门楼,从大门楼进,前面是店铺,用以出售酒曲,左侧是街巷,通往作坊,过中门进堂屋和厢房。其他商铺结构雷同。整个古村落建筑布局与环境统一,青瓦白壁马头墙,四水归堂的天井设置,参差错落的山墙造型,古色古香的门楼门楣,巧夺天工的木雕石刻,展现出皖南徽派建筑鲜明的特色。

高路亭村乾坤里

(2)西河古村 西河古村位于芜湖市芜湖县南部红杨镇,距离县城湾沚12公里,青弋江由南向北贯穿而过,地处宣城、南陵、芜湖三地交界处,东与芜湖县湾沚镇相接,南与宣城市寒亭镇、文昌镇及南陵县弋江镇脊水相连,北与芜湖县湾沚镇、陶辛镇为邻,西与南陵县许镇、弋江镇隔河相望。

西河古镇原为宣城属地,建镇时间久远,相传有 600 多年的历史。《宣城古今》载:"民国二十年(1931),定为建制镇,民国三十八年(1949)冠以标准集镇。属宣城县七大集镇之一"。新中国成立后,多次定位建制镇,1971 年西河划属芜湖县。

因地处青弋江畔,西河自古系青弋江水运商贸的集散地。明中期开始,西河成为皖南太平(今黄山市黄山区)、旌德、泾县等地客商到芜湖经商的必经之地,来自上游山区的竹木材炭和下游水乡的柴米油盐都在这里进行交易,往来船只常泊于此歇宿,商贸服务业盛极一时。街道两边当地富豪的宅院深深,店铺林立,一片繁荣景象,至清中期,一度成为宁国府宣城县西乡要镇。西河老街是古镇保存下来的精华部分,系一条河堤高街,建造在一条长堤顶部的两侧,分为上街头和下街头两个部分,全长 1200 米。在青弋江水库(现称太平湖)没有建造之前,西河老街经常遭受水患之苦。于是每遇洪水泛滥,就对河堤进行一次加固,街心的河堤因此不断筑高。连年筑堤防汛,街面一直在增高,使得两边的房屋和店铺略低于现在的街面。现在看到的老街要高出两边的房屋地基 1.5 米,人走在街上,脚下几乎与两侧房屋的二楼平齐。街道由青石板铺就,房屋为传统的徽派建筑,翘角飞

西河古村远眺

檐,灰墙黑瓦,斑驳陆离。老街两头是高高的河堤,两边有多条小巷通入地下的河边埠头,一边是宽阔的江面,一边是广袤的水乡风光,格局独特,漫步其中,心醉神迷。

(3)杏花村 杏花村位于池州城秀山门外里许处,人谓"秀山门外杏花村"。唐永泰元年(765),池州府治自石城(今贵池殷汇镇石城村)迁至贵口(今池州市城内),杏花村逐渐成为池州府西出外埠的必经之地,设置于村内的十里铺为池州古驿道的重要一站。杏花村东抵池州城西门,南至平天湖,西临杜湖,北达钵顶山,横贯五公里,遍植杏花,有"十里杏花村"之誉。

唐杜牧于会昌年间任池州刺史时曾作《清明》诗,中有"借问酒家何处有,牧童遥指杏花村"句,杏花村遂饮誉天下。村中黄公酒垆香泉井浚于唐,圆形井圈栏刻"黄公清泉"四字,明嘉靖年间知府张邦教建亭立碑,明天启太守顾元镜作坊树亭,清雍正知府李暲建亭筑肪斋,抗日战争时期,亭坊多被毁,仅存古井。沿村中小道停憩秋浦亭,向东北经乾明寺,达钵顶山演武场,向西北过西湖桥,穿青宫遗爱坊,达杜坞山西庙。村东湖山,有社稷坛、焕园、杏花村坊、关圣殿、秀山旧址、宋贡院废址、郎氏(郎遂)祖墓、郎氏墓等古迹。自唐以降,杏花村昌盛繁荣,亭台楼榭,茅屋酒帘,十里杏花,灿若红霞。杏花村山清水秀,景色宜人,历代名人游历不绝,歌咏诗赋众多,清郎遂编撰《杏花村志》,绘制"黄公酒垆""昭明书院""杜坞渔歌"等杏村十二景,"杏村酒肆""西庙霜枫""杜坞渔歌"被誉为贵池古十景,杏花村以"天下第一诗村"声名远扬。如今,杏花村依托丰厚的文化资源,

杏花村

围绕名人、名诗、名村,在古杏花村的基础上,按照"一山""一园""一村"的传统村落格局,相继恢复建造了桥梁、牌坊、画舫、亭台轩榭等建筑,重建了茶田麦浪、梅洲晓雪等景点,精心营造了杏花村景观大道、秋浦河风光带和杏花溪观光带,建成了环境优美、功能齐全、景致独特的以及将民俗体验区、田园观光区和山水度假区融为一体的杏花村文化旅游区。

杏花村既是农耕文化的结晶,又是商贾经济发展的产物,是城市建设与乡村发展的结合体,已成为现代城市不可或缺的有机组成部分。

3. 聚尼而居

聚尼而居是皖江地区传统村落特有的文化现象,池州市九华山闵园村的尼庵群落是其中的典型代表。

闵园村位于国家级风景名山九华山天台峰与插霄峰之间的涧谷地带,掩映于竹海松涛之中,龙溪河萦绕而过,青山环抱,环境清幽。在地藏菩萨"众生度尽方证菩提,地狱未空誓不成佛"大愿精神的感召下,唐代以降,众多信士仁人纷纷朝山,其中来自全国各地的一些女性香客、信徒,清代初期开始集中于此,采取一户一庵形式,兴建尼庵,修持养心,顶礼膜拜,过着半农半禅的生活,民国时期达到鼎盛。尼庵群落现有接引庵、莲花庵、香山茅蓬、光明茅蓬、观音峰下院、慧居寺下院、祇园精舍、慈佛精舍及华严洞等30多座尼庵,全部为木结构徽派民居式建筑,与当地民居建筑风格雷同。这些庵堂名称互不相同,无论大小,建筑多为一二进,单门独院,庙舍合一,褐瓦白墙或黄墙,小外窗,马头墙。尼庵、佛堂、居室同在一屋檐下,修行与生活融于一处。每座尼庵一般有师徒两人,庵内有花房或菜畦,早晚诵经礼佛,间或种菜摘茶,农禅并重,和谐自然,生活恬适。九华山

九华山闵园尼庵群落

尼庵群数量众多，布局紧凑，错落有致，特色鲜明。"曲径通幽处，禅房花木深"，比丘尼集中群居形成的独特的文化现象，有着丰富的文化底蕴、人文精神和佛教特色。

四、传统村落建设理念与要点

在"天人合一"理念的影响下，皖江地区传统村落适应亚热带季风气候，尊重儒家传统文化，按照中国南方建筑风格，将自然与人文紧密联系起来。尤其是因"人杰"而感"地灵"，将人才辈出与山川秀丽联系起来，"兴云沛雨，万物育焉""毓秀钟英，贤哲出焉"，将古代地理学的"景观"上升为"形胜"，"据其形，得其胜，斯为形胜"。再把山川景物与天上的星宿关联在一起，融入了自然地理、人文地理的大量内涵，因地制宜，人性化布局，精心营造。村落建设整体思维模式核心要点主要表现在以下几个方面：

一是近水利而避水患，即接近水源但地势要高于洪水位。接近水源，一方面是为满足生活、生产用水的需要；另一方面，一旦发生火灾可取用之灭火。为防水患，除地势要高之外林建还要求选择在河岸凸起段，即古代称为"腰带水"的沉积区，这不仅避开了河水冲刷，而且还因沉积缘故使村址逐年扩展，可耕之地与可居之地增多。

二是防卫性能好。村落入口处左右两山把峙，一条小道通入村中，颇有"一夫当关，万夫莫开"之势。

三是注重小气候。相地选址实质是选择最佳小环境的过程，江南村落常常选择在冬季西北寒风小，夏季有山谷风，冬季日照多，夏季较凉爽的环境下建造，因而北与西以山为屏障，南与东为开阔地的地方常能被选中。

四是关注社会环境的选择。有良好的社会环境主体，即对生活其中的人群有一定期待。虽然山川景观与人文景观相关联，但毕竟不是即刻的因果对应，因而邻里关系显得相当重要。先贤分析南京时曾说："然自越以来千七百年山川不改，城廓屡更，人因地乎？地因人乎？晋周公定都洛邑，曰有德者易以兴，岂专恃乎山川哉？"这句话阐明了"人和"重于"地利"的观点。

五、传统村落建筑遗存与特色

皖江地区传统村落除山川、水口、村口、主街或水街、巷道或火巷等组成部分外,其传统建筑物质形式和外在体现主要反映在宅居、祠堂、牌坊、书院、戏楼、桥亭、门楼、天井及照壁等徽派传统建筑中。这些建筑多以砖、木、石为材料,以木构架为主,梁架木料硕大,且注重装饰,广泛采用砖、木、石三雕技艺。房屋多尖顶,便于排出雨水,房屋坐向朝南或东南,有利采集阳光;以木梁承重,以砖、石、土砌护墙;以堂屋为中心,以雕梁画栋和装饰屋顶、檐口见长。传统建筑集山川风景之灵气,融民间风俗之精华,风格独特,结构严谨,具有鲜明的地域特色。其主要表现在以下几方面:

一是尊重自然山水大环境,对村落选址地形、地貌、水流风向等因素都有周到的考虑,依山傍水,环境优美,布局合理,建筑融于山水之间。

二是富于美感的外观整体性。传统建筑的外观群房一体,整体性和美感很强,四周用高墙围起,谓之"封火墙",马头翘角,黑瓦白墙,墙面和马头错落有致,青山、绿水、白墙、黛瓦,色彩典雅大方,质朴中透出清秀。

三是灵活的多进院落式布局。皖江地区宅居多为多进院落式集居形式,建筑平面以天井为中心围合的院落,以三合院式为多,一般坐南朝北,倚山面水。布局以中轴线对称分列,面阔三间,中为厅堂,两侧为室,厅堂前方称天井,采光通风,院落相套,造就出纵深自足型家族生存空间,地形利用灵活,富有韵律感。

四是精美的细部装饰。皖江地区传统建筑"三雕"(砖雕、石雕、木雕)徽文化艺术突现,砖雕门罩、石雕漏窗、木雕楹柱与建筑物融为一体,令人叹为观止。如格窗,古民居沿天井一周回廊设置木格窗,间隔空间,有采光、通风、防尘、保温等功能,形式有方形、圆形、字形、什锦等;建筑构件装饰图案多采用暗喻和谐音的方式,表现"平安如意""福寿双全""四季平安""五谷丰登""福禄寿""连升三级""马上封侯"等吉祥寓意,使建筑精美如诗。

总之,皖江地区传统村落是在特定的地形、气候条件区域内,受当地政治、经济、人文等因素的综合影响,为适应地域生态环境,尊重儒家程朱理学思想,采以适宜的构造技术,尤其是随民间营造技术的不断提高,最终形成的成熟而特色鲜明的聚落形态。皖江地区传统村落是皖南古村落的重要组成部分，是我国数千年农耕文化的结晶，不仅完整地保存了传统村落聚居全貌、街道结构、建筑法式、人工水系、雕刻精品以及各种名树名木等物质文化遗产，而且真实地蕴含着敦厚朴实的乡土民情，丰富多彩的民风习俗、节日仪典、民间信仰、传统技艺等非物质文化遗产。村内鳞次栉比的层楼叠院、错落有致的宅居与旖旎的湖光山色交相辉映，动静相宜，空灵蕴藉，真正达到了人与自然的和谐统一，是地域文化的综合体现，是中国聚落的典型代表，具有较高的历史价值、艺术价值、科学价值和经济价值。

第三节 底蕴深厚的村落民俗文化

民俗既是社会意识形态之一，又是一种历史悠久的文化遗产。它是村落文化的灵魂。早在《汉书·王吉传》一书中就有"百里不同风，千里不同俗"的记载。《礼记·王制》云："岁二月，东巡守。至于岱宗，柴而望祀山川。觐诸侯，问百年者就见之。命太师陈诗，以观民风。"这里说的王者巡守之礼，就是国君深入民间，对乡村社会的民情风俗进行一番调查研究。太师是掌管音乐及负责搜集民间歌谣的官吏，他把民间传承的民歌（国风）搜集呈递给国君。国君通过这些民歌，"观风俗，知得失"，制定或调整国家的方针政策。2012年4月16日，住房和城乡建设部、文化部、国家文物局、财政部印发的《关于开展传统村落调查的通知》中明确提出："传统村落是指村落形成较早，拥有较丰富的传统资源，具有一定历史、文化、科学、艺术、社会、经济价值，应予以保护的村落。"其中对传统村落的文化内涵做了明确界定，主要体现在三个方面：一是现存传统建筑风貌完整，二是村落选址和格局保持传统特色，三是非物质文化遗产活态传承。非物质文化遗产的活态传承是传统村落文化内涵中的一项重要体现,指村落依然保持着传统的富有生命力的生产、生活方式和鲜活的起居形态,依托传统方式和形态,在历代生息繁衍中创造的以声音、形象和技艺为表现手段,并以身口相传作为文化链而得以延续的口头文化、体型文化、造型文化和综合文化等。我们可以将其理解为村落文化中的民俗。在皖江地区,包括安庆、池州、铜陵、芜湖、宣城、马鞍山以及原巢湖市所辖的庐江、居巢区等地区的村落中,均保留着大量的富有地方特色的传统民俗。

一、非物质文化遗产

皖江地区各市拥有众多的非物质文化遗产,在这里仅选取其中有代表性的若干非物质文化遗产做简要介绍,以飨读者。

1. 九华山庙会

九华山庙会是一种古老的传统民俗文化,起源于唐代。相传唐开元末年,新罗国(今韩国)高僧金乔觉来九华山开辟地藏道场,苦行禅修七十五载,于农历七月三十日这天圆寂,终年九十九岁。其遗体置缸三年后,全身不坏,容貌如生,撼其骨节有金锁般响声。依佛经所说,金锁骸鸣,乃是菩萨应世,因而弟子们视其为地藏菩萨转世,尊其为金地藏,遂在九华山神光岭建肉身塔供奉。此后每年农历七月三十日,四方信徒、香客云集九华朝山进香、拜塔、朝拜天台,许多山民和手工艺者趁此机会互做买卖,民间艺人也趁此机会献艺,逐步形成了传统的九华山庙会。1989 年以后,庙会为期一个月,期间举办各种大型佛事活动,主要有百岁宫金堂佛像和无瑕真身开光仪式、水陆法会、纪念金地藏(金乔觉)诞辰周年法会、祇园寺传授三坛大戒和佛教禅宗二祖慧可法师道场地址证会等。九华山庙会作为一个载体,承载着数百年各个历史时期诸多信息,涉及宗教、民风民俗、历史、美学、音乐等诸多领域,是博大精深的佛教文化与中国传统文化的有机结合,底蕴深厚,内涵丰富,有着极为重要的学术研究价值。

2. 东至花灯

东至花灯是一种古老的传统民俗文化活动,主要流传于东至县的石城、张溪、高山、官港、木塔等乡镇 20 多个姓氏家族中间,以家族为演出单位,以请神祭祖、驱邪纳福，祈求太平为目的，其历史可上溯到唐代后期。它由"六兽灯""磨盘灯""八仙过海灯""五猖太平灯""龙灯""狮子灯""蚌壳灯"等十余种形态各异的花灯组成，表演形式各异，具有丰富的中国文化内涵。内容涉及民间舞蹈、音乐、手工技艺和宗教信仰等诸多领域。

东至花灯伴有民歌、山歌、戏曲、舞蹈等。灯会一般从正月初二开始，正月十五结束，有的要到二月初二圆灯，习俗不一。通过玩花灯，人们既可欣赏到技艺精湛的民间工艺美术作品，又可了解一些古老的戏剧表演艺术形式。同时通过办灯会唱民歌小调，还可愉悦身心，表达山村人的美好愿望，展示出皖南山区人民豪爽、乐观、刚健质朴的善良性格。2005年开始，东至县文化部门在县政府的大力支持下，积极组织开展对全县非物质文化遗产的普查，对东至花灯等项目进行挖掘、整理。2006年把"东至花灯"和"东至文南词"成功申报为省级首批非物质文化遗产；2007年组织多名专业技术人员对"东至花灯"进行更深层次的搜集、挖掘和整理工作，2008年东至花灯成功入选国家级第二批《非物质文化遗产名录》。

3. 望江挑花

望江挑花是流传在望江境内的一种民间手工技艺。它源于唐朝，用麻与发为材料，制作祭祀供品；至晚唐始以本地棉花为原料，制作衣饰及家庭器用装饰制品，并逐渐成为每家每户女性必须精通的手工技艺。望江挑花因构图精美、正反成趣、美观实用而为望江人民所喜爱，并世代相传，保留至今。

望江挑花在传承发展中逐步形成了挑、钻、游、织四种针法技艺。构图元素取材于生活，除各类几何图形外，还有各种动植物图案。常见的植物如梅花、竹叶、牡丹、金瓜、莲花、菊花、石榴、柏枝、栀子花等，常见的动物如蝴蝶、蜜蜂、孔雀、喜鹊、鸳鸯、松鹤及十二生肖等。其他还有如太极、八卦、宫灯、日、月、星、云、山、水、舟、船以及如意、元宝、金钱、寿字、福字、喜字、吉祥、平安等各种图形文字，以及各类人物的生活、生产、游戏及喜庆、图腾、宗教等活动场面。皆是通过象形、会意、谐音、单独或组合、花中套花等形式来表现的。

望江挑花制品细腻精美，色泽淡雅，三次被选送至北京，成为人民大会堂的艺术饰品,又多次在各种交易会、博览会上获奖,声名远播。

4. 六尺巷传说

六尺巷传说是安徽桐城的一则地方民间传说故事,发生在清代康熙年间。相传清代大学士张英的府第与吴姓府邸相邻。吴姓盖房欲占张家隙地,双方发生纠纷,告到县衙。因两家都是高官望族,县官难以定夺。张府家人遂驰书京都,张英阅罢,立即批诗寄回,诗曰:"一纸书来只为墙,让他三尺又何妨。长城万里今犹在,不见当年秦始皇。"家人得诗,旋即拆让三尺,吴家深为感动,也让出三尺。于是,便形成了一条六尺宽的巷道。20世纪80年代以来,"六尺巷"旧址受到各级政府和有关部门的高度重视。1985年,桐城市政府将"六尺巷"列为市级重点文物保护单位;1993年,安徽省政府有关部门拨专款对其进行部分修复;1999年,桐城市政府又拨专款在其旧址上进行复建与扩建。现今的"六尺巷"主体建筑包括巷道、东边的"礼让"石牌坊和西边的"懿德流芳"石牌坊、休闲广场、诗画照壁、假山石等。虽然这里已成为一个独立的旅游景点,但不收门票。从"六尺巷"过往的游人和行人络绎不绝,小巷深处仍然显现出少有的繁华。桐城的"六尺巷"在中国传统文化里也许是被"和"字哲学充盈得最宽阔的街巷之一了。它的"宽"不是宽在"六尺"上,而是"宽"在人们的心灵境界与和谐礼让精神上。

5. 孔雀东南飞传说

"孔雀东南飞传说"在我国影响深远、广为流传,曾被国家文化部列为安徽亟待挖掘的三个民间故事之一。这个"传说"故事发生在安徽省怀宁县小市镇一带,讲的是东汉末年建安时期焦仲卿和刘兰芝在封建礼教迫害下双双殉情的故事,堪称封建时代爱情的千古绝唱,流传至今已有1700多年的历史。焦、刘殉情后,在小市镇地区引起强烈反响,怀宁一带逐渐形成了"家家户户说焦刘"的局面,故事先是在社会上口头传讲,后有民间手抄本在社会上流传。故事发生地位于安庆市皖水中游,皖水顺流而下直通长江口岸,交通便利,商贾云集,俗称"戏曲之乡""鱼米之乡"。由于与外地人交往甚密,焦刘传说由外来商贾传向全国各地,在你我相传的过程中,经过讲述者个人情感的渲染,焦刘传说便形成了各种不同版本,传讲不衰。目前流传于世的故事分三大类：清末和民国年间有夏竹筠、李硕成（文学类）；近现代有李杏林和李维诸位先生（才智类、民俗类）；近年李智海深入当地群众，通过采访老农耆宿以及受恩师先辈们的口授心传，挖掘整理出 8 万字的"孔雀东南飞传说"。2006 年"孔雀东南飞传说"被安徽省人民政府列入省级《非物质文化遗产保护名录》。2014 年 11 月 11 日，"孔雀东南飞传说"经国务院批准列入第四批国家级《非物质文化遗产名录》。孔雀东南飞传说虽是焦刘双双殉情的悲情故事，但其富有神话色彩的结尾表达了人们对封建旧俗的深恶痛绝以及对美好生活的向往。故事中所讲的"婆媳好，赛金宝；婆媳坏，家要败"，对于促进家庭和谐、社会和谐具有一定的正面意义。

6. 无为鱼灯

无为鱼灯是流传于安徽省芜湖市无为县的一种汉族民俗舞蹈形式。鱼灯又称吉祥灯、太平灯、幸福灯，距今已有 1000 多年历史。相传北宋年间，包拯到陈州放粮回朝后，为大放花灯，曾普召全国各地向朝廷进贡花灯。当时无为人敬献了八条鱼（"鱼灯"），得到朝廷赞扬。就这样，无为汉族民间舞蹈形式"鱼灯"就被保留下来了。旧社会，长江洪水泛滥，粮食颗粒无收。为了生活和生存，无为人利用 800 里长江的得天独厚自然条件，既种田又捕鱼，以维持生活。后来为了庆贺渔业丰收，捕鱼平安，无为人确定每年正月十五元宵节到正月三十为玩"鱼灯"的节日。当时的汉族民间习俗，玩"鱼灯"的第一天叫"开灯"，玩"鱼灯"的最后一天叫"收灯"。从"开灯"第一天起要摆"供桌"，由全村人负责祭礼，请道士做道场，一直到玩灯结束。如村里有传染病灾或者农作物虫害，一律按"许愿还愿"的形式来玩"鱼灯"。劳动人民把"鱼灯"当作"神灵"来驱恶、赶魔，以求平安，称"烧香打醮、抵不上红灯一绕"（红灯指"鱼灯"）。新中国成立后，无为民间舞蹈形式"鱼灯"有了长足的发展，1956 年曾到北京怀仁堂参加全国民间音乐舞蹈汇演，获得好评。我国许多舞蹈家和学者，都对无为鱼灯给予了高度评价。

7. 当涂民歌

长期以来，当涂人在生产、生活过程中，创作了大量的口头文学作品，饮誉海内外的当涂民歌即是其中之奇葩。当涂民歌,一般是流行于皖南当涂县的各类传统民歌的统称。早在六朝时期(222—589)就有当涂民歌的记载,刘宋皇帝刘裕主持编排的著名的"白歌舞"即是当涂民歌演唱之一脉。长期生活在当涂的北宋词人李之仪的二十多首《田夫踏歌》和"我住长江头,君住长江尾"的吟唱都属于当涂民歌范畴。

新中国成立后,当涂民歌逐渐兴旺和繁荣,20世纪五六十年代进入鼎盛时期。当涂民歌不仅数量多,而且表现形式丰富多彩。当涂民歌分布较广,由于地域差异较大,因平原、圩区、丘陵山区的不同,民歌的内容和形式也各不相同。流行于当涂大公圩一带的是号子、牛歌、舞调。流行于博望、湖阳、新市一带的是船歌、渔歌、灯歌。流行于沿江采石、霍里、新桥一带的是秧歌、对歌、门歌等。民歌演唱的场合地点、条件不同,导致了体裁的多样性。

当涂民歌不仅是反映人们生产、生活方式,折射审美观念的载体,对当地文化也产生过许多影响,而且由于歌曲内容体现了大量的生产习俗和生活习俗,因此显示出独特的地方民间音乐和语言艺术的魅力,以及特有的叙事抒情风格,是不可多得的音乐和语言艺术珍品。

8. 巢湖民歌

巢湖民歌伴随着巢湖古老的历史,经历了一个由简到繁、由单一到多样的演变过程,一直传唱至今。一般认为,巢湖民歌起源于南宋末年、元朝初年,当时的民歌分为山歌、秧歌、船歌、渔歌、茶歌和小调等形式。

1949年以后,巢湖民歌得到了更广泛的传播。1955年3月,巢湖民歌《姑嫂对花》被农民歌手胡吉英、刘宏英唱到北京中南海怀仁堂,他们受到毛泽东等党和国家领导人的亲切接见。历年来,有关部门共搜集整理了一千多首原生型民歌,有五百多首被编入各种歌曲集。其中111首被编入《中国民间歌曲集成(安徽卷)》,20首被编入《安徽民歌100首》,30多首被编入中学课本和上海音乐学院、中央音乐学院教材,20多首被上海唱片社录制成唱片在国内外发行,并馈赠联合国教科文组织留存。巢湖民歌代表曲目有《姑嫂对花》《喊秧歌》《刘姐姐》《吓老鹰》等。巢湖民歌创作、演唱活动一直持续不断,多次在全省、全国演出活动中获奖,在安徽民歌中占有重要地位。

二、其他有代表性的民俗文化

1. 荤素年、除夕进香与"百子会"

弊害，如对占佛地作摊场、建酒店塞交通、宰猪杀羊、秽污教理等现象均勒碑警戒，于是这些地区形成了以素食为主的饮食方式。清至民国间，九华街商户入居，杂以山民，佛教查禁不严，荤禁松弛，出现了僧人吃素、山民吃荤的混合局面，逐渐习以为常。但为尊重历史习俗，当地居民于春节之际，先过荤年，后过素年。荤年，农历腊月二十八日（小月二十七日），当地居民举家荤食，次日以草木灰将锅碗器皿擦洗干净，开始素食。三十日（小月二十九日）再做素菜过正年，吃过斋饭，或祭拜祖宗、或守岁、或娱乐、或进香，素食活动一直持续到新年正月初三。荤年、素年已成为九华山冬游重要项目之一。

九华山居民吃过除夕团圆饭后，或看电视守岁、或娱乐，直至新年零点钟声敲响后，有的是全家出动，有的是家主代表，先洗脸漱口、燃放鞭炮、烟花，谓之"出行"；再将事先准备好的香、鞭炮、烟花带到肉身宝殿（远处的则到附近寺庙）进香。进香途中，即使遇见熟人，也不言不语，进香完毕回家时方可相互招呼致意。除夕进香是为了祈求新的一年里平安如愿，据说若烧得第一炷香，最为吉祥。烧香现已成为当地过年必具之习俗。

在九华山地区，信奉佛教的人集体朝山，人数满百人以上称"百子会"，两百人以上的为双百子会，不满一百人称小百子会。朝山者身着灰上装、青裤，黄围兜印有"朝山进香"字样，在香首带领下，步行上山，沿途敲锣唱赞、逢庙叩拜。活动大多在地藏王生日（农历七月三十日）最盛，当地人素以能够在这天晚上赶到九华山肉身殿上通宵达旦静坐"守塔"为荣。还有一些香客为亡故双亲上山敬香。

2. 铜陵"顺安庙会"

在铜陵顺安镇，每年农历三月初三前后，有一次属于顺安的盛会。此时，南来北往的商贾小贩，东西行走的游客行人将顺安集市围得水泄不通，各种土特产品、日用百货、时尚服装、特色小吃等摊位挤挤挨挨连成一片，行人摩肩接踵，项背相望，这就是著名的顺安庙会，又称"三月三庙会"。

顺安庙会的兴盛与当地矿业经济的发展不无关系。据一些地方文化研究者的说法，五代至北宋是铜陵矿冶业的鼎盛期，也是"庙会"的繁荣阶段。清代以后，顺安周边所产中药材丹皮开始时兴，引得药商纷至沓来。到20世纪50年代，庙会规模更加壮大，市场相当活跃，除了传统的日用百货、农制产品，更加入了戏曲、杂技等艺术表演。

据考证，顺安原本只是一座古驿站，由于水陆交通方便，居民渐渐增多，逐步形成农村小集镇。西晋后期，北方战乱，中原人口大量南迁，东晋王朝建立后，为了安置流民，统治者在南方侨置郡县。当时铜陵一带原属宣城郡阳谷县地，侨置后设定陵县，县治设在顺安镇。隋统一后，废定陵县，并入南陵县。唐初在顺安设陆驿，命名为临津驿。王安石《顺安临津驿》中就有："临津艳艳花千树，夹径斜斜柳数行。"后又从南陵县分出，改置义安县，县治仍设在顺安。两宋以后，圩田大兴，顺安附近的圩乡都成了稻米产地。这样，圩区的稻米、山区的竹木、东西湖的鱼蟹水产自然都在顺安集散。可见，历史上顺安就一直是铜陵地区的政治和经济中心。

顺安庙会既有集市贸易，也有娱乐活动。参与顺安庙会集市交易的产品名目繁多，涉及生产生活各个领域，其中以牛市贸易交易量最大。牛市还带动了生猪、猪崽、家禽、家畜市场的兴旺。其次是铁匠铺与铁制农具交易，如犁、钯、耘耙、锄头、镰刀等。再次是木竹农具交易，如风扇、水车、禾桶、推车、水桶、扁担、粪桶、粪瓢、木桌木椅、竹床竹席、粗木杆、细竹篙等。除此之外，种苗、小吃市场也不落后。庙会期间，娱乐活动也丰富多彩。一是唱戏，主要有"目连戏"等由镇东边的岳家山和西边的菜籽滩搭台唱戏，一演就是四日四夜或七日七夜，即所谓"四夜红""七日红"；二是歌舞，主要是民间歌舞、龙灯；三是曲艺，以外来为主。还有就是宗教民俗活动，善男信女拜佛，祈福禳灾，求嗣求财，十分虔诚。

3. 宿松断丝弦锣鼓

安庆市的宿松县地处吴头楚尾，孕育了许多优秀文化，断丝弦锣鼓就是其中一朵奇葩。追溯断丝弦锣鼓的渊源，已有500年的历史。文献记载，明朝初期断丝弦锣鼓在宿松县民间（尤其是在许岭、程集、凉亭、佐坝等地）非常流行。每逢清明、庙会、灯会、祭祖乃至亲戚乡邻相互祝贺、拜访,都演奏断丝弦锣鼓。

断丝弦锣鼓演奏时气氛热烈,演奏乐队规模庞大,最盛时正班有64个人,半班有32个人。乐器配置分两大类:第一类是管弦乐器,主要有柳琴、二胡、唢呐、竹笛、的号。其中,的号很有特色,其长1.2米,用黄铜铸造,没有音孔,全凭嘴唇和气的控制变化,吹气近似"宫、商、谷"的音,听起来像在尖叫,主要是用来烘托场面的气氛,使音乐有神秘的特色和粗犷的旋律,此种乐器已经失传。第二类是打击乐器,主要有扁鼓、小锣、大锣、钹、马锣。马锣外形像马蹄,比小锣大一点、厚一点,它是断丝弦锣鼓的主要乐器,演奏时左手用大拇指、食指、无名指夹着锣身,不停地移摆转动,右手用一个头大尾小的木槌连击锣心,木槌击锣心时,正好赶上锣身与手指脱离接触之际,故而音色及音的长短可以随着左手摆转幅度的大小而调整,发出奇特的悦耳之声。

断丝弦锣鼓的曲牌流传至今有30余首,分为三类:一是打击乐和弦丝竹伴奏的断丝弦曲调,有《金丝荷叶》《断荷叶》《破荷叶》等,这是它的主要曲牌;二是锣鼓曲牌,有《八哥洗澡》《水底鱼》《幺二蔓》《四点清》等,它是丝弦锣鼓的骨干曲牌;三是丝弦曲牌,有《老八板》《小四板》等,旋律细腻,委婉悦耳,在乐队中常与锣鼓曲配合演奏。

断丝弦锣鼓产生于民间,扎根于民间,在人们心中的地位是举足轻重的,已融入了当地民众的生活之中。

4. 旌德"三月二十八"

旧时,在旌德县城东南的梓山上,建有一座东岳庙,庙内供着东岳菩萨。宋代吴自牧《梦梁录》一书记载:农历三月二十八乃东岳天齐仁圣帝诞辰,其神掌天下人民生死,诸郡邑皆有行宫奉香火。每年的三月二十八,旌德的官绅皆祀祝祈祷,甚盛。城区附近的望姓大族和百姓,也在这天办起出菩萨会。

每逢出菩萨会时,旌德四乡和邻县绩溪等地的农民,皆纷纷前来观看迎神赛会。人们抬着菩萨,旗锣开道,鸣铳放炮,香花灯烛,百戏杂陈,并有象征皇上的仪仗队伴随,还要唱戏酬神等,被称为"三月二十八"庙会。由于三月二十八前后正是备耕生产、各种秧苗投种时期,故一些农民将自己生产所用的多余农副产品、手工制品、瓜秧果苗等，随身带来交换自己春耕生产所缺少的东西。而当地的土特产——蓑衣、箬帽是春季栽秧必不可少的，所以，每年蓑衣、箬帽的交易量都很大，因此三月二十八庙会，也就被习惯性地叫作"蓑衣箬帽会"。到了民国十八年（1929），当时的国民党旌德县党部发动青年学生破除迷信，上梓山将东岳庙内的泥塑木雕菩萨像打掉，自此以后，旌德四乡群众不再举办出菩萨会了。但是到了农历三月二十八这一天，旌德四乡农民依旧进城，蓑衣、箬帽等一切适应春耕生产的百货照样上市。以后每逢三月二十八，除照常赶集外，还有许多外地医卜星象、跑马卖解者来此，万商云集。"三月二十八"庙会规模也就逐渐扩大，声名在外了。

新中国成立初期，当地政府对"三月二十八"庙会这一群众自发的城乡物资交流活动做了相应的引导，利用这一平台进行政治形势宣传教育，举办各种通俗展览。1952年，县政府曾先后在县城、三溪、庙首等地举办物资交流会，与会的有全县国营企业、私营企业、供销合作商、手工业者、广大农民以及南京、杭州、芜湖和邻县商贩、群众，共约10万人次。虽然政府提倡移风易俗，想改变原来的庙会日期，但群众习惯了旧的庙会日期。于是自1955年起，政府恢复旧习，于农历三月二十八日在县城举办物资交流会，1962年起正式定名为"旌德县三月二十八物资交流会"。

自1978年以来，旌阳、俞村、乔亭、云乐、三溪、庙首、白地也先后举办物资交流会。交流会举办期间，政府有关部门还开展了农业科技、医药卫生、法律宣传等方面的活动，"三月二十八物资交流会"成了旌德县一个固有的节日。即使不通知，不发邀请书，各地商贩也会像候鸟一样，如期从四方拥到旌德。"三月二十八物资交流会"也是旌德群众最有热情、自发参与度最高的一项活动。

5. 和县、无为"敬石"风俗

在圩区水乡的和县、无为县一带，读书人都有一个一拃（拇指与食指张开而形成的长度）多长的镇纸石尺，尺上刻上格言、诗词、座右铭等。这个石尺有三种作用：一是写字画画时用来压纸；二是到了婚龄，作为男方的聘礼赠予女方（女方以绣帕互相交换）；三是成年人将其放在香案上以示高洁。有成就的人用过的石尺，宗族还把它收集起来放在祠堂里陈列，用来作为本族子弟的楷模。

石尺背后这种"敬石"风俗的形成，与古代两位大文人有关。一是唐代大诗人刘禹锡，他被贬到和州后，上司只给他一间小屋住，谁知刘禹锡提笔写了一篇《陋室铭》，并刻在石上，传为佳话，使人们爱石。二是宋代书画家米芾，他在无为当官时喜欢收藏各种各样的奇石。但无为、和县是水乡，少石头，他便各处搜罗。他的上司孟知州是个赃官，每月的初一、十五都要下属穿上官服向他朝拜。但米芾瞧不起他，逢朝拜这一天，他拜起了石头，嘴里念念有词："宁拜无知石，不参孟老鼠；拜石使我廉，参汝使我污。"刘禹锡、米芾清正廉明，诗书画千古流芳，人品使人景仰，才学人人敬佩，他们爱石，又使水乡人爱起了石尺，相沿成俗。

6. 伍子胥过昭关的传说

伍子胥过昭关是一个古老的中国民间传说。伍子胥，名员，字子胥，春秋时楚国人，是楚国大夫伍奢次子。伍子胥出生于楚国贵族家庭，从小受到良好教育，史书称他"少好于文，长习于武"，有"文治邦国，武定天下"之才。楚平王即位后，其父伍奢任太师。后平王听信少师费无忌谗言，奢被杀，子胥逃走。楚平王下令画影图形，到处捉拿子胥。子胥先投奔宋国，因宋国有乱，又投奔吴国，路过陈国，东行数日，便到昭关（今安徽省含山县北）。昭关在两山对峙之间，前面便是大江，形势险要，并有重兵把守，想要过关真是难于上青天。世传"伍子胥过昭关，一夜急白了头"。后来在东皋公的巧妙安排下，伍子胥更衣换装，混过昭关，到了吴国。在吴国伍子胥结识吴公子光（阖闾），并策划刺死吴王僚，帮助公子光夺得王位。阖闾任命他为"行人"，伍子胥成为吴国重要谋臣。该传说入选了安徽省第三批《非物质文化遗产名录》。

7. 巢北"夏至节"

夏至节在汉代已有。宋朝时期，此日官员还放假三天。夏至节又称"放牛节"，相传与朱元璋有关。朱元璋少年时期为财主放牛，是日，财主给他半升蚕豆，让他饱餐一顿。朱登基后，为表示不忘儿时之苦，提倡每逢这天都要庆贺，尤其要给放牛娃过节，所以夏至节又俗称"放牛节"。在巢湖市居巢区巢北农村地区，也习惯在夏至日过夏至节，而且过得特别隆重，男婚女嫁前都要在这一天送礼，尤其是男方要给女方送夏衣，这一习俗在巢北夏阁、柘皋、苏湾、栏杆集镇和含山、肥东等广大地区特别流行，世代沿袭。

在巢北，夏至节这天，家家用新菜油、新麦面炸点心、炸南瓜花。早餐吃点心、五香蛋、绿豆糕，午餐也备有荤菜。饭后，孩子们三五成群去山岗上打球。牧童们用木棍对击木制圆球，自定规则，各显球艺，既是游戏，又是体育锻炼。晚饭后，全村青少年都到村里特地垒起的大土墩前，分别上去占墩为王，和后上的人角力，你推我赶。闹到最后，大家抱柴草在上面烧，称烧谷墩，并与别的村子比谁把火烧得旺。这天，耕牛也加喂精料，角系红布。从夏至节起，农村田埂养草，耕牛只能在岗上放牧。

夏至既是农作物生长最快的时节，也是病虫害、水旱灾害最频发的时期，这对于农作物来说是极为不利的。旧时，为了禳灾避难，保佑五谷丰登，人们往往寄托于夏至节祭祖祀神，祈求禳灾避邪、作物丰收。关于这个节日，宋人周遵道《豹隐纪谈》载有"夏至九九歌"：

> 一九二九，扇子不离手。三九二十七，吃茶如蜜汁。四九三十六，争向街头宿。五九四十五，树头秋叶舞。六九五十四，乘凉不入寺。七九六十三，入眠寻被单。八九七十二，被单添夹被。九九八十一，家家打炭墼。

"夏至节"文化，是我国华夏文明进程中长期积淀的农耕文化，既体现了生产力发展中用畜力代替人力的重大进步，也体现了中华文明中尊重苍生、敬重自然的典型而高度集中的民俗表现，是人类文明的特征。夏至节在巢北农村地区盛行，是以耕牛为代表的农耕文明在巢北的深刻印记，是对耕牛重大作用的认可和尊重，以及对牧牛人的敬重。

第六讲 灿烂的皖江宗教文化

皖江地区特有的地理位置、交通条件、自然风景和人文底蕴，使之成为宗教繁衍的沃土。远自汉代，佛教与道教即传入皖江地区，至唐宋时期蔚然成风。中国禅宗在此绝处逢生，经二祖慧可、三祖僧璨、四祖道信等人发扬光大，逐渐衍化出"五家七派"。新罗僧人金乔觉卓锡九华山，被信众认定为地藏菩萨示现，九华山遂成为地藏道场，跻身中国佛教四大名山。以杨仁山、赵朴初为代表的皖江居士佛教，为中国佛教的发展做出了巨大贡献。西汉陵阳县令窦伯玉于九华山修炼成仙之术，东汉左慈入天柱山炼丹修道，晋代葛洪承左慈之风辗转于皖江流域炼丹，开启道教丹鼎一派。南北朝以来，皖江地区的道观建设如火如荼，至唐宋时期，九华山、天柱山等地已道观林立，成为道教重要的洞天福地。至近代，皖江地区的道教发展培育出了如仙学巨子陈撄宁等人。除此之外，皖江地区也是伊斯兰教、天主教、基督教的传播与发展地区。

第一节 中国禅宗源于皖江

一、禅宗于危难中的新生

佛教在东汉初已传入我国。东汉楚王刘英是最早信奉佛教者，他因犯谋逆罪贬至江南丹阳郡（今安徽宣城一带）。刘英在随从们前呼后拥下来到丹阳，一路播撒佛教的种子，发芽开花，蔓延到皖江地区。

东汉末年至三国时期，一些西域的僧人来到中原传播佛法。西域僧人支谦和康僧会就来到了吴国的都城建康（今南京市），得到吴主孙权的信任，不仅培养了一批佛教信众，而且还翻译了《维摩诘经》等重要经典。以建康为中心，佛教开始向长江上下游传播，出家建寺之风兴起。在孙权的帮助下，康僧会在当涂县建立了化城寺。汉献帝兴平元年（194），马鞍山采石矶广济寺创建,初名关家庵,主持僧智定,长期修持苦行。相传吴赤乌二年(239),孙权亲自赐名石矶院,并为寺院书写对联一副:"经传白马,寺创赤乌。"广济寺有安徽"佛教祖庭"的美誉。魏晋南北朝时期,战乱频繁,北方的许多僧侣南下弘传佛教,佛教在南方得到很大发展,成为人们心灵的重要依持。皖江地区佛寺纷纷建立,正如杜牧诗中所描绘的:"南朝四百八十寺,多少楼台烟雨中。"太湖县的佛图寺,据旧县志记载,为西晋高僧佛图澄(232—348)所建,并因之得名。佛图澄长期在北方弘法,弟子近万名,活动范围十分广泛。大弟子道安(312—385),常山五柳(今河北正定)人,自佛图澄圆寂后,颠沛流离于乱军之中,又让弟子慧远等人奔走于长江中下游。慧远从襄阳抵庐山,开净土法门,净土信仰很快向下游的皖江流域辐射。因此佛图寺或为佛图澄弟子所建。皖江地区在晋代建成的寺院还有潜山的太平寺、岳西的法云寺等。

杯渡(?—426),天竺僧人,相传他常乘着一艘木杯(小船)在江河上出现,连鸟都不会被惊扰,因此人们称其为杯渡和尚。他主要活动在皖江地区。方志记载,他曾在九华山结茅,还建了南陵隐静寺、繁昌县灵山寺、宣城市法云寺、铜陵市崇福寺等。

《安徽佛门龙象传》载:名僧宝志在南朝宋明帝泰始三年(467),来到皖公山(今天柱山)建菩提庵。后梁武帝赐名"山谷寺",是为三祖寺之始。

在今桐城市陶冲镇三湾河,曾有一座王屋寺,旧《桐城县志》和《高僧传》载,传为南北朝名僧稠禅师(480—560)所建。

至南北朝时,位于佛教重地的金陵(今南京)、庐山之间的皖江地区,佛教氛围已经相当浓厚了。从以上资料也可知,早在两晋、南北朝时代,已有许多名僧进入安庆,建了不少名寺。

禅宗属于教外别传,在达摩未到中国之前,中国就有禅学流行。康僧会、道安等人对于安世高所译的安般禅都有很深的了解。稠禅师奉行的"四念处"是小乘佛教最流行的禅法。慧远在庐山专弘念佛禅,为后世念佛禅之祖。这些早期禅学思想渗入皖江地区,为将来中国禅宗在此落地生根打下了基础。

禅宗在天竺代代相传,到菩提达摩时,已传二十八代。达摩遵从师嘱,决定前往遥远的中国弘法。达摩选择了从海上乘船，三易寒暑，终于在梁武帝普通年间到达南海（今广东），成为中国禅宗的初祖。虔诚信仰佛教的梁武帝，有"菩萨皇帝"之美誉，闻听奏报，立即派人将达摩迎至金陵，请问佛事，但两人话不投机。达摩于是离开皇宫，来到嵩山少林寺五乳峰，选择了一个洞窟，在那里终年面壁静坐，等待能接衣钵之人。

几年后，他终于等来了一位名叫慧可的僧人。慧可（487—593），俗姓姬，北魏虎牢（又作武牢，今河南荥阳市）人。慧可自幼志气不凡，为人旷达，博闻强记，广涉儒书，后来栖心佛理，并且出了家。虽然经过多年的学习，慧可对经教有了充分的认识，但是个人的生死大事对他来说仍然是个谜。后来他闻听达摩其人及其佛法，非常神往，便来到嵩山，欲拜达摩为师，但达摩根本不理睬慧可。在一个下着大雪的夜晚，为表达求法的决心，立于洞外的慧可，挥刀砍断了自己的左臂（道宣《高僧传》载为慧可南下途中被贼人所斫），顿时血如红雨，落在雪地上。此举终于感动达摩，达摩将衣钵及《楞伽经》四卷交与慧可，收他为弟子。慧可便成了中国佛教禅宗的二祖。

慧可辞别达摩，到繁华的东魏都城邺城（今河南成安县）弘法。当时，禅宗并未被中国人接受，甚至遭到"取相存见"之徒的诽谤和迫害，有人还说慧可的禅法是"魔语"。慧可不得不离开城市，深入乡野，把禅理编成歌谣传唱，新兴的禅宗逐渐被大众接受。他收了弟子多人，其中包括向居士，即后来的三祖僧璨（约495—606）。佛教得到发展的同时，也带来了很多严重的社会问题，慧可预感佛教将有大难，让弟子僧璨南下皖公山一带弘法。果不出慧可所料，建德三年（574）北周武帝即位，即展开了一场较为彻底的灭佛运动。好在慧可早有心理准备，年迈的他与弟子将重要经卷、佛像秘密转移，携带达摩所传衣钵，与师兄昙林一起往南逃去。一路上，慧可风餐露宿，最后一直逃到当时陈国南豫州晋熙郡的太湖县。慧可没有择陈国的城市，而是逃往偏远的太湖县——当时还是一片蛮荒之地，其实是有多方面的考虑：其一，他要汲取在北方时得到的教训，首先在乡野弘法；其二，他要找到弟子僧璨，共同应对这场危及佛教禅宗命运的法难；其三，位于皖江与大别山之间的太湖县山水秀美，佛教氛围浓厚，是一块十分适宜禅宗生长的沃土。

旧《太湖县志》记载，慧可到太湖县后，先在凤形山建观音寺以暂栖身，不久，沿长河而上，来到县北狮子山，于山上葫芦石中栖身参禅。"葫芦石，在薛家河，相传二祖秘记存焉。"其中所谓二祖秘记，现在已经找不到了，后人于是在葫芦石建起了"二祖禅堂"。后来慧可离开狮子山，登临不远的司空山（原属太湖县，1936年划归新成立的岳西县），栖身山顶石洞，后人于此建起了"二祖禅刹"。也许就在司空山上，慧可与僧璨久别重逢，不久慧可将衣钵传与僧璨，故今司空山尚存"传衣石"等遗迹。僧璨成了中国佛教禅宗的三祖。

北周大象二年（580），北周复兴佛道二教。慧可离开太湖，往北方邺城弘法。开皇十三年（593），慧可以107岁高龄圆寂，相传是被人所害。由于年代久远，慧可大师所遗存资料仅有《略说修道明心法要》和他给向居士的回信等，这些资料表述了其禅学思想。慧可作为中国本土第一个接受禅宗大法的祖师，已对天竺的禅宗思想进行中国化的改造。

僧璨以皖公山山谷寺为道场，广弘禅宗。僧璨继承慧可禅学，结合南方玄学，写出了著名的《信心铭》，思想上承达摩、慧可，下传道信、弘忍，旁与慧思、傅翕相同调，对于中国佛教禅宗的建立起了承前启后的作用。

开皇十二年（592），僧璨收道信（580—651）为弟子，经过一番考察后，付与道信禅宗衣钵。道信遂成为中国佛教禅宗的四祖。隋炀帝大业二年（606），僧璨在山谷寺寺前举行法会。法会毕，他告诉大众："别人都把坐着入灭看得很重，认为这样的走法稀有难得，我则不然，我今天要站着走。"说完，便用手攀着树枝，奄然而化。后来道信卓锡湖北省黄梅县西山，传衣钵于五祖弘忍（601—674）。弘忍迁黄梅县东山，传衣钵于六祖慧能（638—713）。道信除传五祖弘忍，还另传牛头法融。法融禅师创立了牛头宗，崇尚禅宗与自然相契合。法融的弟子智岩禅师曾住皖公山中，相传能驯化老虎，喝退洪水。

这段时期，皖鄂交界处的安徽省潜山、太湖、宿松等县，都是二祖、三祖、四祖、五祖的活动区域。他们在这片山水里行脚布道，至今还留存不少他们的踪迹。太湖县西风禅寺有五祖洞，独阜寺有三祖打坐过的坐山，宿松县城西南有五祖的佛座岭等。今天太湖县的狮子山和岳西县的司空山，共同组成中国佛教禅宗二祖道场。二祖道场与潜山县三祖道场，湖北省黄梅县四祖道场、五祖道场，共同组成了中国佛教禅宗史上赫赫有名的"禅宗金三角"。二祖慧可以其伟大的愿力，千里南下，使刚刚传到中国的禅宗躲过北周灭佛之难，又经过几位祖师的理悟和阐释，与中国文化不断结合，发展出中国化的佛教宗派——禅宗。六祖慧能《坛经》的出现，标志着中国禅宗的成熟。赵朴初先生说："没有二祖，就没有中国（佛教）禅宗。"

二、皖江禅宗的空前繁荣

中国佛教禅宗到慧能时代，南北分灯。南宗为慧能一系，以顿悟为宗，暂隐于南方；北宗为神秀一系，一度在北方势力最大，范围最广。

唐天宝三载（744），唐玄宗派出中使杨庭光到太湖县司空山采挖一种名叫常春藤的长寿药草，杨庭光在那里发现了住在山洞里的本净禅师。本净，俗姓张，绛州人（今山西运城市），很小的时候就出家了，到曹溪礼慧能为师。慧能圆寂后，弟子风流云散弘法各地，本净选择了二祖当年卓锡舒州太湖县的司空山。杨庭光听本净谈吐，在京城闻所未闻，回到朝中即奏报玄宗，玄宗也感到好奇，诏令本净入京。本净走出幽居的山林，在皇家寺庙与京城名僧展开了一场舌战。这场辩论持续了三天三夜，结果以本净大胜而告终。慧能禅法也因此传入京城，给只以持戒、布施、忍辱等为佛教教义的京城吹进了一股清新之风。玄宗十分赏识本净，赐号大晓，拜国师还山。本净奉敕在司空山建造无相寺，一时名扬海宇。更重要的是，本净早于神会把南宗之风吹到了朝廷。

慧能弟子神会确定了南宗的正统地位，反攻北宗，并最终取代了北宗。这一时期，南宗在池州、舒州（今安庆市）非常活跃，使皖江地区成为禅宗重镇。

唐大历八年（773），南岳怀让的弟子马祖道一（709—788）移居洪州（今江西南昌市）的开元寺（今佑民寺），洪州禅由此发源。马祖曾行脚至皖江地区，宿松县凤凰山的灵隐寺、小孤山启秀寺、狮子山的洞山寺都曾是他修持习禅之处。今天柱山麓，还有其建的马祖庵。

马祖有个著名的弟子叫作普愿(748—834),俗姓王,郑州新郑(今河南新郑市)人。贞元十一年(795),他挂锡池州南泉山,建造佛寺,在此习禅30年。习禅之余,他放牛、垦荒、种粮,过着自给自足的清修生活。他所建的寺院称"南泉禅院",人称他"南泉禅师",也因他俗姓王而称他"王老师"。太和初,地方官请他下山说法,师事礼拜。不逾两年,僧俗奔赴门下者达数百人之多。太和八年(834),普愿圆寂,享年87岁。普愿在南泉山弘法,留下了许多公案,如"南泉斩猫",传诵至今。普愿以道为至高本体,以"平常心是道"为禅学思想。普愿弟子甚多,可考者有20

普愿禅师

余人,其中著名的有赵州从谂、新罗道允、长沙景岑、甘贽行者等。

唐和五代是禅宗在池州的第一个繁荣时期,马祖系弟子除南泉普愿外,还有杉山智坚、鲁祖山宝云、灰山昙觊和石头系弟子寿昌院守讷、和龙和尚、嵇山章禅师、双泉道虔等在池州地区弘法。

禅宗在舒州(今安庆市)也十分活跃。大历七年(772),唐代宗李豫谥僧璨名"鉴智禅师",赐三祖舍利塔名"觉寂塔",使三祖寺的名声更加响亮。崇慧(?—779),俗姓陈,彭州(今江苏徐州)人,来到天柱山,选址建寺于玉镜山麓(今天柱山虎头崖景区,距三祖寺约10公里),唐代宗赐额天柱禅寺。慧能别出第三世、乌牙山圆震禅师法嗣法智禅师在太湖县城北四面山建四面寺。到了晚唐,大同禅师住桐城投子山。大同(819—914),俗姓刘,怀宁人。投子山因他而盛极一时,赵州从谂、雪峰义存等禅门大匠慕名来拜访他,留下了"投子打油""雪峰三参投子"等著名的公案。后梁乾化四年(914),大同结跏趺坐而化,世寿96岁,弟子有投子感温禅师等人。

进入宋朝,禅宗在皖江地区得到快速发展,进入又一个空前繁荣时期。弘法地点集中在舒州。宋初,在舒州弘法的禅师众多,如彻闻禅师住持天柱山天柱寺,时望江士众慕其风操,在古北台寺大设供坛,请其为众说法;

伏虎禅师在太湖县建南山寺、崇报寺，在今安庆市城郊建三城寺等。

南宗在宋代已长成参天大树，如大树分枝，形成"五家七派"，其中临济宗风最为强劲，舒州成为临济宗重要的根据地。

临济下六世法远禅师（991—1067），俗姓沈（亦说王），郑州人，住持浮山（今属枞阳县）。宋仁宗嘉祐年间，皇帝赐其法号"圆鉴"。在吕济叔的支持下，法远重建殿宇，使浮山一时寺庙林立，香客如云。当时任滁州太守的欧阳修慕名来到浮山，与法远下了一盘棋，听法远"因棋说法"，深为叹服，而后诚信佛教，传为千古佳话。英宗治平四年（1067），法远圆寂，世寿77岁，遗骨建塔栖真岩内，范仲淹为其撰写了塔铭。法远圆寂后，又有晓云禅师、善本禅师等住持浮山。

临济宗传至石霜楚圆禅师，下分为黄龙慧南的黄龙派和杨岐方会的杨岐派，都在舒州"掠地夺城"。黄龙宗二、三世许多弟子住持之寺在舒州盛极一时，如慧南弟子法宗住持三祖寺，另一弟子德滋山主住持宿松灵隐寺。黄龙慧南传黄龙祖心禅师，祖心弟子甚多，曾在舒州弘法或生活过的有舒州天柱山静修和尚、舒州龙门纯等。其中黄龙惟清最有影响。惟清禅师，俗姓陈，江西武宁人，曾住持潜山太平寺。惟清弟子舒州真乘灵峰慧古禅师，宿松县人，俗姓项，早年试经得度，出住太湖真乘寺，后来迁光孝寺。

而临济宗另一派杨岐派更为兴盛，其二、三、四世弟子也集中在舒州太湖、潜山二县。杨岐方会的弟子中，以白云守端成就最大，声望最高。守端禅师（1024—1072），俗姓葛，湖南衡阳人。在方会处开悟外游住持庐山承天寺等，后应舒州太守之请，来到舒州，历住太平寺、法华寺、龙门寺、兴化寺、海会寺。其中以住持太湖县白云山海会寺时间最长，使海会寺名声大振。宋神宗熙宁五年（1072），守端圆寂，葬

太湖县海会寺千年罗汉松

于海会寺附近木鱼包，墓毁于"文革"期间，今尚存塔石。守端有弟子五祖法演、云盖智本、琅琊永起、保福殊、崇胜珙等禅师，还有著名诗人郭祥正居士。

法演禅师（1024—1104），俗姓邓，绵州（今四川绵阳）人。出家后四处参学，来到江南，首先是到浮山，礼法远禅师。法远觉得自己老了，便让他去投守端禅师座下。法演在海会寺随守端参学多年，终于开悟。法演离开守端后，曾住太湖县四面山大中寺、龙门寺、潜山县太平寺等，晚年住湖北黄梅东山五祖寺，故称五祖法演，前后开法40余年。宋徽宗崇宁三年（1104）圆寂，世寿80岁。法演座下弟子众多，最著名的有"三佛"，也称"东山二勤一远"，即佛果圆悟克勤、佛鉴太平慧勤和佛眼龙门清远，杨岐派通过他们盛传于世。

佛果圆悟克勤禅师（1063—1135），俗姓骆，彭州（今四川境内）人。年轻时到潜山县太平寺投五祖法演座下。开悟后，住持湘西道林寺、镇江金山寺等。晚年，住四川成都昭觉寺，绍兴五年（1135）圆寂，世寿73岁，谥真觉禅师。弟子编有《圆悟佛果语录》20卷。佛鉴太平慧勤禅师（1059—1117），桐城县人。少时从广教圆深禅师出家，试经得度。投潜山县太平寺五祖法演座下，法演命慧勤充当首座和尚。开悟后，接任太平寺住持。在他住持的8年间，太平寺门庭兴盛，法道大播。政和七年（1117）圆寂，世寿59岁。佛眼龙门清远禅师（1067—1120），俗姓李，临邛（今四川邛崃）人。在潜山太平寺法演座下开悟后，即隐居于太湖县四面山大中寺。后应舒州太守王涣之的邀请，开法于崇宁万寿寺。不久移住太湖县龙门寺。宋徽宗宣和二年（1120）冬至的前一天，清远禅师整衣跌坐，向大众辞行，怡然而化，世寿54岁。清远是宋代禅师留给后世语录最多的一位，《古尊宿语录》收其语录8卷。

守端、法演、"三佛"等杨岐派众多弟子来到舒州，又走出舒州，将杨岐宗风吹向海内，甚至远传日本、韩国。他们在舒州留下了许多传法、接法佳话，这些佳话记录在《五灯会元》等诸多禅宗经典之中。杨岐派和黄龙派同时兴起，后来黄龙派法脉断绝，杨岐派也恢复了临济宗旧称，所以临济宗后期的历史，也就是杨岐派的历史。

曹洞宗是由唐代洞山良价禅师和他的弟子曹山本寂禅师创立的，唐朝末年在江浙两湖一带曾相当盛行，然而进入五代以后逐渐衰微。一直到北宋中叶，投子义青禅师又使曹洞宗复兴起来。义青禅师（1032—1083），俗姓李，青社（今河南偃师）人。由浮山法远禅师代传曹洞宗衣钵，曾接替守端禅师，住太湖县海会寺8年，晚年住桐城投子山投子寺，并改寺名为胜因院，大开曹洞宗。义青名声远扬，门下弟子很多，使长期处于沉寂局面的曹洞宗出现了转机，受到世人的再次关注。元丰六年（1083），义青于投子山圆寂，世寿52岁。义青主要弟子有芙蓉道楷、随州报恩、沂州洞山云、长安文禅师。其中，道楷应诏去京城弘法，报恩应诏住持大洪山，二者对宋代曹洞宗的振兴贡献最大。

此外，入宋后，云门宗也进入兴盛时期，许多弟子也在舒州光大宗风。如海会通住太湖县海会寺，投子法宗、投子修顒、投子普聪住桐城投子山，冲会圆智住三祖寺、太平慧灯住潜山县太平寺，灯禅师住桐城王屋山等。

在北宋中叶，舒州一度成为杨岐派、曹洞宗的活动中心，吸引了大量的高僧大德云集而来。那段时期，各个寺院，各位禅师，正如五祖法演所说："每日起来，挂却临济棒，吹云门曲，应赵州柏，担沩山牛，耕白云田，七八年来，渐成家活。"

三、南宋以后的禅净结合

南宋以后，禅宗兴盛局面不再，开始出现衰微之势，禅净渐趋合流。但是，皖江地区仍为禅师们活动的重要区域。

大慧宗杲（1089—1163），俗姓奚，宣州宁国（今安徽宁国市）人。他生活于北宋王朝风雨飘摇之际，创立了禅宗独具特色的参悟方式——看话禅。晚年的他回到家乡，在皖江地区诸多名刹说法。在儒释交涉上，主张"忠义心即菩提心"，调和儒释关系；在佛门内部，推重禅净结合，认为佛与净土不离自心，只要觉悟自性，自心清净，就能速生净土。

楚山绍琦禅师（1404—1473），俗姓雷，四川唐安人，游历江南至舒州，因爱天柱风物，栖止三祖寺2年，又应请住投子山3年。绍琦喜禅能诗，为天柱山、投子山写下许多优美的诗文。

朗目本智禅师（？—1605），字慧光，俗姓李，世居金陵，后迁云南曲靖。曾住持浮山，使浮山禅宗一度十分兴旺，出现了一个较大的禅师群体。其中包括著名的觉浪禅师和无可禅师。觉浪禅师（1592—1659），俗姓张，名道盛，号杖人，为曹洞宗青原下三十六世，福建人，其禅法独具一格，著有《浮山语录》一卷。无可禅师（1611—1671），桐城人，俗名方以智，字密之，号曼公，又号鹿起、龙眠愚者等，是明末清初杰出的思想家、哲学家、科学家。

明末清初，生于或者卓锡皖江的名僧还有：百丈瑞白明雪禅师（1583—1643），俗姓杨，桐城人；性莲禅师（1543—1597），俗姓王，字无垢，太平仙源（今黄山市黄山区）人，住持三祖寺，圆寂后憨山大师为其撰写塔铭；破闇净灯禅师，桐城人，俗姓汪，塔葬于三祖寺；目唐戒可禅师，生卒年不详，湖北黄冈人，于清顺治年间应请来司空山，恢复了祖庭；龙门本昼禅师（1621—1705），俗姓萧，湖北蕲春人，曾住持太湖县海会寺、龙门寺、浙江天童寺等。成书于1933年的《安徽佛门龙象传》记载，这一时期皖江地区还出现了很多苦行僧，如明潜岳永水庵释无心、明采石乳山庵释普明、明当涂青山释海智、明当涂青山保和庵释如慈等。

清咸丰年间，太平天国运动席卷东南，对皖江地区佛教破坏极为严重，大量的佛寺被毁，僧人逃散。运动失败后，各地士绅立即投身于佛教的恢复工作中。

在近现代，大量的名僧或住持或游历过皖江地区佛寺。安庆有太虚、月霞、常惺、持松、慈航、竺庵、本僧、懒悟、度寰、皖峰等；芜湖有谛闲、太虚、光明、普航、律岸、自安、宏志；铜陵有虚云、玉忠等。

新中国成立后，中国佛教"涤垢去尘，重见光明"。据20世纪50年代统计，皖江地区寺庵众多，其中芜湖37座，安庆44座，马鞍山57座，铜陵13座，寺庵总数远远超过省内其他地区。

"文革"期间，佛教遭到严重破坏。"文革"结束后，党和国家对宗教政策拨乱反正，在赵朴初居士的领导下，经国务院批准，首先恢复全国汉传佛教寺庵142座，其中安徽地区15座，除合肥明教寺、滁州琅琊寺外，其余都在皖江地区。二祖道场等大量的名山古刹得到修复，佛教呈现出一片欣欣向荣之象。

第二节 九华山地藏道场的形成和发展

一、金地藏九华垂迹与佛山的初步形成

池州市以东，在江南秀美的群山之中，一山突兀而出，山峰连绵起伏，险峻嵯峨，美不胜收，远远望去，如莲花盛开，瓣瓣舒展，这座山就是九华山。其总面积约120平方公里，北俯长江，南望黄山，西接古城池阳，最高峰十王峰海拔约1342米。佛教传入中国，在沿江地区蔓延时，九华山地处偏僻，还是一片荒莽之地，甚至连个像样的名字也没有。但其奇美风光，还是吸引了佛家的目光，相传东晋天竺高僧杯渡曾来今九华街上建茅蓬。唐开元年间，有僧檀号，于杯渡建茅蓬旧址上建化城寺，但不久即废，仅留寺额。唐天宝年间，大诗人李白漫游而至，住在山麓友人家，美酒助兴，与友人联句作诗，诗中有"妙有分二气，灵山开九华"之句，从此此山被改名为九华山。与李白来到九华山同一时期，一位名叫金乔觉的新罗（主体在今韩国）僧人也锡杖芒鞋地走进了九华山中。

释地藏（696—794），俗称金地藏，又称金乔觉，为新罗王室成员。相传其人"项耸奇骨，躯长七尺，而力倍百夫"，携白犬"善听"，从新罗渡海来华。初抵江南，卸舟登陆，经南陵等地上九华山。

唐至德二年（757）的一天，九华山下乡绅诸葛节等数人结伴登山。到了东崖，见岩洞内唯有释地藏孑然一身，闭目端坐，旁边放一折足鼎，鼎中盛有少数白米掺杂观音土煮的剩饭。面对眼前这位苦修之人，众人肃然起敬，乃共同筹划兴建寺院，供养这位圣僧。

建中二年（781），池州太守张岩因仰慕金乔觉，所以施舍甚厚，并奏请朝廷将"化城"旧额移于该寺，该寺即为今天的化城寺。郡内官吏豪族，纷纷皈依金乔觉，向化城寺捐献大量财帛。一时，金乔觉闻名遐迩，远在其故乡新罗的僧众闻听，也相继渡海来华随侍。

唐贞元十年（794），金乔觉99岁。一天，他忽召众人，言将告别，跌跏圆寂。相传其时"山鸣石陨，扣钟嘶嘎，群鸟哀啼，地出火光"。众人将其肉身置于石棺中，三年后打开来，仍"颜状亦如活时，异动，骨节若撼金锁"。众信徒根据《大乘大集地藏十轮经》中的一些说法，认定他是地藏菩萨示现。于是建一石塔，将他的肉身供于石塔中，尊为金地藏，嗣后配以殿宇，这就是今天九华山神光岭的肉身殿。

这些故事，记载在九华山人费冠卿于元和八年（813）所作的《九华山化城寺记》中。由于费冠卿生活的时代与金乔觉很相近，故此文中的记载一直以来被人们当作信史。

地藏信仰早在唐初就已出现，随着《十轮经》《占察善恶业报经》等的出现，社会上慢慢兴起了地藏信仰的热潮。《地藏本愿经》的出现，将地藏信仰融入孝道文化，进一步迎合了中国人的心理，对地藏信仰在中国的发展产生了重要影响。地藏菩萨执掌幽冥，还发下大愿，"我今尽未来劫，为是受苦众生，广设方便，悉令解脱，我方成佛""若不先度罪苦众生，令其安乐，得至菩提，我终未愿成佛"，深为世人赞叹。金觉乔九华垂迹，使人们在现实生活中看到了真正的"地藏菩萨"，把地藏菩萨作为效法的楷模和得到救赎的依持。九华山由此被视作地藏道场，十方信众来朝。

化城寺、肉身殿出现后，来山进山的僧俗逐渐增多，更多的僧人开始选择在山上建造寺庵。

唐代，九华山陆续建起了海会寺、庆思寺、法乐院、仙风庵、妙峰寺、多宝寺、承天寺、崇圣寺、妙音寺、福海寺、圆寂寺、福安院、双峰庵、九子寺、无相寺、龙池庵等20余座寺庵。名僧有胜瑜、道明、智英、道济、超永、卓庵、悟化等。九华山的奇山秀水也吸引了杜牧、杜荀鹤、张籍、罗隐等一批名诗人，还有神颖、应物、冷然、齐己等诗僧，他们写了许多关于九华山的诗，使九华山名声越来越响。

皖江禅的兴盛，也使一些禅僧来到九华山开设道场。如道济禅师在安禅峰建莲花庵（后改名福安院）；宝月禅师将其师悟化禅师创建的西竺庵改为妙峰寺，属临济正宗，一直传到清朝。

宋代，九华山佛教发展得更快。据统计，宋代九华山寺院新发展了40余座，著名寺院有净居寺、圣泉寺、广胜寺、广福寺、天台寺、翠峰寺、曹溪寺、龙安院、五台院、永福寺、兴教寺等。修持严谨、深究佛理的名僧有玉田、寂祖、云泽、宏济、惟政、广宗、善修等。来寺文人墨客更多，如王安石、苏辙、梅尧臣、文天祥、杨万里等；名诗僧有清宿，在山上主持"九华诗社"；希坦著《九华诗集》；另有寒碧、了机、率庵等人。

九华山作为地藏道场，在人们心中的地位越来越重，名气越来越大。这是多种力量推动的结果：

（1）皇室及当权者的推动。宋代九华山先后被朝廷赐额的寺院有12座。地方官员对佛教极力尊崇，经常上山礼佛观光，倡导并带头捐金建寺。还有不少官员择九华而居，或辞官归隐于九华，提高了九华山的知名度。

（2）民间信仰的推动。金乔觉本人被民间不断神化，人们还建起了相关建筑，如二圣殿、娘娘井、灵官殿等。至今九华山还流传着不少他的故事、传说。随着地藏菩萨十斋日的命名、地藏菩萨圣诞日等民俗节日的出现，地藏信仰更加具体化。如赶地藏会、点地藏灯、守地藏塔、过素年等民俗，其形成虽然没有明确的时间可考，但与人们日常生活和心灵紧密结合，也使地藏信仰进一步深入人心。

（3）名僧的推动。像上文列举的许多名僧。在宋朝，特别值得一说的有大慧宗杲禅师，他曾经礼佛九华山，在九华山上传临济宗，作有《游九华山题天台高处》等。宗杲于径山寺圆寂后，九华山僧徒认为他是佛经中所载的"提洹羯佛"，即"定光佛"示现，尊其为"定光佛"，铸了一尊很大的铁佛像，供奉于化城寺（可惜后被毁）。九华山人称："释氏佛、菩萨皆出西方，惟地藏菩萨为东方新罗国人，惟定光佛为中华宁国县人。"

（4）文人和名流的推动。文人以诗文描绘九华山佛国风光。同时，他们也在大力推崇地藏信仰。像唐李白就写有《地藏菩萨赞·并序》，其中称赞道："赖假普慈力，能救无边苦。独出旷劫，导开横流，则地藏菩萨为当仁矣。"宋代"三苏"都很推崇地藏信仰，宋英宗治平三年（1066），苏洵过世，苏轼、苏辙兄弟曾奉绢一匹，请辩才禅师为父母造地藏像一尊。苏轼在《葬枯骨疏》中表达心愿："尊释迦之遗文，修地藏之本愿；起燋面之教法，设梁武之科仪。"

二、明清时期九华山佛教的鼎盛

皇室、民间信仰、名僧、文人和名流等的进一步推崇,使九华山地藏道场地位在明清时期得到确立、巩固,也使九华山跻身中国佛教四大名山之列。

九华山九华街景

元代,九华山佛教基本保持宋代的面貌。明朝建立后,明皇室对九华山佛教给予大力支持。洪武二十四年(1391),赐银修葺化城寺。永乐二十年(1422),明成祖封妙峰寺妙广和尚为"护国瑜伽上师",并赐金襕袈裟。景泰年间(1450—1456),敕封净居寺住持圆慧为"大度禅师"。宣德二年(1427),万历十一年(1583)、三十一年(1603),又屡赐银修复化城寺和肉身殿。万历十四年(1586)、二十七年(1599)先后降旨颁赐《藏经》。

明代九华山重修和重建的寺庵有天台寺、招隐寺、德云庵、真如庵、华云庵、长生庵、龙庵、摘星庵等30余座。化城寺一带盆地中寺庵林立,成为九华山佛教的中心。主刹化城寺于洪武二十四年(1391)建立丛林制度后,逐渐发展为拥有东西两序72所寮房的总丛林。全山范围的寺庵(包括前山和后山的茅蓬、精舍)达100余座。常住山上的僧众日益增多,信徒朝山岁无虚日。

明代，九华山涌现出许多修行高僧，如宗琳、法鉴、福庆、道泰、龙庵、佛智、性莲、智旭、无瑕等。

明末四大高僧之一的蕅益大师（1599—1665），对地藏道场的巩固起了相当大的作用。蕅益大师20岁丧父，因闻《地藏菩萨本愿经》，发心出家，并从此与地藏信仰结下不解之缘，终其一生尽力弘扬、赞叹地藏信仰。他撰写的《占察善恶报经玄义》等大量文字，鼓励末法时代众生行地藏法。在《海灯油疏》一文中，他说："地藏大士以无缘慈力，同体悲心，示居九子峰顶，遍救尘沙含识。肉体灵塔，四海归依。"崇祯九年（1636），他还亲往九华山拜谒金地藏塔，写下著名的《九华地藏塔前愿文》。其住九华山华严庵，登坛讲《华严经》和《地藏菩萨本愿经》，也开了九华山佛教教育的先河。

今天九华山百岁宫里，供奉着一尊著名的肉身菩萨，这位菩萨是明代人。

这个人叫无瑕禅师（1499—1623），又名海玉，顺天苑平（今北京丰台）人。于万历年间来九华山东崖峰结茅，名摘星亭，用功苦修，隔绝尘世，饥食野果，渴饮山泉，耗时28年，以指血调银珠濡笔恭书《大方广佛华严经》一部。天启三年（1623）往生，世寿124岁。众徒将其遗骸置于缸中，3年后启缸，见其颜面如生，于是装金龛供奉，并奏闻朝廷。崇祯三年（1630），敕封万年禅寺（即百岁宫）已圆寂的无瑕和尚为"应身菩萨"。

明代有许多著名文人、名流朝山礼佛，如王守仁、袁中道、堪若水、王世贞、汪道昆、汤显祖、董其昌、王思任等。王守仁（1427—1528），浙江余姚人，明代文学家、哲学家、教育家，多次登临九华山，并仿金地藏，竟日宴坐东崖峰头，吟咏九华的诗多达50余首，使九华名声更加传扬天下。僧人中擅诗文者有智仁、忍草、敬简、禅渡等。

明人吴文梓在《建东崖佛殿碑记》中说："四方之登山者，岁不下十万人，佛号连天，哀求冥福。"由此可见明代九华山佛教的兴盛。

清朝，九华山佛教进入辉煌时期，"大九华"之名响彻海内外。

清代皇室崇尚佛教，从康熙南巡时起，就从精神和物质上给九华山佛教以支持。康熙四十三年（1704），康熙派大臣朝山进香，赐银300两。第二年又赐御书"九华圣境"。康熙四十八年（1709），再次派内务府官员到九华山进香，并赐银百两。乾隆三十一年（1766），乾隆赐御书"芬陀普教"，并遣钦差朝山进香。

地方官府也给予九华山佛教极大的支持。清初，九华戒坛乏人，安徽巡抚喻成龙亲往浮山，三请兴斧和尚来九华，"始获提倡宗风，敷演戒律"。由于官绅和信徒的捐助，清代中叶全山新建、扩建了众多的寺院，达150余座。化城寺拥有72所寮房，其中一些寮房又称"禅林"或"禅院"，后相继分衍出祇园寺、百岁宫、东崖寺等丛林。

清咸丰年间，太平军起，因为太平军反佛，故大多数寺庵毁于战火，化城寺周围仅剩10余所寮房。战争结束后，经过30年时间九华山方才恢复元气。光绪年间，光绪帝给甘露寺、百岁宫等寺院颁赐《龙藏》，绅商及信徒也竞相捐输。当时修复寺院20余座，并兴建了一些茅蓬、精舍。至清末，全山寺院达到150余座，其中有名的新寺有旃檀林、九莲庵、天然庵、华云庵、吉祥寺、心安寺、松树庵、西竺庵等。祇园寺、东崖寺、百岁宫、甘露寺仍保持着"四大丛林"的格局。

清代九华山佛教以禅宗为盛。康熙六年（1667），临济名僧玉琳国师礼佛九华，弘禅说法。受他的影响，其高徒宗衍禅师建的上禅堂、洞安建的甘露庵（甘露寺前称）均先后成为丛林。明末清初，临济僧人古涧从普陀山来九华山，住莲花洞数十年，倡导农禅，皈依者日众。清咸丰、同治年间，九华山百岁宫住持高僧宝悟同江南诸寺的宝初、宝月、宝印被共尊为"临济四宝"。

清末，江南禅宗"五老"之一的高僧清镕、近代高僧虚云等人皆各弘禅法于九华山，致使当时禅风大盛。曹洞宗云门系第二十八世高僧明雪住持聚龙庵，遐迩闻名。光绪年间，曹洞宗禅宿大根住持祇园寺。其后，宽慈、宽扬等相继整肃禅规，保持着"临济宗，曹洞法"的状况。百岁宫从明雪开始，自成一系，发展为曹洞宗的另一分支，至清末民初时其住持月朗被尊为第四十一世传人。此外，清代九华山名僧还有隆山、圣传、宝悟等。

特别值得一说的是，光绪二十四年（1898），高僧月霞法师等人在九华山后山翠峰寺开创"华严大学"，进行僧伽教育。当时普照法师主讲，月霞、可安佐之。时天宁寺治开法师来九华，对"华严大学"予以捐助。这所大学为佛教界培养了虚云、心坚、直妙等优秀僧伽人才，开创了我国佛教教育史上开办佛学院培养僧才的先例。

清代朝山礼佛的文人、名流有袁枚、赵国麟、施闰章、魏源、查慎行、周赟、康有为等。周赟（1834—1911），宁国人，曾主修《九华山志》，绘有《九华山水全图》，写了大量有关九华山的诗作，为九华山佛教文化的传承做出了很大的贡献。九华山僧人中，擅诗文者有杜多、敬简、力堂、心静、尘空、了然、神驹等。

清代的九华山不仅被公认为中国佛教四大名山之一，而且被当作第一名山。如："第一名山振八方，披烟带雾步云堂。"（张思信、张思齐《宿九华山》）"四大名山此第一，二三朋好喜同来。"（范铸、张思齐《宿九华山》）

三、二十世纪的九华山佛教

近代以来，社会动荡，九华山作为地藏道场，成为乱世中人们心灵的依持，因此朝山礼佛者依然不减，仍保持着佛教名山的局面。

1914年，九华山佛教会成立，该会为"本山总机关，由丛寮组织之，其性质与地方自治相近"。其管辖范围，包括青阳县和九华山区境内的寺庵，还延伸到邻县的部分寺庵，北至铜陵县大通和悦州的莲花寺，西北至贵池的低岭庵（即乐善寺），南至石台县鱼龙洞的观音庵。

北洋政府和南京国民政府的上层人士对九华山佛教也表示支持。1917年，大总统黎元洪为肉身殿、万年禅寺题匾，并赐给两寺《藏经》各一部。1922年，安徽省省长许世英于翠云庵石板路旁石壁上刻"江南第一山"。1933年，于右任为祇园寺大雄宝殿题匾。1935年，国民政府主席林森在安徽省政府主席刘振华陪同下巡视九华。1937年，蒋介石为乐善寺题词"宣扬佛典"。民国建立至抗战全面爆发前，九华山佛教由于信众的护持，兴盛一时，香火旺盛。全山寺庵达150余座，百岁宫、东崖禅寺、祇园寺、甘露寺、上禅堂、莲花寺、乐善寺等相继发展成九华山七大丛林之一。1919年，中闵园一带新建一批比丘尼精舍，结束了九华山没有比丘尼住山修道的历史。

1937年，抗日战争全面爆发，皖江大部分地区沦陷，九华山被政府划为军事要地，不准民众朝山进香，佛教面临困境。加上寺院在外地的地租收入锐减,许多寺院失修,僧人连生活都有困难。1940年,日军进山扫荡,东崖下院、法华寺、九莲庵等6座寺院被炸毁。抗战胜利后,接下来的解放战争使九华山佛教陷于更加凋敝的境地,不得不向外化缘修复佛寺等设施。

民国时期,九华山高僧有法华寺住持心坚法师、东崖寺住持容虚法师、百岁宫住持月朗法师、祇园寺住持宽扬法师、无相寺住持果建法师、东崖寺住持定慧法师、天台寺住持义方法师等。当时国内一些名僧,都曾来礼佛九华,如太虚大师、圆瑛大师、十三世达赖喇嘛土登嘉措、弘一法师等。太虚大师考察九华山佛教时,做了《对于九华山佛教的感想》的发言。弘一法师于1934年礼佛九华,并为《地藏菩萨垂迹图》题赞,后刊印发行。九华山还与国外展开佛教交流,继清末朝鲜国贡使赵玉坡居士来山礼佛后,1933年,印度、朝鲜、日本等国均有僧人来九华朝圣、受戒。

九华山佛教教育与学术受到重视。1929年至1934年,容虚法师倡议并主办"江南九华山佛学院",为佛教界培养了一批僧伽人才,受到中华全国佛教总会的嘉奖。义方法师在九华山研习明版《藏经》八年,容虚法师研究日本佛教亦颇有心得。1938年,印光法师重修《九华山志》。1947年,扬州高旻寺了愿法师在祇园寺光明讲堂主讲《地藏经》两月有余。来山文人、名流有杨文会、周学熙、高鹤年、蒋维乔、张大千、林森、唐式遵等。

新中国成立后,在中国佛教协会带领下,中国佛教"涤瑕荡垢,重见光明",摆脱了封建政治和经济的束缚,努力与社会主义相适应,为保卫和平运动、社会主义建设发挥积极作用。九华山佛教像全国佛教一样,获得了新生。

新中国成立初期,九华山存有寺庙90余座,僧尼200余人。为保护佛教名山,人民政府在九华山建立了管理机构,贯彻执行党的宗教信仰自由政策。全山实行土地改革,僧尼同当地农民同等分得山林和田地,寺庵农禅并重。1951年至1957年,政府拨款重点维修祇园寺、化城寺等9座寺院。1956年至1957年,九华山接连举行了几次重大佛事活动。1962年,九华山佛教协会正式成立,宏瑞法师当选会长。

"文革"期间,部分寺庵被拆毁,一些僧尼被迫还俗或外流,香火濒绝。1978年拨乱反正,九华山佛教生机再现。特别是改革开放以来,九华山佛教呈现出一派兴旺局面。

　　1982 年，九华山被列为第一批国家重点风景名胜区。九华山佛教和旅游业互相促进，共同发展，极大地推动了新时期地藏信仰的蓬勃兴起，地藏道场在国际上的地位和影响也在不断提高和扩大。1983 年和 1984 年，国务院、安徽省人民政府分别发文确定九华山 9 座名刹为汉族地区佛教全国重点寺院，30 座名刹为省重点寺院。这些寺院在政府拨款和信徒资助下陆续修葺开放。1986 年 9 月，祇园寺首先恢复丛林制，仁德法师升任方丈。至 1998 年，全山累计投资 1.5 亿元（其中 98 万元为政府拨款）整修、重建寺院，建筑面积达 10 多万平方米。

　　晚年的仁德长老"誓做地藏真子，愿为南山孤臣"，发下建造地藏菩萨大铜像的大愿，于 1998 年得到中佛协和国家建设、宗教部门的批准。在十方信士的共同支持下，大铜像立于巍巍狮子峰与笔架峰下，于 2013 年正式开光，所在的大愿文化园成为九华山全面阐释地藏信仰、富有现代气息的新圣地、新景点，为九华山佛教史写下光辉的一篇。

　　重佛教教育、学术和文化交流的优良传统得到弘扬。1985 年，九华山佛协开办僧伽培训班，在此基础上，1990 年开办九华山佛学院。连续 5 次举办有关地藏信仰的学术研究会，还举办了两届中韩南泉普愿禅学研讨会。

　　佛教国际文化交流空前活跃。1955 年，在赵朴初居士的安排下，义方法师随中国佛协代表团访问缅甸，这是九华山佛教徒首次出国访问。到 20 世纪 80 年代，这种佛教交流逐渐增多，如：1984 年，美国佛教青年会会长乐度法师、加拿大佛教协会副会长诚详法师礼佛九华；1986 年，新加坡佛教总会副会长广洽法师礼佛九华，仁德长老等人应邀参加日本"水子供养塔"落成五周年活动；1991 年，仁德长老邀请韩国 18 人组成的朝山团来山访问，双方互赠礼品和宣传材料，这是九华山自对外开放后首次与韩国佛教信众的交往。此外，还有世界百余国家信徒、游客前来礼佛九华山。

　　新中国成立以来，九华山先后出现的名僧有义方、本净、宽成、明心、仁义、仁德、大兴等。他们戒行清净，如仁义、大兴等修成肉身，名扬海内外。先后来游的名僧和各界人士有海灯法师、喜饶加措、懒悟、李可染、王冶秋、万里、谢晋、曹禺、张劲夫、黄镇、王丙乾、严济慈、赖少其、崔乃夫、柯蓝、广洽、宏船、邓力群、赵朴初、刘宁一、任务之、谷牧、圣一、乔石、刘海粟等。

今天的九华山已真正成为一个引人入胜的莲花佛国，梵宇林立，佛事庄严。地藏信仰之光从九华山上普照全世界，普照每个人的心灵。

第三节 皖江地区的居士佛教

一、古代皖江居士佛教

居士处于佛教僧团和普通信众之间，对于佛教的发展起着重要的推动作用。皖江地区佛缘殊胜，居士佛教一直很兴旺，出了不少知名大居士，他们就像尘世中盛开的莲花，发出灿烂的光华。

佛教传入中国不久，即由东汉楚王刘英带到今天的安徽，渗透到皖江地区。刘英即是早期贵族阶层中佛教居士的代表。

魏晋南北朝时期，是居士佛教发展的兴旺时期。皖江居士，首推潜山县（一说霍山县）人"两何"——何充、何准。何充（292—346），字次道，晋朝重臣。他雅好奉学，崇修佛寺，供养沙门，不惜"征役吏民，功赏万计"。建元元年（343），何充舍宅为建福寺，以居比丘尼。他曾积极上书，阻止"沙门敬王令"的推行。在他看来，佛教系修善之法，沙门乃修善之人，听任佛法流布，沙门不拜，有助于巩固王权，这是他对佛教的一大贡献。何准，何充之弟，当朝国丈。自幼喜读书，其虽贵为国丈，兄又是朝中重臣，但何准为人谦和，清心寡欲，《世说新语》说他"唯读佛经，营治寺庙而已"。其女何后，亦信佛受戒且能讲佛典，建有永安寺（俗称何后寺），由比丘尼昙备居之。

南朝时，许多皇帝都是虔诚的佛教居士。皖江地区时属陈国，陈国几代皇帝——陈武帝、陈文帝、陈宣帝、陈后主都以梁武帝为榜样,大力扶植佛教,极大地推动了皖江地区佛教的发展。

萧统(501—531),字德施,小字维摩,梁武帝萧衍长子,立为太子,但未及即位就去世了,谥号"昭明",故后世又称"昭明太子"。他主持编撰了《文选》,又称《昭明文选》。这位昭明太子在他父亲影响下,也皈依了三宝,受菩萨戒,热心佛事活动。他曾到沿江各地弘法、读书,在今天皖江地区,许多地方都留有关于他的传说和遗迹。

石城(今贵池)曾是昭明太子的封地,石城人尊奉昭明太子为土主,他对池州民俗、佛教影响很大。相传他喜欢坐在江中礁石上读书或观看风景,故后人将江中礁石称为"太子矶"。吴师道碑记记载,昭明太子曾到过石城山区,为隐山寺题额,宋徽宗还对此额做了一番考证,盛赞昭明太子"笔势雄雅庄重"。昭明太子还曾到宿松县,为了弘传佛学,他请人抄写《金刚经》32部,分送到沿江各大寺供僧人研读。后人将其分发经书之处,称作分经台,并建法华寺。

唐代是中国禅宗发展的繁荣时期,从上到下,皇室重视佛教,社会各阶层人士广泛参与到佛教活动中,居士佛教尤其是居士禅宗十分兴盛。

禅宗南北分灯后,北宗一度占据京城。嵩山普寂禅师门下,有居士独孤及(725—777),其字至之,河南洛阳人,曾任舒州刺史。他到潜山三祖寺,书写了《舒州山谷寺觉寂塔隋故智镜禅师碑铭》,碑铭所述对象是三祖僧璨,但落脚点则是确认北宗普寂的正统地位。独孤及因强调"七叶之遗训"而卷入禅宗内部派系之争。

白居易(772—846),字乐天,祖籍太原,晚居洛阳香山,自号香山居士,为马祖道一门下佛光如海禅师弟子。白居易年轻时即崇儒信佛,在参禅悟道中寻求闲适之乐。他曾贬为江州(今江西九江)司马,其间经常到皖江地区拜佛观光。今马鞍山、枞阳浮山、潜山三祖寺、太湖县白乐山等地都留有他的踪迹,还有一些题咏。

今太湖县城之北,有一山如金字塔般耸出群峰,人称四面山,相传唐宣宗曾在山上生活了很长时间。

唐宣宗李忱(810—859),为马祖门下杭州齐安禅师弟子。他是唐宪宗李纯的第13个儿子,封光王,在残酷的宫廷斗争中长大。武宗即位后,剪除异己,不但毁灭佛教,而且无道好杀。李忱悄悄逃出宫廷,来到这四面山四面寺祝发为僧,韬光养晦。《庚溪诗话》记载:"唐宣宗李忱,宪宗李纯之子,微时,其兄穆宗(李恒)忌之,于是遁迹为僧,游至四面寺。"宋代地理学家王象之《舆地纪胜》中也有提及:"大中寺,太湖县北十五里,法智禅师道场。有四面山和双泉,唐宣宗隐居之地。《碑记》云,四面山大中寺唐碑,在太湖县北十五里。"李忱曾写诗咏四面寺前瀑布:"穿山渡石不辞劳,到底还他地步高。溪涧岂能留得住,终归大海作波涛!"不过,关于李忱隐居地和这首诗,流传的版本甚多,有说他写的是杭州,有说他写的是福清,有说他写的是泾县。

普愿禅师住池州南泉山,门下弟子众多,其中有著名居士陆亘、甘贽。

陆亘(764—834),字景山,吴郡(今江苏苏州)人。曾任宣歙观察使,在任上,闻听普愿禅师在南泉山,于是与官员一起迎普愿下山,拜普愿门下。陆亘与普愿的关系,以及他们之间大量对话及禅语,为后代禅人津津乐道,有人认为陆亘的禅学达到了不亚于庞蕴的水平。

甘贽,人称甘行者,池州曹山人。其在普愿处得法后,常于家中接待、勘念禅人。据说他还接待过岩头全豁、雪峰义存这些著名禅师。如全豁曾在他家过夏,与他逗弄锋机。全豁问:"行者接待不易。"甘贽答:"譬如喂驴喂马。"甘贽后来舍宅建龙门寺,寂后葬于曹山。

宋代,以临济、曹洞宗为主的皖江禅进入一个极为辉煌的时期。许多士大夫作为佛教居士,或生、或仕、或游于皖江,皖江居士禅宗也随之兴旺一时。

杨杰,生卒年不详,字次公,号无为子,无为人。其为宋嘉祐四年(1059)进士,先历任太常、礼部员外郎等京官,后又外任润州(今江苏镇江)、两浙提点刑狱等地方官。他是天衣义怀禅师的弟子,属云门法系。熙宁末年,杨杰丁母忧,归乡闲居,阅读藏经,遂归净土。他提倡唯心净土的同时,主张"一心观念",观想成佛。

王安石(1021—1086),字介甫,抚州临川(今江西临川)人,北宋著名的文学家、政治家。王安石曾在舒州任通判,于舒州治所天宁寨上筑室读书，后人称其为"舒王台"。其尤爱舒州山水，咏题潜山、天柱山诗甚多。皇祐三年（1051），王安石携弟王安国同游三祖寺，在寺僧文铣的陪同下，兄弟秉火夜游石牛古洞，并题刻于洞壁。

张同之，生卒年不详，字野夫，和州历阳（今和县）人，举进士，特授承议郎，知舒州。庆历元年（1041），张同之移江西路转运判官，后弃官学道于浮山壁立岩，相传辟谷仙去。今浮山张公岩因其得名。现存遗迹甚多，有张公炼丹楼、石澡盆、石脚盆、杵药池。

黄庭坚（1045—1105），字鲁直，号涪翁，自号山谷道人，洪州（今江西修水）人，北宋诗人和书法家，是临济宗黄龙派祖心禅师弟子。宋元丰三年（1080），黄庭坚从汴京到江南赴任，路经舒州，为潜山名胜所吸引，在此盘桓多日，有诗文记之。宋徽宗初年，黄庭坚知舒州，再游天柱山，留诗多首。黄庭坚还曾游浮山，为善本禅师画像，并为其著作写序。

李公麟（1049—1106），字伯时，号龙眠居士，桐城人，著名画家。李公麟因风痹归居桐城龙眠山，创作了大量的佛教绘画和禅诗。

陆宰（1088—1148），字元钧，越州（今浙江绍兴）人，南宋爱国诗人陆游之父，官至朝靖大夫，值秘阁，为北宋文学家、藏书家。重和二年（1119），陆宰携黄安时、曹无忌、张济等名流游浮山，在金谷、枕流岩有题刻。并游天柱山，赋诗赠寺僧惟照、号照。

临济宗下分杨岐、黄龙二派，都十分重视居士佛教。杨岐一世祖方会禅师曾明确表示：禅宗的发展不能离开官僚士大夫的扶助，更不能没有皇帝的支持。二世白云守端禅师从江西庐山迁居太湖县白云山海会寺，杨岐派中心也随之移到皖江地区。守端传五祖法演禅师，法演传"演门三杰"（佛鉴太平慧勤、佛眼龙门清远、佛果圆悟克勤），在皖江舒州经历了约百年的兴盛时期，最终将杨岐派发扬光大，使之成为临济正宗，远传日本、韩国。

守端禅师门下有提刑郭祥正，清远门下有给事中冯楫，克勤门下有签书枢密院事徐俯、郡王赵令衿、侍郎李弥逊等，这些人都是当时很有名望的大居士。

郭祥正（1035—1113），字功父（功甫、公甫），号谢公山人、醉吟先生、漳南浪士、净空居士,当涂县人,北宋杰出诗人,梅尧臣称赞他:"天才如此,真太白后身也。"宋神宗熙宁八年(1075),郭祥正任桐城县令,与时在投子山的修颙、惠云禅师,浮山的洪莲禅师相交甚密。郭祥正后来辞官,一心投入宗门,参究生死大事。宋仁宗皇祐四年(1052),守端禅师住庐山归宗寺,祥正居士即往参心要。后守端移住舒州白云海会寺,郭祥正经常去请教,在海会寺开悟。郭祥正还有诗赠守端禅师。

冯楫(1001—1099),字济川,自号不动居士,遂宁人,宋朝名臣,曾任宰相。其虽在仕途但不忘佛学,遍参名宿。他曾在太湖县龙门寺住过一段时间,从清远禅师参学。

到了明代,居士佛教随着佛教的衰微而衰微。但至明中叶,王阳明心学兴起,居士佛教又活跃起来。明末出现四大高僧,他们几乎都到过皖江地区,在他们身边,也聚起了一个较大的居士群。

孙叔子,生卒年不详,桐城人,出身于一个居士之家,其父自称镜吾居士。孙叔子年二十从莲池大师,受五戒,得法名大圩,归而断荤血,弃学业,修念佛三昧,勤苦不惜身。一日,见观音大士来接,含笑而逝。

吴应宾(1564—1635),字尚之,桐城人,一字客卿,号观我,著名科学家、哲学家方以智的外祖父。明万历十四年(1586)进士,授翰林院编修,后以目疾告归。住浮山,与乡绅阮自华一起致力于浮山佛教事业的恢复。

阮自华(1562—1637),字坚之,号澹宇,原籍桐城(今属枞阳)。万历年间进士,在任上,与吴应宾致力于弘扬安庆佛教。万历二十五年(1597),他们二人捐巨资重修了马祖道一道场——潜山县马祖庵,并迎请达观和尚卓锡。阮自华题名"嘉平馆",吴应宾撰写了《佛光寺选佛道场记》。阮自华还为安庆佛教做了一件大事,那就是倡建了著名的迎江寺。

明清两朝,净土念佛在社会上进一步普及,在皖江地区涌现了许多戒行清净、念佛圆满、堪为人师的居士。《安徽佛门龙象传》记载:在净土上,有清青阳吴毛、清池阳陈君魁、石台陈正有、无为陈性良,还有女居士明桐城方氏、石棣徐母杨氏、无为胡氏了常、桐城马夫人姚氏、无为沙氏了慈等。

从清末到现当代，皖江地区居士佛教天空上升起中众多灿烂的明星，他们是石台的杨文会，太湖的赵朴初，东至的以周馥、周学熙、周叔迦、周绍良为代表的周氏家族。（下文另节专述）

太平天国运动结束后，一批居士和善信迅速投身于对皖江佛教的恢复工作中。安庆作为当时的省会，也是全省的佛教中心，聚集了一批佛教居士。

柏文蔚（1876—1947），字烈武，寿县人。早年参加强国会等反清组织，北伐时任33军军长。晚年因与蒋介石政见不同，转而信佛，自号松柏居士，筑室于安庆东郊渔湖之畔，额曰："松柏山房。"

李光炯（1870—1941），名德膏，枞阳人。曾组织岳王会反清，民国成立后任安徽都督府秘书长，后投身于教育事业。晚年专心研究佛学，潜心内典，发愿济世，写有学佛心得《楞严经科会》。

魏曙东，生卒年不详，桐城人。参加过辛亥革命，曾任安徽省警务处代处长，晚年笃信佛法，抗战时被选为安徽省佛教会理事长。

徐平轩（1890—1967），名国治，石埭（今石台县）人。其母杨氏为居士，受母亲影响而信佛，早年在北京、上海、南京、重庆、安庆等地从事慈善赈济及佛经收藏、刻印和流通事业。新中国成立后，主持金陵刻经处工作。后病逝于石台。

李天笃（1888—1946），字声和，号星赉，太湖县人。毕业于京师法政学堂，曾任安徽省长公署自治筹备处主任秘书。遍游全国各地名胜古迹，悉心研究佛学。其任安徽省佛教会名誉理事长期间，曾在九华山开讲《华严经》。

乌以风（1901—1989），字冠君，号"忘荃居士""一峰老人"，原籍山东聊城，后定居潜山野寨。1928年就读于北京大学哲学系，1942年担任天柱山开发委员会委员。撰述过《天柱山志》等著作。

禅，通过居士们的传播，从而更加深入社会和人心。在修禅者看来，禅是一条河，冲走了尘世中的肮脏；禅是一枝花，为人们带来了美丽和芬芳。

二、"现代中国佛教复兴之父"杨文会

近代中国,外受侵,内不宁。数不清的佛教寺院、文物和典籍,在熊熊的战火中灰飞烟灭。幸有杨文会一双大手,于烈火中抢救出众多法门珍宝。

杨文会(1837—1911),字仁山,石埭(今石台县)人。他是近代佛教复兴的启蒙者,美国哈佛大学东亚研究中心的宏姆斯·韦尔契教授誉之为"现代中国佛教复兴之父"。

杨文会的父亲杨朴庵与清代重臣曾国藩是同年进士,父亲去世后,杨文会开始仕宦生涯。一次,他感染了时疫,大病一场。病好后,他读到一本《大乘起信论》,书中所写令他有醍醐灌顶之感,心中许多疑问顿然有解。他由此发起信心,皈依了佛教。

杨文会

杨文会阅读了大量佛经,解行大增。后来他游学欧洲,经过深入对比之后,认为中国的出路,不在学习西方技术和政体,而重在教化提高人的素质,于是决定以佛教之弘扬,来改善人心和社会。杨文会从佛、法、僧三宝中的法宝和僧宝入手,实实在在兴办佛教事业。一方面以刻经来促进佛教流通,弘扬佛法;另一方面开办佛学教育,培养佛教人才。

那时候的中国人,不说修学佛法,就连一本佛教书都很难看到。1866年,杨文会在南京创立金陵刻经处,开始刻经事业。他亲自主持刻经事务40余年,其编订的《大藏辑要目录》收三藏要典460种,3300余卷,广泛包括各派的重要经论及注疏,古德重要著述及宋元以后的重要佚著。在他的带动下,全国各地纷纷响应,长沙、扬州、常州等地也成立刻经处,并且均以金陵刻经处的刻经版式和校点为统一体例,使得佛经广为流布,佛经不再一书难求。

1907年,杨文会于金陵刻经处创立佛教学校祇洹精舍,开启了现代佛教教育的先河,大力绍隆佛种,培养人才。其教学内容兼容并包,学生不

仅要学习佛教典籍，而且要学习普通学校的课程，如语文、算术、历史和外文。同时，学堂分为教内班和教外班，分别招收佛教信徒和非信徒。外班以学普通课程为主，兼读佛书；内班以学佛为本，兼习普通课程。1910年，杨文会又创立佛学研究会，每月开会一次，每周讲经一次，延续祇洹精舍的佛学教育，培育僧材。杨文会培养了一大批佛学人才，包括谭嗣同、桂柏华、黎端甫、太虚、章太炎、谢无量、欧阳渐、蒯若木等著名人物，梁启超、沈曾植、陈三立、夏曾佑、汪康年等一批政治活动家、思想、学者也深受杨文会影响。

　　刻经与办学，使杨文会成为清末佛教复兴运动的领袖，而其自成一家的佛教理论，更使他成为这一运动的导师。杨氏对佛教的理论梳理，表现出综合百家，打通中外的恢宏气象。面对佛教各派存在"门户之见，牢不可破"的现状，杨文会认为这是振兴佛教的一大障碍，必须在教理上予以抉择。经过长期的实践与研究，他认为佛教各派中华严宗与净土宗最具兼容并蓄、普摄群机的功效，因而在教理上推崇华严，在修持上笃行净土，即"教宗贤首，行在弥陀"。

　　1911年10月8日，位于古城南京延龄巷的"金陵刻经"处，南京佛学研究会正在召开一个紧急会议，会长杨文会病情日趋严重，寄语与会者选举新会长并延续刻经事业不辍。下午，杨宅传出哀讯，杨仁山居士舍报而去，享年75岁。

　　杨文会生有五子二女，其幼女受到父亲的影响，自幼持斋茹素。杨文会的两个孙女，另外还有一个表侄孙女，加上自己的这位幼女，都认为当时婚姻制度不良，决心终身不嫁，持斋学佛。杨仁山思想开明，同意了她们的想法。于是在光绪年间一段时间里，仁山老居士家中有四个带发修行的少女。光绪十一年（1885），杨文会幼女21岁，于扬州砖桥法藏寺的妙空长老处剃度出家。65岁那年，在天印庵圆寂。

　　欧阳渐在《杨仁山居士传》中赞扬杨文会对清末佛学的"十大功德"："一者，学问之规模弘扩；二者，创刻书本全藏；三者，搜集古德逸书；四者，为雕塑学画刻佛像；五者，提倡办僧学校；六者，提倡弘法于印度；七者，创居士道场；八者，舍有女为尼，孙女、外甥女独身不嫁；九者，舍金陵刻经处于十方；十者，舍科学伎艺之能，而全力于佛事。"这"十大功德"堪称杨文会一生的真实写照。

三、杰出的爱国宗教领袖赵朴初

2000年5月21日，赵朴初居士在北京逝世。次日，《北京晚报》发了一条消息，标题为"赵朴初昨日留下财富走了"。赵朴初给世人留下的，是怎样一笔丰厚的财富！

赵朴初（1907—2000），辈名荣续，太湖县人。生前担任全国政协第九届全国委员会副主席、中国民主促进会中央名誉主席、中国佛教协会会长，是著名的社会活动家、杰出的爱国宗教领袖。

赵朴初

赵朴初1907年生于安庆，1911年受辛亥革命影响，回到祖居地太湖县寺前河生活，在家乡接受了启蒙教育。其家乡太湖县佛教历史悠久，寺院林立。母亲陈仲瑄（1883—1947）是个虔诚的佛教信徒，经常带着赵朴初到寺院上香，在赵朴初幼小的心里植下佛种慧根。先祖赵文楷是嘉庆元年（1796）状元，其家"四代翰林"，厚重的家学熏陶着赵朴初，为他伟大的一生打下了坚实的基础。

1920年，赵朴初到上海读书，依大姨关静之、大舅关炯之生活。1926年，因病从东吴大学肄业，回到觉园关家养病。在关炯之推荐下，他进入佛教界工作，从江浙佛教联合会文书一直做到中国佛教会主任秘书。

1937年8月13日，淞沪会战打响，日寇飞机、炮舰对上海狂轰滥炸，无家可归的难民在街上哭成一片。时在上海慈联会上班的赵朴初和朋友吴大琨各手执一面红十字小旗，冒着枪林弹雨，带成千上万的灾民脱离险境并安顿好。慈联会下设了一个战区难民委员会，统筹难民的收容救济工作，赵朴初任收容股主任，主持办起难民收容所50多个，收容难民50多万人。

当时，许多地下党人在难民收容所得到掩护。1938年，赵朴初在上海地下党的帮助下，以超人的胆识和智慧，将700多名青壮年难民送往皖南新四军驻地，为抗战输入了有生力量。1942年，安置难民工作结束后，赵朴初又挑起了担任上海流浪儿童教养院院长的重担。上海在解放前，赵朴初说服圆瑛大师等高僧大德留在上海，为稳定上海佛教四众的思想和保护上海佛教做了大量卓有成效的工作。1949年9月，赵朴初和巨赞法师作为佛教界代表，赴京参加了10月1日举行的开国大典。

1953年，由赵朴初等人发起的中国佛教协会成立，赵朴初当选为副会长兼秘书长，主持中国佛教协会日常工作，他大力号召佛教徒与全国人民一道，紧密团结在中国共产党和人民政府周围，为实现第一个五年计划而奋斗。按照周总理指示，赵朴初充分利用佛教文化交流这条纽带，开展与邻国的民间外交。20世纪五六十年代，赵朴初如一只不知疲倦的和平鸽，飞往世界各地，特别是周边国家，不仅恢复了我国和南亚、东南亚国家之间中断了将近1000年的佛教关系，促进了佛教南传北传两大系统间的相互了解，而且有力地促进了新中国的外交和世界和平事业的发展。

"文革"期间，中国佛教事业受到严重破坏，赵朴初也被关进了牛棚，直到1972年，在周总理的关心下，他才被放出来为恢复中国佛教事业主持工作。

1983年，适逢中国佛协成立30周年，中国佛教协会理事会第二次会议召开。会上赵朴初提出将"人间佛教"思想定为中国佛教协会的指导思想，得到了众人的支持。在这种思想的指导下，中国佛教事业迅速得到恢复和发展，在自身建设、文化教育、学术研究、国际交流、农禅并举等方面取得了辉煌的成绩。

赵朴初把佛教的教义圆融于中国共产党领导的建设有中国特色社会主义伟大事业之中；圆融于维护民族和国家的尊严，捍卫国家领土和主权的完整，促进祖国和平统一的伟大事业之中；圆融于促进中国佛教界与世界各国佛教界友好交往的伟大事业之中。他还在整个社会主义宗教理论、政策、宗教立法、宗教与社会主义社会相适应等理论、政策方面有许多建树。

赵朴初除宗教外，在教育、外交、卫生、文化等领域都做出了重要贡献。赵朴初还是享誉海内外的著名作家、诗人和书法大师。他对中国古典文学有着十分深入的研究，在诗词曲和书法方面都有很高的造诣。他的书法作品俊朗神秀，在书法界久负盛名。赵朴初又是一位以慈善为怀的慈善家，长期从事社会救济工作。

赵朴初虽长期驱驰在外，但他一直关注家乡。1990年，他回到久别的安徽，上九华山，游皖南，回安庆，到太湖，一路上乡情澎湃。在生命的最后10年，他以极大的热情和实际行动支持家乡的建设，在家乡人民心中筑起了一座不朽的丰碑。

应家乡人民的强烈要求，赵朴初的部分骨灰于2004年秋天送回家乡，安葬于太湖县寺前镇。赵朴初永远和家乡人民活在一起。

四、东至周氏家族对佛教的贡献

今东至县城东门外的纸坑山，孕育了一个在中国近现代史上赫赫有名的周氏家族。在这个家族中，以周馥、周学熙、周叔迦、周绍良为代表的周氏四代人作为佛教居士，对佛教的发展做出了无量功德。

周馥（1837—1921），早年跟随李鸿章办洋务达30余年，深受倚重，成为淮系集团中颇有建树和影响的人物。

周馥一直信奉佛教，为官后，每有余暇，喜欢到寺院烧香拜佛。他与名僧月

周馥

霞老和尚是多年的至交，月霞老和尚住持安庆迎江寺期间，两人经常走动。周馥曾牵头修复振风塔。周馥的原配吴氏是一个虔诚的佛教信徒，操办了大量慈善事业。吴氏七十大寿时，儿孙们要为她大肆庆贺一番，可她坚持不同意摆宴，以免残杀生灵。后来儿孙们只好把做寿的钱分头拿去操办慈善事业。她的信佛之心，对其子女产生了很大的影响。

周馥之子周学熙（1866—1947），被誉为"北方实业巨子"。受母亲吴氏的影响，周学熙的心田很早就植下慧种佛根。长年办实业，虽富可敌国，

但信奉佛教的他，极其俭朴，40年戒绝荤腥，唇不沾酒，着力发展社会慈善和福利事业。

1918年，周学熙回到家乡，除自己出巨资外，他还动员地方官员及绅商捐助，开始了迎江寺20世纪的第一次大修。周学熙晚年皈依佛门，每天都要拜佛读经，行步诵两千声佛号。往生那年，他将部分房产捐给"赒社"。往生之后，亲族为发扬他慈悲济世的精神，集资在中和医院建病房一所，名为"诚惠楼"。

周学熙三子周叔迦（1899—1970），因创办实业失利，转而皈心佛教。1926年至1927年，周叔迦旅居青岛，遇到一位密宗弘法的大师，从之受持密咒，智慧大开，各派经典豁然贯通。1929年，在青岛创办佛学研究社，召集有志学佛的好友，共同研究。1928年，加入由北方的唯识大师韩清净与朱芾煌、徐森玉等人组织的"三时学会"。1936年起，任华北居士林理事长，后又建立居士林图书馆，藏书万卷，制定佛教书籍分类法。1941年，成立佛画研究会和北京菩提学会。

1953年6月，周叔迦与赵朴初等人发起筹建中国佛教协会。1956年，周叔迦被印度的摩诃菩提会吸收为终生会员。是年，中国佛教协会在北京法源寺成立，周叔迦担任副院长兼教务长，亲自教授课程，指导学生，孜孜不倦。周叔迦还曾代表中国佛教协会，到斯里兰卡参加释迦牟尼涅槃二千五百周年纪念大会。20世纪60年代，周叔迦主持对房山石经进行发掘。周叔迦还曾任中国佛教协会副会长、尼泊尔友好协会副会长等职务，生平佛学著作甚丰。

《近代往生传》记载，周学熙二子周志俊、幼子周明谦也是虔诚的佛教居士。1954年，周明泰、周志俊、周叔迦三兄弟看到南京金陵刻经处房屋不够用，大量经版得不到较好的保存，便将位于常府路的一套祖宅捐给刻经处。

周叔迦的长子周绍良（1917—2005）继承父志，除在佛学、敦煌学、收藏等方面造诣深厚外，还在红学、文物鉴定等方面享誉海内外。

20世纪70年代末，"文革"结束不久，百废待兴，佛教面临的第一任务是恢复宗教活动场所，而恢复宗教活动场所第一要解决的是佛菩萨像问题。周绍良通过国家文物局将各地造反派打残的佛菩萨像调集到中国佛教图书文物馆,准备修复后提供各地佛寺供奉。修复工作延续数年,各地佛寺因此受惠。1980年12月,周绍良当选为中国佛教协会第四届理事会理事,同年担任中国佛教协会佛教图书馆馆长。1987年3月,在中国佛教协会第五届全国代表会议上,周绍良当选为中国佛教协会副会长兼秘书长。同年4月,任北京佛教音乐团团长、中国佛教文化研究所所长。

周绍良担任中国佛教协会副会长和秘书长期间,积极协助会长赵朴初,认真执行和贯彻中国佛教协会的各项方针政策,在落实党和政府的宗教信仰自由政策,恢复"文革"以来被破坏的宗教活动场所,开展佛教教育教制的建设,加强寺院自身管理和建设,以及佛教文化的对外友好交往等方面做了大量的工作,受到佛教界四众弟子们的赞许。

周氏家族对中国佛教的贡献历数不尽,将永载中国佛教史册。

第四节 道教在皖江的盛行

一、皖江道教名人辈出

在中国五大宗教中,道教是土生土长的。其以现实人生为出发点,在追求得道成仙的终极目标中,努力把这个世界建为人间乐土。

老子(约前571—前471),姓李名耳,涡阳人,道家学派创始人。庄子,名周,蒙城人,被道教奉为南华真人。早在西汉末年,黄老(黄帝、老子)之术就受到推崇。佛教初传中国,即与黄老之术混在一起。

其实,道教思想在西汉时就已在社会上流行了,并盛行于皖江地区。西汉元丰年间(前110—前105),窦伯玉为陵阳县令时,好道入九华山修炼,在山间留有"骑白龙飞天"的传说。

梅福，字子真，九江郡寿春（今安徽寿县）人。曾任西汉南昌县尉，后去官到各地炼丹寻仙，很多地方都留有关于他的传说。在今太湖县与望江县交界处，有一座香茗山，山上有个梅福洞，传为梅福炼丹处。

张道陵（34—156），沛国丰县（今江苏丰县），于四川正式创立五斗米道，即天师道、正乙道。道教徒称他为"老祖天师""正一真人""三天扶教大法师"。张道陵之孙张鲁云游天柱山，在白云崖（今虎头崖景区）建起天柱山第一座道观——白云庵，潜心修炼。

东汉灵帝时（167—189），张角创立了太平道，教徒数十万人，遍及八州，包括现在的整个皖江地区。

东汉末年，方士左慈在天柱山修道，开创了中国道教新局面。

三国时，皖江地区道教活跃。道教俗神祭祀也开始产生，吴赤乌二年（239），孙权在芜湖建立了城隍祠，这是有关中国城隍庙的最早记载。随后各地又产生了一些道教俗神祭祀。

三国时道士葛玄（164—244），字孝先，琅琊（今属山东）人，人称"葛仙翁"或"太极左仙公"。葛玄自幼好学，博览五经，喜老庄学说。葛玄为天柱左慈传人，得左慈受《太清》《九鼎》《金液》《三元真一妙经》等，曾传道于天柱山及其周围地区。葛玄于宋代被封为冲应真人、冲应孚佑真君，道教灵宝派派别阁皂宗奉其为祖师。在某些道教流派中，葛玄与张道陵、许逊、萨守坚并称为"四大天师"，其著作有《三皇文》《五岳真形图》等。

南北朝时，道观在皖江地区纷纷建立，如宿松县灵录观、元真观，潜山县真元宫等。

唐时，皇家自称老子之后，重视道教。朝廷特许道家在九华山营建开元观、仙坛观。名道赵知微在九华山碧桃崖建延华观，既炼丹，又种桃树千株。唐天宝九载（750），明皇遣使至天柱山建司命真君祠，九华山、天柱山道教十分兴旺。

道教教理教义在唐时不断成熟。闾丘方远（？—902），字大方，宿松县人。唐昭宗赐号"妙有大师玄同先生"。他是弘扬道教南岳天台派的重要人物，特别是他辑录的《太平经钞》，作为一部较完好的《太平经》节钞本，在《太平经》已经严重散失之后，还能大体上显其原貌。《太平经》366篇，每篇皆有标题，末附篇旨，总摄大意。行文以"真人"与"天师"相问答的形式阐述经义。该经卷帙浩繁，杂采先秦阴阳五行家、神仙家、道家、墨家及儒家谶纬之学以成篇，除宣扬神仙信仰方术外，还触及世俗的社会政治问题。其主要内容可分为"太平世道"的社会政治思想、"奉天地顺五行"的神学思想、善恶报应思想与承负说、长寿、成仙、祈禳、治病诸方术等几个方面。《续仙传》记载，闾丘方远传播道学，弟子众多，有百余人。唐昭宗天复二年（902）二月十四日，闾丘方远淋浴焚香，端拱而坐，至正午仙化。

唐朝人杜光庭写有《洞天福地记》，皖江地区的九华山、天柱山、鸡笼山都被列入七十二福地之中。

宋代道教得到进一步发展，在南方偏重符箓，逐渐发展为正一派。这一时期对唐时建的宫观进行了修复、重建，同时也兴建了不少新的宫观。各州、府都建有天庆观（太中祥符元年以正月初三日为天庆节，诏天下置天庆观）。天柱山天祚宫也建于这一时期。

元代，全真教创始人王重阳的弟子丘处机受到元太祖崇重，全真派得到较大发展，从北到南传入皖江地区。正乙派到元初已传至三十六代天师张宗演，元世祖命其主领江南道教。

明代，道教受到推崇，皖江地区道教出现兴盛局面，像芜湖建有紫霞宫、天曹庙。

进入清代，清廷崇尚信佛教，道教衰落，宫观破败。民国时，以安庆道教为主，成立安徽道教总会，但对道教复兴没有起到很大的作用。民国时期对各县道观进行统计，怀宁有8座，芜湖有11座，当涂4座，分全真、正乙两派。

近代，皖江地区又产生了陈撄宁这样的仙学巨子（后专节记述）。

新中国建立后，国家在对全省道教情况进行普查的基础上，重点保护和开放了一些规划较大的道观。1958年底，全省列为保护开放的道观共有10座。"文革"期间，道教同样遭严重破坏。改革开放后，宗教信仰自由政策得到落实，各地道观恢复开放，呈现出一派兴旺气象。目前，全省批准开放的宫观有56座，道教信教人数约8万人，经认定道教教职人员454人。

二、天柱山道教

在潜山县城以西,天柱山巍然屹立,此山"峰雄、石奇、洞幽、水秀",是道教圣地,为道教的发展做出了极大的贡献。

《道经》曰:"司命洞府在潜山。司命,天神也,主治舒之潜山。"由此,天柱山在道教中的地位可见一斑。唐杜光庭在《洞天福地记》中,将天柱山列为第十四洞天、第五十七福地。在天柱山风景区范围内的42座千米山峰中,以道教术语命名的山峰就有21座。其中,天柱峰又称司命峰,神秘谷又叫司元洞府,而迎真峰则被道家奉为迎接司命真君的地方。

传说老子曾到过天柱山,在山中炼丹。又传张道陵之孙张鲁云游天柱山,在白云崖(今虎头崖景区)建起天柱山第一座道观——白云庵,潜心修炼。

《天柱山志》记载,左慈(156?—289?),字元放,庐江(今安徽潜山)人,是东汉末年方士。少时深入天柱山采药炼丹,既炼制"长生不老"的丹药,又修炼体内的"精、气、神",后来得道成仙。在天柱山地区的茶庄、马祖庵、良药坪等,现还存有他的炼丹台、炼丹房遗址,世称下炼丹、中炼丹、上炼丹。

《神仙传》说左慈"明五经,通星气"。《后汉书·本传》说他"能变化鲈鱼,隐身遁形,又知房中补导之术"。他在天柱山将道术传给葛玄。他曾经因为利用方术戏弄曹操而险被曹操所杀。在今天太湖、潜山、桐城等地,都留有许多有关左慈的传说。

南朝梁天监六年(507),金陵高僧宝志和江南云游方士白鹤道长为争天柱山下凤形山相持不下,只有奏请梁武帝。梁武帝令其斗法识地,结果宝志占东山开山建山谷寺,卓锡弘扬佛法。白鹤道人占西山,先结庐修炼,后建观演化道法,时称白鹤观。整个凤形山寺观林立,钟磬相闻,经声不绝于耳。

唐天宝九载(750),唐玄宗李隆基在梦境里看见一座雄奇秀丽的山峰,他正惊异时,有位白发仙翁驾着祥云悠然而来,指着一块巨石对他说:"我乃九天使者,今受玉帝之命来天柱山巡视,这块巨石下面有一眼山泉,如果你虔诚从道,并在泉旁建祠,那么天柱山的道教必将兴盛。"说完飘然而去。第二天,唐明皇遣中使王越宾到天柱山寻找那眼泉水。当王越宾来到野人寨后山，远远望见山岗上有两只白鹿，便领人向白鹿走去。行至山下，白鹿忽然不见了，再看这里的环境与唐明皇描述的梦境毫无二致，旁边也有一块巨石，于是令人搬开巨石，石下果然有一眼泉水喷涌而出。王越宾回朝后禀明唐明皇。唐明皇大喜："此井应我梦也！"并立即遣中使王越宾、道士邓紫虚携内府缯帛，至天柱山建司命真君祠，并于岗后香泥洞中取"香泥"塑司命真君像供奉。第二年，又敕谏议大夫李抱朴（道号洞元先生）与中使道士送御额斋庆，并加赐舒州刺史独孤及拜兼郎官，总务道观。由此，天柱山中的道教进入快速发展时期。

宋开宝九年（976），宋太祖遣使于潜山县九井河中段建司真洞，投金玉龙简，祈求有应。是年，于该处建天祚宫。同时，又遣使于真君祠建"司命三篆大醮"。太平兴国七年（982），太宗于真君祠处敕建殿宇600余间，赐名灵仙观。熙宁间（1068—1077），道士陈若清居天祚宫，大振玄风。政和七年（1117），徽宗又于灵仙观处建真源万寿宫，新旧屋宇合3600多间，道风大振。此是天柱山中道教的鼎盛时期。当时民间对天柱山佛道二教有"三千道士八百僧"之称。

宋廷南渡后，长江以北沦为宋金两军的战场，天柱山真源宫、天祚宫毁于战火，道教发展转入低潮期。绍兴七年（1137），郡守周方文命奉祠官张昌重建真源宫庆基殿。绍兴二十一年（1151），郡守李发新于天祚宫处建老君殿，选真源宫戒行道士董师先奉以香火，使天柱山道教得到一定程度的恢复。

南宋末年，刘源在天柱山中结寨抗元，庆基殿、老君殿又毁于兵火，直到明代才得以恢复。明嘉靖末年，本县道士陈大中于天柱峰北朱岭建齐云道院，香火渐盛。明末，张献忠农民军在天柱山数次与官兵激战，真源、天祚二宫再遭破坏，直到清康熙年间才得以修复。

清代后期的太平天国运动及近代历次战争，使天柱山道教再遭破坏，道观几乎夷为平地，全真道被正一道取代，道家也由宫观活动转入民间伙居，延续至今。

现在天柱山地区民间还留下很多道教文化，如法事炼丹、祈雨、社会、大醮、月半、庙丧等，节日法事玉皇圣诞、老君圣诞、蟠桃会、吕祖诞辰等。

三、九华山道教

道教是最早传入九华山的宗教,虽然它在九华山的影响不及佛教,但其活动时间却最长,可追溯至汉代。

有史记载的第一位在九华山活动的道教重要人物是窦伯玉。康熙《九华山志》卷一载录《福地考》文:"九华山,七十二福地,在池州青阳县,窦真人上升处。"编者于此条下按曰:"九华为第三十九福地。"明代嘉靖《池州府志》之《陵阳窦子明传赞》记载,窦真人即汉代方士窦伯玉。

窦伯玉,字子明,沛县钰乡人,汉武帝元封二年(前109)任陵阳县令。他信奉黄老之学,主张无为而治,"闻陵阳乃丹丘成仙之地,故求为之宰"。刘向《列仙传》一书记载了他苦练功成,终于乘白龙飞升成仙的传说。陵阳即今青阳县南部和石台县北部地区,由于窦伯玉在此活动,故境内山脉被称为陵阳山,唐代时改名九子山。天宝间大诗人李白游九子山,见山如九朵莲花盛开,遂以"灵山开九华"诗句改九子山为九华山。窦伯玉在九华山留下了很多传说,最终"骑白龙仙去"。康熙《九华山志》载,今九华山的白龙潭、钓鱼台、嘉鱼池、仙姑尖等处都是他活动过的地方。

第二位在九华山活动的道教重要人物是葛洪。葛洪(283—363),东晋道教学者、炼丹家和医药学家,道教丹鼎派的创始人。其字稚川,自号抱朴子,句容人,是三国道士葛玄之侄孙。明代嘉靖《池州府志》记载,他曾在池州东流、铜陵等地炼丹,留下了大量遗迹。历代《九华山志》也多记载葛洪曾至九华山一带炼丹,认为九华山真人峰、双峰下的葛仙洞、卧云庵北的炼丹井等地均是其活动遗迹。

九华山的道教活动至唐代进入隆盛时期。唐开元年间九华山建有开元观,天宝间在陵阳镇建有仙坛宫,大顺年间在青阳城东南建有保宁观,在招隐山建有招隐宫。乾宁年间,道士赵知微在凤凰岭建造延华观,开坛传道,炼丹沙弥,从众甚多,名动京师。皇帝累诏,不出,乃遣使赐"碧云星冠、青霞羽衣"。相传赵知微曾在延华观北岩下"种桃千株","花皆碧色,桃落水中,流出涧外,居民得之,鬻以自给。后知微仙去,人名其岩曰碧桃岩,涧曰浮桃涧"。《太平广记》一书将赵知微列为"异人"。

宋代以来,九华山道教开始衰落,与佛教渐趋融合,一些道观甚至被佛徒改为寺庵。如唐代显赫一时的延华观被佛教徒改为沙弥庵。宋元时期，九华山未有名道活动的记载。

明清时期，道教在九华山依然活跃，先后出现了云峰堂、元夷堂、九华正院等宫观，也有部分道人散居于岩洞之中，如太极洞、古仙洞、伏虎洞等。有记载的道士有明代的蔡蓬头、宁成和清代的邓羽。蔡蓬头，不知其名，因常蓬头散发，人以为号。明代弘治十四年（1501），大儒王阳明游九华山时，闻其善谈神仙之事，以礼待之，向其请教。蔡说："尚未。"阳明屏退左右，引蔡至后堂，再拜请问，蔡说："尚未。"阳明再三请问："汝后堂后亭礼虽隆，终不忘官相。"一笑而别。宁成，九华山黄石溪人。民国德森《九华山志》卷六载其遇仙成仙的故事。宁成本守儒家之道，立志不欺。一日锄地山中，遇一老翁。老翁引其至一石壁，叩壁，则壁启，内有宫室，非人间所居之处。老翁拾半颗桃给他吃，他吃完，似乎已明白自己遇上仙人了。但顾念家有母亲需要奉养，想要回家。老翁明白了他的意思，于是叫他闭目，送他回家。他听到一阵水声之后，睁开眼睛，发现已回到了自家的屋顶上。老翁叩其背，使他吐出所食半桃，并嘱咐他于万历某年某月某日到山中等候，说完，老翁即不见。宁成回到家中，发现已过了三年。宁成尽孝六年，母逝，即往山中，遂不归，其时正好是老翁所嘱咐他到山中等候的日子。邓羽，于九华山采薪，得遇异人授符箓，遂能呼风唤雨，疗病除妖。道光甲辰（1844）六月，池州大旱，郡守请之祈雨，施掌心雷诀，则云兴雨降。后入九华山，不知所踪。

20世纪以来，九华山道教活动进一步衰落。1942年《九华山寺庙户口手册》记载，九华山道院、太极茅蓬、燕子洞、黄金庵、西来庵等处共住有署名的道人5人，女冠15人。中华人民共和国成立以后，只有少数道人在九华山一带活动。据1955年统计，当时只有道士6人，道姑4人，后来都陆续改业。

从以上对九华山道教史的粗略描述，我们不难看出，九华山道教传入时间很早，延续时间极长。其中史料，有真实人物记载，也有神话传说。汉唐之间，九华山道人多重视炼丹；而明清之际，又有重符箓者。

四、仙学巨子陈撄宁

陈撄宁（1880—1969），原名元善、志祥，后改名撄宁，字子修，号撄宁子，安徽怀宁人，中国近现代道教领袖人物，仙学创始人。有"仙学巨子"之誉，道教界敬誉其为"当代的太上老君"。

陈撄宁幼承家学，熟读儒典，精通诸子百家，学贯三教。10岁读《神仙传》，萌生学仙之念。稍长，考中秀才。因患痨疾，从叔祖学医，同时试做仙道功夫，逐渐恢复健康。从1908年起，为了学习养生方法，他离开家庭四处求师，得到一些丹法口诀，遇数位真师。1912年至1914年，他在上海，日往上海白云观通读《道藏》，探得道教丹术之底蕴。

陈撄宁

1916年，陈撄宁由京返沪，与西医师吴彝珠结婚，夫妻二人在上海民国路自设诊所，一边行医，一边开展外丹试验，终因军阀混战和日寇侵沪受到破坏，未获成功。1933年，张竹铭医师在沪创办《扬善半月刊》，特辟"答读者问专栏"，请陈撄宁主笔。陈撄宁利用这个阵地，大力提倡"仙学"，团结了众多好道之士，使之成为当时全国研究仙道的中心。1937年8月，日寇进攻上海，《扬善半月刊》被迫停办。1939年，张竹铭医师又创办了《仙道月报》，陈撄宁仍为主笔之一。

新中国成立后，浙江省政府聘请陈撄宁为省文史研究馆馆员。1956年秋，道教界人士倡议成立中国道教协会，陈撄宁被邀请为筹备委员。1957年4月，中国道教协会正式成立，他被选为副会长兼秘书长。1961年，陈撄宁当选为中国道教协会会长，并任中国人民政治协商会议第二、三届全国委员会委员。

自当选为中国道协会长后，陈撄宁夜以继日地读书和工作，虽已年逾80，但是仍然精神矍铄，毫无倦怠之意。他鼓励全国道教徒积极参加社会主义建设，协助政府贯彻宗教信仰自由政策。他特别重视道教的学术工作，曾在全国政协讲坛上呼吁开展对道教历史及学术方面的研究工作，得到了党和政府的重视，并于1961年8月在全国政协会议室召开了关于开展对道教学术研究的座谈会。不久，中国道协成立了研究室，陈撄宁亲自领导制订了研究计划及道教知识分子培养计划。陈撄宁亲自指导研究人员收集、整理、分析、综合道教文献资料，编辑了《历代道教史资料》，编写了《中国道教史提纲》。

在学术上，陈撄宁强调要把"仙学"和儒家的理学、佛家的佛学和道家的玄学分开，单独提出来，并把它发扬光大，广泛传播。这不仅有利于促进道教学术研究，而且对于弘扬中国传统文化有着非常重要的意义。

皖江太湖、怀宁两县相邻，出了中国佛教领袖赵朴初和道教领袖陈撄宁，也是皖江厚重的宗教文化熏陶的结果。

第五节 皖江地区其他宗教

一、皖江地区的伊斯兰教

煌煌盛唐，海纳百川。许多穆斯林商人坐着大船进入大唐，经扬州、南京到皖江地区，有人干脆定居，把伊斯兰教的种子也播撒开来。

明代，回族将领马聚成、马哈直先后率军创建安庆卫，其部下颇多回族人，这是回族成规模定居安庆之始，安庆也成为伊斯兰教重点流传区域。安庆的伊斯兰教属世界伊斯兰教两大教派中的逊尼派，在教法上属于四大教法学派中的哈奈斐学派，同时又深受中国儒家思想的影响，常用敬天、尽忠、孝道、守礼等儒家术语诠释伊斯兰教义。

元代大诗人萨都剌（萨天锡）为著名回族穆斯林，曾任太平路（治所在当涂）总管，经常游历于安庆、芜湖、马鞍山等地，还写了许多诗。元代江南一带信仰伊斯兰教者很多，并且回汉通婚。

明代皖江地区回民增加，并建了一些清真寺。如无为县南门内清真寺、芜湖关外清真寺、安庆南关清真寺等。

入清以后，伊斯兰教在皖江地区继续发展，各县大多新建了清真寺，一些旧的清真寺也得到重修。如芜湖北门外清真寺，由赵金福、韩奎久两位阿訇及一些教友筹募资金进行了扩建，使礼拜大殿、浴室、客厅、讲堂等寺房均较宽敞完备。后因战乱，一些清真寺被毁。

民国时期，孙中山倡导汉、满、蒙、回、藏五族共和，回族社会地位有所提高，伊斯兰教因此得到更大发展，清真寺得以维修，一些宗教团体，如回教俱进会也成立起来，并在此基础上发展教育文化事业，如创办清真学校等。据唐振之等人调查，民国二十年（1931）至二十一年（1932），全省共有清真寺158座，其中在皖江地区：怀宁8座，桐城2座，无为1座，南陵1座，繁昌3座，芜湖县1座，铜陵县2座。

新中国成立后，伊斯兰教也获得了新生，特别是1958年前后进行的废除伊斯兰教中封建压迫制度的工作，使伊斯兰教基本走上与社会主义社会相协调的道路。到1963年，全省共开放清真寺152座。1983年1月23日，安徽省伊斯兰教协会在合肥正式成立。安庆、芜湖清真寺认真做好教务工作，多次获得各种荣誉。

穆斯林一直有爱国爱教的传统，历史上名人辈出。以安庆为例，有清代保卫边疆、卫戍台湾的民族英雄马大用，鸦片战争中屡创英军、最后在防守虎门时壮烈殉身的马辰，清代末年为开发西藏、维护国家主权作出杰出贡献的马吉符，抗日战争中击落敌机5架、最后血洒长空的烈士李强，促成两航起义成功的爱国人士端木杰，解放战争中冒着炮火驾船流血牺牲、支援大军强渡长江、被二野授予"伊斯兰的英雄"锦旗的安庆"回民支队"等。

今天皖江地区的伊斯兰教仍有参加每星期五礼主麻以及礼拜、念经、把斋、朝觐等宗教活动，在服饰、饮食、居住、婚姻、节庆、礼仪等方面有着一系列独特的风俗习惯，这些宗教活动和风俗习惯，在皖江民族大家庭里受到尊重和保护。

有着千年历史的伊斯兰教文化，是皖江宗教文化的重要组成部分，也极大地丰富了皖江地区人民的生活。

二、皖江地区的天主教

约在元朝时,天主教开始传入安徽。清道光年间,在五河县建起第一座教堂。

鸦片战争以后,一系列不平等条约的签订,为天主教进一步进入中国提供了便利。光绪初年,中英《烟台条约》签订,规定开芜湖等沿江城市为商埠,设领事,又将安庆、大通作为外轮停泊上下贸易的"寄航港"。此后,外国传教士纷纷进入,沿江进入省内地,在全省建起大小30多座教堂。

至清末,全省有大小教堂283座,其中以皖江地区居多。《皖政辑要》记载,据光绪三十四年(1908)统计,以安庆府为例:怀宁县总堂1座、分堂6座,桐城县1座,潜山县2座,太湖县总堂2座、分堂11座,宿松县总堂1座、分堂8座,望江县分堂2座。

安徽境内的教堂,大都为法国传教士所创。其中金式玉神甫被教会称为安徽最杰出的传教士。他25年的传教史,也是安徽省教会的创建史。后来这些教堂被西班牙和意大利传教士分别接管。

在天主教传播过程中,因为多种原因,发生过一些民教纠纷,即教案。皖江地区著名教案有:

芜湖教案——光绪十七年(1891)四月初三,安徽芜湖市民发现两个天主教堂女修士拐带两名幼童,遂将她们拘送保甲局,保甲局又将她们送至县署。法国传教士闻讯,亲赴县署将其保释。初五,又有一名妇女向教堂索还幼童,教堂不肯交还。消息传出,一时间,教堂前人山人海。王光全、傅有顺率众5000人,将教堂围住,旋又放火烧毁。英国驻芜湖领事要求芜湖道派兵弹压。

芜湖天主教堂

群众并不畏惧，更聚众近万人，围攻英领事公署，烧毁海关外籍人员住宅。斗争自午后开始，直至次日天明。知府沈秉成下令长江水师兵船向群众开炮，将其驱散。事后，英、法、美、德、日、意、比、西、俄等国公使联名向清政府"抗议"。两江总督刘坤一将王光全、傅有顺处死，撤换道员及芜湖知县，赔款白银十二万六千两结案。

安庆教案——清同治五年（1866），法国传教士强买双莲寺房产，民众愤而反抗，迫使法传教士退还，改作书院公所，但是清官员还是妥协让步，在城外买堂基，又在城内另租公所给法国传教士。

建德教案——安庆教案传至建德，引起民众与教民的斗争，教民寡不敌众，被杀20余人。法国公使以此为借口，率兵舰4艘，赴南京要求总督衙门惩办凶手，但建德知县认为教案只关乎中国民政，与教堂无关，拖延不办。清同治九年（1870），法方又派军舰到安庆江面示威，清政府迫于压力，将所囚教民全部释放，赔偿损失，才算了结这桩教案。

民国时期，安徽天主教事业有了进一步发展，仍然主要以皖江地区为主。全省三大教区（蚌埠、芜湖、安庆），皖江地区占其二，教区和信教群众逐年增加。到1935年，全省天主教发展到公所520座，教友超10万人，中外教士117人。

天主教传入中国后，教会热心办学校、医院、孤儿院等公益事业，为地方社会发展和改善人民生活做出了一定的贡献，教会学校也培养了一些优秀人才。

新中国成立后，外国传教士纷纷离境，芜湖教区由胡砚樵神甫代理主教神权，安庆教区由殷方神甫代理主教神权。神职人员和教友纷纷展开反帝爱国运动，在独立自主、自办教会的原则下，人民政府协助教会开展乳牛、生猪等养殖业，开办诊所等，增加教会收入，解决自养的困难问题。各地还成立了"天主教友爱国会"。1962年，正式成立了安徽省天主教爱国会。

"文革"期间，宗教活动濒绝，教堂也受到冲击，教职人员改行，安庆、芜湖的两座教堂变成了仓库。

"拨乱反正"后，蚌埠、芜湖、安庆的3座教堂首先得到修复，宗教人员陆续回到教堂开展教务。芜湖地区教友最集中之地的东水镇教堂，在关闭30年后，于1986年12月复堂，复堂典礼之日有约500名教友前往。1980年，安徽天主教教务委员会成立，同时安徽省天主教爱国会也恢复，带领信教群众积极开展正常的教务活动，在各个领域为社会和经济发展贡献力量。

三、皖江地区的基督教

基督教新教是伴随鸦片战争进入中国的。著名传教士马礼逊之子马儒翰曾在鸦片战争时期7次沿长江开展传教活动。

同治八年（1869），英国内地会传教士密道生、卫养生首先到安庆传教，在西右坊租民房15间，称"圣爱堂"。

光绪十一年（1885），基督教各差会陆续传入安徽。美国圣公会在芜湖开总堂，9年后又在安庆开总堂。基督会也来到安徽，建立了滁州、合肥、芜湖3个总堂；来复会建起和县、芜湖两个总堂。据《皖政辑要》统计，到光绪三十四年（1908），全省共计有基督教堂113座。其中以芜湖最为盛大，计有7个差会（来复会、公信会、圣公会、宣道会、内地会、基督会、美以美会），20座教堂。这些教堂一般都由购买的百姓住宅所改建，比较简陋。

安庆同仁医院圣公会旧址

民国年间，全省共有差会总堂33座，正式教堂127座，教徒超过1万人。全省60多个县中，52个县有基督事业，其中安庆、芜湖基督事业发展最快。

20世纪二三十年代，皖江地区教堂兴建以美国的基督复临安息日会较多。到抗战前，全省教堂总数约110座。抗战期间，日本占领区的教堂和教会都遭到不同程度的破坏。到新中国成立前夕，全省共有基督教派别21

个，中籍牧师70人，外籍牧师61人，传教人员2157人，大小教堂834座，信教群众超过4万人，分布在全省各地。

基督教传于皖江地区，也发生了很多教案。

安庆教案——在湖南反教揭贴的影响下，同治八年（1869）10月，安庆府院考场附近出现约期拆毁教堂的揭帖。11月3日，曾因低价强买民房改建教堂而为安庆民众所痛恨的英国传教士密道生、卫养生，公然到府衙要求查办散发揭帖者，群众和文武考生愤起拦阻，并捣毁了英、法传教士住所。密道生、卫养生避入府衙呼救，法国教士韩石贞连夜乘船逃走。事后，清政府在英、法驻华公使的要挟、恫吓之下，指拨城内官地为教会堂基，赔偿白银4000两，惩办"肇事首犯"，申斥护教不力的安庆各级官员结案。

芜湖成立"非基督教大同盟"案——1922年，芜湖各教会学校进行了反耶稣的斗争，次年成立了"非基督教大同盟"，通电全国，领导全省教会学校的学生起来反基督教。在这种运动的号召下，安庆圣保罗中学要求收回教育主权，举行罢课，集体退学80余人。

基督教也和天主教一样，传入皖江地区后，教会办了很多社会事业，包括学校、医院、慈善机构。安庆办有圣保罗中学、美圣公会医院；芜湖办有广益中学和萃文中学、美以美教会医院。

新中国成立后，安徽省基督教坚持走三自爱国的道路而得到健康发展。外国传教士被遣返后，地方教会成立了三自革新组织，积极开展"自治、自养、自传"活动。教徒和信教群众在开展正常宗教活动的同时，积极响应政府号召，参加社会建设。1951年4月3日，安庆成立了安庆市基督教三自爱国运动筹备会；1951年4月30日，芜湖成立了芜湖市基督教抗美援朝三自革新筹备会。到1956年底，全省13个县市建立了三自爱国组织。

1956年11月10日至12月8日，全国人大常委、中国基督教"三自"爱国运动委员会主席吴耀宗等5人视察了安徽各地教会和宗教政策执行情况，到过芜湖等地。据这年年底统计，全省有19个教派进行宗教活动，共有堂点299处。1958年实行宗教制度改革，基督教实行了各教派联合礼拜，全省共拟保护、保留的教堂60多处，实有活动教堂129处。1962年12月，安徽省基督教三自爱国会正式成立。

"文革"开始后,基督教活动也被迫停止。拨乱反正后,基督教活动得到恢复和发展。至1987年,全省有开放教堂43座,活动点600多个,信教群众40多万人。全省基督教徒在省基督教两会的带领下,爱国爱教,走与社会主义社会相适应的道路,为安徽的建设、为构建和谐社会做出了积极的贡献。

第七讲

纷繁的戏曲文化

皖江戏曲，源远流长。

宋元之前，皖江地区诗歌、音乐、舞蹈繁荣，民俗活动、杂艺表演流行，为后来本地戏曲成熟奠定了坚实基础。

宋元至明中期，皖江戏曲繁盛程度尽管无法与中原、江浙等发达地区相媲美，但演出不辍，时见于文献；驱傩逐疫，挟远古之遗风，留存于长江南岸山区。明清说唱、传奇，融入贵池傩戏，一直搬演至今。

迨至明代中后期，皖江地区逐渐成为中国曲坛重镇。青阳腔，变易余姚、弋阳等腔调，标明"时调""新调"，隆庆、万历时期风行一时，其刻本《词林一支》《八能奏锦》《时调青昆》《徽池雅调》《大明天下春》等，脍炙人口。时至今日，大别山区尚有岳西高腔，为青阳腔之遗音。明清时期，皖江曲家辈出，梅鼎祚、佘翘、龙渠翁、胡业宏、龙燮、石庞、金兆燕、左潢、袁蟫等人，各有佳作。更有石巢居士阮大铖，追步临川汤显祖，所作《燕子笺》《春灯谜》等传奇，字字出色，句句出色。清代乾隆时期，安庆徽班占花部之魁首，执戏曲之牛耳。乾隆五十五年（1790），高朗亭率"三庆班"朝贺，为其余徽班进京先导。同光时期，程长庚擅皮黄之绝技，秉伟大之人格，成京剧之鼻祖，创国剧之先声。清代末期，黄梅戏发源于皖鄂赣交界地区。该剧种融采茶、花鼓、道情、莲花落、吹腔等多种声腔，崛起于民间，向城市、乡村流播。新中国成立以后，一代宗师严凤英、王少舫等呕心沥血，催开一度之梅，《天仙配》《女驸马》等优秀剧目为全国人民所喜爱。改革开放以来，梅开二度、三度，马兰、吴琼、黄新德、韩再芬等，星光灿烂，黄梅戏迎来发展新时期。

今日，皖江两岸，处处弦歌。除上述剧种外，还有国家级戏曲类非物质文化遗存多处，岳西高腔、文南词、曲子戏、夫子戏、含弓戏、梨簧戏等大小剧种曲种，星罗棋布。

皖江地区，戏曲之乡，诚不谬也！

第一节 歌舞杂艺孕古剧

王国维在1908年所著的《戏曲考原》中说:"戏曲者,谓以歌舞演故事也。"后来又在《宋元戏曲史》中进一步指出:真戏剧"必合言语、动作、歌唱,以演一故事"。这就是说,戏曲与诗歌、音乐、舞蹈、杂艺表演密切相关。

宿松廖河古戏台(明嘉靖年间建)

中国戏曲成熟于宋元时期。这个时期,相继出现了南戏、杂剧,宋元南戏的出现标志着中国戏曲这种综合性艺术达到了成熟状态。

宋元之前,中国戏曲不成熟,经历了漫长的孕育、发生、发展过程,大致为原始乐舞→先秦俳优→汉魏百戏→南北朝钵头代面→隋唐歌舞参军戏→两宋官本杂剧、金院本等,构成中国戏曲源远流长的画轴。在这个过程中,音乐、舞蹈、诗歌、杂艺表演等艺术形式不断融入,对后来的戏曲发展至成熟起到了相当的推动作用。

皖江戏曲也是如此。古代皖江一带发达的音乐、舞蹈、诗歌、杂艺等艺术形式,影响了后来的皖江戏曲,为之发展奠定了坚实的基础。

一、古代音乐、诗歌与皖江戏曲

皖江流域自古流行音乐、诗歌,丰厚的歌诗文化滋养了后来的皖江戏曲。

地下文物发掘表明,从新石器时期到春秋战国时期,皖江流域就已经产生了原始音乐。

潜山薛家岗遗址属于新石器母系向父系社会过渡时期，距今5000～6000年。这里曾发掘出能摇响发声的"陶球六十九件"，乃早期陶制乐器。同样的陶球在安庆市郊夫子城遗址、张四墩遗址和望江汪洋庙遗址均有所发现。汪洋庙遗址发掘出一件能吹奏的"陶埙"，专家考证其属二按孔埙，可发二三个音。时间较迟的青阳县汪村墓葬和龙岗墓，分属西周晚期和春秋时期，考古发掘出编钟4件和军中乐器铎一件。此外，在舒城九里墩春秋墓，发现建鼓座1件、甬钟4件、石磬5件。这些原始乐器，证实皖江地区有久远的音乐史。

皖江地区是我国诗歌最早的起源地之一。距今约4000年，"我国第一首完整意义上的抒情之诗"出现在安徽寿春、当涂一带，这就是《候人歌》，唱歌的涂山之女大禹之妻是"中国第一位女诗人"。此歌是她等待治水未归的丈夫时所吟唱，被认为是"南音之始"，对后来南方诗歌、音乐、戏曲影响深远。春秋战国时期，皖江地区曾交替受吴、楚控制。吴歌和楚辞等对皖江文化产生过重大影响，尤其是楚辞——这种包含音乐、舞蹈、祭祀等元素的新诗体，是包括皖江人民在内的楚人的创造，屈原、宋玉等是杰出楚辞作家。三国时期，皖江地区一度归属吴国，相传潜山美女大、小乔不仅姿色绝美，而且擅音律。辛弃疾有诗云："曲中特地误，要试周郎顾。醉里客魂消，春风大小乔。"这里用了"顾曲周郎"的典故，乃借用吴国周瑜精通音乐的故事。

汉魏六朝时，皖江地区的安庆潜山、怀宁一带，出现了中国诗歌、音乐史上最早的长篇叙事诗——《孔雀东南飞》，距今一千七百多年。它与当时北方的《木兰辞》一起被誉为"乐府双璧"。《孔雀东南飞》叙述的是汉末安庆庐江府（今怀宁、潜山交界处）小吏焦仲卿和他的妻子刘兰芝的爱情悲剧，思想和艺术成就杰出，对后世中国叙事诗产生重大影响。不仅如此，该诗还极富戏剧性特质。明末清初诗论家贺贻孙评论："一本杂剧，插科打诨，皆在净丑。《焦仲卿》篇，形容阿母之虐，阿兄之横，亲母之依违，太守之强暴，丞吏、主簿、一班媒人张皇趋附，无不绝倒，所以入情。若只写府吏、兰芝两人痴态，虽刻画逼肖，决不能引人涕泗纵横至此也。"清代宋征璧感叹："《焦仲卿》及《木兰诗》，如看彻一本传奇，使人不敢作传奇。"贺、宋二人皆认为《孔雀东南飞》戏剧效果明显，有杂剧、传奇之风致。今天，故事发生地怀宁县小市港还遗留着与《孔雀东南飞》有关的戏台"孔雀台"（亦称"万年台"）。据载，此台在唐末建土台，元代建竹台，明永乐建砖木楼台，"上盖绿色琉璃瓦，富丽堂皇，总体造型似'凸'字，正中主台高约八米，宽约十二米，纵深约六米。三面墙，镜框式。台口两根朱红圆柱及中后屏风两侧的'出将''入相'上下场门，各各对称。内壁及天花板上，布满神话、历史故事戏文彩绘，如《天官赐福》《文王访贤》《哪吒闹海》《桃园结义》等"。"三元庵与舞台前广场遥遥相望，周围园坝上长满巴毛草，形成露天剧场天然屏障，可容纳观众二千多人"。

汉魏以降，及至唐宋，皖江地区依然是歌诗文化的繁盛地，大量的作品涉及皖江上下游及周边地区，如"忆梅下西洲，折梅寄江北""逆浪故相邀，菱舟不怕摇。妾家扬子住，便弄广陵潮""家临九江水，去来九江侧。同是长干人，生小不相识"等。这些诗句中经常出现"西州""扬子""九江""长干"等地名，反映了皖江文化与吴楚文化的密切关系，为皖江戏曲打下了坚实基础。这些诗中，李白的《长干行》与皖江联系最为直接："妾发初覆额，折花门前剧。郎骑竹马来，绕床弄青梅。同居长干里，两小无嫌猜……早晚下三巴，预将书报家。相迎不道远，直至长风沙。"这里的"长风沙"在安庆一带，陆尔奎等人校订的《中国古今地名大辞典》考证："长风沙在安徽怀宁县东五十里，今名长枫夹。"李白之后，又有其他诗人在诗歌中提到"长风沙"，如"橹声已出雁翅浦，荻夹喜入长风沙""长风沙浪屋许大，罗刹石齿水下排"……

这些诗歌反映了皖江及其周边地区的风貌和民风，尤其是男女爱情、家庭婚姻、游子恋乡、思妇怀春等内容，它们大多为社会中下层人的生活和思想情感的写照，也常常成为古代戏剧所着意表现的重要主题和内容。

二、古代舞蹈、民俗活动、杂艺表演与皖江戏曲

戏曲始于原始乐舞，与祭祀有密切关系。音乐、舞蹈、杂艺表演等艺术形式后来融入贵族娱乐和民俗活动中，为戏曲奠定了基础。

皖江地区号称"吴头楚尾"，受楚文化影响，盛行巫傩等民俗活动，最具代表性的当推贵池地区的民间傩活动。

汉魏时期，皖江地区曾先后受孙权、曹操等不同利益集团控制，其文化史亦留下相关烙印，最为显著的就是"百戏"活动。

"百戏"是包括舞蹈、音乐、杂耍、武艺、滑稽等在内的各种表演艺术活动的总称，"百戏"是戏曲成熟进程中的一个重要阶段。

作为一代豪杰，曹操通音律，善诗歌，不仅作有《短歌行》等脍炙人口的诗歌，而且还大力弘扬"百戏"艺术。史载"太祖为人佻易无威重，好音乐，倡优在侧，常以日达夕……每与人谈论，戏弄言诵"。曹操之子曹丕、曹植等皆喜好百戏。魏文帝曹丕曾"设伎乐百戏"，犒赏六军及百姓，并且下令："先王皆乐其所生，礼不忘其本。"曹植曾为博士淳表演过百戏："科头拍袒，胡舞五椎锻，跳丸击剑，诵俳优小说数千言讫。"

东汉时期的左慈是安徽庐江人，相传他自幼学习并精通"铜盘钓鲈"，"巧变生姜""取酒不尽""遁身术"等幻术，曾为曹操表演过。幻术即魔术，是百戏中一种。20世纪80年代，考古工作者对马鞍山市朱然（182—249）三国吴国墓进行发掘，出土了宫闱宴乐图漆案，上绘汉魏百戏场面，如弄丸、弄剑、武女、鼓吹、寻橦、连倒、转车轮等，反映出百戏活动已经延及皖江流域。

至唐代，皖江流域出现了一种独特的民间歌舞形式——"踏歌"，有歌有舞，集体表演，极类似于戏剧演出。李白的《赠汪伦》就描述了他离开宣城泾县时，当地百姓踏歌相送的情形："李白乘舟将欲行，忽闻岸上踏歌声。桃花潭水深千尺，不及汪伦送我情。"踏歌其实是一项古老的表演活动，是一种众人手牵手、群唱的集体舞蹈，范晔《后汉书》早有记载："蹋歌者，连手而歌，蹋地以为节。"踏歌舞蹈在宫廷和民间都很流行，尤以唐代为盛。除宣城地区外，皖江其他地区亦流行。民国《宿松县志》曾提及当地在正月的"踏歌"："元夕向亦张灯度曲，步月踏歌，今好事者不多观矣。"

三、民间歌谣"桐城歌"与皖江戏曲

2008年，第二批《中国非物质文化遗产名录》公布，安庆桐城的"桐城歌"被列为首批"民间文学"类国家级非遗，后来也被列入省级非遗。这种

在明代就已闻名遐迩的文化遗产，既是民间歌谣，又对戏剧（曲）有一定影响，尤其是在明代"桐城歌"基础上又进一步发展的近现代"桐城歌"。

关德栋先生在《明清民歌时调集》序中说："'桐城歌'是起于安徽桐城地方的一种曲调，以后流布于吴语地区。"

较早提到"桐城歌"的是明人沈德符的《万历野获编》："嘉、隆间乃兴《闹五更》《寄生草》《罗江怨》《哭皇天》《干荷叶》《粉红莲》《桐城歌》《银绞丝》之属。自两淮以至江南，渐与词曲相远，不过写淫媟情态，略具抑扬而已。"在此，沈德符明确了"桐城歌"的兴起时间是明代嘉靖、隆庆年间，属于民歌小调，是不能列入"词曲"之类的雅文学的。但其因摹写民间生活自然状态，并"略具"抑扬顿挫的韵律而深得大江南北百姓的喜爱，甚至为文人和出版家所注意，并进而被刊刻成册。

晚明著名通俗文学家冯梦龙着力收集整理优秀民间文学作品，编著了民歌时调集《挂枝儿》和《山歌》，在《山歌》中，特地收录"桐城时兴歌"24首，这些民间歌谣也就是为后人所称道的"桐城歌"。除冯梦龙搜集的"桐城歌"以外，明崇祯时钞本《明代杂曲集》卷七亦收"桐城歌"25首。"桐城歌"基本以七言五句为主，音韵较为和谐，吟唱起来朗朗上口。冯梦龙高度评价了这些作品"虽俚"但"情真"，"不与诗文争名，故不屑"。他道出搜集、编辑、出版这些民歌的真正用意就是"借男女之真情，发名教之伪药"。

皖江地区是一个民歌流行的区域，民国五年《怀宁县志》卷十"风俗"载："每播种之时，主伯亚旅，一人发声，众耦齐和。长吟曼引，比兴杂陈；因声寻义，宛然竹枝；至治之象，溢于垄亩。"这里所载的是安庆怀宁一带农民在农忙播种季节劳作时歌唱田歌（或称秧歌）的情形，类似的资料在皖江很多地区文献中多有记载，这应该就是明代皖江"桐城歌"所产生的地域、人群基础了。

"桐城歌"是南方山歌，用南曲演唱。南戏、传奇常常使用民间南曲山歌，明代徐渭说："'永嘉杂剧'兴，则又即村坊小曲而为之，本无宫调，亦罕节奏，徒取其畸农、市女顺口可歌而已……夫南曲本市俚之谈，即如今吴下《山歌》、北方【山坡羊】，何处求取宫调？"关于"桐城歌"同类的山歌、歌谣与戏曲的关系，今人关德栋在考察"山歌"与明代"传奇"的关系后发现：

"明人'传奇'中往往采用'山歌'作为插曲。"他还提到当时一些著名戏曲学家如钱南扬、赵景深、叶德均等曾经都对桐城山歌做过一些辑录。

明代以后,"桐城歌"依然在发展,直至现在还在当地传唱,并且影响了皖江著名剧种黄梅戏。陆洪非考察认为:"安徽的桐城歌也是很早就传到黄梅一带。"他得出结论:"黄梅戏最早出现的歌舞小戏《送同年》中就有桐城歌的痕迹。"此外,黄梅戏传统小戏《闹花灯》中的曲词,也与"桐城歌谣"中收录的"桐城歌"相类似,两者"均为男提问女回答,且以三字为句,多重音叠韵,可见黄梅戏剧本浓重的民歌印痕"。

总体来说,类似于"桐城歌"那样的南方"山歌"小调,不仅对明清戏剧(尤其是民间戏剧)中的南曲曲种有影响,而且影响了像黄梅戏那样的近现代戏曲剧种,我们可以认为:"桐城歌"等民歌是孕育南方戏剧的一个重要因素。

第二节 池州傩戏传曲文

在经济高速发展、城市化进程加速的今天,在现代文明高度发达、传统文化面临挑战的当下,我们日益怀念那些古老的艺术。

池州——中国安徽的一个地级市,长江南岸的一个丘陵地区,那里还"年复一年地继续着并传承着"一种古老的戏曲艺术——傩戏。

一、池州傩戏与傩俗

傩俗是中国最古老的祭祀活动之一,最初与驱除疾病、瘟疫、厉鬼等民间信仰有关,也称驱傩、逐疫、逐傩等,后来逐渐与祭祀、祈福等活动相结合,成为一种风俗,保存了下来。

傩俗历史悠久，生成于夏、商之前，周时已很兴盛，当时宫廷中的夏官方相氏主持傩俗，"掌蒙熊皮，黄金四目，玄衣朱裳，执戈扬盾"。傩俗有官方傩和民间傩两种。官傩又分宫傩和军傩。唐代宫傩规模宏大，用"侲子五百，小儿为之，衣朱襦、素襦，戴面具，以晦日于紫宸殿前傩，张宫悬乐"。宋代桂林一带的军傩使用面具，一副就有八百枚，"老少妍丑，无一相似者"。民间傩在春秋时期就流行，连"子不语怪力乱神"的孔子在"乡人傩"队伍经过时，都"朝服立于阼阶"，毕恭毕敬。行傩时间有一年四次、两次、一次等，大多为一年两次，名为春祈和秋赛，多祭祀社神。古代傩俗活动遍及全国各地，现在安徽、贵州、湖南、江西等不少地区还有遗存。

贵池傩俗流行于安徽省池州一带，属民间傩。其以宗族或自然村落为单位，组成"傩神大会"或"嚎啕神会"，祭祀社神，以驱除疫鬼、祈求丰收、祈求子嗣兴旺、多福多寿等。历史记载贵池傩有春秋两次，现在只保留了春傩，在每年的正月初七至十五前后举行。

傩戏就是在傩俗活动中所举行的戏剧表演，它被称为"戏曲活化石"。因为在傩戏中，还保存着古代多种多样的戏剧戏曲形态、剧目和表演方式。

贵池傩戏演出

贵池傩戏也称"池州傩戏",在池州的很多地方都能见到。王兆乾先生调查统计:仅贵池一县,新中国成立以来就有十一个乡的七十五个自然村有过傩戏表演,重要的村落有刘街、姚街、梅街、棠溪、桃坡、元四、渚湖、清溪、茅坦、里山等。当地流传着"无傩不成村"的说法。

二、池州傩戏历史与表演形态

池州傩戏有着悠久的历史。嘉靖二十四年(1545)《池州府志·风土篇》记载了池州上元节期间的傩戏活动:"凡乡落十三日至十六夜,同社者迎社神于家,或踹竹马,或肖狮象,或滚球灯。妆神像,扮杂戏、震以锣鼓,和以喧号。"明末贵池文人刘城写有《上元即事效俳体》《泥饮》等诗,其中有"面具登场鼗鼓挝,蜡辞傩舞共讴哑"和"傩蜡嬉连夕,宾朋主迭陪"等诗句。同时期的吴非写有《池州迎昭明会记》,文中详细记录了八月十五前后贵池秋季驱傩活动中傩戏情况:演剧很多,有"三国"关羽故事(关壮缪)、"封神故事"(二郎神收七圣)、《西游记》故事、财神故事(玄坛神赵公明)、地狱城隍故事等。还有"引刀穿颈惯腹"之类的节目,这当属高难度的杂技表演。演出影响巨大,"举市欲狂"。此外,清光绪甲申(1885)冬重镌的《梨园章氏宗谱·风土篇》中记录:"新年蛋茶相馈,开筵请亲邻,作傩戏。初六、七择吉神下架,至十六日止,乃上架……"这是相关文献中第一次提到贵池"傩戏"二字的资料。

这些资料表明"明代中期以前,安徽贵池傩戏就已形成",一直持续到现在。

贵池傩戏唱腔,一般认为由傩腔和高腔两个部分组成。傩腔以当地山歌、号子、茶歌、船歌、连花落等民歌俗曲为主,曲调质朴、流畅,接近口语,有浓郁的乡土风味;而高腔部分则主要继承了当地青阳腔的音调,曲调高亢、激昂,音域较宽,旋律往往跳动很大,节奏自由而富于变化。

贵池傩戏演唱与伴奏形式一般有独唱、对唱、台上演员的齐唱、帮腔等。帮腔就是"一唱众和",主要是后台人员(包括文武场人员)的帮腔,一般是帮唱每句唱词的后半部分,如二字、三字、四字不等,也有帮唱整句、甚至整段的。帮腔也是一种伴奏形式,其调动了全场演职员的积极性,营造了一种热闹的氛围和效果。傩戏的演唱，一般都用本嗓（真嗓）演唱，但高腔则以本嗓为主、本嗓与小嗓（假嗓）结合的演唱方法，也称"阴阳嗓"。贵池傩戏所使用的方言以池州方言为基础。

伴奏除人声相帮外，还有乐器伴奏。一般无丝弦乐器，只用锣鼓伴奏，如大锣、筛金（即低音锣，直径在50厘米以上）、小锣、铙钹、堂鼓、板鼓、扎板（牙子）。演奏这些乐器，加上人声帮腔，增强了表演的气势和感染力，调动了现场热烈的气氛。

池州傩戏的演员都是本家族、本村庄的农民，是世代相传的，演出粗放、俚俗。演员不化妆，而是戴不同的面具，如包公、土地、刘文龙、薛仁贵等戏剧人物面具。面具也称"脸子"，一般由枫杨木雕制，油漆彩绘，上雕刻有头饰、冠带、髯口等。每村、每族都有许多不同角色的面具，以供扮演所需。服装比较简朴原始，一般都是明代服装样式。道具有刀、枪、杖、钺斧、瓜锤、喝道板（罗汉竹制成）、马鞭、云帚、圣旨、印箱、朝笏、惊堂木、签筒、折扇、文房四宝、伞、古老钱、球灯、木鸟、弓箭等。

三、池州傩戏唱本与剧目种类

现存的贵池傩戏的唱本（剧本）多为手抄本，有清代末期和民国初期本和后人整理过的本子，封面上多标有"傩神古调""嚎啕戏会"字样，它们在同一家族、村落或同一"傩神会"中代代流传，变化不大。

贵池傩戏剧目一般有两类，一类是非故事性剧目。主要是一些傩词、傩歌、傩舞，它们以念白、歌舞为主，几乎没有什么故事情节，带有仪式性表演的目的，算不上成熟的戏曲，其数量大约有三十多种，重要的有《舞滚灯》《舞伞》《打赤鸟》《舞古老钱》《舞财神》《和尚采花》《钟馗捉小鬼》等。另一类是故事性剧目。其有完整的故事情节，在表演过程中唱、念、做、打俱全，完全符合中国戏曲的规范，是成熟的戏曲。王兆乾和其他研究者调查统计，现存傩戏剧目将近三十种，重要的有《刘文龙》《赶考记》《和番记》《孟姜女》《寻夫记》《范杞良》《宋仁宗不认母》《陈州粜米记》《章文显》《摇钱记》《姜太公钓鱼》《郭子仪上寿》《花关索》《薛仁贵征东》等。

这两类剧目保留了中国古代不同时期多种戏（剧）曲形态，明显表现出

"世代层叠性"特征,因此被誉为"戏曲活化石"。

四、贵池傩戏中"非故事性剧目"

贵池傩戏中现存的三十多种"非故事性剧目"是不成熟的戏曲,它们多见于古代的官傩、民间傩表演。

1. 池州傩戏中的古代官傩剧目

唐宋时期官方大傩中各种仪式和表演,有歌有舞,但缺少完整的故事性,是不成熟的戏曲形态。宋代孟元老在《东京梦华录》中记载的"驾登宝津楼诸军呈百戏",就是"北宋宫廷傩舞"。今天的贵池傩戏中许多剧目类似于古代"百戏"表演中的傩舞,如:

宋代官傩	扑旗	狮豹	抱锣	舞判	驱硬鬼	击刺	七圣刀
贵池傩戏	舞旗	舞狮	舞古老钱	钟馗捉鬼	跳五猖	舞刀	扮七圣

此外,《东京梦华录》所提到的"假面""戴面具""放烟火""爆仗""驱捉视听之状"等,在今天的贵池傩戏表演中也经常能见到。

2. 池州傩戏中的古代民间傩剧目

嘉靖《池州府志》中记载的"踹竹马""肖狮象""滚球灯",应该是古代官傩表演剧目在民间的变体。而吴非在文章中所描写的更加证实池州傩戏是典型的民间傩戏:演出主体都不是专业演员,而是普通民众,如"长夫""马户""胥役""豪滑有力之徒";扮演人物为关壮缪(关羽)、城隍、七圣、二郎、玄坛(财神赵公明),这些皆为民间喜爱的戏剧人物;他们表演的是"杂戏",甚至是杂技动作,演出类似于游行,表现出民众的狂欢状态。

贵池傩戏《花关索》后附有一首吉祥词,开头是这样的:

> 嚎也嚎嚎朝古社,嚎也嚎嚎夜胡歌。
>
> 月里梭桐树一棵,却有三万六千枝……
>
> 嚎也嚎嚎朝古社,嚎也嚎嚎夜胡歌。
>
> 正月春风摆柳枝,二月杨花满地飞……
>
> 嚎也嚎嚎朝古社,嚎也嚎嚎夜胡歌……

这里出现了反复吟唱的"夜胡歌"。其实,"夜胡歌"就是唐、宋时民间傩所吟唱的歌曲。《东京梦华录》中记载了当时演出情景："有贫者三数人为一伙，装妇人，神鬼，敲锣击鼓，巡门乞钱，俗呼为'打夜胡'，亦驱祟之道也。""打夜胡"也称"打野狐"，"夜胡歌"就是"打夜胡"所唱之歌。

明末贵池文人刘城用《上元曲》诗来记录当地傩戏表演：

> 高鼻黄须日逐雄，金目文皮猛兽扑。
> 将军列戟白如霜，丞相幞头金以鎏。
> 帝释天人故事多，见玉绮纨装饰足。
> 别有假脚十寻长，绵绦香袖空中扬。

这里的"高鼻黄须""金目文皮"明显就是秦汉方相氏"掌蒙熊皮，黄金四目"和宋代驱傩中"硬鬼""假面长髯"等剧目的翻版。

3. 贵池傩戏的表演程序与宋金古剧演出结构类似

贵池傩戏表演的程序一般为"三段"式，即"非故事剧性剧目——故事性剧目——非故事性剧目"。这种程序与宋金古剧结构相当类似。

南宋耐得翁提到宋金古剧先做寻常熟事一段，名曰"艳段"；次做正杂剧，通名两段……又有"杂扮"……杂剧之后散段也。

这里，"艳段"和"杂扮"一般是不带有故事情节的表演，而第二段"做正杂剧"才带有一定故事情节，与池州傩戏表演程序相类似。

五、贵池傩戏中成熟的戏曲形态

池州傩戏中的"正本戏"（或称"大戏"）属于成熟的戏曲。它们中有的与"南戏"关联，有的与"元明词话"关联，还有的与"明清传奇"关联。它们的存在，进一步体现出贵池傩戏"世代层叠"性的戏曲活化石价值。以下举若干剧目来予以说明。

1.《和番记》与南戏《刘文龙》

南戏是中国最早成熟的戏曲种类之一，诞生于浙江温州一带，也称"温州杂剧"。南戏中有一本戏名《刘文龙菱花镜》（或称《刘文龙》），《永乐大典》有载，明人徐渭在《南词叙录》中将它列入已经失传的"宋元旧篇"之列，后人只能见到一些残曲。1975年广东潮州出土的明宣德六至七年（1431—1432）戏曲写本《刘希必金钗记》，就是这个剧本的变体。

贵池傩戏有一本戏叫《和番记》，与南戏《刘文龙》"具有极亲缘关系"。该戏保留有清光绪时期的抄本，今存于贵池县刘街乡太和章傩戏会章姓家族。此戏在其他村庄也有演出，戏名叫《刘文龙》。情节是汉代刘文龙娶妻萧氏，新婚三日上京参加科举考试，得中状元。后出使番邦不辱使命，番王以自己的女儿嫁给刘文龙为妻。刘文龙归国后受汉王加封，后回乡与萧氏团圆。该剧以一面菱花镜作为刘文龙和萧氏女分手和相认信物，并围绕此展开故事情节。

研究表明，《和番记》中有22支曲子近似古代南戏曲子，它与明代宣德写本《刘希必金钗记》的基本内容、情节、曲目等有大量相近之处，很明显它们之间有同源关系。明宣德写本早在五百多年前就已经埋入地下了，而贵池傩戏的剧本却"活"到了今天。

2. 贵池傩戏与"元明词话"

词话是古代的一种说唱文学形式，古代戏曲中很多作品都由词话演变而来。

现存词话中最为重要的是明代北京永顺堂于成化七至十四年（1471—1478）刊印的《成化说唱词话》，其中包括十三种词话。它们保留了元明时期词话本的风貌。这些作品在地下沉睡了近五百年，1976年被发现于上海郊区一个宣姓老太太的坟墓里。

但是在长江南岸交通不便、几乎与世隔绝的贵池小山村中，贵池傩戏所表演的剧目中竟有五个与明代《成化说唱词话》非常接近，它们分别是《陈州粜米记》《薛仁贵征东》《花关索》《包公犁田》《宋仁宗不认母》。它们与元明词话有密切关联，年复一年被"搬演"着，一代接一代不曾间断，这不能不说是一个奇迹！下面从三个方面来对二者做简要的分析。

其一，取材一致。刘街乡殷村的《陈州粜米记》演宋仁宗时包拯受命前往陈州粜米赈济旱灾、惩处不法之徒的故事，这在"成化本"中是《包龙图陈州粜米记》；清溪乡张村的《薛仁贵征东》演唐朝大将薛仁贵征高丽国故事，这在"成化本"中是《跨海征辽》；里山乡排湾村的《花关索》演三国名将关羽之子关索故事，这在"成化本"中是《花关索传》；黄家店汪姓的《包公犁田》演包拯幼年成长经历，这在"成化本"中是《包待制出身传》；清溪乡的《宋仁宗不认母》演包公为仁宗皇帝找回流落桑林镇的生母李妃的故事，这在"成化本"中是《仁宗认母传》。

其二，情节、内容完全相同或部分相同。如《陈州粜米记》与"成化本"前半部分"打銮驾"完全相同，《花关索》与"成化本"前半部分相同，《薛仁贵征东》与"成化本"有六出相同。

其三，有些剧本的唱词、道白基本相同。比如《陈州粜米记》与"成化本"有百分之八十基本相同，其他剧本也多多少少地存在这样的情况，甚至有些唱词和道白是一模一样的。

贵池傩戏不仅保存了元明时期的说唱词话，而且还创造性地将它们搬上了舞台，用戏曲扮演的形式来代替较为简单的曲艺说唱形式，在中国戏曲形成史上具有重要意义。

3. 贵池傩戏《摇钱记》与明清传奇《张四姐闹东京》

贵池傩戏中常演的一出戏叫《摇钱记》，演的是书生崔文瑞与玉皇大帝的四女儿张四姐缔结姻缘，经历种种磨难终得幸福的故事。这出戏情节曲折，内容丰富：由崔、张人神相恋引出一株能够摇下金钱的宝树，由宝树引出为富不仁的王员外，由王员外引出贪婪的官府，由官府引出张四姐的劫牢，由劫牢引出包拯、杨家将的追捕，由人间追捕引出天上玉帝、哪吒、孙悟空等对张四姐的仙界追捕……全剧极其奇幻，极富想象力。

其实，这出戏在明清传奇中也是一部名作，叫《张四姐闹东京》或《摆花张四姐》，也称《天缘记》，是由鼓词改编的，在明清时期弋阳腔传奇中流行。此剧属典型的民间俗文学，著名文人王士祯也不知道它的来历，方伯熊公曾为此嘲笑过王士祯。

贵池傩戏《摇钱记》是七言诗赞体，与古代鼓词的曲词结构相类似，反映了明清时期弋阳腔传奇在傩戏表演中的风貌。

除以上剧目以外，还有其他的傩戏剧目或多或少地表现出与古代相关戏剧、戏曲剧目的密切关系，比如贵池傩戏中"范家戏"《寻夫记》《范杞良》《孟姜女寻夫记》，这些剧目都是有关秦代孟姜女哭长城故事的，根据其本事来源、情节结构、特殊曲词结构（齐言体"三、三、七、七、七"式），我们可能探讨得出这出戏与古代"敦煌曲子词"和"唐代变文俗讲"有一定的联系。限于篇幅,此处不做展开。

贵池傩戏同全国其他地区的傩戏一样,源于古代的"逐疫""驱傩"风俗,是非物质文化遗产。贵池傩戏具有悠久的历史,至少在明代嘉靖年间就已经盛行。贵池傩戏既有非故事性剧目,又有故事性剧目,保存了诸多与古代戏(剧)曲相关的剧目或作品,显现出中国古代戏曲不同时期、不同形态、不同样式在贵池傩戏中的世代层叠效应。因此,贵池傩戏是当之无愧的"戏曲活化石"。

第三节 青阳腔调遍词林

元末明初出现了海盐腔、余姚腔、弋阳腔、昆山腔"四大声腔",后来地方声腔层出不穷,如义乌腔、乐平腔、青阳腔、四平腔、徽州腔等多种。这些后起的声腔影响最大的莫过于明中后叶的青阳腔了。青阳腔也称"池州腔",以安徽省南部池州的青阳命名,是皖江流域最为典型的地方声腔。

一、几遍天下青阳腔

青阳腔由何而来,学界一般有三种说法:一为余姚说,二为弋阳说,三为余姚、弋阳说。说青阳腔出自余姚腔,可以从明代徐渭的《南词叙录》

明刊《徽池雅调》书影

(嘉靖三十八年(1559)刊行)中找到根据:"称余姚腔者,出于会稽、常、润、池、太、扬、徐用之。"池、太指池州府和太平府,徐渭在此指出余姚腔对池州和太平一带的声腔发展有巨大影响。现当代学者叶德均、钱南扬、朱万曙从青阳腔最具特色的"滚调"入手,依据余姚腔最先出现、青阳腔其次出现、弋阳腔最迟出现的史料,认为青阳腔由余姚腔变化而来。说青阳腔出自弋阳腔,则依据明代汤显祖的《宜黄县戏神清源师庙记》(作于万历二十五年(1597)左右)一文,该文提到:"至嘉靖而弋阳之调绝,变为乐平,为徽青阳。"第三种说法综合前二者,如《辞海·艺术分册》认为青阳腔是浙江的余姚腔和江西的弋阳腔于明嘉靖年间相继传入青阳后,同当地的民间曲调会合形成的。

　　青阳腔的形成不是一个简单的过程。我们认为:当余姚腔溯长江而上到达皖江流域后,影响了池州的青阳腔(池州腔)。青阳腔是余姚腔的新变,又从弋阳腔、海盐腔甚至昆腔中吸收营养。不仅如此,青阳腔还与九华山佛俗说唱、目连戏、当地民歌小调等有互动交叉关系。后来,青阳腔的影响超过其他声腔,"万历初年,青阳调已能独树一帜,与昆山腔并称时调于世"(傅芸子《释滚调》)。

　　青阳腔包容性极强,艺术生命力极其旺盛,是明代中后期最有影响力的声腔之一。明代隆庆、万历之际,其被誉为"时调""新调",海内时尚之。隆庆年间,青阳腔就以其通俗易懂的"滚调"吸引了广大观众,引起了出版商的极大兴趣。书林中黄文华、叶志元、蔡正河、金拱塘等人相继对其进行精选辑集梓行,给后世留下了一大批带"滚调"的青阳腔专集和青昆合集。20世纪90年代以前发现九种,由台湾学生书局刊印。后来俄罗斯汉学家李福清在欧洲又搜寻到三种,共十二种,分别是《新刻京板青阳时调词林一枝》《鼎镌昆池新调乐府八能奏锦》《新锲梨园摘锦乐府菁华》《鼎刻时新滚调歌令玉谷调簧》《新刻徽板合像滚调乐府官腔摘锦奇音》《新选南北乐府时调青昆》《鼎锲徽池雅调南北官腔乐府点板曲响大明春》《新锲天下时尚南北徽池雅调》《新锓天下时尚南北新调尧天乐》《新锓精选古今乐府滚调新词玉树英》《梨园会选古今传奇滚调乐府万象新》《新锓汇编杂乐府新声调大明天下春》。这十二本选辑中收录青阳腔剧目有百种之多,著名的有《琵琶记》《荆钗记》《西厢记》《白兔记》《杀狗记》《狮吼记》《罗帕记》《玉簪记》《鸣凤记》《同窗记》《香囊记》《娇红记》等。

这些刊本,标有"青阳时调""昆池新调""时调青昆""徽池雅调""南北新调"等字样,大多数是青阳腔专集,少数是青昆合集,由此可见青阳腔在当时的流行程度。

青阳腔风行一时,引起了一些文人雅士的注意。明代的汤显祖、王骥德、沈宠绥、袁宏道、龙膺、李维桢等人对青阳腔多有记载或评论。如湖广武陵人龙膺在一首诗中记曰:"何物最娱庸俗耳,敲锣打鼓闹青阳。"王骥德的《曲律》中说:"数十年来又有弋阳、义乌、青阳、徽州、乐平诸腔之出。今则石台、太平梨园几遍天下,苏州不能与角什之二三。"这里提到万历三十八年(1610)青阳腔已流行十余年了,其中所说的"石台、太平梨园",也是指具有滚唱特色的青阳腔。王古鲁在《明代徽调戏曲散出辑佚》指出:"池州调即青阳调……万历年初,青阳调或池州调已逐渐形成,但尚无固定名称,同时开始向滚调方面发展。"钱南扬在《戏文概论》中考察青阳腔,得出结论:"'几遍天下',确是实情。"

二、海内时尚滚调新

青阳腔最显著的特征和声腔标志就是"滚调"。尽管其他声腔也有滚调,但能将滚调发扬光大并运用到极致的,只有青阳腔。

明余姚腔传奇《想当然》作于嘉靖时期,卷首有"茧室主人"的"成书杂记",其中说:余姚腔"俚词肤曲,因场上杂白混唱,犹谓以曲代言。"这里的"杂白混唱"就是"曲文中夹着许多以七字句为主的'滚白',用流水板迅速地快唱",这是关于滚调的最早记载。青阳腔最早使用滚调的曲本是《新刻京板青阳时调词林一枝》,刊于明万历初;而弋阳腔曲本中最先使用滚调的《鸾锟记》刊于万历中期。由此可知,就滚调使用时间而言,余姚腔最早,青阳腔次之,弋阳腔最晚。

"滚调"有滚白和滚唱之分。

青阳腔滚调位置灵活,它可以加在曲文之上,亦可加在曲文之中或曲文之末。其形式内容有民间谚语、俗语、成语、五七言诗句、韵言、散语等,还可杂白混唱。如青阳腔《玉谷新簧》中的《琵琶记·蔡状元牛府成亲》[鲍老催]中的滚句"天上神仙府，人间宰相家。有田皆种玉，何地不栽花"就是由诗白改成。《题红记·四喜四爱》中将唐人孟浩然的《春晓》"春眠不觉晓，处处闻啼鸟。夜来风雨声，花落知多少"一字不改地加进了[二犯朝天子]曲牌中。《玉簪记·妙常思母》之[风云四朝元]旦自怜自叹漂泊无依时的滚唱："人生无根蒂，犹如水上萍。"感叹母女不能相依："自古道，养儿防老，积谷防饥。有男靠男，无男靠女……无穷愁闷自心酸，参商骨肉两茫茫，万斛肝肠因甚结，为思雪鬓与星鬓。"其中的滚唱就是由韵散结合的俚语俗句构成的。

  青阳腔打破曲牌的传统格局，根据剧情需要，在任何一支曲子的字句之间随时插入五七言诗句或成语、谚语、散白、口语，滚唱与滚白相结合，形成了更能畅达感情、不受格式束缚的滚调。

  青阳腔往往在原曲文中加进去许多白，用流水板快速地唱念，形成滚白。青阳腔滚调的存在一方面大大发挥了剧情，有很强的修饰性；另一方面解释曲文，使之通俗易懂，浅近朴实，受到观众的欢迎。除滚调外，青阳腔调也很雅致。其节以板，又用南北易懂的官腔、官语演唱，优美动听，因此雅俗共赏。

  青阳腔用锣鼓伴唱，不用丝竹，采取一唱众和、徒歌帮唱相结合的方式演唱。锣鼓伴唱是既伴唱又伴腔。伴唱由主唱人领唱，然后敲锣打鼓并伴唱；伴腔由主唱人唱完一句后再耍腔，夹敲夹打锣鼓，用以托字、托腔，颇能体现"敲锣打鼓闹青腔"的特点。青阳腔演出时还有后台帮唱和帮腔。所谓"帮唱"，就是众人帮唱一支曲子的后一句或帮唱一句的后几个字；帮腔是只帮唱句尾字的行腔。

  青阳腔剧目经常对原有曲牌曲调进行调整或加工改编，或保留原曲词，更换曲牌；或保留原曲牌、曲调，更易曲词；或运用俚歌俗曲。经改造过的曲文更易唱、易听、易懂。

  青阳腔剧目较多地采用合唱、重唱等方式，以表达情感，活跃舞台气氛，增强艺术感染力。如《西厢记·长亭送别》中[一煞]在《六十种曲》本中是莺莺独唱，在青阳腔中却标明从"四围山色中"到"量这些大小车儿如何载得起"为莺莺、红娘、张生合唱，离情别绪的惆怅不仅体现在莺莺这个形象身上，而且体现在张生身上，他们二人的情绪又感染了红娘。这一改动更符合剧情的表达和发展。

到万历三十八年（1610）左右，滚调进一步发展壮大，与昆山腔一起并称为"时调"，成为海内时尚风靡天下的"新调"。

三、青阳腔的传播与遗存

万历年间，青阳腔开始向各地传播，大体可分为北、中、南三路：北路流传到山东、河南、山西等地；中路从潜山流入岳西、五河、怀宁等地，然后流入外省，如江西、四川等地；南路流传到浙江的金华，福建闽南等地。青阳腔所到之处，或者对当地声腔发生影响，或者衍生出新的声腔剧种。傅芸子《释滚调》指出清代的京腔、皮黄等曾受其影响，"京腔，实即再度调整之滚调，使滚调在清代又得残存一脉也"。青阳腔对现存地方剧种的影响也很大，如福建的莆仙戏、梨园戏、山东柳子戏等（见赵景深《明代的民间戏曲》）。民间现存青阳腔唱本也很多，如山西万泉县的《三元记》《黄金印》《涌泉记》《包公私访江南》等。1954年，江西湖口、都昌一带发现66种高腔戏，唱的是青阳腔。现在，湖北麻城、湖南、四川等地的高腔，大多能追溯到青阳腔，是其遗存。

在这些遗存中，最有影响的就是安庆的岳西高腔了。

青阳腔，在明末清初之际渐趋式微，但它并没有消失，当年鼎盛时期分三路流传的其中之一——中路青阳腔在万山丛中的安徽岳西生根开花。那么，青阳腔又是如何传入岳西的呢？

万历时，中路青阳腔又分为两支：一支经东流、至德、彭泽，到达赣东北，向西至湖北麻城，逐渐演变成清戏；向南至湖南，形成"辰河高腔"；向西达四川，形成"川剧高腔"。另一支则渡江北上达潜山、怀宁等地，其中怀宁县石牌附近的牛灯戏和洪镇乡一带的"猴王戏"就受到青阳腔的影响。这一支北上的青阳腔也传入山峦起伏岳西一带，后演变为岳西高腔。

岳西高腔属高腔系统，是青阳腔的遗存，1957年由文化部定名。岳西高腔早先与文人"围鼓"清唱有关。据载，清代嘉庆、道光年间，岳西柳坂、五河一带的文人常常聚集在一起,"围鼓"清唱青阳腔或其他高腔曲文,用来自娱自赏。岳西高腔的最早班社"建于清嘉庆年间。班址今岳西县柳坂乡"。该乡柳荣荻(清优廪生)、柳荣旌(例赠奉直大夫)等开始小规模习唱高腔,先是围鼓清唱,后又将围鼓形式搬上舞台,配上简单身段进行表演。道光初年,岳西上五河的监生王达三、举人王曰修(曾任湖南永定知州)从湖南罢官归来,与子弟们在家乡清唱高腔娱乐晚岁。王姓子孙又往来于石牌、安庆等地求学、任职、行医、经商,"不断将高腔剧本、唱技带至家乡交流"。清光绪六年(1880),一位身手不凡、文武兼备的倪姓江西高腔艺人,由石牌来五河访友传艺,受到王达三、王曰修等赏识,在五河教习高腔三年,传下《拷桃》《逼嫁》《扯伞》《追舟》等百余出高腔传奇剧目,组成五河高腔班社,成员除了王达三、王曰修以外,还有姜子凡(中医)以及王炽远和他的六个兄弟(皆监生)等,共十余人(以上均见《中国戏曲志·安徽卷》)。五河成了岳西高腔的发源地和演唱中心。这支高腔班社辗转白帽、来榜、菖蒲、头陀等地演出,还经常到邻近的潜、太、舒、霍、英等县演出传艺,影响方圆百里之外。后来,一批高腔剧目被校订整理,如《雪梅教子》《潘葛思妻》《捧盒》《采桑》《归家》等;有的剧目被改编,如《张四姐闹东京》《五关斩将》《黄鹤楼》《征西》《抗金》等;还有新撰剧目,如刘星阶、王庭绪、叶题名、王昌行等人合撰了《反清朝》《飞虎山》《水满迎江》等剧本,供艺人排练,演出于四乡。

随着岳西高腔声势日增,乡村节庆、民间祭祀、嫁娶场合等都少不了高腔表演,艺人们往往根据不同场合唱不同类型的曲目。岳西高腔在民间传承的重要载体就是灯会。每年春节期间,尤其是正月十五元宵节,岳西当地举行灯会,除了传统的放花灯、划旱船、踩高跷、扭秧歌等活动,高腔艺人也会加入演出。一方面,唱大戏如《子龙救主》《闹桃园》等活跃气氛,另一方面也从灯会表演中汲取营养,将如《摇钱树》(又名《摆花张四姐思凡》)等曲目插入灯会常演的采莲船舞蹈。

民国期间,岳西高腔受到黄梅戏、弹腔的双重夹击,再加上时局动乱,战火频仍,岳西高腔社生存维艰,后来曾一度辍演。解放后不久,岳西县为了挖掘、拯救这一宝贵的文化遗产,组建了岳西高腔剧团,并搜集整理高腔剧本。20世纪60年代至70年代中期,受当时社会政治环境影响,岳西高腔日渐衰落,在民间几成绝响。党的十一届三中全会后,岳西高腔渐趋复兴,2006年岳西县非物质文化遗产普查表明:该县尚有十多个能演出高腔的民间班社和近百名民间高腔艺人和部分高腔抄本。2006年5月,岳西高腔成功申报为国家级非物质文化遗产。高腔热在岳西民间又悄然兴起,正如五河镇一副高腔戏联所形容:一曲升平歌大道,万家欢乐唱高腔。

第四节 字字出色有才人

在中国戏曲发展的高级阶段,文人的参与,往往使戏曲变得更加精致、更加文雅、更具有文学性,有些文人作品成为经典的案头之作,杂剧、传奇的发展史可以说明这一点。

元杂剧作家尽管大多为职位不高的落魄文人,但皆矢志于做"杂剧班头"和"梨园领袖",为杂剧发展做出了巨大贡献,如关汉卿、王实甫、郑光祖、白朴、马致远等,他们创作了《窦娥冤》《西厢记》《倩女离魂》《裴少俊墙头马上》《破幽梦孤

中国古代观剧图

雁汉宫秋》等一大批脍炙人口的作品。明初高明作《琵琶记》为蔡邕翻案，扬全忠全孝之义，号称南戏"中兴之祖"，被太祖朱元璋誉为"山珍海错""贵富家不可无"之作，此后有大批后继者。

明清时期，南戏变而为传奇，北杂剧变而为南杂剧，文人曲家不胜枚举。

一、皖江著名文人戏曲家概览

皖江地区文人曲家数量多，他们或坚守本乡本土，或由皖江去外地为宦，或由外地来皖江游学、为官。他们都喜爱戏曲，喜爱戏曲创作，并且创作了许多有分量的佳作，为皖江戏曲在明清戏曲史上占有一席之地做出了重要贡献。

梅鼎祚（约1549—1615），宣城人，今知创作戏曲3种（含杂剧《昆仑奴》，传奇《玉合记》和《长命缕记》）；佘翘（约1567—1612），铜陵人，今知创作戏曲3种（含杂剧《锁骨菩萨》，传奇《赐环记》和《量江记》）；阮大铖（约1587—1646），安庆人，创作传奇11种，现存4种，合称《石巢四种传奇》（下文详述）；龙渠翁（约1596年前后在世），安庆怀宁人，著有传奇《蓝田记》；阮丽珍（女，明末清初），安庆人，阮大铖女，著有杂剧《梦虎缘》《鸾帕血》等；来集之（1604—1682），浙江萧山人，明末为安庆推官，著有杂剧《女红纱》《碧纱笼》《蓝采和长安闹剧》《阮步兵陵廨啼红》《铁氏女花院全贞》《挑灯剧》等，其中仅三种存世；胡业宏，清初桐城戏曲家，著有传奇《珊瑚鞭》；龙燮（约1640—1697），安庆望江人，著传奇《江花梦》和杂剧《芙蓉城》；张令仪（女，约1668—1746），桐城人，著有《乾坤圈》《梦觉关》二剧；石庞（约1671—1703），安庆太湖人，著有传奇《姻缘梦》《后西厢》《壶中天》《无因种》《诗囊恨》《薄命缘》等；金兆燕（约1718—1789），滁州全椒人，著有传奇《旗亭记》《婴儿传》；杨米人（约1740—1815），桐城人，编有传奇《双珠记》；左潢（约1751—1829），桐城人，著有传奇《桂花塔》《兰桂仙》；王墅（生卒年不详），芜湖人，著有传奇《拜针楼》《后牡丹亭》；赵文楷（约1760—1808），安庆太湖人，著有传奇《菊花新梦》；李文瀚（约1805—1856），宣城人，著有传奇《胭脂舄》《紫荆花》

《凤飞楼》《银汉槎》等；朱馨元（清道光时期望江知县），浙江平湖人。与其弟册元合撰传奇《碧窗吟》；宣鼎（约1832—1880），天长人，著有传奇《返魂香》；袁蟫（清同治时期戏曲家），安庆太湖人，作4种传奇《双合镜》《支矶石》《氏夷恨》《红娘子》，还有十余种杂剧，其中《仙人感》《藤花秋梦》《金华梦》《暗藏莺》《长人赚》收入《瞿园杂剧》，《东家颦》《钧天乐》《一线天》《望夫石》《三割股》收入《瞿园杂剧续编》，另有《西江雪》《神山月》《玉津园》等。

这些戏曲家的剧作不仅有南曲，而且有北曲，形成了皖江戏曲的一道亮丽风景线。这些戏曲家中，最为重要、最有影响的当推梅鼎祚、阮大铖（下文专叙之）。

除以上戏曲家外，皖江地区还有一些名士文人，他们尽管没有戏曲创作的记载，但却有深厚的曲学造诣，并嗜好戏曲。例如：明末桐城方以智，"禀异慧，自诗文、词曲、声歌、书画、双钩、填白、五木、六博，以及吹箫挝鼓、俳优、评话之技，无不极其精妙"；清代宿松名儒张鼎，"善丝竹，喜填词。酒酣耳热，辄击箸呼嚘作昆曲腔，能自出新意，订正俗剧工尺之误，按之律吕，累黍无差。远近争传其善为高腔，不知犹余技也。前进士曹友竹之季子某，晚年瀹隐于隘口市廛，常就鼎学高腔，曲尽其妙。而同时石太令寿祺、寿彭昆季，亦各以高腔著于大江南北，皆其薪火之传云"；康熙时桐城张英，官至文华殿大学士兼礼部尚书，在吴地时亦爱看戏剧，其《存诚堂诗集》收《吴门竹枝词》若干首，记作者观看"赛会""弦索"调和"十番"戏表演情景。

二、尚侠重情梅鼎祚

皖江曲家中，梅鼎祚是较为出色的一位，是明代骈绮派曲家代表人物之一。尽管他只留下了三种戏曲作品，但其作品在当时的影响极大。

梅鼎祚（约1549—1615），字禹金，一字彦和，号汝南，别署无求居士、千秋乡人、胜乐道人等，明代宁国府宣城人。少年即擅才名，青年与汪道昆、王世贞、汤显祖、沈君典等交游。梅鼎祚戏曲创作明显分为中年和老年两个时期：万历十二年（1584）和十四年（1586），创作杂剧《昆仑奴》和传奇《玉合记》；三十年以后，又创作传奇《长命缕记》。

梅鼎祚的剧作贯穿两个主题：尚侠和重情。

《昆仑奴》杂剧借唐人小说《昆仑奴传》演绎昆仑奴摩勒义助崔生和红绡的故事，重点表彰昆仑奴"侠义"精神。一代名士徐渭和李贽都关注过这部作品：徐渭"揩开毒眼，提出热肠，不惜为梅郎滴水滴冻，彻头彻尾刮磨点窜一番"，对《昆仑奴》进行润色修改；李贽评论"昆仑奴当时力取红绡，使重关不阻；是皆天地间缓急有用之人，是以谓之侠耳"。

《玉合记》借唐代许尧佐传奇《柳氏传》，敷演韩翊与李王孙之歌妓柳氏的悲欢离合故事。该剧受汤显祖《紫箫记》影响，高举"情"之大旗，极力渲染韩柳忠贞不渝的爱情。《玉合记》还描写了李王孙的成人之美和徐俊的豪侠壮举，这个侠义主题也受到了李贽的推重。此外，该作在一定程度上谴责了唐明皇荒淫误国，揭露了藩镇割据、兵燹祸乱给人民带来深重灾难的现实。

《长命缕记》敷演宋朝单符郎与邢春娘的故事，事出南宋王明清《摭青杂说》。邢春娘乃单符郎表妹，两人从小青梅竹马，约为婚姻。后金人入侵，春娘逃难在全州走失，被卖入青楼，但守身如玉。单符郎因破敌有功，得授全州司户，后与春娘终成连理。梅鼎祚对《长命缕记》甚为得意，认为其有"调归宫""韵谐音"词、"兼参雅俗"等优点，这应该是符合事实的。

梅鼎祚的剧作不仅得到了当时诸如徐渭、李贽、汤显祖等人的高度评价，而且成为后世刊刻较多、上演较多的戏曲。可以说，梅鼎祚是明代影响较大的曲家之一。

三、"玉茗"中坚阮大铖

提到明代戏曲家，不能不提阮大铖，因为在汤显祖之后的"玉茗堂派"作家中，阮大铖的创作成就最高。尽管阮大铖的人品为世人所唾弃，然而不能因人而废文，将他戏曲创作才华和贡献一起抹杀掉。

1. 遗臭万年的人生历史

阮大铖（约 1587—1646）字集之，号圆海，又号石巢、百子山樵、皖髯等，其籍贯本为安庆桐城，然张廷玉主修的《明史》称其为怀宁人，所以世称

"阮怀宁"。关于阮大铖的人生历程，胡金望《人生戏剧与喜剧人生》将之称为"曲折复杂的人生四部曲"：其一，青少年时期是"科举世家中早慧早贵的才子"；其二，中年时期"宦海惊涛迷象马，名场孤注夺枭卢"；其三，中老年时期"发奋创作，数谋起复"；其四，人生终结期"东山再起，降清走死"。

阮大铖家世较为显赫。清代光绪《阮氏宗谱》记载，其祖先可追溯至魏晋"竹林七贤"的阮籍。阮大铖的曾祖父是明代嘉靖年间抗倭名将阮鹗，曾官至浙江巡抚兼理福建，其堂伯祖阮自嵩、祖父阮自仑相继为嘉靖年间进士和举人，从祖阮自华、嗣父阮以鼎叔侄同登万历二十六年（1598）进士。

阮大铖的经历，明清正史和野史多有载录，大致是青年时期积极有为，但在踏上仕途以后，人格发生了变化。为追求功名利禄，阮大铖热衷于攀附权贵，玩弄阴谋，倾轧他人，甚至不惜与宦官魏忠贤为伍，迫害东林党人，为时人所不齿。他屡遭打击、贬斥，但多次东山再起，起复后用更凶狠、残酷的手段对付对手。当明朝败亡后，他丧失人格投靠清廷，其寡廉鲜耻行径，令世人唾弃。这样的人生经历，使其遗臭万年。

2. 出类拔萃的戏剧才能

阮大铖是一个"奸佞政客，无行文人"是真，然其才华过人，诗文俱佳，尤其是他的戏剧才能，可谓出类拔萃。这主要表现在两个方面：

其一，他是一位精通综合性戏剧舞台艺术的行家里手。阮大铖通晓南北曲，不仅会编戏、排戏、导戏，还能亲自登场演戏。阮大铖蓄有家班，他经常亲自指导伶人，因此其家班水平很高。张岱《陶庵梦忆》记载："故所搬演，本本出色，脚脚出色，出出出色，句句出色，字字出色。"由于阮氏家班远近闻名，所以人们争相邀演，甚至连政治上反对他的人也来相邀。焦循在《剧说》中就记载了复社名流侯朝宗等明末四公子邀阮氏家班演戏并捉弄阮大铖的事。

其二，阮大铖的传奇创作成就高，所作传奇风靡一时。阮氏创作传奇11种，分别为《春灯谜》《燕子笺》《牟尼合》《双金榜》《井中盟》《忠孝环》《桃花笑》《狮子赚》《老门生》《翠鹏图》《赐恩环》，现存《春灯谜》《燕子笺》《双金榜》《牟尼合》四种，近人董康将此四种合集刊印，称《石巢传奇四种》。

《燕子笺》共四十二出，叙唐代世家子弟霍都梁与青楼女子华行云互相爱慕，霍都梁不嫌华行云出身卑贱，华行云执着爱慕霍都梁。同时，大家闺秀郦飞云也因燕子衔诗之巧合，得以与霍都梁交往，并爱上了他。安禄山反，霍都梁取得军功，又得中状元，先娶郦飞云，后娶华行云，才子得配佳人。

《春灯谜》作于崇祯癸酉年（1633）三月，是四种传奇中最先完成的，凡三十九出。剧演宇文羲、宇文彦与韦影娘、韦惜惜悲欢离合的爱情故事。该剧"充满着误会讹错，令人从头笑到尾的喜剧，充分显示了阮大铖文心细密极善编剧的创作才能"。该剧又名《十错认》，"十错"分别为：一错男入女舟，女入男舟；二错兄娶次女，弟娶长女；三错以媳为女；四错以父为岳；五错以韦女为尹生；六错以春樱为宇文生；七错羲李文义；八错彦改卢更生；九错兄获弟之罪案；十错师以仇为门生，而为媒己女。

《双金榜》共四十六出，为阮大铖创作的传奇中最长的，故事纯属虚构。剧中主人公皇甫敦两次因误会而被诬陷，以致妻离子散，终因二子荣登金榜，夫妻父子得以团圆。本剧涉及皇甫敦的冤案，有影射现实的倾向，不少人认为是阮大铖借以自我开脱，全剧脱离生活、编造故事的表现较为明显。

《牟尼合》共三十六出，是《石巢传奇四种》中唯一不用"错认"法构思的剧作。该剧写萧思远见义勇为，得罪吃人魔王麻叔谋、贪暴官吏封其蒴等恶人，遭受迫害，暴露了封建社会官僚机构的腐败黑暗，反映了下层民众的痛苦。本剧还运用超现实手法，描写了萧思远一家的悲欢离合，表达了合理的人生理想。阮大铖有借萧思远以自况的意图，日本学者青木正儿曾指出此剧"亦为作者寓愤慨之意者。萧思远盖作者自比也"。

阮大铖创作的传奇追步汤显祖，有很高的艺术水平。文震亨在《春灯谜》题词说："石巢先生《春灯谜》初出，吴中梨园部及少年场流传演唱，与东嘉、中郎、汉卿、白、马并行……《牟尼合》一传……独开生面，觉余心口耳目间，靡所不惬。触声则和，语态则艳鼓颊则诙，捃藻则华，义则侠，结想则幻，入律则严，其中有灵，非其才莫能为之也。"近代吴梅大师评价《双金榜》说："通本情节诙诡，梵典图经，恣意渔猎。非胸罗书卷，笔具辘轳者不能道只字也。""头绪纷繁，一丝不乱，是大手笔。云亭、稗畦俱拜下风矣。"

学者胡金望概括阮大铖传奇的艺术特点为：其一，曲折的故事性与浓郁的戏剧性；其二，曲词典雅华丽，宾白声口毕肖；其三，联系舞台实际，注重演出效果。这一概括是富有见地的。

第五节　徽班进京占花魁

徽班是中国戏曲史上的一个里程碑，它开创了中国多声腔剧种大融合的新时代，为后来京剧的产生奠定了基础。它究竟是如何形成和发展起来的呢？

同光十三绝（清）沈蓉圃 绘

一、安庆与徽班

清代安徽省府治在安庆，枞阳和石牌都是安庆的名镇，是当时内河通长江的重要码头。这些地区的戏曲相当发达，尤其是石牌，很早就流传着"无石不成班"的说法。"徽班昳丽，始自石牌。"清代学者包世臣在《都剧赋》中这样说道。

"徽班"最早源于安庆石牌、枞阳一带，经过一段时间的发展，出现了很多"徽班"。《安徽文化志》记载，乾隆中期之前就出现了石牌徽班、徽州徽班、巢湖徽班和江南徽班四支，其中石牌徽班在雍正年间就有三家戏班：春江班（班主沈裁缝）、义和班（班主程如卿）、义庆班（班主曹松旺）。他们依托长江水道，活跃于安徽、江浙的大城市如南京、苏州、扬州、杭州等地区。

徽班很早就在皖南山区演出。乾隆廿六至廿七年（1761—1762），歙县潜口人汪必昌在《徽郡风化将颓宜禁说》一文中就明确记载了安庆石牌班在徽州演出，"到处不称安庆、石牌，而曰'徽班'"。还描述了当时演出的盛况："各村拥挤"，石牌班"当场教演，人爱看，众乐观"。

徽班的戏曲声腔体系在清初大约已经成熟起来，到乾隆中后期很快发展到一个高峰。清代乾隆时期，安庆一带所衍生的特有的戏曲声腔石牌腔（也称枞阳腔、吹腔、安庆梆子等）闻名遐迩，乾隆时人严长明的《秦云撷英小谱》特别指出："弦索流于北部，安徽人歌之为枞阳腔。"石牌腔是一种新声腔，由北曲系统的弦索发展而来，构成了后来徽班所演唱的基础声腔。

以石牌腔为基础，徽班演唱的声腔逐渐演变成复合（或混合）型多声腔体系，重要的就是"吹、拨合目"。"吹"指"吹腔"；拨指"拨子"，也称"高拨子"。陆小秋认为："吹腔为南方的音调，其曲婉转、柔和；拨子则具有西北音调高亢激越的特点。"复合型多声腔能达到取长补短，相辅相成的效果。

二、色艺最佳在扬州

徽班冲出安庆，走向全国各地，而扬州却是给徽班带来福运的好地方。"没有扬州，徽班的光芒将黯淡得多"。

然而，徽班在扬州一开始并不是一帆风顺，而是经历了一番挫折和磨难的。

清人李斗在《扬州画舫录》中记载：

> 若郡城演唱，皆重昆腔，谓之堂戏。本地乱弹只行之祷祀，谓之台戏。迨五月昆腔散班，乱弹不散，谓之火班。后句容有以梆子腔来者；安庆有以二簧调来者；弋阳有以高腔来者；湖广有以罗罗腔来者。始行之城外四乡，继或于暑月入城，谓之"赶火班"。

这里的"二簧调"，就是安庆徽班所唱的声腔。从《扬州画舫录》中我们可以知道：乾隆中期扬州城里戏曲有"雅部"昆腔和"花部"地方戏。从地位看分三等：一等是"昆腔"班。它们挑不冷不热的春、秋天，在官宦、豪绅的家里唱"堂戏"。二等是扬州本地的"花部"（即"本地乱弹"）。它们在春夏之交的五月演出，可以在城内搭台唱"台戏"。三是外来的乱弹戏班（如梆子腔班、高腔班、罗罗腔班）。安庆的徽班就属于外地乱弹班。只能在酷热"暑月"来扬州城里演出，被称为"赶火班"。由此可见，徽班刚进扬州的时候，生存状态是很糟糕的。

为了生存，为了树立自己的品牌，"徽班"和其他"赶火班"采取以农村包围城市的方法，先在城外开辟演出市场。清代焦循的《花部农谭》记载：它们来到城郭外的村庄，"于二、八月间，递相演唱，农叟、渔父，聚以为欢"。

"赶火班"通过艰苦努力，不断提高，精湛的技艺逐渐征服了观众。具有包容胸襟的扬州最终接纳了它们。大约在乾隆中后期，徽班等花部戏班在扬州居然同昆腔班一样得到了官方的承认，甚至分庭抗礼："两淮监务，例蓄花雅两部，以备大戏。"那么，众多的"花部"戏班中，谁最优秀？当然是唱二簧调的安庆徽班，李斗的《扬州画舫录》就高度评价说："安庆色艺最优。"

徽班占据扬州剧坛之首！其他剧种的知名演员也来投奔，连大名鼎鼎的魏长生也来为徽班效力。郝天秀是安庆怀宁石牌人，字晓岚。他是徽班"春台班"的台柱子，作为旦角，其表演柔媚动人，人以"坑死人"呼之，当时的人名士赵翼也为之倾倒，特地作《坑死人歌》送给他。

可以说：在扬州，安庆徽班打下了一片锦绣河山。徽班名角如林，技艺冠绝一时，堪称"色艺最优"。

三、徽班与徽商

徽州处于皖南山区，原为歙州，宋徽宗宣和三年改称徽州，下辖一府六县（包括歙县、黟县、休宁、婺源、绩溪、祁门）。徽州人喜经商，明清时尤为著名。徽商闻名天下，所谓"无徽不成镇"即为徽商影响广泛的写照。

徽商在扬州的发展历史很久，且声名显赫，扬州徽州籍名士很多。近人陈去病《五石脂》考证说:"徽人在扬州最早,考其时代,当在明中叶。故扬州之盛,实徽商开之。"

徽商也喜欢欣赏戏曲,蓄养戏班。潘之恒《鸾啸小品》记载:万历年间,徽州歙县籍的盐商汪犹龙在扬州"招曲师,教吴儿十余辈,竭其心力,自为按拍协调,举步发音,一钗横,一带飐,无不曲尽其致"。李维桢《大泌山房集》介绍:歙县盐商汪宗孝致富后,在金陵居住,"择稚齿、曼容、千金百琲者贮之,教以歌舞,尽一时妙选"。此外,还有程晋芳、"扬州二马"(祁门马曰琯、马曰璐兄弟)、江春等徽州名流也多行此举。

安庆戏班出类拔萃的技艺令徽商们叹为观止,加之安庆与徽州同属一省,风俗相近,语言相通,因此得到扬州徽商的大力支持、资助,逐渐被称为"徽班"。

"徽班"以安庆籍演员为主,所演唱的基础声腔是安庆的地方声腔——石牌腔(或称枞阳腔)。也可以这样说:徽班是徽州商人资助的安庆戏班。

资助徽班的徽商有很多,乾隆时任"两淮八大总商"之首的歙县人江春就是其中之一。《扬州画舫录》记载:"郡城自江鹤亭征本地乱弹,名春台,为外江班。不能自立门户,乃征聘四方名旦,如苏州杨八官、安庆郝天秀之类。"江春家的春台班属"四大徽班"之一,可以演很多剧目。后来发现的春台班在乾隆三十九年(1774)巧月所立的剧目手抄本记载,其有戏目七百四十三种,可谓数量惊人。客观地说,以江鹤亭为代表的徽州商人,对徽班的发展功不可没。

当然,徽商支持徽班并不仅仅是为了欣赏戏曲、弘扬艺术那么简单。徽商也有利用徽班戏曲艺术为自己谋取更多利益的意图,比如扩大自己的声誉和影响,接近官府甚至皇帝,达到官商合一的目的。

据史料记载,康熙和乾隆都有下江南的经历,而扬州正是他们必经之地,也是圣驾驻足的最佳地点。除筹办各类盛大迎接仪式外,扬州徽商联合官绅各界费尽心思沿路安排各种各样的戏剧表演活动,以迎合皇帝对戏曲的喜好。

据载:乾隆乘坐龙舟由运河抵达镇江,远远地看见岸上出现了一颗硕大的桃子。龙舟越来越近,忽然岸上烟花齐放,鞭炮齐鸣,而那颗大桃子则缓缓地开裂，桃子里面出现了两个剧场，场上有成百的演员正在表演"寿山福海新戏"。

除了岸上的表演外，皇帝乘坐的龙舟前也安排了两艘大戏船，乾隆不用移步，就可以看到前面戏船上的戏曲表演了。

到了扬州以后，为了让乾隆过足戏瘾，两淮盐务牵头，在天宁宫、重宁宫等地"例蓄花、雅两部以备大戏"，以供乾隆观赏。

这些耗资巨大的演剧活动离不开以徽商为首的扬州商界的鼎力资助，他们也因此获取了自己的利益。同时，这在客观上促进了徽班的不断发展和壮大。后来，以江春为代表的徽商又在推荐徽班进京的方面起到了重要的作用。

四、花雅之争

徽班进京是中国戏曲史上的一件盛事，从此中国戏曲进入皮黄时代。

北京是清代的首都，也是戏曲中心。徽班进京前，京城诸多剧种云集，谋求发展。明万历时期，"四大声腔"中的昆腔、弋阳腔、海盐腔已在北京立足；到了清代康熙时期，来自全国各地包括弋阳腔、秦腔、乱弹腔、月琴曲、唱姑娘、四平腔、十不闲、鼓儿词、弹词、宫戏等在内的"百戏"表演吸引了京城百姓。

明代末期之前，昆曲占据京城曲坛之首；但到了清代，其他花部地方戏开始挑战昆腔的统治地位。于是，戏曲史上的"花雅之争"拉开了序幕。

首先对昆腔发起进攻的是"京腔"，这是"花雅之争"的第一个阶段。

"京腔"是弋阳腔的延续。弋阳腔明初起源于江西弋阳，也称"高腔"。它在北京传播，与当地的戏曲音乐、方言等结合，形成"京腔"。清代乾隆时期，京腔达到鼎盛，出现著名的六大京腔班：宜庆、萃庆、集庆、王府、广庆、九庆。创造出"九门轮转"演出盛况，完全占据了北京的戏曲舞台。与此同时，"京腔班"出现十三位著名演员，时人誉为"京腔十三绝"。

乾隆四十四年（1779）前后京腔衰落，秦腔代之而起，这是"花雅之争"的第二个阶段。

秦腔与石牌腔同源，由弦索调发展而来，也称"梆子腔"。乾隆时，秦腔崛起于北京，战胜了京腔，其中秦腔名角魏长生最为著名。

魏长生，字婉卿，四川金堂人，因行三故称"魏三"。早年学戏，演旦角，初在"双庆部"，后入"永庆部"，秦腔水平极高。乾隆三十九年（1774）夏天曾入京，乾隆四十四年（1779）"以《滚楼》一剧，名动京城"，"举国若狂"，一举打败"京腔"，时年三十余。

据载，魏长生喜演《滚楼》《大闹销金帐》《葡萄架》《胭脂》《烤火》等剧目，多"淫亵之状，皆人所罕见者"。演戏时，时常故意裸露身体，逗引观众。魏长生不仅自己演，而且还教陈银儿、刘庆瑞、蔡莲芳等弟子演。年轻男性饰演女性，加上年轻，肤色好，格外吸引一些登徒子，演出时常常引得台下的人如痴如狂。

魏长生等人的表演尽管新奇吸引人，但带有庸俗粗鄙的成分，甚至有"艳情""色情"之嫌。乾隆五十年（1785），京城发布禁令，禁演秦腔。魏长生不得不离开北京，到扬州去投奔徽班，寻求发展。这样，"花雅之争"的第二个阶段宣告结束。

五、徽班进京

就在魏长生离开北京后的第五年，徽班进京了，一举夺魁。这一事件的发生，与帝王寿诞有关。

乾隆五十五年（1790），乾隆八十大寿，为给乾隆祝寿，扬州徽班奉命进京。

说道"徽班进京"，不能不提时任闽浙总督的伍拉纳，徽班进京就是他推荐的。此在袁枚《随园诗话》的批语中有记录："迨至五十五年，举行万寿，浙江盐务承办皇会，先大人命带三庆班入京。"这个批语是伍拉纳儿子写的，"先大人"就是伍拉纳。这里明确说到，徽班中的三庆班于乾隆五十五年奉伍拉纳之命进京演出。

"徽班进京"标志着"花雅之争"的终结，以安庆"徽班"为代表的"花部"彻底战胜了昆腔，开始了"诸腔杂奏"、多声腔融合的新时代，以"皮黄"为主的复合声腔为后来的京剧开辟了道路。

徽班中首先进京的是三庆班，也称"三庆徽"部。班主高朗亭，安庆怀宁人，后来被推举为北京戏曲艺人的行会组织——"精忠庙"的庙首。三庆班进京演出获得了巨大成功，"接踵而来的安徽班有四喜、启秀、霓翠、和春、春台等部"。这样就有六大徽班先后来京，其中以三庆、四喜、春台、和春四大徽班最为著名，史称"四大徽班"。

徽班进京后，凭借精湛的技艺征服了北京观众，蕊珠旧史杨懋建的《梦华琐簿》说：京城戏庄演戏必请徽班。广德楼、广和楼、三庆园、庆乐园那样的大戏园，演出均以徽班为主。至此，徽班占领了北京戏曲舞台，其他声腔剧种只能望"台"兴叹。

徽班之所以能够取得成功，是因为其海纳百川的博大胸襟。

为弘扬戏曲艺术，徽班不仅仅满足于自身在声腔演唱、表演技巧、上演剧目等诸多方面的成就。他们兼收并蓄，学习并吸收其他剧种班社的演出剧目、声腔曲调、表演动作、音乐伴奏、服装化妆等各方面的特长，还张开怀抱，开放接纳一些昆曲、京腔、秦腔演员，让他们搭班演出。马少波等主编的《中国京剧史》认为，这样就"广泛地吸收了其他戏曲艺术的特长，进一步丰富了徽班的表演艺术，也为徽班的进一步发展提供了条件"。

当然，每个徽班都有自己的绝活，他们依靠自己的特色，树立了自己的品牌。"四大徽班"更是如此，除了整体的技艺超群，他们还各有特色，当时流传着一种说法：三庆的轴子，四喜的曲子，和春的把子，春台的孩子。

所谓"轴子"，就是指三庆班善演连台大戏，这些戏大多是戏班编排的新剧目，而且是连日接演。

所谓"曲子"，就是指四喜班经常在堂会上演唱"清歌妙舞"，演出"雅"调昆曲。这需要很好的唱功和细腻的表演技巧。

所谓"把子"，就是指和春班善演武戏。这些武戏大多由《三国》《水浒》等改编，"工技击"，反映了戏班演员的武打功夫。

所谓"孩子"，就是指春台班的演员多以年少的童伶为主，演出时活泼可爱，气氛热烈。

大约从嘉庆中期开始，徽班又得到了迅猛发展，再次声名鹊起。1830年前后，来自湖北的汉调演员进京，他们也参加徽班演出，汉调被徽班吸收，本来就以"诸腔合奏"为特征的徽班声腔大家族中又增添了新成员，为后来京剧的形成创造了条件。

大约在1840年前后,以程长庚为首的杰出的徽班戏曲艺术家,开创了一个新时代,这就是京剧时代。

第六节 黄梅戏曲天下闻

黄梅戏名列全国五大剧种之一,是一个为全国人民所熟知的剧种。2006年5月20日,黄梅戏入选第一批《中国非物质文化遗产名录》。

一、山野里吹来的风

黄梅戏宗师严凤英与王少舫合演《天仙配》

一般认为,黄梅戏起源于皖鄂赣交界地区,流传于安徽宿松、湖北黄梅等地。皖鄂赣交界地区山地、丘陵、湖畔交错,物产较丰,民风淳朴,适合旧时伶人乞食;由于地处三省交界,远离官府统辖,一些离经叛道的表演能够生存;此外,这一地区同属赣方言区黄孝片或北方方言的江淮官话区,语言相近,风俗相通,土生土长的小戏种受众面广。这些条件,可谓天时地利人和兼具,黄梅戏正是在这样的环境下得以生成发展起来。

黄梅戏的唱腔皆是典型的民间唱腔,曲调丰富,主要由采茶戏、花鼓戏、莲花落、道情等曲调构成,还从青阳腔、"吹腔"等声腔中借鉴长处。采茶戏在清康熙时期就传到了安庆宿松一带,并融入当地民俗"报赛"活动中;咸丰末年,花鼓戏已传入安庆宿松一带(见《宿松县志》)。

早期黄梅戏为歌舞小戏,基本上是农民自唱自乐的表演,后来出现半职业化戏班,但演员很少,开始为"二小戏"(以小生、小旦、小丑为主,或称"三小戏"),后来有"三打七唱",即三人操打击乐器,七个演员唱。清同治、光绪时期,安庆城外的周边地区相继出现了一些半职业性的黄梅戏戏班,形成了太湖、潜山、怀宁三个黄梅戏演出中心,蔡仲贤(望江人)、洪海波、叶双印等是当时黄梅戏代表性演员。

早期黄梅戏被卫道士们视为"诲淫之剧品""伤风败俗",民间"父诏兄勉,取缔极为严厉","官中往往严禁搬演"。但是,它仍以顽强的生命力存活了下来,并裹着泥土的芬芳,带着迷人的魅力,吸引了越来越多的观众,"青年子弟尝逢场作戏,时亦或有习之"。清光绪时期,"黄梅调小戏"已经在今天的安庆北门集贤关一带站稳了脚跟。其表演一般在"正戏"之后,每次共演一二出,很是吸引人。

民国时期,黄梅戏在安庆周边有了职业戏班,据载,有"怀宁县的白云芳班、望江县的合意堂,一批演唱黄梅戏的农民和手工业劳动者也逐渐成了职业戏曲艺人"。1925年秋后,老生白云芳率领花旦丁永泉、小生曹增祥、小丑丁和寿等组成半职业黄梅戏班社,在桐城、怀宁一带演出,并曾经将黄梅戏唱到安庆市郊的十里铺、龙狮桥、柏子山一带,受到郊区民众的欢迎,连一些城里人也慕名前往观看。

二、进入安庆城

安庆在清代和民国时期是安徽省会,1926年底,金老三的黄梅戏班在厨子葛大祥的帮助下,第一次在安庆城中心的吴樾街剧场登台演出。大约在1931年前后,安庆市内出现"新舞台"和"爱仁戏院"两个演唱黄梅戏的剧院。

抗战时期，丁永泉、潘泽海等黄梅戏艺人坚守沦陷中的安庆。他们与京班联合，"京黄同台"。演出场所主要在"皖钟舞台""华林剧场"等剧院，王少舫、张传宏、陈金奎等京剧演员在这个时期接触了黄梅戏。黄梅戏艺人借演戏表达爱国精神，改编孔尚任的《桃花扇》，编演大型剧目《天莲配》《新桥镇》以及《姑劝嫂》《难民自叹》等小戏，揭露日寇罪行，表现抗日热情。

抗战胜利后，一批年轻的男女黄梅戏演员成长起来，男演员有杨友林、汪长明、陈华轩、丁紫臣等，女演员有丁翠霞、阮银芝、桂月娥等，严凤英正是在这个时期崭露头角的。他们演出《小辞店》《游春》《送香茶》《春香闹学》《英台自叹》《赵五娘自叹》《花魁女自叹》《烟花女自叹》《砂子岗》等剧目，获得了广大观众的赞赏。然而，由于国民党政府腐败，土豪、恶霸、兵痞横行，所以其他地区广大黄梅戏演员挣扎在死亡线上。

民国时期，黄梅戏不仅在安庆地区，而且在其他地区亦很受欢迎。20世纪30年代，黄梅戏在革命根据地岳西流行，不少红军指战员编、演黄梅戏。红军师政治委员陈履谦"编了黄梅戏《送夫当红军》《土豪自叹》《新三字经》《十二月》等"。"革命委员会主席卫赤就亲自在衙前演出过《土豪自叹》"。20世纪初至20世纪30年代，上海大都市也能见到黄梅戏艺人的踪影；1933年春节前后，怀宁高河查振清黄梅戏半职业班社在上海江北大世界和小沙渡等地演出；1934年前后丁永泉、潘孝慈等至上海九亩地、陆家浜一带演出，演员约三十多位，移植诸如《莲花庵》《杀子报》之类的流行剧目，又演《宏碧缘》《华丽缘》《西游记》《济公活佛》《狸猫换太子》之类的"幕表戏"。尽管不很成功，但也产生了一些影响。

从进入安庆城到新中国成立，黄梅戏摆脱了以曲唱为主的不成熟的"小戏"状态，逐渐走向了集歌、舞、说白、舞台动作等综合性舞台表演的"真戏曲"之路。

三、梅开一度

中华人民共和国成立后，黄梅戏由一个名不见经传、流传范围有限的民间小戏种，一跃而发展为中国著名剧种之一，创造了戏曲史上的一个奇迹。黄梅戏取得如此大的成就，一与中华人民共和国成立以来，党和国家提倡百花齐放、重视民间戏曲艺术的政策有关；二与广大人民群众的爱好和欣赏有关。另外，还与一代代广大黄梅戏艺术工作者辛勤努力分不开。

20世纪50年代到60年代，黄梅戏"梅开一度"。这个时期，严凤英、王少舫等黄梅戏艺术大师做出了杰出贡献，从此黄梅戏全面走向繁荣旺盛。

1. 一代宗师严凤英

"梅开一度"与严凤英密不可分。她的事业走向顶峰，标志着黄梅戏走上了顶峰；她凄惨地离世，也宣告了黄梅戏开始走入低谷。

严凤英本名黛峰，安庆桐城罗家岭人，从小喜爱山歌和黄梅调。12岁时，她不怕触犯族规拜黄梅戏名师严云高学戏，后来正式搭班，改艺名为凤英。严凤英天资聪慧，勤奋好学，曾得黄梅戏名家丁永泉指点，又从胡金涛、刘凤云学唱京戏，还拜北昆名演员白云生为师学唱昆曲，曾居住南京，在京昆世家甘家学习。曾演出过《二龙山》《何氏劝姑》《送香茶》《小辞店》《游春》等剧目，闯出了自己的名声。但由于当地黑恶势力摧残，所以严凤英不得不背井离乡。

后来，严凤英被地方政府从南京请回安庆。她深受感动，决心以实际行动来报答党和人民。她领导过安庆胜利剧院，响应号召积极投身于戏改运动；后不图安逸，去合肥组建安徽省黄梅戏剧团（以下简称"省黄"），出任副团长。她参加、组织1952年上海的黄梅戏观摩演出和1954年华东戏曲观摩大会，均获成功。她大胆革新探索，将黄梅戏《天仙配》《女驸马》等优秀剧目从舞台推向了荧屏，使全国人民了解了黄梅戏，为黄梅戏事业做出了重大贡献。

严凤英天生就是为黄梅戏艺术而生的。在长期的艺术实践中，她综合并吸收京剧、越剧、评剧、评弹、民歌等艺术之长，唱腔圆润明快，表演质朴细腻。她嗓音清脆甜美，唱腔朴实圆润，演唱明快真挚，吐字清晰，韵味醇厚，并注重从人物感情出发，力求达到声情并茂，具有耐人寻味的艺术魅力。严凤英演出了许多黄梅戏剧目，从20世纪50年代初到60年代末，所演的代表剧目有《天仙配》《女驸马》《夫妻观灯》《打猪草》《柳树井》等

50 余种。严凤英塑造的舞台艺术形象给观众留下了深刻的印象，是公认的一代黄梅戏表演艺术宗师，成为黄梅戏的标志性人物。

"文革"时期，严凤英惨遭迫害，于 1968 年 4 月 7 日自杀身亡。这是时代的悲剧，也是黄梅戏的悲剧。从此，黄梅戏走入低谷。

2. 南北两个基地——安庆和合肥

新中国成立初期，黄梅戏的活动地域主要在安庆及周边地区，主要演职员在安庆。据陆洪非《黄梅戏源流》中不完全统计：自 1949 年春到 1951 年春，当时安庆专区的八个县（含怀宁、桐城、枞阳、望江、潜山、宿松、太湖、岳西）估计有农村剧团四百个以上。安庆城里有影响的戏班有丁班（丁永泉领衔，1951 年改组为民众剧院）、桂班、严班（分别由桂月娥和严凤英领衔，1952 年两班合并组成胜利剧院）。安庆是中国黄梅戏起源和发展的重要地区。

1953 年 4 月底，"省黄"在合肥正式成立。组建过程中，安庆为之做出了重大的贡献：不仅输送了当时最杰出的黄梅戏艺术家如严凤英、王少舫、丁永泉、潘泽海、胡霞林、张云风、王文治、潘璟琍、查瑞和等人，而且为"省黄"配备了黄梅戏的基本骨干力量。此后，在安徽大地上，中国黄梅戏有了安庆和合肥一南一北两个发展基地，它们同根同源，枝繁叶茂，交相辉映，形成了黄梅戏发展的第一个高潮。

3. 两次唱响上海滩

1952 年 11 月，安徽省组团参加上海的地方戏观摩演出，演出地点在"大众剧院"（原名"黄金舞台"）。尽管是观摩演出，但安徽省相当重视。精心选择剧目（包括传统小戏和折子戏《打猪草》《蓝桥会》《补背褡》《路遇》以及现代戏《柳树井》和《新事新办》）；组成了强大的演出阵容，严凤英、丁永泉、王少舫、潘璟琍等一批有影响力的黄梅戏演员皆到场。

由于做了准备充分，演出获得巨大成功。黄梅戏这个散发着质朴、健康、鲜活艺术魅力的"乡野"剧种，终于在上海一炮打响。黄梅戏受到上海观众的热烈欢迎，经典唱腔一时风靡上海滩。在沪的著名戏曲专家如贺绿汀、张拓、卫明、程芷等在观看演出后，分别于 1952 年 11 月 15 日、16 日在《大公报》等七家上海报刊上登文，对黄梅戏给予了很高的评价。正是由于这些戏曲专家的推介，黄梅戏有了现在的名称。此次观摩演出，为黄梅戏走向全国开启了一扇大门。

1954年11月，黄梅戏参加华东戏曲观摩大会，再次唱响上海滩。演出剧目有《天仙配》《夫妻观灯》《打猪草》等，从剧本到音乐再到演员演出，黄梅戏拿下了不同等次的大奖，从一个地方小戏种逐步向全国知名大戏种迈进。

4. 借助于电影的功能

20世纪50年代初，尽管黄梅戏已经有了一定名声，但还没有在全国范围内产生影响，其中一个重要原因在于当时的黄梅戏还是舞台剧，演出场次、受众面、传播范围皆有限。

后来，借助于电影这种媒介，黄梅戏终于在全国家喻户晓。最先走上银幕的黄梅戏剧目是《天仙配》，这部戏曲片由桑弧执笔改编，石挥导演，严凤英、王少舫主演，1955年底在上海摄制完成，次年2月向全国发行。美丽动人的神话故事情节，雅俗共赏、富于情感、感染力强的曲词，优美悦耳的唱腔，技艺精湛的表演，征服了所有的观众。一时间，"夫妻双双把家还"这支名曲传遍大江南北。据《黄梅戏通论》统计，"短短两三年内，在国内放映15万场，观众达1亿人次"。不仅如此，黄梅戏《天仙配》影片还发行到蒙古、朝鲜、越南、印尼、新加坡、新西兰、加拿大、圭亚那、斐济等国和香港、澳门地区，并在港澳地区掀起了一股海潮般的黄梅戏热……

随着《天仙配》的成功，越来越多的黄梅戏戏曲片相继问世，如《夫妻观灯》《春香闹学》《女驸马》《牛郎织女》等。电影黄梅戏前所未有地扩大了观众群，其巨大魅力吸引了越来越多的观众，许多观众从此"迷"上了黄梅戏。

四、梅开二度、三度

20世纪80年代至今，黄梅戏梅开二度、三度。

党的十一届三中全会之后，黄梅戏从"文革"的摧残中逐渐恢复过来。20世纪80年代的前三年，来自安庆、合肥及其他地区的黄梅戏演出队"足迹遍及京、津、沪、鄂、川、陕、鲁、豫、苏、晋、粤、闽、赣等十几个省市"。

演出所到之处，观众如痴如狂，盛况不减二十多年之前。1981年"省黄"首次访问香港，《天仙配》《女驸马》《罗帕记》等剧目倾倒港澳戏迷，王少舫、潘璟琍等老演员炉火纯青的表演让人们叹为观止，马兰、陈小芳等黄梅戏新星闪亮登场，受到热烈追捧。

到20世纪90年代中叶，安徽省以及其他省市纷纷恢复或建立黄梅戏剧团、大力培养黄梅戏新人、推出黄梅戏佳作。除传统的黄梅戏舞台剧表演外，各种各样的现代媒介手段也不断介入黄梅戏艺术传播领域。一次次地上演、上映、播出黄梅戏新、老剧目，黄梅戏在广大观众中引起了热烈反响，终于形成了新一轮黄梅戏热潮，这就是被人们称作"梅开二度"的时期。

"梅开二度"时期，王少舫、陆洪非、时白林等老一代黄梅戏艺术家，重焕青春，积极创作，言传身教，培养新人；"五朵金花"（马兰、吴琼、吴亚玲、杨俊、袁玫）、韩再芬、黄新德、陈小芳等黄梅新星脱颖而出，群星璀璨。这个时期黄梅戏舞台剧出现了丰收的景象，除传统剧目，还编创了许多堪称佳作的新剧目，如《风尘女画家》《孟姜女》《无事生非》《红楼梦》等。"省黄"策划、编演的古装剧《红楼梦》被公认为一出具有"高品质，深内涵"的好剧，"标志着当代黄梅戏的艺术探索所达到的高度，并为黄梅戏今后的艺术拓展昭示了方向"。

除了舞台剧，这一时期黄梅戏在传播手段方面又有新开拓，那就是利用了电视这一媒介。1985年，韩再芬主演的五集黄梅戏电视连续剧《郑小姣》上映后一举获得成功。此后，黄梅戏电视剧作品大量涌现，较为出色的有《七仙女与董永》《女驸马》《严凤英》《西厢记》《朱熹与丽娘》《天仙配》《劈棺惊梦》《小辞店》《柯老二入党》《桃花扇》等。电视这种家庭娱乐设施，将黄梅戏的艺术魅力完美地呈现了出来。

1998年是安徽省的"黄梅戏艺术年"，揭开了"梅开三度"的序幕。这年12月至次年元月所举行的"黄梅戏新剧目展演"，《风雨丽人行》《木瓜上市》《柳暗花明》《斛擂》《乾隆辨画》《秋千架》6台黄梅戏参加展演，将艺术年推向高潮。

1999年是"黄梅戏展示年"，2000年是"黄梅戏电视年"。上面提到的六部剧作以及韩再芬主演的《徽州女人》均在此时于京上演，获得了巨大成功。黄梅戏在 20 世纪末至 21 世纪初又再一次繁荣起来。

黄梅戏表演艺术家韩再芬《徽州女人》剧照

但是，世纪之交的黄梅戏热潮并没有持续很长时间，此后黄梅戏遭遇"寒潮"：剧目编创数量减少，高质量的作品不多；一些昔日的黄梅戏名"星"在黄梅戏舞台上黯淡了，有些退出了；许多黄梅戏剧团面临前所未有的困境，一些黄梅戏剧团甚至陷入难以维持的绝境……黄梅戏成了名副其实的非物质文化"遗产"。之所以会这样，是因为：文化市场遭受商品市场挤压，演出市场疲软；影视、多媒体、网络冲击戏曲艺术；接受者群体发生了改变，其欣赏口味发生了变化；黄梅戏从业者由于各种原因难以（或不愿）坚守；等等。

尽管如此，还是有一批黄梅戏人依然坚守，他们拼搏在黄梅戏创、编、演出、制作等领域的第一线。韩再芬成了这批坚守者中的领军人物，她领衔主演的《徽州女人》就是"梅开三度"期间的标志性代表作。除韩再芬外，还有黄新德、蒋建国、杨俊、赵媛媛、孙鹃、李文、余顺、周源源等人坚守在黄梅戏这一阵地上。对于这些"坚守"者，党和人民给予了崇高的荣誉，许多人获得各级各类奖励,被授予各种光荣称号。

与此同时,又一批年轻的黄梅戏人才成长起来,如:茆建琳、周珊、何云、程晓君、王琴、吴美莲、仝婷、梅院军、何文顺、王霞、张小威、魏蓓蓓、付阳、赵章伟、琚翔、袁伟、程丞、郑玉兰、夏圆圆等,他们已经成为或正在成为黄梅戏表演的中坚力量。近几年来,以安庆师范大学为代表的高校,设置黄梅戏表演、编导本科专业,培养复合型专业人才,为黄梅戏注入了新鲜血液。

2015年5月20日,第27届中国戏剧奖在广州揭晓,韩再芬、何云凭借精湛的唱功、高超的表演技艺,双双摘得梅花奖。此次是韩再芬第二次获得"梅花奖",她成为安徽省首位"二度梅"得主。

这是一个好开端!在全面实现"中国梦"的时代,黄梅戏前程似锦,必将给人们带来更多、更美好的精神享受!

第八讲

流淌千古的诗文化

诗从何处来？宗白华说："在细雨下，点碎落花声！在微风里，飘来流水音！在蓝空天里来，摇摇欲坠的孤星！"诗是性情孕育的，诗是心灵滋长的，诗是诗人吟咏的产物，诗是最为灵动、最有灵性的语言。所以，诗与江河，诗与灵山秀水，天生有缘。万古诗祖《诗经》中，尤其是十五国风中，就有大量与水有关的诗篇，其中《关雎》《汉广》《蒹葭》《江汉》《溱洧》等是人们熟知的名篇，"关关雎鸠，在河之洲；窈窕淑女，君子好逑""蒹葭苍苍，白露为霜。所谓伊人，在水一方"更是人们熟知的名句。

《诗经》产生于以周王朝为中心的北方，与之并称的"骚"，即以屈原《离骚》为代表的楚辞，产生于以楚国为中心的南方。南方水系发达，江河纵横，湖泊星罗棋布，"骚"当然深得水的滋润。吴楚分疆的昭关，就位于安徽的含山县境内；传说伍子胥就是从这里进入吴国的。屈原的诗思、诗情，或许正是在那日夜不息的川流江水边滋生的吧，所以，鲁迅先生《汉文学史纲要》说："其言甚长，其思甚幻，其文甚丽，其旨甚明，凭心而言，不遵矩度。"

诗人，性爱山水。古人论诗情画意，锦绣者，烟霞者，无不以江山之助当之。八百里皖江，上接洞庭、巫峡、巴蜀，下连金陵、钱塘、沧海，自古迁客骚人顺江东下，或溯流西行，无不泛舟皖江、系舟皖江；美丽的皖江，以及皖江两岸美丽的山山水水，总会吸引他们驻足观赏，开怀行吟，留下大量锦绣华章。李白于《黄鹤楼送孟浩然之广陵》，他尊崇的孟夫子是于烟花三月从这皖江下扬州的；他诗中的长干少妇，是由这皖江到长风沙去迎接她的夫君的；李白自己是在皖江上眺望皖公山、九华山的，是舟行在皖江上过天门山的，是在枫叶落纷纷的深秋从牛渚经这皖江到洞庭的。李白如此，别的众多诗人大体莫不如此。浩荡的皖江，总能激发起他们浩荡的诗情。

唐宋以降，尤其南宋以后，中原以及整个北中国，战乱频仍，交通便利相对安定的皖江地区，便成为文人雅集的首选。皖江山水钟灵毓秀，皖江学人文质彬彬，再辅以外来诗风、文风的熏陶，外来思想、思潮的碰撞，大批本土诗人应运而生，本地诗坛也逐渐活跃，蔚为壮观。主客双方相互影响、相互生发，共同成就了源远流长的皖江诗文化。

皖江诗文化大观园里，首先映入眼帘的当然是这段美丽如画的皖江；

如果我们把皖江想象成银河,那么你会发现,这银河的两岸,布满了璀璨的星辰。其中,有一颗星差不多能把这一切串联起来,那就是诗仙李太白。

开元十三年(725),25岁的李白踌躇满志,沿江东下,漫游金陵、扬州、越中。舟行于皖江,李白遥望皖江山水;过当涂,李白作《望天门山》诗。从此,李白与皖江结下不解之缘。

皖江,皖江两岸的山山水水,皖江大地上的仕宦、人民,一定让李白感觉特别温暖。所以,他在人生的几大关头,都选择来皖江。尤其是晚年,他几乎把这里当成了避难所,或者说某种意义上的家。而且,他最终选择了长睡这里,选择了埋骨当涂青山。

第一节 安庆:雪霁万里月,云开九江春

安庆,清代桐城籍诗人钱澄之赞曰:"长江万里此咽喉,吴楚分疆第一州。"皖江东流,安庆是第一大埠,上接九江,下通扬子,有"八省要津"之美誉。所以,李白诗曰:雪霁万里月,云开九江春。安庆诗文化资源丰富,择其要者言之:中国第一部长篇叙事诗《孔雀东南飞》故事发生地,安徽之源——皖山皖水所在地,桐城派发源地,新文化运动倡导者、《新青年》创办者陈独秀出生地,现代诗人朱湘祖居地,当代美学、诗学大家朱光潜、宗白华故里,当代著名诗人海子家乡,等等。

一、中国文学史上第一部长篇叙事诗——《孔雀东南飞》

《孔雀东南飞》原题为《古诗无名氏为焦仲卿妻作》,首见于梁代徐陵编《玉台新咏》。宋人郭茂倩收入《乐府诗集》,题作《焦仲卿妻》。取诗首句为题,即为现在通行的《孔雀东南飞》。

作为叙事长诗,《孔雀东南飞》应该是中国文学史上的第一部。其大致产生于汉末建安年间,与南北朝时期出现的《木兰诗》并称乐府诗双璧。全诗共353句,1785字,已经达到了相当高的艺术水准,是中国诗歌宝库中的珍品,明人王世贞《艺苑卮言》即誉之为"长诗之圣"。诗前有序云:"汉末建安中,庐江府小吏焦仲卿妻刘氏为母所遣,自誓不嫁。其家逼之,乃投水而死。仲卿闻之,亦自缢于庭树。时人伤之,为诗云尔。"庐江,汉代郡名。郡治初在今安徽庐江县西,汉末移置今安徽潜山县。

《孔雀东南飞》的诗文化意义,大致表现在以下几个方面。第一,开中国长篇叙事诗之先河。中国的叙事诗,历来大多是化繁为简,或者简化过程,聚焦某个细节,或者简化过程及情节,直抒心中哀乐,所以篇幅都比较简短。《孔雀东南飞》则不一样,它有完整、生动、曲折的故事情节,有矛盾冲突,有对话,有心理描写,有情景表现,而且组织严密,娓娓道来。正如清人沈德潜《古诗源》(卷四按语)云:"共一千七百八十五字,古今第一首长诗也。淋淋漓漓,反反复复,杂述十数人口中语,而各肖其声音面目,岂非化工之笔。"《孔雀东南飞》后来不断被改编为戏剧,搬上表演舞台,也正是因为它的故事完整与曲折,满足了舞台表演的需要。现代潜山籍小说家张恨水还将其改写成同名长篇小说。

第二,生动、真实地表现了那个时代家庭、亲情关系。母子、母女、兄妹、婆媳、姑嫂、夫妻等关系,在作品中都表现得细腻、婉曲。清人陈祚明《采菽堂古诗选》写道:"兰芝不白母而府吏白母者,女之于母,子之于母,情固不同。女从夫者也,又恐母防之,且母有兄在,可死也。子之与妻,孰与母重?且子死母何依,能无白乎?同死者,情也。彼此不负,女以死偿,安得不以死?"

第三,大胆幻想,创造了出人意料的凄美结局,既是对美好爱情的礼赞,又是对美好爱情的憧憬。兰芝"举身赴清池",仲卿"自挂东南枝","两家求合葬,合葬华山傍。东西植松柏,左右种梧桐。枝枝相覆盖,叶叶相交通。中有双飞鸟,自名为鸳鸯。仰头相向鸣,夜夜达五更"。生不能成眷属长相厮守,死也要结为鸳鸯双宿双栖。由此可见,汉人的爱情理想是大胆而浪漫的。牛郎织女的故事、七仙女的故事、梁祝化蝶的故事等,差不多都产生于同一时期，绝非偶然。

第四，从刘兰芝身上可以窥见当时女性还是相对自由的，至少还没有受到后来出现的"贞节"枷锁的束缚。刘兰芝被遣还家之后，还能再嫁；而且不受人歧视，县令的公子、太守的郎君，都先后前来求婚。可见，其身份地位与未婚女子毫无差别。如果没有那个专横的婆婆，刘兰芝就不会被遣，尽管她"举动自专由"，她的夫君却认为"女行无偏斜"；如果没有那个性情暴躁的兄长，刘兰芝就可以选择不改嫁，她的母亲亦不能逼迫，所谓："女子先有誓，老姥岂敢言？"后来，刘兰芝和焦仲卿双双殉情，双方家庭也是理解和同情的，给予了这对有情人应有的尊重和尊严。

第五，从刘兰芝身上还可以了解到当时女子的教育、成长经历，以及与女子相关的诸如穿戴、游戏等习俗。"十三能织素，十四学裁衣，十五弹箜篌，十六诵诗书，十七为君妇"，女工、才艺、诗书、婚嫁，历历可观。"初七及下九，嬉戏莫相忘"。初七，即农历七月初七，这天晚上，天上银河，乌鹊搭桥，牛女相会，所以，旧时妇女在这天晚上祭织女，是为乞巧。下九，即农历每月的十九，古人以二十九为上九，初九为中九。古代妇女常相约在下九置酒相会，结伴娱乐游戏。刘兰芝在被遣还家告别小姑"涕落百余行"之际，还不忘提醒小姑这两样事，可见其中包含了多少美好快乐的记忆。

二、寂寞"南岳"、诗人独许——天柱山

天柱山是安庆的诗山，唐以来，诗人赋天柱山的诗作甚多，不胜枚举。在此只能依时代顺序，选录、简析如下。

李白《江上望皖公山》：

> 奇峰出奇云，秀木含秀气。清宴皖公山，巉绝称人意。独游沧江上，终日淡无味。但爱兹岭高，何由讨灵异？默然遥相许，欲往心莫遂。待吾还丹成，投迹归此地。

此诗当作于天宝十二年（753）诗人南下宣城途中，此前李白尚未有憩迹炼丹之举。后来，李白在安史之乱中曾到宿松等地避祸，但并未实现自己的诺言："投迹归此地"——"奇峰出奇云，秀木含秀气"的天柱山。这

只不过是诗仙李白于皖江之上匆匆一瞥之际的逸想罢了。但能为李白所青睐，说明当时天柱山名气已经不小了。

白居易《题天柱峰》：

> 太微星斗拱琼台，圣祖琳宫镇九垓。天柱一峰擎日月，洞门千仞锁云雷。玉光白橘相争秀，金翠佳莲蕊斗开。时访左慈高隐处，紫清仙鹤认巢来。

白居易集中无此诗，见于《安庆府志》。此诗影响比上选李白诗更大，其颔联"天柱一峰擎日月，洞门千仞锁云雷"，可谓天柱山的金字招牌。后来戴叔伦的《题天柱山图》："拔翠五云中，擎天不计功。谁能凌绝顶，看取日升东。"当是由此诗与杜甫《望岳》二诗化合而成。

王安石《别潜阁》：

> 一溪清泻百山重，风物能留邴曼容。后夜肯思幽兴极，月明孤影伴寒松。

另天柱山山谷流泉摩崖石刻，有一首署名"临川王安石"的六言诗："水无心而宛转，山有色而环围。穷幽深而不尽，坐石上以忘归。"

宋仁宗皇祐三年（1051），王安石任舒州通判，一直到至和元年（1054）。地方偏僻，但山川秀美，足以抚慰心灵，尤其是天柱山，让诗人深为震撼。还在马上，还在遥望之际，诗人即诗情迸发："亘天青郁郁，千峰互崷崒。收马倚长崖，烟云争吐没……"

待三年任满，王安石于舒州已是难分难舍了。离开舒州之后，天柱山、皖山皖水依然时在念中，特别是到了晚年，王安石对天柱山的思念之情更切，《耿天骘惠梨次韵奉酬三首》《怀舒州山水呈昌叔》《送逊师归舒州》《和曾子翊授舒掾之作》等作中的思乡之情可谓溢于言表。

至今，王安石在舒州的诸多遗迹依然存在。人们曾在他当年读过书的台上（后人称为"舒王台"或"舒台"）建过"舒王亭"。尽管今已不存，但上有"王安石读书台遗址"刻石依然醒目。王安石当年在天柱山下"山谷流泉"处的诗刻，依然保存完好。"舒台夜月""山谷流泉"依然在"潜阳十景"之列。

黄庭坚《题山谷大石》：

> 畏畏佳佳石谷水，冬冬隆隆山木风。炉香四百六十载，开山者谁梁宝公。（按：山谷寺，梁武帝赐名，后改名为三祖寺，为梁朝宝志和尚开创。）

天柱山麓有一处山谷，两侧悬崖峭壁，谷底巨石遍地，终年浓荫蔽日，泉水淙淙，故名"山谷流泉"。自唐代开始，此地留下了众多诗文题刻，现为国家级文物保护单位。宋元丰三年（1080），黄庭坚曾来此地览胜，留恋多时，赋诗甚多。除上面一首外，还有《青牛篇》《题万松亭》《发舒州向皖口道中作寄李德叟》等，其中《题山谷石牛洞》中"司命无心播物，祖师有记传衣。白云横而不度，高鸟倦而犹飞"似乎是有意追和《题山谷大石》。据说，黄庭坚自号山谷道人，就源于这里，源于他对这山谷流泉的眷恋，至今山谷流泉景区仍有"涪翁亭"在。

　　此外，还有朱熹的《天柱峰》："屹然天一柱，雄镇斡维东。只说乾坤大，谁知立极功。"王士禛《潜山道中雪》："处处溪山好，倪黄画亦难。雪云数峰白，枫柏万林丹。高下松毛积，凄清石溜寒。天心爱羁旅，岩壑饱经看。"

天柱山

三、桐城文宗,诗亦粲然

桐城自古文风昌盛,又因桐城派的影响,故被称为"文都"。"天下文章,出于桐城",所以人们习惯称"桐城文章""城文宗"。其实,桐城、桐城派的诗也粲然可观。

钱钟书先生在《谈艺录》四二"桐城诗派"一节中写道:"桐城亦有诗派,其端自姚南菁范发之。"认为姚范(字南菁,人称姜坞先生)是桐城诗派的开创者。钱钟书极其赞赏姚范的《援鹑堂笔记》,首先肯定了姚范对黄庭坚的推崇,其次肯定了姚范对明七子的"心平语妙",最后肯定了桐城诗派的创作成就。

程秉钊《国朝名人集题词》中写道:"论诗转贵桐城派,比似文章孰重轻。"并自注云:"惜抱诗精深博大,足为正宗。"能与有清一代饮誉文坛的桐城文派比轻重,足见桐城诗派分量。

桐城诗派由姚范发端,而集大成者是他的侄子姚鼐(字姬传,人称惜抱

桐城派文物陈列馆

先生，与方苞、刘大櫆并称"桐城三祖"），最后由姚门四大弟子之一的方东树（字植之，人称仪卫先生）发扬光大。姚鼐在其伯父的基础上进一步完善了桐城诗派理论，有《惜抱轩全集》传世。方东树著《昭昧詹言》《续昭昧詹言》，在姚范、姚鼐基础上具体而微，进一步阐述了桐城诗派的创作方法。

其实，姚范之前，享誉明末清初诗坛的桐城诗人（其时未有"诗派"的名头）就有很多，除上述的钱澄之外，还有方文、方以智、方仲舒等，他们实为桐城诗派的先驱。

桐城诗派与桐城文派一样，随着文学新流派的兴起，不断受到冲击，但其影响或明或暗，薪火不断。方守彝、吴汝纶、马茂元、吴孟复、钱钟书、林散之等人，秉承桐城诗派理论，进行诗歌创作和诗歌研究，均取得为世人所公认的成就。桐城诗派诸人于皖江、于皖江各地所赋诗作甚多，是皖江诗文化中足可发掘的宝贵资源。

四、不以诗人著称的诗人——陈独秀、朱光潜、宗白华、赵朴初

1919年，五四运动爆发前后，由蔡元培、陈独秀、李大钊、鲁迅、胡适、钱玄同等一批受过西方教育的人发起了一场"反传统、反孔教、反文言"的思想文化革新、文学革命运动，史称"新文化运动"。在这场"反"字当头、全面改写中国历史的革命运动中，安徽的精英们可谓引领风骚：安庆出了陈独秀，徽州出了胡适之。

陈独秀不以诗名世，不以诗人著称，但他写诗，是个业余的诗人。陈独秀自己也从不以诗人自居，可能是因为只做诗人不符合他"新青年"的理想，离"实利"和"科学"较远；但陈独秀身体里除了政治、思想、文化，同时还活跃着诗人的细胞。陈独秀有鲜明的文学观，主张文学之文不同于应用之文，应该是以情为主，应该是"华美无用"的。陈独秀有鲜明的诗观，在《寄沈尹默绝句四首》（其四）中写道："论诗气韵推天宝，无那心情属晚唐。百艺穷通偕事变，非因才力薄苏黄。"

陈独秀曾手书过一副对联："行无愧怍心常坦，身处艰难气若虹。"这是他的自我写照。诗如其人，无论在革命的洪流里，还是后来沦落湖海间，他的诗都气贯长虹，慨然有风骨，如《哭汪希颜》《咏鹤》《和鬻玄兄赠诗原

韵》《对月忆金陵旧游》等。

朱光潜、宗白华都是中国当代著名美学家、文艺理论家,而且非常有意思的是,他们同一年(1897)出生,同一年(1986)去世,同享90岁高龄。

《新青年》雕塑

朱光潜出生于安庆桐城市,青少年时期在桐城读私塾、高小、中学,受桐城文风熏陶,对古文、古诗产生浓厚兴趣,以至于影响终身。朱光潜似乎不写诗,但他的一言一行告诉我们,他是诗人中的诗人。

朱先生终生与艺术、与诗歌结缘。《给青年的十二封信》的第一封信就是《谈读书》,朱先生告诫青年:"书是读不尽的,就读尽也是无用,许多书没有一读的价值……你与其读千卷万卷的诗集,不如读一部《国风》或《古诗十九首》……"由此可见,朱光潜先生所读书中,他最喜欢、读得最多的是诗或富有诗意的作品。

宗白华,祖籍浙江义乌,籍贯江苏常熟,但出生于安庆市小南门其母亲家中,并在那里度过了他的童年时代,8岁后,才随父母迁居南京等地。

宗白华可谓出生于书香门第。他的母亲方淑兰,是"桐城三祖"之一方苞之后,他的父亲宗嘉禄是清末举人,曾任中央大学教授。1919年,宗白华受聘上海《时事新报》副刊《学灯》编辑,后任《学灯》主编,开辟"新文艺"栏目,将哲学、美学、新文艺熔为一炉,为一批文艺青年提供发表新诗的阵地,《学灯》成为当时著名的副刊之一。尤其值得一提的是,宗白华发现和栽培了郭沫若,他主编的《学灯》上发表了大量的郭沫若的新诗,被称为新诗纪念碑的《女神》诗集中的许多作品,都是首先在《学灯》上发表的。在此期间,宗白华还经常与郭沫若、田汉互通书信,后三人的书信结集出版,名为《三叶集》,为中国新诗的启蒙发挥了重要作用。

宗白华是美学家，但他生前只出版了唯一的一部美学著作——《美学散步》。这部凝聚了他毕生心血而并不很厚的书，是爱美、爱美学的人必读的，是爱艺术的人必读的，更是爱生活、爱人生、爱诗的人必读的。可以想象，宗白华先生在散步的时候、在书写的时候身兼多重身份：美的探寻者、艺术的探寻者、诗的探寻者、诗人……

可见，美学家宗白华更像是诗人；不仅像诗人，而且他确实写诗。李泽厚在《美学散步》序文中写道："宗先生本就是二十年代有影响的诗人，出过诗集……宗先生当年的《流云小诗》与谢冰心、冯雪峰、康白情、沈尹默、许地山、朱自清等人的小诗和散文一样，都或多或少或浓或淡地散发出这样一种时代音调。而我感到，这样一种对生命活力的倾慕赞美，对宇宙人生的哲理情思，从早年到暮岁，宗先生独特地一直保持了下来，并构成了宗先生这些美学篇章中的鲜明特色。"

1920年1月3日，宗白华在给远在日本的郭沫若的信中这样写道："我们心中不可无诗意诗境，却不一定要作诗。"这或许是对他自己，或者他那一类型的人比如朱光潜先生，最好的解读。同时，也是对我们一般人平凡人生最好的启示。

赵朴初是著名的佛教领袖、著名书法家、社会活动家和著名的民主爱国人士，这是大家熟知的。除此之外，赵朴初还是诗人，工诗词曲，有《滴水集》《片石集》行世。

除了《滴水集》《片石集》，赵朴初还创作了大量的作品。赵朴初诗词曲的最大特点是富有禅味，耐人咀嚼。如《闲情偶寄五首》："变化有鲲鹏，丸泥理可通。今朝通手黑，明日彻心红。　细向心中捡，然而有不然。冷灰犹可拨，试看火烧天。　何处不春风，温生慄冽中。扫尽一路白，待看万山红。　空言志澄清，何如勤洒扫？峥嵘万古尘，一洗天下小。　摧拉枯朽尽，铁骨独留枝。好待东风信，新花众妙持。"

这几首小诗写于1968年12月11日至1969年2月12日赵朴初在广济寺被监管劳动期间。第一首写抟煤球，第二首写捡煤核，第三首写扫雪，第四首写大扫除，第五首写拆旧纸花。这五首小诗写劳作之事，如口占一般，却耐人寻味。

赵朴初一生修持人间佛，许身佛门，情系万众。佛是他心中永远的一盏明灯，但于家国，于众生，他也是深情款款的。为佛教，他鞠躬尽瘁；但他从未出世，从未超然物外、作壁上观，于家国事，于天下事，尤其民生疾苦，他从不置身于事外。与领袖、与艺术家、与元帅将军、与佛门僧众、与普通百姓，他都有交往。所以，他的诗词曲中，溢满了人间大爱。

五、诗歌之子——朱湘、海子

朱湘和海子，生不同时，死不同时，仿佛世纪初和世纪末各自飘零的春花、夏叶，本没有任何联系；但当你把他们放在一起研究时就会发现，他们身上内在的联系还是很多的。首先，他俩都是安庆人，朱湘是安庆太湖人，海子是安庆怀宁人。其次，他俩都英年早逝，朱湘生于1904年，死于1933年，只活了29岁；海子生于1964年，死于1989年，只活了25岁。再次，他俩都是死于自杀，朱湘自投扬子江，海子卧轨山海关。最后，他俩都是热爱诗歌，视诗歌为生命的天才诗人。

据钱理群、温儒敏、吴福辉《中国现代文学三十年》记载，朱湘生前出版了两本诗集：《夏天》和《草莽集》。未收入两本诗集的作品在其死后由其友人编成《石门集》出版。当时以闻一多、徐志摩为代表的新月派，朱湘是其中重要诗人之一，而且是最认真地实践了新月派"理性节制情感"美学原则的一位。所以，沈从文在《论朱湘的诗》中写道："作者在生活一方面所显出的焦躁，是中国诗人中所没有的焦躁，然而由诗歌认识这人，却平静到使人吃惊。""使诗的风度，显着平湖的微波那种小小的皱纹，然而却因这微皱，更见出寂静，是朱湘的诗歌。""能以清明无邪的眼观察一切，能以无渣滓的心领会一切。大千世界的光色，皆以悦目的调子为诗人所接受，各样的音籁，皆以悦耳的调子为诗人所接受，作者的诗，代表了中国十年来诗歌一个方向，是自然诗人用农民感情从容歌咏而成的从容方向。""用东方的声音，唱东方的歌曲"，用"古典的与奢华的"风格，创造出"东方的静的美丽"。

海子虽然只活了短短的二十几年，但是却创作了数量惊人的作品，抒情诗、叙事诗、诗剧等加起来，约250万字。海子生前发表的诗并不多，也没有出版诗集,《土地》《海子骆一禾作品集》《海子的诗》《海子诗全编》等,都是海子死后由他人编辑出版的。如果说朱湘的诗是自然、沉静、透明的,那么海子的诗则是象征、躁动和隐晦的。海子骨子里无疑存活着中国传统文化的基因,但他又深深浸润于西方神学、哲学、诗学,他的诗中充满大量的隐喻、暗示,大量的无序和无理性跳跃,这一切,使得他的诗可能永远是人们解不开的谜。他写土地,写土地上的麦子、村庄、草原、树木、花草、雪山……写土地上的人,尤其是那些活脱脱的女人,她们的头发、乳房、眼睛、温暖的怀抱;他写天空里的风雨、流云、日月星辰等。这些都让人感觉熟悉而陌生,亲切而遥远,可读而不可解。这就是海子,至今没有定论的海子。

海子

海子的成名作是《亚洲铜》。诗题虽为"亚洲铜",但诗并不是写通常意义上的亚洲铜,在这里亚洲铜只是一种象征,一种隐喻,诗人真正写的是养育中华民族的亚洲这块神奇的黄土地。亚洲铜和黄土地色彩相近,都是黄色,时间久了就会变成黑色。诗人应该是通过亚洲铜这个特定的意象,让人对黄土地产生更多的联想、更多的感悟。也许,铜的丰富,铜的深厚,铜的柔韧,既是黄土地的最好写照,也是生存在黄土地上的人民的最好写照;也许,作为亚洲铜的特有符号的青铜文化,铜鼎、铜尊的敛光、厚重,铜钟、铜鼓的洪亮、悠长,它们威而不猛的品性,更能表现这块黄土地上生生不息的华夏文明。

海子最为人们熟知的,也是他写得最为明白晓畅的一首诗是《面朝大海,春暖花开》。1989 年 1 月 13 日这首诗写成,同年 3 月 26 日诗人就卧轨自尽了。可见,在生命的最后一段时间里,诗人也在反思,力图过上平实的生活,力图写出平易的诗句。

朱湘、海子自杀，一时间引起了世人尤其是诗界的震撼。对于两个诗人的死因，人们众说纷纭。但谁也不是最终的仲裁者，一切都只能是假定。朱湘、海子，他们是诗歌世界的强者，却是现实生活中的弱者，他们不懂怎样经营自己的生活，不懂怎样迂回逃避、怎样保护自己，他们的生命是诗，诗就是他们的生命。他们用血肉之躯去碰撞诗神的激情，也一样用血肉之躯去碰撞现实的冷硬，拼尽全力，与诗神、与诗融为一体；一个以扬子江之水测量人类苦痛、诗神激情的深度，一个以山海关的列车称量人类苦痛、诗神激情的重量。

第二节 池州：天河挂绿水，秀出九芙蓉

池州，与安庆一衣带水，隔江相望。明代诗人解缙在《池口望九华》中写道："日日南风送客舟，舒州才过又池州。九华云卷芙蓉帐，挂在青天白玉钩。"

池州，自古就有"千载诗人地"的美誉。清代诗人杨森《杏花村》诗中写道："千载诗人地，无花亦此村。"但池州能成为千载诗人地，绝不仅仅因为一个杏花村。

据现有的资料，最早提及池州的诗当是陶渊明的《乙巳岁三月为建威参军使都经钱溪》。这首诗是陶渊明奉命从江州赴建康途经钱溪所作。钱溪，在池州市贵池区梅龙镇，古代为梅根冶或梅根港。但钱溪后来不再铸钱，也就慢慢从诗人的视野中消失了。池州能成为千载诗人地，主要还是因为两座山、两条河、一个村庄。

一、神奇灵秀九华山

九华山是中国四大佛教名山之一，原名九子山。唐天宝五六年，李白扬州、金陵、越中之行途中，偶游青阳，与高霁、韦权舆诗酒唱和，作《改九子山为九华山联句》，诗前有序云："青阳县南有九子山，山高数千丈，上有九峰如莲华。按图征名，无所依据，太史公南游，略而不书。事绝古老之口，复阙名贤之纪，虽灵仙往复，而赋咏罕闻。予乃削其旧号，加以九华之目。"诗云："妙有分二气，灵山开九华。"由此可见，九华之名，始于李白；九华山名扬天下，始于李白。明嘉靖《九华山志》序："自昔以九子称，至唐李太白始易今名，咏之以诗，且读书其中，而九华名遂闻于天下。"

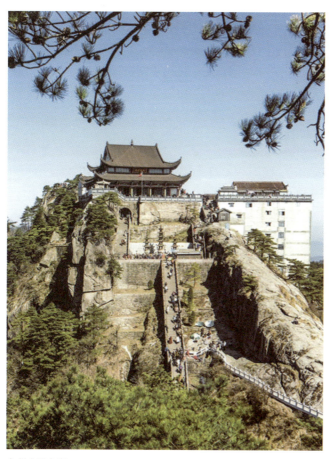

九华山天台寺

后来，天宝十三载间，李白又写了一首《望九华赠青阳韦仲堪》，对后世影响更大。诗曰："昔在九江上，遥望九华峰。天河挂绿水，秀出九芙蓉。我欲一挥手，谁人可相从？君为东道主，于此卧云松。"

九华山后来更以佛教名山著称，这与当时的另一位文化名人紧密相关，他就是金乔觉。清康熙重辑《九华山志》序（李灿撰）云：

"自唐李青莲为秀出芙蓉,更名九华,而名始著。及至德间,新罗国王子金地藏,航海来居,得道显异,而山益彰。"金地藏有《送童子下山》诗一首留世,诗云:"空门寂寞汝思家,礼别云房下九华。爱向竹栏骑竹马,懒于金地聚金沙。添瓶涧底休招月,烹茗瓯中罢弄花。好去不须频下泪,老僧相伴有烟霞。"该诗既表露了坚贞佛性,又流露了人间大爱,此可谓诗教,可谓人间佛。

九华山上至今还存"李白书堂",称"李白书堂"可能是宋代以后世人的猜测,在唐代诗歌、文献中找不到依据。李白应该没有上过九华山,他写九华山的两首诗,都是远眺、遥望之际产生的诗情。因为是远眺、遥望,所以,只能从大处着笔,"妙有分二气,灵山开九华""天河挂绿水,秀出九芙蓉",都是从整体上远观九华山的。

后来刘禹锡作《九华山歌》,惊叹九华山之奇,除中间四句("云含幽兮月添冷,月凝晖兮江漾影。结根不得要路津,迥秀长在无人境")写得较为具体细致,剩下的都是感慨和议论。大约也是诗人远眺,兼听别人的描述有感而作,自己并没有登临九华山。

王阳明赋九华山的《登云峰望始尽九华之胜因复作歌》,也是遥望所得。

李白写九华山的诸多意象,尤其是"芙蓉"一语,影响了一代又一代后来者。如杜牧《郡楼望九华》、杨万里《舟中望九华二首》(其一)、王十朋《望九华九首》(其一)、黄观《书塾后望九华》等,以至于王阳明《江上望九华二首》(其二)也不得不承认:"穷探虽得尽幽奇,山势须从远望知。几朵芙蓉开碧落,九天屏障列旌麾。高同华岳应无忝,名亚匡庐却稍卑。信是谪仙还具眼,九华题后竟难移。"

此外,宋代的王安石和近代的黄宾虹等人对九华山也有特别的情结。

王安石宋皇祐三年(1501),王安石赴任舒州通判,于皖江上遥望九华山,赋长诗《和平甫舟中望九华山二首》。诗虽长,但从容流畅、层次分明,表达了诗人对九华山的无限向往。

诗人都是多情的,王安石后来到了舒州,看到天柱山后又依依不舍了。如人们耳熟能详的《泊船瓜洲》一诗写得很明白:"京口瓜洲一水间,钟山只隔数重山。春风又绿江南岸,明月何时照我还。"而王安石功成身退的地方也早就选好了,那就是金陵。后来因变法受打压,王安石果真于熙宁九年（1076）退隐江宁，也就是金陵，即现在的南京，直至元丰九年（1086）病逝。王安石有一首《次青阳》诗写道："十载九华边，归期尚渺然。秋风一乘传，更觉负林泉。"或许，王安石从来都没上过九华山，只是在九华山下欣赏九华山风光。

黄宾虹一生酷爱山水，执着于丹青，曾"卜居"池阳，与池州的山山水水结下不解之缘。1900 年，黄宾虹由新安途经青阳，初次登览九华山。他在《九华山纪游》题画中写道："时值初夏，山花放馥，林鸟唤雏，游目骋怀，处处引人入胜。对观山容，潦草图数十纸，虽有记述，不能详尽。"可见，面对这座佛教名山，他激情难抑，一次次挥笔。从此，黄宾虹便对九华山依依难舍，多次重游；所到之处，无不墨翰飘香，如《九华山东崖》《游九华山》《九华拜经台》等。黄宾虹的书法也是一绝，他的九华诸画作，多有题咏，可谓诗情画意，相映成趣。如在另一幅《九华山纪游》上，他题写了明代诗人吴兆的《别九华山二绝》一诗："寺前秋净万峰闲，正好寻山又别山。谷转溪回留不住，水声相送到人间。"表达自己对九华山的依依惜别之情。

岁月蹉跎，人世沧桑，但九华山始终是大师心中最美好的意象。黄宾虹《九华山图》中这样回忆道："曩登陵阳九子山，坐拜经台，为山灵写照，如昨日事，而沧桑变易，人事卒卒，不获重游，今倏十稔。偶检旧稿，因志数言。"尤其令人感动的是，大师 91 岁高龄，身在杭州，仍然念念不忘九华山，凭着他对九华山鲜活的记忆，画出了《九华秋色》和《九华山》两幅珍贵的杰作。

二、千峰夹水秋浦河

秋浦河，发源于池州石台县，上游有两个支流：一源于石台的仙寓山，俗称"源头李"，沿途吸纳众小溪，成公信河（亦称公浚河）；一源于石台与黄山市祁门县交界的大洪岭，沿途吸纳众小溪，成鸿陵河。公信河、鸿陵河在石台香口汇流，称秋浦河。秋浦河干流全长约 150 公里，石台和贵池人民亲切地称之为母亲河。

唐天宝十二年（753）至十四年（755），李白南下宣城期间，数游秋浦，且行且吟，写下大量优美诗篇；其中，以《秋浦歌十七首》最为有名。李白游秋浦作《答杜秀才五松山见赠》诗,诗中写道:"千峰夹水向秋浦,五松名山当夏寒。"

在李白的心目中,秋浦是一个神秘的地方。从《秋浦歌十七首》中,我们至少可以解读出如下几层意思。

一是表明李白在秋浦逗留时间之长。在《秋浦歌》中,"秋浦"一词有两层含义,一是指秋浦河,二是指当时的秋浦县,或者用今天的话说就是指秋浦大地。组诗前八首似写于秋浦河畔,后九首则似写于清溪河畔。"秋浦长似秋",这里的"长"既可以理解为秋浦河很长,又可以理解为诗人在秋浦逗留时间很长。正因为逗留时间长,所以诗人对秋浦河沿岸、秋浦大地上的山光风物、民风民俗都非常熟悉。李白有关池州的诗作中出现的动植物有:白猿(或称猿、猩猩)、白鹭、白鹇、锦驼鸟、鹧鸪、石楠、女贞、寄生枝、女萝枝、竹(包括苦竹)、菱等;地名除大楼山外还有:秋浦、清溪、九华、黄山、虾湖、桃波、桃陂源、水车岭、玉镜潭、江祖石、苦竹岭、平天湖等;人物有:县令、县尉、山人、道友、乡人、房主、歌者、采铅客、炼矿工、采菱女、田舍翁等。

二是表明李白在秋浦期间心情并不愉快,充满了忧愁忧思。李白的愁不是个人的闲愁、儿女之情愁,而是为天下、为国家而愁。因为那时(天宝末期)正是"安史之乱"前夕,天下已经是"山雨欲来风满楼"了,而心忧天

秋浦河

下的李白却无能为力。组诗中写了许多愁，尤其是第十五首，几乎是家喻户晓（白发三千丈，缘愁似个长。不知明镜里，何处得秋霜）。

三是李白在秋浦也偶有心情闲适的时候。我们是这样理解的：愁，是李白胸中之愁。客观上，秋浦的山川风物、民风民情，还是能让诗人不时忘忧的。如《秋浦歌》其三、其五、其八、其十一、其十二、其十三、其十四等，皆可见李白忘忧忘我的好心境。

四是秋浦这个地方，或者说皖南这块土地上的山山水水、仕宦、人民，一定让李白感到特别温暖。所以，他在人生的几大关头，都选择了来皖南。安史之乱前，李白"欲去不得去，薄游成久游"，"我自入秋浦，三年北信疏"，直至安史乱发。安史之乱后，他又来了，"窜身南国避胡尘"。长流夜郎途中，他怀念着这里。一组《秋浦歌》，十次出现了"秋浦"字样，尤其是开头六首，简直是对秋浦的深情吟唱，可谓情不自禁。

五是李白在秋浦"欲去不得去，薄游成久游"，一定是有很特别的原因的。第十四首"炉火照天地"，写的是冶炼场景。郭沫若在《李白与杜甫》一书中写道："在这首歌里，他在歌颂冶矿工人。歌颂冶矿工人的诗不仅在李白诗歌中是唯一的一首，而且在中国古代诗歌中恐怕也是唯一的一首吧。"至于是冶炼什么，从这首诗本身看不出来。但从李白有关秋浦的另外的诗文中可以看出，这里冶炼的不是铜、铁，也不是钱，而是金液、金丹。"薄游成久游"的意思很明白：李白本来是打算看看山水、看看朋友就走的，谁知来了之后，发现这里有道友，还有铅矿，是炼丹的好地方，于是留了下来，组织人马炼丹。这可不是一年半载就能成功的，得做长久打算。

李白来秋浦之前，秋浦还像个小家碧玉，"养在深闺人未识"。李白来了之后，发现了她的美丽和魅力，为她写了一首又一首诗。随着李白诗歌的传播，慢慢地世人开始关注秋浦，开始歌颂她。首先是被时人称为"李太白后身"的郭祥正，作了《追和李白秋浦歌十七首》，继有王安石《和王微之秋浦望齐山感李太白杜牧之》诗，然后，注释、笺评者及追怀之作甚多，如明朱谏《李诗选注》，唐汝询《唐诗解》，宋戴昺《壬子立夏日同郡博士黄次夔游江上太白钓台因成古诗并呈偕行诸文》，明刘城《大楼山歌》《桃波歌》，清章永祚《乌石水车岭》等，可谓代代都有秋浦歌。

三、堪比新安清溪水

李白在秋浦的活动区域主要有两个：一是秋浦河畔，尤其是龙舒河畔，因当时的秋浦县治在秋浦河与龙舒河交汇处的古石城（现称汪家畈），李白在那一带活动可能主要是为了结交官员；二是清溪河畔，李白在这一带活动可能主要是为了采铅、炼丹。如诗如画的秋浦山水，应该是李白的意外收获，如清风明月一般，是自然的恩赐，他在其间能尽情放怀，荡涤心灵。

李白写于清溪河畔的诗，如果把前述《秋浦歌》中的一部分算上，那么数量大致与写于秋浦河畔的诗相当，如《清溪行》《独酌清溪江祖石上寄权昭夷》《宿清溪主人》《清溪半夜闻笛》《入清溪山》等。

《清溪行》："清溪清我心，水色异诸水。借问新安江，见底何如此？人行明镜中，鸟度屏风里。向晚猩猩啼，空悲远游子。"

清溪江

李白"一生好入名山游"，来到了清溪河边，面对如此清澈见底的清溪河水，怎能不生出心灵的震撼？新安江足够有名，新安江的水清澈，但哪能与清溪河水相比呢？李白此刻，感觉只有这清溪河的水才能清净他的心灵，才能安抚他那百结的愁肠。可以想象，李白是真的被这河水感染了，所以，情不自禁随口吟哦出了"清溪清我心"。这是多么美妙的心境啊！接下来，"人行明镜中，鸟度屏风里"，既是对清溪河水的描写，也是诗人自己澄澈心境的诗意流露。心如河水，也如明镜，于是，人与外在的一切——飞鸟、流云、花草、树木……都成了和谐自然之中和谐的一分子。再想象一下，在盛唐的某个下午，诗仙李白漫步在清溪河边，流连复流连，直到日薄西山，忽然从沉醉中醒来，天地间一片空寂。这是怎样的一种奇妙意境啊！

《独酌青溪江祖石上寄权昭夷》："我携一樽酒，独上江祖石。自从天地开,更长几千尺?举杯向天笑,天迥日西照。永愿坐此石,长垂严陵钓。寄谢山中人,可与尔同调。"

相传,李白曾在清溪河边的一块江祖石上垂钓,或与道友们饮酒论道。大约从宋时开始池州人便称之为"李白钓台",至今遗迹尚存。"自从天地开,更长几千尺"二句,就是从上句"江祖石"之"祖"生发出来的。因其为江边之"祖"石,故有天地开辟以来,更长几千尺之问。

李白之后,代代都有人写清溪。后人赋诗,受李白影响或因李白而起诗情诗兴者为多。如杜牧《清溪》,苏轼《清溪词》,清周体观《清溪歌》等。

四、诗酒逸兴杏花村

如果说九华、秋浦、清溪之名得益于盛唐李太白,那么杏花村和齐山之名,则得益于晚唐杜牧之。

杏花村,《嘉靖池州府志》:"杏花村。在城西里许。杜牧诗'借问酒家何处有,牧童遥指杏花村'。旧有黄公酒垆,后废,余井圈在民田内,上刻'黄公广润泉'字,嘉靖间同知张邦教访置校场前,立亭表之,联云:胜地已无沽酒肆,荒村忽有惜花人"(按:张邦教自号惜花人)。

清代,杏花村人郎遂撰《杏花村志》十二卷,被收入《四库全书总目提要》。其"图序"云:"池州杏花村,在郡治之西,立名不知昉于何代,自唐刺史杜牧行春后名始著。《清明》一绝,凡樵夫牧童无不取而歌咏之。或曰村以杜牧之诗传,实杜牧之诗以村传也。相传,盛时老杏万余株,连村十里,炫烂迷观,诚胜景也。"

民国时期,贵池人胡子正又撰《杏花村续志》三卷。方汝霖序云:"夫杏花一寻常植物,随处有之!村距郭西里许,偌大平原,一览可尽,绝非武陵桃源、会稽兰亭之比。居于是者,亦未必矜奇炫异。谓可传播于无穷,乃千余年来杏花村三字,独脍炙人口,不少衰。主试文宗,往往引作诗赋命题。而骚人墨客游其地者,辄发为咏歌,有流连不尽之致。此何自昉哉?盖由于杜牧《清明》一绝耳!"

由此可见,池州被誉为"千载诗人地",杏花村确实功不可没。因为一首《清明》诗:"清明时节雨纷纷,路上行人欲断魂。借问酒家何处有,牧童遥指杏花村。"千年杏花村，就留下了千年杏花诗。到了清代，诗人杨森在《杏花村》一诗中写道："千载诗人地，无花也此村。"从此，"千载诗人地"就成了池州的代名词。

《清明》诗在唐宋时期并没有产生多大影响，但《清明》诗意屡屡散见于宋词、元曲之中。明代以降，杏花村兴废不一，有时几成荒村；但可喜的是，从明代开始，史志、艺文开始将杏花村与杜牧、与《清明》诗联系了起来。从此，杜牧诗中春雨、行游、酒家、牧童、杏花、村落等意象，就不断出现在那些与杏花村有关的诗行里。如：

沈昌《杏花村》："杏花枝上著春风，十里烟村一色红。欲问当年沽酒处，竹篱西去小桥东。"

"杏花枝上著春风"，这一意象是沈昌的独创。春天很从容，春风正留恋在这杏花枝上。留恋在这杏花枝上的，可能不止春风，还有春雨；是细密的春雨，融入到春风里，与春风化为一体。因此"十里烟村一色红"，也才自然让诗人联想起了杜牧，联想起了他那个细雨纷纷的清明，也就自然唤起了诗人寻找酒家的冲动。这样，全诗就血脉贯通，妙合无遗了。

后来的诗人们吟咏杏花村，大抵莫不如是追寻风流杜牧之，追寻他的清明、细雨、杏花、行吟之诗意。

五、诗画石刻映齐山

《杏花村志·凡例》："齐山当池城之南四五里许，杏花村则在城之西郭外。齐山以岩石胜，杏花村以平原胜，皆有江与湖为之助。"

宋至和二年（1055），包拯左迁兵部员外郎知池州。相传，其尝登齐山，书"齐山"二大字，刻于齐山寄隐岩，今存。

齐山以晚唐诗人杜牧《九日齐山登高》诗而闻名。诗曰："江涵秋影雁初飞，与客携壶上翠微。尘世难逢开口笑，菊花须插满头归。但将酩酊酬佳节，不用登临叹落晖。古往今来只如此，牛山何必独沾衣？"

应该说，这首诗在杜牧诗中算不得名篇，但其对池州的齐山意义重大。第一，它是咏齐山的创始之作，从文献中找不到其他比它更早赋齐山的诗。第二，诗一出炉，即有人唱和。据《唐诗纪事》卷五十二"张祜"条载:"杜牧之守秋浦,与祜游,酷吟其《宫词》。"诗中"与客携壶"之客中或即有张祜。《唐诗纪事》又载,张祜有《和杜牧之齐山登高》诗:"秋溪南岸菊霏霏,急管繁弦对落晖。红叶树深山径断,碧云江净浦帆稀。不堪孙盛嘲时笑,愿送王弘醉夜归。流落正怜芳意在,砧声徒促授寒衣。"第三,对后人赋齐山诗影响深远。如:梅尧臣《紫微亭》(节):"江云如旗脚,墨点飞雁行。平圃采芳菊,上水酌桂浆。为言此何时,杜子逢重阳。醉思庄生达,哂彼齐景伤。至今孤亭间,独有九日章。"朱熹《水调歌头·齐山》:"江水侵云影,鸿雁欲南飞。携

齐山石刻

壶结客,何处空翠渺烟霏。尘世难逢一笑,况有紫萸黄菊,堪插满头归。风景今朝是,身世昔人非。酬佳节,须酩酊,莫相达。人生如寄,何事辛苦怨斜晖。无尽今来古往,多少春花秋月,那更有危机?为问牛山客,何必独沾衣。"此外,还存有南宋刘过《池州一览亭》、吴潜《满江红·齐山春台》、元萨都剌《梦登高诗二首》、明汤显祖《齐山秋眺》、王守仁《春日游齐山寺用杜牧之韵二首》、清施闰章《齐山用杜牧之韵》等与齐山有关的作品。第四,千载留香,影响至今。歌手孙浩演唱的《中华民谣》:"朝花夕拾杯中酒,寂寞的我在风雨之后。醉人的笑容你有没有,大雁飞过,菊花插满头。"歌词也巧妙化用了杜牧诗。

杜牧之后,岳飞《池州翠微亭》又为齐山一绝。这首诗由于出处不同,流传于世文字上稍有差异。《齐山岩洞志》:"经年尘土满征衣,特特寻芳上翠微。好水好山观不足,马蹄催趁月明归。"《岳飞庙志》:"经年尘土满征衣,特特寻芳上翠微。好山好水看不足,马蹄催趁月明归。"清乾隆《池州府

志》:"经年尘土满征衣,得得寻芳上翠微。好水好山观未足,马蹄催趁月明归。"清袁枚《随园诗话》又记曰:"余游贵池齐山,见壁上镌岳武穆诗云:'年来尘土满征衣,偶得闲吟上翠微。好水好山看不尽,马蹄催趁月明归。'想见名臣落笔,自然超妙。"但不管是哪种版本,"自然超妙"可谓是其基本特色。至今,齐山翠微峰半山处仍有岳飞雕像,底座上刻有该诗。雕像背面的山壁上,还刻有"还我河山"四个大字。

1907年,有"哀情画家"之称的民主爱国志士苏曼殊为配合章太炎《讨满洲檄》的发布,特别创作《天讨》五图,其中之一即是据岳飞《翠微亭》诗意绘成的《岳鄂王游池州翠微亭》。

因齐山多岩石峭壁,所以齐山诗文化的一大特点是诗词歌赋、书画、石刻相映生辉。齐山摩崖石刻现已是国家级保护文物。从宋代开始,齐山就出现了摩崖石刻,明清尤盛。王安石虽没游过齐山,但他有一首《次韵和吴仲庶〈池州齐山画图〉》诗云:"省中何忽有崔嵬,六幅生绡坐上开。指点便知岩石处,登临新作使君来。雅怀重向丹青得,胜势兼随翰墨回。更想杜郎诗在眼,一江春雪下离堆。"可见,早在宋代,画家们就开始关注齐山。到了近代,著名国画大师黄宾虹从不同的角度作齐山的画作尤多。黄宾虹一生有秋浦、九华情结,仅齐山一地,他既有诗赋,又有画作,而且画作大多附有诗、题,可谓诗情画意,相映成趣。黄宾虹以画名世,诗歌造诣也颇高,其同时代著名诗人、画家潘飞声评价其说:"君寄兴愈高,格律愈严","山人所作,盖得山川之助,灵异所钟,幽光不閟,今不为画所掩矣。"

第三节 铜陵：我爱铜官乐，千年未拟还

中国是世界上铜储量较多的国家之一，铜陵自古以产铜、铸铜著称，是中国青铜文化的发祥地之一，有"千年古铜都"的美誉。铜陵的铜文化源远流长，始于商周，盛于唐宋。天宝末期，李白游南陵（当时铜陵似属南陵县），开启了铜陵的诗文化。大约因为铜都经济相对优越，千百年来，铜陵几乎成了迁客骚人们的"驿站"。

一、清清凉凉五松山

李白上下金陵、秋浦，出入南陵、宣城，都必经铜陵，于五松山、于铜官冶、于五松山下之田家，皆有诗作，是为铜陵诗文化的华丽开篇。李白赋五松山多篇，多与南陵联系在一起。

《与南陵常赞府游五松山》云："我来五松下，置酒穷跻攀。徵古绝遗老，因名五松山。五松何清幽，胜境美沃洲。萧飒鸣洞壑，终年风雨秋。"

五松山本无名，李白为其名之；五松山抑或本无闻，李白为其名，则使其名闻天下。李白另有《答杜秀才五松见赠》："……千峰夹水向秋浦，五松名山当夏寒。铜井炎炉歊九天，赫如铸鼎荆山前。陶公矍铄呵赤电，回禄睢盱扬紫烟。此中岂是久留处？便欲烧丹从列仙。爱听松风且高卧，飕飕吹尽炎氛过。登崖独立望九州，阳春欲奏谁相和？……从兹一别武陵去，去后桃花春水深。"延君寿《老生常谈》云："《答杜秀才五松见赠》诗，两人出处正尔相同，故情真而言畅，洋洋洒洒，读之永无辕驹之诮。"

二、红红火火铜官冶

《铜官山醉后绝句》："我爱铜官乐，千年未拟还。要须回舞袖，拂尽五松山。"

南陵、五松山、铜官这三个名字，在李白有关铜陵的诗作中经常同时出现，可见，五松山、铜官冶相距很近，当时都属南陵。

李白为何如此喜爱铜官山呢？上引《答杜秀才五松见赠》作了回答，那就是"烧丹从列仙"。但他终于还是离去，似乎再没有回来，因为李白诗集中再没有涉及铜官山的诗作。大约是李白的邀约之请，无人"相和"，他只得离去；再往前，向秋浦去。最终还是秋浦的山水、人民接纳了他，让他留了下来。

三、勤勤俭俭田家媪

《宿五松山下荀媪家》："我宿五松下，寂寥无所欢。田家秋作苦，邻女夜舂寒。跪进雕胡饭，月光明素盘。令人惭漂母，三谢不能餐。"

这首诗历来颇受人关注。朱谏《李诗选注》："言我宿于五松之下，寂寥而无所欢。适值田家秋来作苦而邻女夜舂，老妪具彫菰之饮，素盘有洁白之色，情如漂母之待韩信也。我非韩信之比，未免有愧于心，乃三谢其意而不敢享其所进之食也。"

谢榛《四溟诗话》卷二："太白夜宿荀媪家，闻比邻舂白之声以起兴，遂得'邻女夜舂寒'之句。然本韵'盘''餐'二字，应用以'夜宿五松下'发端，下句意重词拙，使无后六句必不落欢韵。此太白近体先得联者，岂得顺流直下哉？"

清《李诗直解》卷五："此宿荀媪家，悯其贫苦而复感其惠也。言我宿媪家，寂寞无所欢娱，唯见田家有秋作之苦，邻女有夜舂之寒，何其劳也。家无余羡，以菰米之饭，跪进敬客，而月光明于素盘之中，又何其贫而能敬也。今荀媪不愧漂母，奈我非韩信，故三谢而不能餐也。不知日后能如韩信之报否？"

清余成教《石园诗话》卷一："太白《宿五松山下荀媪家》诗，末云：'令人惭漂母，三谢不能餐。'夫荀媪一雕胡饭之进，素盘之供，而太白感之如是，且诗以传之，寿于其集。当世之贤媛淑女多矣，而独传于荀媪，荀媪亦贤矣。然不遇太白，一草木同毙之村妪耳。呜乎！人其可不知所依附哉！"

李长之《李白传》："李白是这样的一个诗人：经过天宝之乱，在情感上他和人民更近了一步……他也关怀劳动人民的生活，'田家秋作苦，邻女夜舂寒'……"

周勋初《李白评传》:"这诗也是咏及劳动人民的名篇。李诗中表现出来的感情真诚恳切,对劳动妇女的贫寒生活,甚为同情,但又不是居高临下的怜悯,而是平等相待。李白秉性高傲,但对一般平民百姓,则与平时所交往的官员等同,无贵贱之差异,没有受到等级森严的官僚制度的影响,这是他过人的地方,亦当与其特殊的出身经历有关。"

莫丽云《唐诗里的衣食住行》:"雕胡是菰米的别称,用菰米做成的米饭当作主食,在当时是很普遍的:衣食既有余,时时会亲友。夏来菰米饭,秋至菊花酒。"

故知"雕胡饭"为美餐,是热情款待客人的。"寂寥无所欢"一句,言五松山下环境之萧瑟,与《秋浦歌》开篇言"萧条使人愁"意近。"苦""寒"二句应为互文,言田家劳作之艰辛;"苦""寒"二字,又写出诗人的悲悯情怀。首四句为后四句做铺垫,在如此荒僻、苦寒之地,尚有如此热情好客、恭敬多礼之人,诗人当然感慨不已。月光、明、素字相连,是对荀媪朴素而真挚之情的写照,也是诗人因感动而心、眼豁然敞亮的真切反应。唯如此,接下来的"惭""谢"二字才格外有分量。一村野之老妇,尚能懂得待客、敬客之道,其余士大夫之流哪里去了?这好像是诗外的问题,其情似也隐含于诗内。是否是这样:士大夫之流都不待见,所以李白才落落寡欢;唯有这荀媪一家,如漂母待韩信一般,所以李白才分外感动,才以诗传之,永志不忘。

李白之后,到铜陵的诗人词客很多,留下的诗作也很多。不同的时代,不同的人,却似乎不约而同,他们好像都不是以铜陵为目的地,而是上下皖江,路过此地,或短暂停留,或一宿而往。总之,铜陵几乎成了历代诗人们的驿站。

唐朝诗人裴休曾来过此地,作《铜官山保胜侯庙》诗:"浔阳贤太守,遗庙古溪边。树影入流水,石门当洞天。幡花迎宝座,香案俨炉烟。若到千年后,重修事宛然。"(按:铜官山麓有灵佑王庙。灵佑王庙即保胜侯庙。相传晋朝浔阳太守张宽死后成神,人们建庙以奉祀。唐贞元年间,因张神"阴有助战功",江东观察使裴肃(裴休之父)奏封保胜侯。)

据《苏轼年谱》,苏轼于元丰七年(1084)自黄州贬所赴常州,曾经过池州、铜陵、芜湖、当涂等地,于宋徽宗建中靖国元年(1101),自岭南放还,再经铜陵等地归常州。《苏轼年谱》卷四十云："至池州。题诗五松山李白祠堂及陈公园双池……'重到'，以元丰七年尝过也。"

苏轼《题铜陵陈公园双池》："南北檐楹照绿波，濯缨洗耳不须多。天空月满宜登眺，看取青铜两处磨。落帆重到古铜官，长是江风阻往还。要似谪仙回舞袖，千年醉拂五松山。"

此诗向我们道出了一个秘密，那就是历代的诗人们驻足铜陵的原因：一是追慕李白，二是江风使往还受阻。黄庭坚、李纲、王十朋等人都赋有《阻风铜陵》《铜陵阻风》诗。

似乎只有一个人驻足铜陵的原因比较特别，那就是王安石，他是来游学、讲学的。据铜陵《胡氏宗谱》："中庆历乙酉乡举临川半山王君安石者，学行高重，（胡舜元之父省一公）乃于大明寺山侧建书堂一所，敦请王君居其间，而以叔才公（胡元腕，字叔才）从学于彼，安石公乃为名其堂曰逢原，盖取君子资深逢原之意。"

王安石有《胡氏逢原堂》诗："我爱铜官好，君实家其间。山水相萦萃，花卉矜春妍。有鸣林间禽，有跃池中鲜。叶山何嵯峨，秀屿东南偏。峰峦日在望，远色涵云边。宾客此遴集，觞饮常留连。君家世儒雅，子弟清风传。前日辟书堂，名之曰逢原。有志在古道，驰情慕高贤。深哉堂名意，推此宜勉旃。木茂贵培本，流长思养源。左右无不宜，愿献小诗篇。"

诗与谱稍有异，谱云王安石为书堂命名；而诗云"深哉堂名意"，则说明不可能是自己命名的。但其事基本属实，"逢原堂"后人习称为"王荆公书堂"。王安石另有《送胡叔才序》，序文"叔才，铜陵大宗，世以赀名……叔才纯孝人也……不予愚而从之游"云云，则说明王安石与当时铜陵胡氏，尤其是胡叔元交往颇久、颇深，在铜陵游学、讲学过一段时间，基本可信。王安石还有一篇《繁昌县学记》，以及前述他的九华情结、天柱山情结等，均可佐证他对皖江南岸的铜陵、繁昌一代颇为熟悉。

第四节 芜湖：天门中断楚江开，碧水东流至此回

芜湖，别名江城，位于长江与青弋江交汇处，自古就是长江巨埠、江南四大米市之一。不以山川形胜，只因便利的交通、丰饶的物产、发达的农耕、富庶的人民，芜湖千百年来吸引商贾云集，骚客沓来。唐代诗人刘秩的一首《过芜湖》，可谓是芜湖形象、芜湖魅力的生动写照：

"百里芜湖县，封侯自汉朝。荻林秋带雨，沙浦晚生潮。近海鱼盐富，濒淮粟麦饶。相逢白头叟，击壤颂唐尧。"

芜湖诗文化中有几个关键词：芜湖，通津，南陵，天门山。

一、芜湖承一脉

芜湖，古称鸠兹。相传湖泊中多鸠鸟，后又因湖泊相连，其中芜草丛生，故得名芜湖。另有别名于湖，南宋著名诗人张孝祥曾寓居芜湖，因号于湖居士，著《于湖居士文集》《于湖居士乐府》；清末著名诗人袁昶曾官署芜湖，著《于湖小集》。汉代始置芜湖县，后兴废更替，芜湖之名始终一脉相承。

诗中最早出现"芜湖"二字的当是南朝梁元帝萧绎的《泛芜湖》："桂潭连菊岸，桃李映成蹊。石文如濯锦，云飞似散珪。桡度菱根反，船去荇枝低。帆随迎雨燕，鼓逐伺潮鸡。"诗中的"芜湖"是否是特定的地名如今已难以确定，但其描写的景象与芜湖颇为相似。

杜牧有《往年随故府吴兴公夜泊芜湖口，今赴官西去，再宿芜湖，感旧伤怀，因成十六韵》，林逋有《过芜湖县》；出任过繁昌尉的明人陈造，明宣城人梅鼎祚，数游芜湖的汤显祖，明末清初著名诗人方文、钱澄之，清宣城人施闰章、梅清，流连于芜湖的王士禛，曾任吴、楚等地书院总讲习的王心敬，芜湖本土人韦谦恒，桐城派三祖之一姚鼐，好游名山大川的清代著名学者洪亮吉，世居芜湖的著名学者、诗人、画家黄钺，清末著名诗人、学者、"庚子五大臣"之一的袁昶等，赋芜湖的诗作尤多。

二、通津襟江左

芜湖自古为东南要冲、长江巨埠，地理位置十分重要。正如宋末明初诗人董嗣杲《芜湖县》诗云："云樯风柁舣江湄"，"今古通津离别地"。

宣城，本不濒江，但发源于黄山北麓的青弋江流经宣城、南陵，至芜湖注入长江。所以，青弋江将宣城与芜湖联系了起来、与皖江联系了起来，使芜湖成为宣城的重要门户。自古以来，芜湖就与宣城一衣带水，表里相依。这种特殊的唇齿关系，在诗中有丰富而生动的反映。

谢朓《宣城郡内登望》诗中写道："寒城一以眺，平楚正苍然。山积陵阳阻，溪流春谷泉。"谢朓时任宣城太守，在郡内登临远眺，目之所及，有宣城郡内的陵阳山，更有芜湖境内的繁昌（故称春谷）。

此外，王昌龄《至南陵答皇甫岳》："与君同病复漂沦，昨夜宣城别故人。明主恩深非岁久，长江还共五溪滨。"高适《送崔录事赴宣城》诗中有"欲行宣城印""芜湖千里开"两句；刘长卿《越江西，湖上赠皇甫曾之宣州》诗中有"流水通春谷，青山过板桥"两句。可见，在王昌龄、高适、刘长卿心目中，芜湖、宣城是紧密相连的。

芜湖与宣城如此，与上下皖江的池州、铜陵、采石、金陵亦如此，诗人们总是很自然地将芜湖与这些州邑联系起来。

孟浩然《夜泊宣城界》："西塞沿江岛，南陵问驿楼。湖平津济阔，风止客帆收。去去怀前浦，茫茫泛夕流。石逢罗刹碍，山泊敬亭幽。火炽梅根冶，烟迷杨叶洲。离家复水宿，相伴赖沙鸥。"从诗中出现的地名看，这首诗当是写孟浩然从西塞山出发，沿江东下，到南陵夜泊之际，追忆沿途所思所见。诗题"夜泊宣城界"，并不实写宣城，则宣城与南陵、池州、铜陵似无界也。

唐穆宗长庆四年（824），刘禹锡由夔州刺史调任和州刺史，其间，赋五言排律《历阳书事七十韵》。诗前引言云："长庆四年八月，余自夔州转历阳。浮岷江，观洞庭，历夏口，涉浔阳而东。友人崔敦诗罢丞相，镇宛陵，缄书来招曰：'必我觏而之藩，不十日饮，不置子。'故余自池州道宛陵，如其素。敦诗出祖于敬亭祠下。由姑孰西渡江，乃吾圉也。至则考图经，参见事，为之诗，俟采风之夜讽者。"

这段引言说得很明白，诗人从夔州赴历阳任所，沿江东下，中途被友人崔敦诗"拦路打劫"了,于是,便从池州下船(在池州写了著名的《九华山歌》),绕道望宣城(宛陵),赴敦诗之约;然后,经芜湖,至当涂(姑孰),再由姑孰西渡江,抵达任所和州(历阳)。

三、南陵饶唐风

在诗人笔下,南陵与春谷、宣州、宣城、芜湖等地名常常同现;因南陵南朝梁代以前称春谷,隋唐以后,属宣州、宣城、芜湖不一,1952年至今,才专属芜湖。诗人笔下的南陵,是驿站,是隐逸之乡,是山多、水美、鱼肥、酒香、人情之区,似乎总能给漂泊不定的诗人们一点心灵的慰藉。不管到没到过南陵,诗人们总喜欢把它揽入诗行。而且有意思的是,南陵古代诗赋,集中于唐代,宋代至明代,赋南陵诗篇很少,到清代,多了一些,但大多承袭唐风。

王维没有到过南陵,但他在《送张五諲归宣城》诗中写道:"渔浦南陵郭,人家春谷溪。"刘长卿似乎也没到过南陵,但他在《越江西湖上赠皇甫曾之宣州》诗中写道:"流水通春谷,青山过板桥。天涯有来客,迟尔访渔樵。"

在南陵盘桓最久、对南陵感情最深、赋南陵诗篇最多的是诗仙李白,仅诗题中出现"南陵"字样的诗就有10篇之多,如《书怀赠南陵常赞府》《江夏赠韦南陵冰》《酬张卿夜宿南陵见赠》等。其中,最著名的是《南陵别儿童入京》:

白酒新熟山中归,黄鸡啄黍秋正肥。呼童烹鸡酌白酒,儿女嬉笑牵人衣。高歌取醉欲自慰,起舞落日争光辉。游说万乘苦不早,著鞭跨马涉远道。会稽愚妇轻买臣,余亦辞家西入秦。仰天大笑出门去,我辈岂是蓬蒿人!

唐代,南陵属宣州。这首诗是否写于宣州之南陵,一度颇有争议。争论的焦点有二:一是认为诗中"黄鸡啄黍"的情景应出现在中原地区,不当在皖南;二是认为李白于天宝元年秋奉诏入京,如果是从宣州之南陵启程,那么从时间上看是不可能的。

关于第一点,我们查阅《全唐诗》发现,早期的唐诗中,黍稷、稷黍、禾黍常常同现,似泛指五谷。专就黍而言,也不专于黄河流域的中原地区。

孟浩然《过故人庄》"故人具鸡黍，邀我至田家"，就是写他故乡襄阳江村（长江流域）的村居生活。李白自己的诗中，《赠崔秋浦三首》其二有"东皋多种黍，劝尔早耕田（一作"东皋春事起，种黍早归田"）"，《登金陵冶城西北谢安墩》有"地古云物在，台倾禾黍繁"，更是明确写江南的。因此，据"黄鸡啄黍"否定本诗不作于宣州之南陵是站不住脚的。

关于第二点，早有学者提出，《南陵别儿童入京》中之"入京"，没有理由认定就是"奉诏入京"。细味文本不难看出，"奉诏入京"之说确实很难成立。首先，"游说万乘"，应该不是奉诏；否则，怎么还要游说呢？其次，诗题"别儿童入京"也颇耐人寻味。如果李白是奉诏入京，于李白，是平生大愿；于众人，是天下殊荣，他何以只"别儿童"呢？可见，李白无他人可别也。但儿童们（儿女们）毕竟年幼，哪里懂得父亲的心思呢？故有"高歌取醉欲自慰，起舞落日争光辉"，——自慰者，无人可相慰也，故酡颜只能与落日争辉也；故有"会稽愚妇轻买臣"，——愚妇者，女流也，或也可借指如妇人般的短视之辈。如果李白是奉诏入京，那么绝不会秘而不宣，就像李白后来在《赠从弟南平太守之遥二首》中所写的那样："当时笑我微贱者，却来请谒为交欢。"何以会一个人孤零零地上路呢？可见，李白这时候尚没有被召，还是被人轻贱。

李白南陵事迹，对后世影响颇深。明清时代，南陵还建有太白酒坊、太白祠等，诗人们题咏颇多，如明陈效有《过新酒坊》、许梦熊有《过太白酒坊》。

清许懋菫《南陵口号》写道："漳水拖蓝清弋清，工山削翠敬亭平。子明自昔称仙令，杯渡浮杯破浪行。朗陵侯庙工山旁，谪仙子祠新酒坊。游人指点鹅公凸，旧事犹传石碌场。香由寺内晚钟鸣，玉带桥前新月生。最爱人家多面水，凭阑时听棹歌声。"（按：此诗中依次出现的地名颇多，如漳水、工山、朗陵侯庙、谪仙子祠、鹅公凸、石碌场、香由寺、玉带桥等，"漳水拖蓝""青弋波光""鹅岭横云"属古"南陵十景"之列）。清道光年间南陵知县王成璐有《大工山》诗："保障环春谷，绵延一道长。山深晴作雨，水近暖生凉。大孝乾坤著，高吟草木香。仙茶和露煮，道是养生方。"

四、天门多画意

天门山

天门山,是东梁山和西梁山的合称,因两山夹江对峙如天门,故名。张才良、赵子文、李祖鑫《李白安徽诗文校笺》:"东梁山又名博望山,海拔81米,在当涂县城西南15公里的长江东岸,今属芜湖市;西梁山又名梁山,海拔65米,在和县城东南30公里的长江西岸,今属和县。"和县今属马鞍山市,天门山则分属芜湖、马鞍山两市。

天门山因李白一首《望天门山》诗而名扬天下。

"天门中断楚江开,碧水东流至此回。两岸青山相对出,孤帆一片日边来。"

李白另有一首《天门山》诗和一篇《天门山铭》。李白之后,有唐一代,天门山似乎很少受到诗人们的关注;但宋代之后,天门山如画的风光,就不断地从诗人的眼中流入心间,继而涌向笔端。如郑獬《寄郭祥正》、沈括《天门山》、当涂诗人郭祥正赋天门山十多首,如《天门山》、杨万里《题东西二梁山三首》、姚鼐《天门山》等。

不过,天门山也并非都是画境,也有风高浪险、烽火狼烟的时候;天门山的另一面,诗人们也写入诗中。如:

曾极《金陵自咏·天门山》:"鲸翻鳌负倚江潭,天险由来客倦谈。高屋建瓴无计取,二梁刚把当崤函。"

清张文虎《天门山》:"壮绝金陵第一关,十年攻守二梁山。而今搁在烟波里,闲看千艘日往还。"

马一鸣《天门》:"金陵形胜地,端赖此天门。山势排云表,江流动石根。就崖因作寺,分水自成村。来往风帆泊,年年觅旧痕。"

第五节 宣城：相看两不厌，只有敬亭山

宣城的诗文化历史悠久，或者说，宣城的文人雅士对诗文化资源有较早的自觉。宣城市档案局主持编撰了《宣城古代诗词全集》，十里昭山在其"书后"中写道：

> "宣城古代风雅滥觞于南朝小谢之时，其后，李、韩、白、杜纷至沓来，太真、尧臣、紫芝先后并起。山水之胜引诗词勃发，显扬于唐宋两朝，及至明清，文人纷涌，诗词歌赋有吟咏无虚日之叹。南宋，李兼纂有《宣城总集》二十八卷，元末，汪文节公泽民又辑有《宛陵群公集》，汇集本地诗歌一千三百九十三首。惜哉二书亡佚，今从永乐大典辑佚若干，仅能管中窥豹。明万历间，梅鼎祚汇编《宛雅》一书，以其汇集宛地（引者按：宛，宣城简称）人文之风雅，故名曰宛雅。此后，康熙间，施闰章、蔡蓁春，乾隆间施念曾、张汝霖相继续编，分别称《续宛雅》《宛雅三编》。"

宦游、客游宣城的诗人甚多，其中以谢朓和李白影响最为深远；宣城本土诗人辈出，其中以梅尧臣、梅鼎祚、施闰章最负盛名；宣城山山水水，似乎都留下了历代诗仙词客行吟的身影，其中以敬亭山、泾川、谢朓楼、桃花潭、水西寺等处最有诗人缘，最为诗人地。

一、谢朓——宣城诗文化的奠基者

谢朓（464—499），字玄晖，因与谢灵运同族，又前后齐名，故世称"小谢"；建武二年（495）出任宣城太守，颇有政声，且赋宣城山水、宦情诗作较多，故又有"谢宣城"之称。

谢朓之前，宣城的诗文化几乎是一片空白；谢朓对宣城诗文化有开创、奠基之功。这主要表现在以下几个方面。

一是谢朓发现了宣城山水之美，并用他特有的清丽风格和他所擅长的山水诗体表现了出来，影响了千秋万代。如《游敬亭山》：

> 兹山亘百里，合沓与云齐。隐沦既已托，灵异居然栖。上干蔽白日，下属带回溪……

《宣城郡内登望》：

借问下车日，匪直望舒圆。寒城一以眺，平楚正苍然。山积陵阳阻，溪流春谷泉……

"兹山亘百里，合沓与云齐""窗中列远岫，庭际俯乔林。日出众鸟散，山暝孤猿吟"等，已成为表现宣城的经典意象。

二是谢朓在宣城期间与当时沈约等大文人诗书唱和，无意中宣传了宣城，扩大了宣城的影响。谢朓有《在郡卧病呈沈尚书》诗，沈约有《答谢宣城》诗。

三是谢朓贤太守、诗人太守的形象永远为后代的宦游者所追慕，永远是诗人们宣城诗作常写常新的母题。这方面的诗作甚多，如：

明高棅《建州芮太守敬亭山房诗》(节选)：

吾爱谢宣城，流连敬亭作。遗音落江海，兹山齐五岳。至今隐沦人，往往来栖托。

宋王禹偁《送姚著作之任宣城》(节选)：

平生闻说宣城郡，水石幽奇人物俊。槛外澄江练不收，窗中远岫眉初印。六朝繁盛至隋唐，才人名士遥相望。谢公向此凭熊轼，白傅曾为鹿鸣客。江楼山寺多赋诗，往往题名在僧壁。皇家早岁平吴后，翰林贾公为太守。至今清话玉堂中，夸诧江山不离口。

谢朓任宣城太守期间，赋有《赛敬亭山庙喜雨》《祀敬亭山春雨》等诗，故"敬亭赛雨"意象不断出现在后来的诗人笔下。如王维《送宇文太守赴宣城》：

寥落云外山，迢递舟中赏。铙吹发西江，秋空多清响。地迥古城芜，月明寒潮广。时赛敬亭神，复解罟师网。何处寄相思，南风吹五两。

四是谢朓楼成为历代文人雅士登眺、雅集之地，永远引动着诗人们的诗情诗兴。相传，谢朓于郡治北陵阳峰自筑一室，理事起居皆于此，取名高斋。约于唐初，高斋改建为楼，初名北楼，之后名称不一，或名北望楼、谢公楼、谢朓楼，或名叠嶂楼、高斋楼等。历代文人墨客慕名而来者不计其数，所赋诗文亦不胜枚举，李白、白居易、梅尧臣等容后再叙，现仅录唐宋诗人的两首诗词，即足见谢朓楼在宣城诗文化中的分量。

一首是鲍溶的《宣城北楼，昔从顺阳公会于此》："诗楼郡城北，窗牖敬亭山。几步尘埃隔,终朝世界闲。凭师看粉壁,名姓在其间。"称"北楼"为"诗楼",可谓当之无愧。

另一首是宋祁《叠嶂楼》:"霍射盘西北,高楼胜览并。景闲思谢守,名重拟宣城。天阙云来缓,风微鸟去轻。客忧销更有,须到此中倾。"宣城之名重天下,因谢守,因北楼,因李白,因敬亭,因天下骚客,可为公论。

二、李白——宣城诗文化的集大成者

李白约于开元二十六年(738)第二次游江东西归途中首游宣城,天宝十二年(753),又由东鲁南下宣城,至天宝十四年(755),往返于宣城、金陵、当涂、南陵、青阳、秋浦间,先后创作了大量有关宣城的诗文。

有一种说法,说李白来宣城,是因为仰慕谢朓。这是一个非常有趣的文学现象,整体上看,李白是不看重包括南朝在内的六朝诗歌的,这一点,在他的《古风》(其一)中写得很明白:"自从建安来,绮丽不足珍。"但南朝的一些诗人,又似乎对李白产生了特别深的影响。杜甫《春日忆李白》就写道:"白也诗无敌,飘然思不群。清新庾开府,俊逸鲍参军。"另如"朔风飒飒吹飞雨"等,以至于清初文坛领袖王士禛《论诗绝句》(其三)写道:"白纻青山魂魄在,一生低首谢宣城。"

谢朓无论身前还是身后,其诗歌的艺术成就都是受人推崇的,不仅是李白。但王士禛说李白"一生低首谢宣城",似言过其实。李白的诗歌成就比谢朓要高得多,应该说,是李白进一步推介了谢朓,扩大了谢朓的影响。仅就有关宣城的诗歌而言,李白比谢朓的艺术水准也要高得多,对后世的影响也要大得多。李白的眼界,李白的豪气,李白的飘逸,李白的天仙之姿,李白"笔落惊风雨,诗成泣鬼神"的神奇感染力,谢朓不能比,至今也无人能比。

李白有关宣城的名篇很多,在此择其要者略述之。

《独坐敬亭山》:

众鸟高飞尽,孤云独去闲。相看两不厌,只有敬亭山。

此诗短短二十个字,千百年来,影响深远。概因其无特定时间,无特定对象,本质上也无特定地点(虽点明敬亭山,但那只不过是触发诗兴的一个机缘,若换作另一座山,似乎也无不可)限制,所以诸家解读无论从大处(诗旨)着眼,还是从小处(诗眼)着眼,都各不尽同,真可谓眼光、襟怀各别。于诗意的解读方面,主要有三种意见:一种着眼于"厌",鸟、云之物厌我,或世间之人厌我、弃我,唯敬亭山钟情于我;一种着眼于"独",诗人于世间少知音,少眷顾,敬亭山是孤独、寂寞之心的写照;一种着眼于"不厌",诗人愤世嫉俗,逸情于山水。三种意见都各有见地。

敬亭山

《宣州谢朓楼饯别校书叔云》:

> 弃我去者,昨日之日不可留,乱我心者,今日之日多烦忧!长风万里送秋雁,对此可以酣高楼。蓬莱文章建安骨,中间小谢又清发。俱怀逸兴壮思飞,欲上青天览明月。抽刀断水水更流,举杯消愁愁更愁。人生在世不称意,明朝散发弄扁舟。

郁贤皓《李白集》:《宣州谢朓楼饯别校书叔云》"此诗约天宝十二(753)或十三载(754)在宣城作。诗题《文苑英华》作《陪侍御叔华登楼歌》。"

对李白宣城诸作,诸家都认为作于天宝十二载后,李白此前未到过宣城,似可商榷。李白开元年间至天宝十二载前,多次往返于江夏、安陆与金陵、吴越间,其间屡经当涂,当到过宣城。且此篇不应是奉诏入京之后的作品,因不管是叔华还是叔云,二人都是京官,李白若已入过朝,为何只字不涉及入朝事呢?此诗若非必作于天宝十二载,则写与李云就没有问题。诗或可作于开元二十七年(739)。其时,李白从弟李昭正佐宣城,当与其事,且为东道,诗中之感慨逸兴亦与寄赠李昭诗相近。诗云"蓬莱文章建安骨,中间小谢又清发",若只李云与李白叔侄二人,颇费解;若再有李昭在场,则好解:"蓬莱文章"代指李云,"建安骨"代指李白自己,"中间小谢"代指李昭。

《秋登宣城谢朓北楼》：

江城如画里，山晚望晴空。两水夹明镜，双桥落彩虹。人烟寒（一作空）橘柚，秋色老梧桐。谁念北楼上，临风怀谢公。

首联"江城如画里，山晚望晴空"，实写登楼所见之景，即日暮晴空之下的山城，不着城外、山外，与李白惯常写景喜用大语、豪句不同；但"画里""晴空"，又显出空阔，实中有虚。前三联写景，尾联转而言怀。江城如画，楚楚可观。可"我李白登楼就为了赏景吗？"非也。"我"是因为胸怀郁结、追怀谢朓而来的。但有谁能理解"我"呢？一笔带过，戛然而止。此诗之妙，妙在收敛，写景、言怀都在不经意间。

《赠汪伦》：

李白乘舟将欲行，忽闻岸上踏歌声。桃花潭水深千尺，不及汪伦送我情。

《赠汪伦》描写的大约是这样的场景：李白将行，汪伦祖送于桃花潭上，抑或祖筵于离舟之上，并特意安排了一班歌女忽于岸上作踏歌表演，以助祖席，或以慰离情。这突如其来的一幕，令李白不胜感动，于是诗兴油然而生，信笔写下这首千古绝唱。后人游桃花潭，心中无不联想汪李佳话。

桃花潭

李白赋宣城诗还有《观胡人吹笛》《题宛溪馆》《哭宣城善酿纪叟》《谢公亭》等。李白于宣城所赋诗，不仅数量多，而且涉及面广。以人物看，有宣城郡佐、长史、主簿、县令、僧人、道者、扶风豪士、横山处士、吹笛胡人、善酿纪叟、当地绅士、宦游京官等；以景物看，有敬亭山、谢公亭、桃花潭、水西寺、陵阳山、宛溪、溧水、落星潭、杜鹃花、高溪三门六刺滩等。可以说，到李白这里，由谢朓奠基的宣城诗文化大厦已经落成，而且华丽辉煌，为今后的发展打下了坚实基础。

谢朓和李白对宣城后世诗文化影响深远。诗人们到宣城，心目中总有李谢；诗人们赋宣城，诗行中总有李谢。如元代诗人贡奎《敬亭山》（节选）："名山镇宣郡，古祠崇敬亭……永言李谢游，岂惜岁月零。悠悠孤云去，渺渺从双鞒……"明代诗人王廷相《宣州歌》："强半峰峦带碧流，行人犹说古宣州。梦悬日月青莲赋，独占江山谢朓楼。"清代诗人方文《谢公楼》："北楼官舍里，曩客少登临。太守新年去，群公暇日寻。"太白诗"过客难登谢朓楼"，谓其在官廨中也。是时旧守迁去，廨虚无人，故得登。"交疏明木末，远岫出城阴。怀谢兼怀李，千秋同此心"。

唐代诗人赋宣州者多，李白之外，还有张九龄、孟浩然、王昌龄、高适、刘长卿、张继、韦应物、韩愈、刘禹锡、白居易、杜牧等。其中，白居易、杜牧影响较大。

白居易有《窗中列远岫》《红线毯——忧蚕桑之费也》《紫毫笔——讥失职也》等诗作；杜牧有《题宣州开元寺》《念昔游三首》《题宣州开元寺水阁，阁下宛溪，夹溪居人》《寄题宣州开元寺》《宣州开元寺南楼》《题水西寺》等诗作。

三、梅尧臣——宣城诗文化的中兴者

梅尧臣（1002—1060），字圣俞，宣城人，世称宛陵先生，刘克庄《后村诗话》将其称为宋诗"开山之祖"，有《宛陵先生集》行世。在北宋诗文革新运动中，梅尧臣与欧阳修、苏舜钦齐名，并称"梅欧""苏梅"。

梅尧臣出身于农家，家境贫寒，乡试不举，随叔父北上，辗转洛阳、桐城等地，作州县属官；景祐元年至五年（1034—1038）任建德县令，颇有政声，人们为了纪念他，将县城改名梅城，在县城后面的白象山上建起梅公亭；皇祐三年（1051），赐同进士，授太常博士，累迁国子监直讲、尚书都官员外郎，故世又称之为"梅直讲""梅都官"。

梅尧臣因为是宣城本地人，故于宣州各处几乎皆有题咏，《宣州杂诗二十首》可见一斑；赋敬亭山（梅诗中称为"昭亭山"）诗作尤多。如：《来上人归宣城兼柬太守孙学士》："李白不厌昭亭山，看尽飞鸟云独闲。我今相送一怀想，想在谢公窗户间。"《寄宣州可真上人》："昭亭山色无纤尘，昭

亭潭水见游鳞。长松碧绦入古寺，石上高僧几度春。"此外，还有《昭亭潭上别》《昭亭山》《九月十一日下昭亭舟中》《晚坐北轩望昭亭山》《昭亭别施度支》等。

梅尧臣仰谢朓、李白，同时代或后世人仰李谢，亦尊梅尧臣。可以说，梅尧臣是宣城诗文化的中兴者，对宣城诗文化有承上启下、继往开来之功。与梅尧臣齐名的欧阳修，对梅尧臣极为推崇，二人之间唱和甚多。欧阳修称梅尧臣为"诗老"（见《哭圣俞》)，将其与同时代的苏舜钦并举，如《感二子》曰："黄河一千年一清，岐山鸣凤不再鸣。自从苏梅二子死，天地寂默收雷声。"《马上默诵圣俞诗有感》："兴来笔力千钧劲，酒醒人间万事空。苏梅二子今亡矣，索寞滁山一醉翁。"

梅尧臣作为宋诗第一人，对宋诗的开创之功对整个宋代及元明清诸代的影响极为深远。如：

司马光《梅圣俞惠诗复以二章为谢》："我得圣俞诗，于身亦何有？名字托文编，他年知不朽。 我得圣俞诗，于家果何如？留为子孙宝，胜有千金铢。"

陆游《读宛陵先生诗》："李杜不复作，梅公真壮哉。岂惟凡骨换，要是顶门开。锻炼无遗力，渊源有自来。平生解牛手，余刃独恢恢。"

此外，还有杜范《吊梅都官墓》、文天祥《题宣州推官厅"览翠堂"》、方回《题〈宛陵集〉后》、贡钦《谒圣俞墓次郡侯王公而勉韵》等。

四、梅鼎祚、施闰章——宣城诗文化的继响者

梅鼎祚（1549—1615），字禹金，好胜乐道人，宣城本土人。梅鼎祚一生负才不仕，栖隐书带园、天逸阁，筑鹿裘石室等为藏书、著述之所，终生以藏书、读书、著书为乐。梅鼎祚与当时文坛领袖王世贞、汪道昆、汤显祖等交谊甚深，多有唱和。

汪道昆《得禹金书且过不佞因赋五言八韵寄谢》云："籍甚佳公子，翩翩国士风。一鸣惊洛下，三献失河东。当室商伊挚，通家汉孔融。出疆期秣马，折节问雕虫。蓬户玄犹白，椎轮老未工。声名甘自废，意气许谁同？鸟道千章树，鹑居半亩宫。谩劳过寂寞，或可破鸿濛。"

王世贞《梅秀才鼎祚》云："梅生抱超识，雅复与才会。上下千载间，有造无不诣。袅娜出余态，泓淳饶深致。"

汤显祖《寄宣城梅禹金》序云："禹金秋月齐明，春云等润，全工赋笔，善发谈端。"

梅鼎祚诗风正如汤显祖所云，如秋月之清明，如春云之雅重；赋宣城诗数百篇，篇中常及李谢，尤多含李白诗意。如：

《宣城杂咏十首》其五《登楼吟》："昔年十四五，三登谢朓楼。楼上何所有？四边树木何修修。谢公五马快遨游，高斋昼掩歌且讴，兹事以往为千秋。千秋李白达者侪，信美吾土聊淹留……"

《再入敬亭怀李白》："李白祠前石，谁留吊古文。名山真不厌，大雅竟难群。弃置原从众，飘零独念君。青枫江上暮，一拜哭秋云。"

一时诗人士子，相互往还，雅游宴集于梅鼎祚亭苑、郊居，蔚然成风，由与其同时代诗人吴伯与《集梅禹金郊居》四首可想象其时情景。

宣城梅氏，枝繁叶茂，人才辈出。到过宣城的人会发现，宣城各地多有大、小、上、下、东、西"梅村"，可见梅氏后裔之众。张其昀在《梅光迪先生家书集·序》中写道："宣城梅氏在中国族姓中实为最光荣者之一。宣城梅氏所产人物有两种：一为文艺家，一为数学家。梅氏家风合文学与科学而为一，在吾国绝无仅有。"梅鼎祚之前，有梅尧臣等，梅鼎祚之后，有梅清、梅文鼎、梅光迪等，一代代丰富和光大宣城诗文化。

施闰章（1619—1683），字尚白，亦字屺云，号愚山等，宣城本土人。清初著名诗人，与宋琬、王士禛、朱彝尊、赵执信、查慎行合称为"清初六家"，又与同邑高咏、梅清、梅文鼎诸人交游唱和，领袖诗坛，独树一帜，时人称"宣城体"。施闰章所著《蠖斋诗话》主张"诗有本""言有物"，推尊盛唐，反对宋诗。

施闰章属于才子型诗人，诗多以清新平易著称。如《人日泾川》："人日日初晴，春风昨夜生。野梅谁早折，冻土又新耕。余雪涓涓白，流澌瑟瑟鸣。琴溪闻控鲤，驻马一含情。"《山行》："野寺分晴树，山亭过晚霞。春深无客到，一路落松花。"

施闰章为诗，颇有"王孟风致"，性情赋诗；施闰章为人，颇有领袖风范,曾游学京师,奉使桂林,提学山东,有怜才恤士之德,被蒲松林称为"恩师"。

梅鼎祚等于明、施闰章等于清,绵延唐风宋韵,故为宣城诗文化继响者。

第六节 马鞍山:牛渚西江夜,青天无片云

一、牛渚——一水牵愁

大约于开元二十七年(739),李白第二次游江东失望西归,途经当涂,作《夜泊牛渚怀古》:"牛渚西江夜,青天无片云。登舟望秋月,空忆谢将军。余亦能高咏,斯人不可闻。明朝挂帆席,枫叶落纷纷。"

李白晚年,落魄当涂间,又作《横江词六首》。这两首诗在文学史上影响都很大。当涂,当涂边的横江,对李白而言是"一水牵愁万里长";对后世诗人而言,则是"一水牵愁万古长"。

先看《夜泊牛渚怀古》。诗中"谢将军"即指谢尚,为东晋豫州刺史、镇西将军,曾率军镇守历阳(今马鞍山市和县)、牛渚。《世说新语·文学》:"袁虎少贫(按:虎,袁宏小字也)。尝为人佣载运租。谢镇

牛渚矶

西（尚）经船行，其夜清风朗月，闻江渚间估客船上有咏诗声，甚有情致。所诵五言，又其所未尝闻，叹美不能已。即遣委曲讯问，乃是袁自咏其所作《咏史诗》。因此相要，大相赏得。"袁宏后为谢尚引为幕府参军。

这首诗历代笺评者甚多，如：清邹炳泰《午风堂集·丛谈》卷三："阮亭最爱太白'牛渚西江夜'、孟公'挂席几千里'诸篇，数数拟之。"冒春荣《葚原诗说》卷一："偶作散行，亦必有不得不散之势乃佳。苟难于属对，率尔放笔，是借散行以文其陋。又有通体俱散者，李白《夜泊牛渚怀古》、孟浩然《晚泊浔阳》、僧皎然《寻陆鸿渐》等作，兴到成诗，无与人力。"

后世追和、仿拟者亦甚多，如刘禹锡《晚泊牛渚》、郭祥正《望牛渚有感三首》（其三）、潘阆《泊牛渚》、贺铸《采石矶》等。

王士禛读此篇，以为此诗"不著一字，尽得风流"。何谓也？曰：色相俱空……画家所谓逸品是也。一"空"字妙。"牛渚西江夜，青天无片云。"天地了如澈，天地空也。"登舟望秋月，空忆谢将军。"心空，襟怀空也。"余亦能高咏，斯人不可闻。"不恨我不见古人，恨古人不见我。眼界空也。"明朝挂帆席，枫叶落纷纷。"不见送行之人，唯见纷纷飘落之枫叶，可见人情之空也；碧水晴天，唯我与扁舟，意境空阔，无牵无挂，超然物外，心象物象俱空也。

因为李白，牛渚总能涌动起诗人们的诗情、诗兴，真可谓："春树尚披锦，江声学咏诗"（袁枚《同霞裳游黄山过采石登太白楼》）。

下面再看《横江词六首》。这组诗的写作年代，到目前为止，尚未有定论。诗开篇云"人言横江好，侬道横江恶。"此处之"人"，既可理解为他人，也可理解为别一时期的诗人自己，与此时此刻的诗人（"侬"）形成鲜明对照。别一时期，诗人也感觉横江是很好的。"天门中断楚江开，碧水东流至此回。两岸青山相对出，孤帆一片日边来。"（《望天门山》）顺风顺水之际，横江的景色是优美的，是充满诗情画意的。"南船正东风，北船来自缓。江上相逢借问君，语笑未了风吹断……月色醉远客，山花开欲然。春风狂杀人，一日剧三年。乘兴嫌太迟，焚却子猷船……"（《寄韦南陵冰，余江上乘兴访之遇寻颜尚书笑有此赠》）"南船""北船"之说，说明李白与韦南陵冰相逢的江面正为横江。在此乘兴访友之际，横江是很美的，两岸的山花，江面的月色，都令人陶醉。

《横江词》必有所寄托，学者几成共识。但具体寄托了什么，众说纷纭。屈复《玉诗生诗意》云："不必有所指，不必无所指，言外只觉有一种深情。"李白《横江词》似亦如此，言外只觉

横江

诗人有一种挥之不去的愁绪，如那竟日不息的横江风浪。

《横江词》的魅力正在这里，诗人将有限与无限，瞬间与永恒，心与象巧妙地贯通起来，妙合无迹。有所寄托，却难坐实。每每涵咏，总觉深可意会，而不可言传，故有令人吟诵不厌之妙。

陆游诗云"尚想锦袍公，醉眼隘八荒"（《泛小舟姑孰溪口》），借来解读《横江词》，似乎非常妥帖。

由此观之，诗或作于《蜀道难》《行路难》同一时期，即天宝十二年（753）南下宣城之际，或作于安史之乱前，或作于李白晚年穷途末路，困居当涂期间，都有可能。

二、姑孰——溪山逸兴

姑孰，一作姑熟，为当涂古称。顾祖禹《读史方舆纪要》卷二十七南直九太平府："府控据江山，密迩畿邑。自上游来者则梁山当其要害，自横江渡者则采石扼其咽喉，金陵有事，姑孰为必争之地。东晋以后，尝谓京口为北府，历阳为西府，姑孰为南州，而南州关要，比二方为尤切，地势然也。王应麟曰：'太平，江津之要害也。左天门，右牛渚，铁瓮直其东，石头枕其北，襟带秦淮，自吴迄陈，常为钜屏。'"《李白集》中有《姑孰十咏》，似不特指当涂，而是泛指当涂一带，从诗中写到的诸多地名看，大致相当于今天的马鞍山市境。

苏轼《东坡志林》卷二："过姑熟堂下，读李白《十咏》，疑其语浅陋不类太白。"苏轼以为伪，此后说法不一，未有定论。范传正《新墓碑》云："（李白）晚岁渡牛渚矶，至姑熟，悦谢家青山，有终焉之志，盘桓利居，竟卒于此。"此当为可信。既"盘桓利居"，于姑熟各处必然有诗。故《姑熟十咏》未必为伪。

此诗中所写有春、夏、秋之景状，而《慈姥竹》之"虚声带寒早""不学蒲柳凋，贞心常自保"，又似为初冬的感慨，故知诗非作于一时，或可系于宝应元年前后，与《游谢氏山亭》作于同一时期。

李白姑孰诸篇，历代追和缅怀之作甚多，兹不赘述。

三、青山——诗魂永驻

青山，《江南通志》卷一七《山川志·太平府》："青山在府东南三十里，绵亘甚远。府志云晋桓温与袁宏游青山，共载而归即此。齐谢朓筑室山南，故又名谢公山。"

范传正《唐左拾遗翰林学士李公新墓碑》序曰："晚岁，渡牛渚矶，至姑熟，悦谢家青山，有终焉之志。盘桓利居，竟卒于此。其生也，圣朝之高士；其往也，当涂之旅人。"

在李白生命最后的日子里，有两首诗特别催人泪下。一首是《宣城见杜鹃花》：

> 蜀国曾闻子规鸟，宣城还见杜鹃花。一叫一回肠一断，三春三月忆三巴。

诗人青年时代在蜀国，常闻子规鸟啼，常见杜鹃花开；如今，死之将至，又听见子规啼鸣，又看见杜鹃花开。于是，思乡念土之情油然而生。

另一首是《临路歌》：

> 大鹏飞兮振八裔，中天摧兮力不济。余风激兮万世，游扶桑兮挂石袂。后人得之传此，仲尼亡兮谁为出涕？

诗仙临终之际，题笔赋诗，当是百感交集，故诗意颇为费解。到了晚年之后，李白常常检讨自己的人生。如《寻阳紫极宫感秋作》云："四十九年非，一往不可复。野情转萧散，世道有翻覆。陶令归去来，田家酒应熟。"可见，李白早就认为自己弃道从儒、出而用世是人生的失误。但是，现在已追悔莫及了,只能饮泣而终,有谁能伴他一哭呢?

当涂有幸,青山有幸,诗仙埋骨,诗魂永驻。自此之后,当涂青山,就成为历代文人伤怀咏叹之地。如:

白居易《李白墓》:"采石江边李白坟,绕田无限草连云。可怜荒陇穷泉骨,曾有惊天动地文。但是诗人多薄命,就中沦落不过君。"

姚合《送潘传秀才归宣州》:"李白坟三尺,嵯峨万古名。因君还故里,为我吊先生。晴日移虹影,空山出鹤声。老郎闲未得,无计此中行。"

杜荀鹤《经青山吊李翰林》:"何为先生死,先生道日新。青山明月夜,千古一诗人。天地空销骨,声名不傍身。谁移耒阳塚,来此作吟邻。"

胡宿《过李白坟》:"平昔驰名《蜀道难》,旅魂流落古苔斑。土中宝树埋何在?泽畔灵魂些不还。醉后烟霞仍物外,吟余风月尚人间。一哀吊罢颓阳暮,江北江南尽是山。"

卢挚《题太白墓》:"大雅清风久不闻,一杯聊为洗荒坟。朱弦三叹无今古,说与江东日暮云。"

皖江诗文化,如滔滔的皖江水,生生不息。21世纪以来,安徽师范大

当涂青山李白墓

学成立了中国诗学研究中心,安庆师范大学成立了皖江文化研究中心,池州学院成立了皖南诗学研究中心,马鞍山市设立了中国李白诗歌节,宣城市正在建设敬亭山诗文化园。我们坚信,以李白为代表的盛唐气象,以盛唐气象为代表的中国诗文化,必将在皖江大地不断绽放光华。

第九讲

书画王国展风采

皖江书画内涵丰富，本讲主要讲解沿江五市历史上的文人书画名家、书画工具及民间书画流派。地域上，"皖江"向北可延伸至原巢湖市之无为县（已划归芜湖），向南延伸到宣州市，不包括已经单独出版过文化讲座的黄山市与安庆市所辖之桐城市。

行政区划虽然历代有所调整，但不影响皖江地区作为统一文化区块的存在，沿江八百里热土上涌现过许许多多的艺术名家，经过历史的洗礼，至今声名显赫者依然不少。

这一讲包括皖江地区的书法名家、绘画名家、书画纸的生产、芜湖铁画与青阳农民画五个板块的内容。

皖江地区作为古近代安徽省经济文化最发达的地区，其书画艺术可以概括出以下几个特点。第一，书画家大多成名在外地。第二，外地书画家客居本地。第三，书画工具工艺发达。第四，民间绘画特色鲜明。

本讲所选皖江书画名家出生时间以清末1911年为下限，为了突出皖江文化的历史性，民国以后出生的书画家均没有选录，但民间书画流派如青阳农民画不受此限。

本讲在编写过程中，资料主要来源于网络。因为相关条目均已不同程度地形成了权威与客观的表述，作为文化读本，对相关条目无须再去考证扩清。主要来源网站为"百度百科""互动百科"、个别网友博客与皖江地区市县政府、相关景点的门户网站。所用插图也来自网络。在此一并致谢，文中不再一一注明。只有《池州白麻纸》一节中的相关史料引文为笔者首次从史书中辑录而来，特此说明。

第一节 皖江书法名家

一、米芾与无为米公祠

无为县原属巢湖市。2011年7月,经国务院批准,巢湖市被撤销,无为县划归芜湖市管辖,成为名副其实的皖江地区之一部分。无为县历史上最有名的"书法事件"是北宋著名书法家米芾任无为知军一职,米芾的到来为无为县文化史上留下了浓墨重彩的一笔。

米芾(1051—1107),字元章,祖籍由山西太原迁于湖北襄阳,人称"米襄阳"。其人天资高迈,为人洒脱,世号"米颠"。米芾是北宋著名的书法家,与苏轼、黄庭坚、蔡襄合称为"宋四家"。北宋崇宁三年(1104)至大观元年(1107),53岁的米芾任无为知军。在任无为期间,他为官清廉,勤政爱民,时人感其德政,在他去世后,于米公军邸的旧址上建米公祠以示纪念。

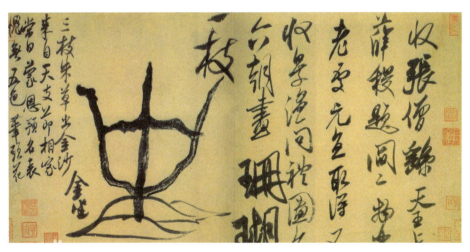

米芾《珊瑚帖》

有鉴于米芾在中国书法史上的巨大影响,无为因之形成了一些与他有关的文化景点。

1. 米公祠

《江南通志》载：北宋著名书画家米芾，在无为城中建有聚山阁、仰高堂，又有宝晋斋，后改米公祠，古迹至今犹存。

米公祠

宝晋斋及部分藏品早已毁失。近代在其遗址上建起了图书馆、文物管理所，藏书、藏品颇丰。现馆、所内珍藏晋唐以下历代名家碑刻150余方，还有50多位书法家的70余册行、草、篆、隶不同书体的法帖原件。诸如王羲之的行书《兰亭集序》摹本，唐代钟绍京的小楷《灵飞经》，宋徽宗赵佶的楷书《题唐十八大学士》，黄庭坚的行书《题画梅花帖》，苏轼《起居帖》，苏东坡与蔡襄的行书信札，元代赵孟頫的行书《前出师表》，明代祝允明的小楷《摹钟元常荐季直表》，文徵明的草书书信，董其昌"小楼刻烛听春雨，白昼垂帘看落花"的行书楹联，清代刘墉的行书《录诗数十首》等。

2. 宝晋斋

崇宁三年（1104）米芾任无为知军时所建。在得到王羲之《王略帖》、谢安《八月五日帖》和王献之《十二月帖》墨迹后，米芾自题斋名"宝晋斋"，以收藏晋人字画墨迹，并于斋前掘池建亭。据传，米芾公余之暇，辄于亭内作书画，恶蛙声聒噪，乃写一"止"字于纸上，包一方砚，投入池中，蛙声立止。次日，池水亦变黑色。此池为"墨池"，亭曰"投砚亭"，因此留下了"投砚止蛙"的传说和"墨池""投砚亭"等古迹。

3. 墨池

墨池为北宋崇宁年间米芾知无为军时所凿。池中筑一小亭，亭中一方形石桌，四个石凳，四周可依栏而坐，这是他经常休憩读书挥毫的场所。明代万历三年（1575），赵范知无为州撰《重修墨池记》载：南宋以后，米公手书"墨池"碑石已断残。嘉靖三十二年（1663）修复此碑，立于"墨池"一侧。十余年后，旧址又废。

4. 投砚亭

宝晋斋前即墨池，池中建六角投砚亭。传说米芾当年听蛙声聒噪甚烦，遂拿砚投之，蛙不复鸣。第二天，"一池碧水变为黑色"，米公题"墨池"碑于旁，故称"墨池"。米芾抛砚台的这个亭子叫"投砚亭"。

5. 杏花泉井

此井成名于清代。嘉庆三年（1798），无为州守顾浩于墨池南侧的杏林之下疏浚泉眼时，喜见一脉清泉相涌，当即以杏花而命名，称之为杏花泉。泉水入口，清冽甘甜，流淌时尚可闻得汨汨之声，顾浩遂又建碑于泉之侧。后来，无为杏花泉小学即因此泉而得名。

6. 拜石

墨池之北有一尊周身多孔、形同人立、老态端庄的石丈，又名拜石。《宋史·本传》记载："米元章守濡须时，闻有怪石在河濡，莫知其所自来，人以为异而不敢取。公命移至州治，为燕游之玩。石至，遂命设席拜于庭下曰：'吾欲见石兄二十年矣。'言者以为罪，坐是罢。"相传怪石形如丈人，身躯有八尺多高，米芾每日政事之前袍笏拜石一次，从不间断，拜起石来更是如痴如醉，与石称兄道弟，日久成了一种怪癖，时人给他一个绰号叫"米颠"，故而留下了"米颠拜石"的典故。

二、怀宁邓石如与邓传密

1. 邓石如（1743—1805），清代篆刻家、书法家，邓派篆刻创始人，安徽怀宁人。初名琰，字石如，后避嘉庆帝讳，遂以字行。因居皖公山下，又号完白山人、笈游道人、凤水渔长、龙山樵长等。少好篆刻，客居金陵梅镠家8年，尽摹所藏秦汉以来金石善本。遂工四体书，尤长于篆书，以秦李斯、唐李阳冰为宗，稍参隶意，称为神品。性廉介，遍游名山水，以书刻自给。有《完白山人篆刻偶存》。

邓石如出身于寒门，祖、父均酷爱书画，皆以布衣终老穷庐。邓石如

9岁时读过一年书，停学后以采樵、卖饼饵糊口。17岁时就开始了靠写字、刻印谋生的艺术生涯，一生社会地位低下。他自己曾说："我少时未尝读书，艰危困苦，无所不尝。年十三四，心窃窃喜书。年二十，祖父携至寿州，便已能训蒙。今垂老矣，江湖游食，人不以识字人相待。"邓石如30岁左右时，在安徽寿县结识了循理书院的主讲梁巘，又经梁巘介绍至江宁，成为举人梅镠的座上客。邓石如在江宁大收藏家梅镠处8年，"每日昧爽起，研墨盈盘，至夜分尽墨，寒暑不辍"。不久得到曹文埴、金辅之等人的推奖，书名大振。乾隆五十五年（1790），乾隆皇帝80大寿之际，户部尚书曹文埴六月入京都时，邀其同往。进京后，邓石如以书法享誉书坛。乾隆五十六年（1791），邓石如在两湖总督毕沅处做了3年幕僚。张惠言、包世臣都曾向他学习书法。

邓石如隶书对联

邓石如篆刻作品

  邓石如为清代碑学书家巨擘，擅长四体书。其篆书初学李斯、李阳冰，后学《禅国山碑》《三公山碑》《天发神谶碑》、石鼓文以及彝器款识、汉碑额等。他以隶法作篆，突破了千年来玉筋篆的樊篱，为清代篆书开辟了一个新天地。他的篆书纵横捭阖，字体微方，接近秦汉瓦当和汉碑额；隶书是从汉碑中出来的，结体紧密，貌丰骨劲，大气磅礴，也使清代隶书面目为之一新；楷书取法六朝碑版，兼取欧阳询父子体势，笔法斩钉截铁，结字紧密，得踔厉风发之势；行草书主要吸收晋、唐草法，笔法迟涩而飘逸；大字草书气象开阔，意境苍茫。总观其四体书法，以篆书成就最大，楷、行、草书次之。邓石如又是篆刻家，开创了皖派中的邓派。他以小篆入印，强调笔意，风格雄浑古朴、刚健婀娜，书法篆刻相辅相成。邓石如所刻的印章有着"疏处可跑马，密处不透风"的特色。

时人对邓石如的书艺评价极高，称之"四体皆精，国朝第一"。他的书法以篆隶最为出类拔萃，而篆书成就在于小篆。他的小篆以斯、冰为师，结体略长，却富有创造性地将隶书笔法糅合其中，大胆地用长锋软毫，提按起伏，大大丰富了篆书的用笔。特别是其晚年的篆书，线条圆涩厚重，雄浑苍茫，臻于化境，开创了清人篆书的典型，对篆书一艺的发展做出了重大贡献。

2. 邓传密（1795—1870）邓石如之子，原名尚玺，字守之，号少白，安徽怀宁人。曾从清代名士李兆洛（字申耆）学，晚入曾国藩幕。纯朴能诗，篆、隶有家法，为清代书法家、学者。清代著名书法家何绍基曾有诗称赞邓传密的书法："上客有邓子，法绍斯冰严。"他认为邓传密的篆字"有家法"，而且与秦代的李斯、唐代的李冰阳一脉相承。邓传密卒于同治九年（1870），享年76岁。他是中国"两弹元勋"邓稼先的先祖。

邓传密隶书对联

三、和县林散之

林散之（1898—1989），名霖，又名以霖，字散之，号三痴、左耳、江上老人等，生于江苏南京市江浦县（今南京市浦口区），祖籍安徽省和县乌江镇七颗松村庄，诗人、书画家，尤擅草书。

解放后林散之被选为江浦县人代会常委，当选为江苏省政协委员。

1962年1月作《岷江山水图》。后来结识范烟桥、朱剑芒、程小青、周瘦鹃等诗坛耆宿。1963年,他正欲退休时,江苏省国画院聘其为专职画师,与高二适相识。书画署名"散左耳""林散之左耳"等。

1972年,林散之于中日书法交流选拔作品时一举成名,其书法作品《中日友谊诗》被誉为"林散之第一草书"。赵朴初、启功等人称之诗、书、画"当代三绝",与李志敏并称"南林北李",被誉为"草圣"。林散之草书被称为"林体"。

林散之是"大器晚成"的典型。也正因为其出名很晚,数十年寒灯苦学,滋养了其书之气、韵、意、趣,使之能上达超凡的极高境界,对现代中国书法艺术事业的贡献可谓"功莫大焉"。

林散之书法代表作有《许瑶诗论怀素草书》《自作诗论书一首》《李白草书歌行》等。

林散之草书作品

四、泾县吴玉如

吴玉如(1898—1982),字家琭,后以字行。1898年生于南京。原籍安徽泾县茂林村,故早年号茂林居士,晚年自署迁叟。曾在天津南开中学就读,与周恩来同班,因娴熟古文而受校长张伯苓赏识。抗战胜利后,吴玉如曾在志达中学、达仁学院、工商学院等校任教,工商学院改为津沽大学后,任中文系主任,直迄天津解放。"文革"以前,始终在北京以教书、鬻字、注释古籍、编撰《辞源》《辞海》条目为生。新中国成立后,曾任天津市政协委员、中国书法家协会名誉理事、天津市文联委员、天津市文史馆馆员等职。

吴玉如善书,真草隶篆无所不精,自幼博览临习历朝诸名家,形成清秀劲健、端庄豪放的风格,对后世影响深远。早年学苏、赵,采诸家之长,融会贯通,自成风格。他的书法平正规矩,于平淡中见光彩,喜用细管长锋羊毫笔,薄纸淡墨,挥毫用力全赖手腕,字稍大,则必悬肘。吴玉如天资极高,学识丰赡,尤其是其行草书,使中断数百年的"二王"书风得以延续。吴玉如淡泊名利,谨身慎行,主张"士先器而后文艺",他曾说:"写字必先读书,学字先学做人。"

吴玉如在古文、诗词、文字等方面都有很深的造诣,曾多次在国内和日本举办个人书法展览会,受到国内外的推赏。有《吴玉如书法集》《迂叟魏书千字文》《迂叟自书诗稿》《吴玉如行书千字文》等作品传世。

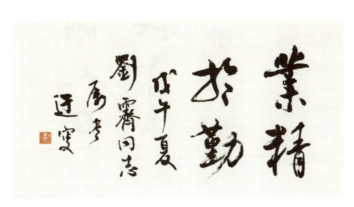

吴玉如草书作品

五、太湖赵朴初

赵朴初(1907—2000),祖籍安徽太湖,出生于安庆。当代佛教领袖、书法家、社会活动家。

1938年后,任上海文化界救亡协会理事,中国佛教协会秘书、主任秘书,上海慈联救济战区难民委员会常委兼收容股主任,上海净业流浪儿童教养院副院长,上海少年村村长。1949年,任上海临时联合救济委员会总干事,中国人民保卫世界和平委员会常委、副主席,亚非团结委员会常委。1980年后,任中国佛教协会会长、中国佛学院院长、中国藏语系高级佛学院顾问、中国宗教和平委员会主席。曾任上海市政协委员、常委,上海市人大代表,是第一、二、三、四、五届全国人大代表。2000年5月21日因病在北京逝世，享年 93 岁。

安庆市区建设有赵朴初纪念馆。该馆占地面积 6 公顷，建筑面积 1800 平方米。建筑沿袭当地清代居室风格，粉墙黛瓦，马头墙，青石板内院铺地。2007 年 11 月该馆竣工并对外开放。

赵朴初既是佛学大师，又是享誉海内外的著名作家、诗人和书法大师。他对中国古典文学有深入的研究，在诗词曲和书法方面都达到了很高的造诣。他的诗词曲作品曾先后结集为《滴水集》《片石集》，其中不少名篇在国内外广泛传诵。他的书法作品俊朗神秀，在书法界久负盛名。他曾为许多景点、学校、刊物题名。

赵朴初书法作品

六、东至谢宗安

谢宗安（1907—1997），池州市东至县马田人，字钟厂，晚年自号三石道人、磊翁。其父谢国恩系晚清贡元，通经史，擅诗文。他 7 岁时开始描红学习书法，12 岁作品已楚楚可观，16 岁习六朝碑帖，后师从桐城姚仲实研经学，从长沙陈朝爵攻文辞。24 岁供职于省城安庆，并以擘窠大字蜚声皖江。后加入中国国民党。民国十九年（1930）受国民党省整理委员会指派，改组成立秋浦县委员会，为成员，次年停止活动。日本侵华战争爆发后，决心投笔救国，颠沛辗转于徽墨歙砚之乡，时主持《中央日报》东南办事处冯有真举办书画联展，被邀请参加，作品大受欢迎，求书者接踵而至。抗战胜利后返乡，整理田舍，再亲翰墨，并任马田乡乡长。1952 年定居台北。谢宗安在公职之暇即常以书会友。1975 年退休之后，更是潜心钻研，创立"擘榄斋书会",开馆授徒。

数十年间,他从篆、隶及六朝书入手,笔法以仰锋为主,独辟蹊径,在书法界被誉为"谢体"。晚年又将汉分结体与魏楷方笔相结合,创立"汉魏合体书"(又称分隶合体),沉势劲拔,独出心裁。平时读书养气于临池之际,以气驭笔,以神夺形。他的书法艺术在东南亚都得到推崇和赞誉。作品捐赠欧洲、美洲、亚洲各博物馆或美术馆者,超过百幅,在国内外参加联展或举办个展逾百次之多。

谢宗安书法作品

1993年夏,应北京书法同仁邀请,谢宗安偕同仁在中国历史博物馆举行两岸书法联谊展,好评如潮。展览结束后,他回家乡探亲,途经安庆,受到亲朋故友热情款待,特为天柱山题写以分隶合体的《秋兴八首》。1995年天柱山摩崖刻石落成,名其崖为"秋兴崖",下建亭曰"秋兴亭",并在东至一中建"谢宗安书法艺术陈列馆"。

第二节 皖江绘画名家

一、姑熟画派与萧云从

姑孰,即今马鞍山市当涂县。姑熟画派是清初以姑熟为中心形成的一个画派,是以著名画家萧云从为首的南宗山水派,为新安画派的一个支流。清嘉庆年间,长居当涂的翰林学士黄钺位居太子少保,与画结缘,深得萧云从遗韵,著有《画又录》《画品》行世。民国年间,县内喜作国画者不乏其人,虽不见经传,但亦颇有佳作,如张翰如的花卉,杨伯勋的雁,张叶斋的竹,均受赏识。

1. 萧云从

萧云从(1596—1673),芜湖人,字尺木,号默思,又号无闷道人,明末清初著名画家,姑熟画派创始人。其父萧慎余,为明乡饮大宾,懂画。云从幼而好学,"笃志绘事,寒暑不废",科考多次不第,44岁才中已卯科副榜第一准贡。因明末政治腐败,所以其不愿出仕。

1638年,云从与弟云倩加入复社,与东林党相呼应,同魏忠贤阉党马士英、阮大铖等做斗争。1644年,明朝灭亡,其不愿与清合作,或闭门读书,赋诗作画,或遨游名山大川,诗画才华,成就日

萧云从山水画

著。其诗继承杜甫，多即事忧时之作，雄浑奔放，音韵铿锵。并著有《易存》《韵通》《杜律细》等书。其作品诗中有画，画中有诗，配上俊逸秀健的书法，达到诗书画三者统一和谐的境界，被誉为"神品"。

云从国画，师法古人而创新，师造化而独特。山水画，融宋元诸家笔墨、丘壑于一体，"以黄公望的瘦树、山石为之纵横，润以马远泼墨之法"，而能随意成卷丈余。其间丘壑布水墨着色，皴擦渲染，都苍劲秀润，呈现出空间深度；点景人物，自然生动。曾作《秋山行游图卷》，显露才华。清乾隆帝阅后题诗："几点萧萧树，疏皴淡淡山。由来以意胜，无不寓神间。秋景宜廖廓，客人自往返。粗中具工细，识语破天悭。"另有《闭门拒客图》《西门恸哭图》《秋山访友图》《江山览胜图卷》《归寓一元图卷》《崔华诗意卷》等。

人物画，继承发扬李公麟的白描技法，代表作为《离骚图》，人物造型准确，神态动人，点缀景物，赋有生命。云从对《离骚》感触甚深，作《天问》插图，绘制《九歌图》。清高宗得尺木《离骚图》后，命侍臣补绘重刻，亲题《山水图卷》。

《太平山水图》既是萧云从的杰出作品，又是姑孰画派的代表作。《太平山水图》刊于清顺治五年（1648），共计43图，其中太平山水图1幅，当涂风景15幅，芜湖风景14幅，繁昌风景13幅。其图用古人笔法，画的是太平州所辖当涂、芜湖、繁昌三县山水风景，左图右文，有正、草、隶、篆等各种书体。各图分别标明摹写的古代名画家王维、关仝、郭熙、唐寅、范宽、马楷、郭忠恕、夏珪、王蒙、沈周、马远、米友仁、刘松年等人的画法；又分别题以古代名诗人李白、苏轼、梅尧臣、杨万里、黄庭坚等人的诗。《太平山水图》画成后，由徽州名刻工刘荣、汤尚等人精心刻版刊行，流布至今。

2. 黄钺

黄钺（1750—1841），字左田，又名左君，当涂人。幼丧父母，由外祖父母抚养，及长，敏而好学。乾隆三十三年（1768）四月，黄钺与安徽巡道李世杰在芜湖赭山滴翠轩创建中江书院，招员授业。乾隆五十五年（1790），中进士，授户部主事，与和珅意见相左，告假回芜湖"掌教皖南北书院十载"。

嘉庆四年(1799),经安徽巡抚推荐,仁宗召见,加封为"懋勤殿行走"。嘉庆九年(1804),提升为"赞善,入直南书房",未补缺,特旨出任湖北、山东、顺天等乡试主考官。后兼山西、山东学政,准予密折奏事。道光五年(1825),黄钺76岁,请求归休。宣宗"温旨慰留"。次年,又申前请,获准荣归。道光二十一年(1841),逝于芜湖。葬于当涂南褐山下,芜湖民众为之立"乡贤祠"。

黄钺书法作品

所作诗文有《壹斋集》,并有《二十四画品》及《画友录》。《二十四画品》是仿唐司空图《诗品》的体例所作画论。《二十四画品》中,他把各种艺术风格概括为"气韵""神妙""高古"等二十四品。

黄钺是与董邦达齐名的山水画家,与大学士董诰并称"董黄二家"。晚年失明,自号盲左。

3. 黄叶村

黄叶村(1911—1987),芜湖人,书画家,原名厚甫,学名成昆,祖籍安徽当涂。因读东坡诗"野水参差落涨痕,疏林欹倒出霜根,扁舟一棹归何处,家在江南黄叶村",慕其意,遂改名黄叶村。其父黄思进是裱画师,字画均佳。叶村幼读私塾,1920年入公立小学,因家境贫寒而常为小店书写招牌。1926年去繁昌杂货店学徒,不愿为商,归家专攻书画。1934年,在霍丘县松滋小学任图画教员。1937年至1962年，在太平、屯溪、歙县、泾县、南陵、青阳、贵池等地中学和师范学校任美术教师，其绘画得益于新安派大画家汪采白及其父汪福熙指点。

黄叶村山水画

叶村作书作画，以形写神，最喜画竹，曾作诗云："平生爱画竹，画竹常青青。月上清影泻，风来奏好音。"他赞赏"竹是四君子之一，虚心向上，节节长青，宁折不弯"，因以自号"竹痴"。所画竹子，老嫩疏密，错落有致，风晴雨露，各具英姿，浓淡相宜，有"江南一枝竹"之誉。其山水画汇新安画派各家之长，书法糅合篆、隶、魏等笔法，篆刻执刀于方寸之间，功力颇厚。与萧龙士、葛介屏、赵良翰、张正吟等书画名流，相互切磋，过从甚密。其生平有三愿：一愿国家富强，二愿人民安乐，三愿为国效力。1979年，任安徽文史馆馆员。古稀之年，多次入三峡，下桂林，登黄山、九华，游苏杭，写生作画不辍。1987年5月病逝。1988年5月20日，安徽省博物馆举办"黄叶村遗作展"，震动省城。1989年，黄叶村遗作在北京中国美术馆展出，引起较大反响。

二、和县"半枝梅"与戴本孝

1．"半枝梅"

和县今属马鞍山市。距和县县城30公里的南义乡丰山杜村，有一株千年古梅，史称"半枝梅"。半枝梅，又名宋时梅，位于和县功桥镇考塘村丰山杜自然村中央，此梅由北宋人杜默所植，迄今千年。

《直隶和洲志》《历阳共录》记载，杜默（1019—1081）字师雄，历阳（今和县）人，进士出身，少年时游于齐鲁，常与欧阳修、石曼卿交往。当时石曼卿之诗，欧阳修之文，杜师雄之歌，并称"三豪"。杜师雄晚年落魄，隐居后著有《诗豪集》一卷，植梅于丰山脚下。清乾隆三十八年（1773）慈利刘长城和学使来筠闻丰西有宋时梅，于是前往观之，刘长城以"三豪梅"之名建梅豪亭。现存梅一株，名曰"玉蝶"，株高6.8米，枝平展直径5.6米，枝干铁色，每年深春开花，花小，呈红色，因往往半边开花，故百姓称之为"半枝梅"。

半枝梅之名来源传说有三：一说，普天之下仅有三株半梅，半株在这里；二说，该梅年年半树轮开；三说，明末清初大画家戴本孝一日赏梅兴起，挥毫写之。

最近有学者考证，宋人记载本朝共有三个杜默：一是濮州杜默，字师雄，石介的学生，与石延年、欧阳修并称"三豪"。二是和州杜默，见于洪迈《夷坚志》，累举进士不中，于是跑到乌江镇霸王庙痛哭一场，感动得泥塑的霸王神像都为之流泪。这一故事明代末年以来被编入戏剧，广为流传，影响很大。三是湖北汉川人杜默。其中前两位，清朝康熙以来混作一人，贻误至今。今和县丰山杜所说杜默（字师雄），实为山东人。和县的古梅源于元末明初的和县隐士杜浩，而不是杜默。

2. 戴本孝

戴本孝（1621—1693），字务旃，号鹰阿山樵，别号黄水湖渔父、太华石屋叟等，和州（今安徽省和县）人，清代画家。性喜交游，与画家及诗人渐江、龚贤、石涛等友善。善画山水，创作上主张学古人而不拘泥于古人成法，强调要"以天地为真本"和"我用我法"。所作多为卷册小景，风格学元代倪瓒、王蒙、黄

戴本孝扇面画

公望等而自出新意。善用干笔焦墨，构图疏秀，意境清远枯淡，内容多借山水抒发自己荒僻幽寂的心境和对社会变迁的沧桑之感。画史将其列入清初新安派。戴本孝生性放达，遍游名山大川，一路广交朋友，纵情山水，作诗绘画，创作出诸多精品。戴本孝的画作精品多以黄山为素材，最有影响的有《望天都峰》《炼丹台》《登莲花峰》等。亦工书法及诗，著有《前生诗稿》《余生诗稿》等，部分画稿收藏于中国国家博物馆。

相传，戴本孝每年都去和县丰山赏宋时诗人杜默手植的蝴蝶梅和画梅。传说有一次又去写生，画了数笔，终不满意。直到入夜时分，月亮从云层中钻出，露出笑脸。是时皓月当空，梅树疏影横斜，暗香浮动，婆娑起舞。戴本孝见之灵感大发，急忙展纸泼墨，运笔如神助之。谁知刚画了半树梅花，云遮月隐，月亮又悄然躲进云层。他只得手执半树梅稿，怏怏作罢而归。然而这已经画好了的半枝梅花别具风姿，深得众赞。戴本孝遂心大悦，于画面题款"半枝梅"。从此，"半枝梅"的传说也就不胫而走了。

三、宣城派与梅清

"宣城派"从广义上可分为"诗""画"两条脉络。"宣城诗派"在中国文学史上卓然自成一家，几乎成了"宣城派"的代称；而中国美术史上却无"宣城画派"之名，这是因"宣城派"画家群传世作品总体不多，也未能自觉形成自己完整的艺术理论体系。但"宣城派"之"诗""画"两支同一文化渊源，在艺术旨趣上都强调道艺一贯，崇尚"醇厚"，追求"清深"意境和"朴秀"风貌。施闰章、梅清、梅庚是其中最杰出的代表。梅朗中、高咏是"宣城派"画家群的先驱；梅清、梅庚是"宣城派"画家群的主将；沈泌、梅喆、半山、尤书、梅翀、梅蔚、梅琢成等为"宣城派"画家群的后劲。"宣城派"画家群同时又是"宣城诗派"的骨干成员。

梅朗中，字朗三，梅鼎祚嫡孙。为人温厚谦抑，交游广阔，风流潇洒；善诗文书画，学识渊博，是复社名士，可惜年仅36岁病故。梅朗中"字效张、王，画规元、宋"，他的书画在当时就受到广泛的欢迎。高咏，字阮怀，号遗山，高维岳后裔。自幼就有"神童"的美誉，诗、书、画被称为"三绝"。高咏与施闰章同为东南文坛"盟主"，也是当时宣城画坛的首领。但"宣城派"画家群的传名,却是在梅清、梅庚和寓居宣城十多年的石涛横空出世之后。

1. 梅清(1623—1697),字渊公,号瞿山,宣城人。顺治十一年(1654)举人,与石涛友善,相互切磋画艺。石涛早期的山水画,受到他的一定影响,而他晚年画黄山,又受石涛的影响。所以石涛与梅清,皆有"黄山派巨子"的誉称。梅清以画黄山著名,"得黄山之真情",与石涛、弘仁成为"黄山画派"的代表人物。现代画家贺天健在《黄山派和黄山》中评道:"石涛得黄山之灵,梅瞿山得黄山之影,渐江(弘仁)得黄山之质。"梅清善诗和书法,并著有《天延阁集》《瞿山诗略》,画有《黄山纪游》册。

梅清是一位集诗、书、画于一身的大家,他的画对"黄山画派""新安画派"产生了重要的影响,其作品在北京故宫博物院、安徽博物院均有收藏。72岁时所作的《高山流水图》轴,现收藏于北京故宫博物院。其作品苍劲的运笔、酣畅的墨色、及皴法、用点均颇有石涛意韵。梅清笔下松弛中见功力,零乱中求整秩,经纬明快,恬适流畅。

梅清山水画

2. 梅庚(1640—1722),字耦长,又字耦耕、子长,号雪坪,晚号听山翁,梅朗中之子,梅清从孙。康熙二十年(1681)举人,官泰顺知县。善篆、隶,画山水、花卉,脱略凡格,不宗一家,偶尔落笔,韵致翩然,工白描人物。

康熙三十六年(1697)尝作山水扇,今藏故宫博物院。梅庚"书善八分,画善山水、花卉,脱略风格,不宗一家,旷逸有雅韵"。他的篆、隶书法古朴高雅;山水花卉浓墨淡渲,老辣古朴、纵横恣肆,得天然真趣。梅庚的足迹遍布家山，付诸丹青笔墨，写生题诗，有很多描绘宣城山水风物的作品堪称诗画双绝，成为传世经典。如《敬亭棹歌图》《山水图》《秋林书屋图》《山水册》等，收藏于故宫博物院、上海博物馆、天津艺术博物馆、安徽博物院等处。著有《书带园集》16卷，又编《赋纪》50卷（所辑为唐以前之赋）。梅庚传世诗文集有《天逸阁集》《雪坪诗钞》《听山诗钞》《漫兴集》《南雅集》《玉笋游草》《知我录》等。他同时是"黄山画派"和"宣城诗派"的干将。

在梅清等大师的影响下，同时代及其后的一批画家也逐渐成长起来，成为"宣城派"画家群的重要后备力量。他们"整体"风格特点可大致概括为"清、奇、秀、远"，但个体又各具鲜明个性和艺术风格。

沈泌，字方邺，"宣城派"的重要诗人，曾与梅清、梅庚合作《为屈大均书画》十三开，藏于上海博物馆。梅清从弟梅喆，字逌先，号霜崖，善作咏物诗，"工肖绝伦"；醉后作画，人论"品格在云林、大痴间"，传世作品有扇页《汀渚垂钓图》等。半山和尚，原名徐敦，明兵部尚书徐元太侄孙；明亡后出家，潜心禅学，吟诗作画，画风近似梅清，安徽博物院收藏了他的画作。尤书，梅清弟子，字二酉，善写山水花鸟，"笔墨潇散有隽致"。梅清侄孙梅翀，字培翼，画松石多奇怪，偶代梅清作画，人称神似，有山水画《岑山》等作品流传。汪儒，字汉一，画人物秋卉疏淡有致，曾作《画理悟道篇》赠梅翀。蔡瑶，字玉及，画山光林影，"森秀可爱"。郭之晋，自号"痴头"，长于渲染，工花卉翎毛，画斗鸡勃勃有生气。吕慧，字定生，工人物花草。汤逸字希白，隐于诗画。倪志渊，字淳可，画山水有倪云林笔意。另如梅氏后裔梅蔚、梅琢成等，都以诗画名世。

"宣城派"画家群中，梅清的成就最高，其次为梅庚。王士禛评梅清"画山水入妙品、画松入神品""宛陵梅渊公画松天下第一""画样今无敌，诗名旧绝伦"，可谓推崇备至。"宣城派"画家群的代表作有梅清的《宣城二十四景图册》《黄山十九景图》、梅清与梅翀合册的《泛舟响梅物之间潭图》、梅庚的《敬亭棹歌图》《山水图》《秋林书屋图》《山水册》等大量画作，分别收藏于故宫博物院、上海博物馆、天津艺术博物馆、安徽博物院、辽宁省博物馆等处。

四、安庆潘玉良

潘玉良(1895—1977),本姓张,江苏扬州人,中国著名女画家、雕塑家。年少时父母双亡,14岁时被卖至安徽芜湖妓院。由于潘性格倔强,不愿接客,屡屡与妓院老鸨发生冲突,几次自杀未遂。1916年,同盟会会员潘赞化用重金将潘玉良从妓院中赎出。潘玉良自幼学习刺绣,后入上海美专学习西洋绘画,师从刘海粟、朱屺瞻

潘玉良人体画

等人。1921年后,潘玉良赴法国、意大利留学,先后就读于巴黎美术学院、罗马美术学院,是徐悲鸿的同学。1928年潘玉良回国,任上海美专绘画研究所主任兼导师,是中国近代第一位西洋画女教授。1937年,潘玉良再度前往法国,其后几十年一直居住在巴黎。潘玉良以非凡的意志力,一生与命运做斗争,终于成为中国近代史上的著名画家。

潘玉良的油画无论气度、修养,还是技术,在中国早期女西画家中无人可比,在男性西画家中也数上乘水准。她的画风基本以印象派的外光技法为基础,再融合自己的感受才情,作画不妩媚、不纤柔,反而有点"狠"。用笔干脆利落,用色主观大胆。其代表作有《花卉》《菊花和女人体》《浴女》

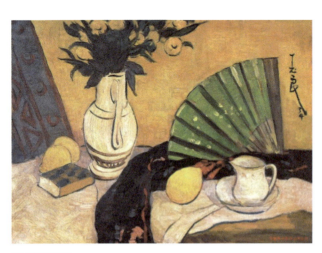
潘玉良静物画

《瓶花》《月夜琴声》等。潘玉良名作《躺在沙发上的女人》曾以657.8万的价格成交,潘玉良《油画自画像》曾以1021万的价格成交。

安庆女作家石楠曾为其作传记小说《画魂》。1990年,电视剧《潘玉良》出品,由郑振瑶、朱星火、冯福生主演,李娜演唱主题曲。2003年,电视剧《画魂》出品,由李嘉欣、胡军主演。1993年,电影《画魂》由上海电影制片厂等摄制,由巩俐主演。黄梅戏曾演出《风尘女画家》,由马兰、黄新德主演。

五、池州胡璋与黄宾虹

1. 胡璋

胡璋(1848—1899),清代画家。画家胡寅之子,字铁梅,号尧城子,建德(今池州东至县)梅城人。《中国画家大辞典》《华夏美术馆藏品选集》等书说他是桐城人,都是误传。工山水、人物,以善画梅得名。久寓沪上,画名甚噪,旋游日本,并取日本人为妻。1896年创办《苏报》。晚年的胡璋,复游日本,益肆力于丹青,不久亡故,遗命其子将他安葬于日本神户。

胡璋为清末著名爱国画家。胡璋出身于书香绘画世家,祖父胡正精绘山水花鸟,游粤时曾住邓廷桢制军幕府。父亲胡寅也以擅长丹青闻世,曾随胜保赞军务。胡璋从小接受艺术的熏陶,且勤奋敬业,诗词、书法、绘画无所不精,时人以唐代艺苑"郑虔三绝"誉之,尤精于绘画。

胡璋山水画

胡璋曾旅游日本,以"润笔极丰"而享誉日本艺坛,追随学艺者络绎不绝。日本天皇闻讯后,特召胡璋入宫,请他给素胎胆瓶作色绘画。画成后,天皇大加赞赏,赐金牌以致谢意。此后,从他学画的人络绎不绝。胡璋授业传艺一丝不苟,同时还挤出时间,留心考察日本政治、经济、科教文化等方面的状况,并汇书十余篇,准备回国后献给朝廷,或可对改革时政、变法图强有所裨益。胡璋回国后,终因政界多事,"未雨绸缪",所编之书"迄不得达"。有人推荐胡璋精于日本的钻井灌田法,因被召至京师,试行其术。然而京师官僚迷信风水,反对钻地,久议而不决。胡璋绝望之余,遂拂袖返回日本,一心从事丹青绘画。《芥子园画谱·增广名家画谱》收录胡璋绘画四幅。

胡璋善画山水,能画人物、花木。工山水及人物、花卉,与王冶梅并以画梅得名,铁梅能腴,冶梅能瘦,并为巢林遗派,有《梅花高士图》等。

2. 黄宾虹

黄宾虹(1865—1955),原籍徽州歙县,生于浙江金华,成长于老家歙县潭渡村,初名懋质,后改名质,字朴存,号宾虹,别署予向。近现代画家,擅画山水,为山水画一代宗师。

黄宾虹曾长期客居池州作画,在贵池齐山、乌渡湖等地写生,留下很多优秀作品。1919年,56岁的黄宾虹从上海到贵池游览湖山之美,他是因汪律本、李瑞清等两江师范旧友拟在贵池兴办垦牧渔业公司,被邀往考察。旧友中汪鞠友、李梅庵诸君皆将"结茅于此",经过游览,心向往之。

此后的几年,他数度去贵池,曾在乌渡湖营经圩田,经常与旧友诗画酬唱,有陶令归田之乐。他在《九十杂述》中回

饶永编《黄宾虹居池州诗画集》书影

忆当时的想法:"偕友至贵池邑西乌渡湖、兴渔湖、秋浦、齐山、江上风景甚佳,拟卜居。"1924年秋,因遇江浙军阀在上海近郊混战,闸北市民纷纷避难,黄宾虹与夫人以及三个儿子和保姆,乘长江轮船先到大通,后到贵池。他在致郑履端信中说:"池州有三利,一滨江交通便易,与省密迩,所为易得手;二地值廉而招工亦易;三山水朋友之乐,可以自适,较之吾歙似乎远胜。春间弟筑圩百亩,兼有渔湖,蔬食不缺,隐居其间,耕读可乐。"

1942年，黄宾虹在北平为女弟子顾飞（默飞）作《池阳山水册页》十二帧，题款说："齐山、秋浦之间，余为垦荒成田，筑舍湖上，南还近复不易，目送飞鸿，图此寄意。曩余垦荒池阳湖上，春日泛舟，颇有风恬浪静之乐，披图如在梦中。"80岁时，黄宾虹题赠段无染山水册中《池阳湖舍》题记："齐山、秋浦之间，余尝结庐其间，有湖田二顷，近将暌隔十年矣。"在《秋浦消夏》中题记说："余筑屋秋浦，湖中清泉茂树最宜消夏。"1952年，89岁的黄宾虹在杭州作《湖山深邃图》，题记说："池阳齐山、岩洞、林峦、山村、野店，极盛于三唐，近二百年游人罕至其处，余拟卜筑栖宿，湖山深邃，耕钓自给。尘劳奔走，垂垂老矣，图此以志雪泥鸿爪。壬辰，宾虹年八十又九。"这里记述的仅仅是其中的一小部分题跋。黄宾虹这些不同时期的题记，真实地记载了他与池州的关联。

六、泾县吴作人

吴作人（1908—1997），宣城泾县人，生于江苏苏州。1926年入苏州工业专科学校建筑系，1927年至1930年先后就读于上海艺术大学、南国艺术学院美术系及南京中央大学艺术系，师从徐悲鸿先生，并参加南国革新运动。早年攻素描、油画，功力深厚；间作国画富于生活情趣，不落窠臼。晚年专攻国画，境界开阔，寓意深远，以凝练而准确的形象融会中西艺术的深厚造诣。他在素描、油画、艺术教育方面都造诣甚深，在中国画创造方面更是别创一格，自成一家。吴作人是继徐悲鸿之后中国美术界的又一领军人物。

吴作人于1930年赴欧洲学习，先入巴黎高等美术学校，后考入比利时布鲁塞尔王家美术学院白思天院长画室学习。1935年回国，在中央大学艺术系任教。抗战期间，随校西迁重庆。1938年，率"战地写生团"赴前线作画。1943年至1944年，赴陕甘青地区写生，临摹敦煌壁画。1944年至1945年初赴康藏高原，深入少数民族地区，写各色风貌，作大量写生画，举办多次展览。1946年任国立北平艺专教授兼教务主任，并当选北平美术家协会理事长。1947年，先后在英国、法国、瑞士举办画展。1950年任中央美术学院教授兼教务长，1958年出任院长。1985年当选中国美术家协会主席。1984年法国政府文化部授予他"艺术与文学最高勋章",1985年荣获比利时王国王冠级荣誉勋章。

在60多年的艺术生涯中,吴作人深深扎根于中华优秀传统文化的沃土中。他禀赋过人,学贯中西,刻意探求,大胆创新。他以"法由我变,艺为人生"的艺术观,循着"师造化,夺天工"的创作道路,继承和发展传统,为"中国水墨画"开拓了新的风貌,在理论和实践上都做出了重大的贡献,是我国当代美术史上承前启后的一代杰出的美术家和美术教育家。同时,吴作人又是一位书法造诣极高的书法家。他的作品无数次地参加国内外各种展览,为海内外收藏家、博物馆所搜求。其油画《齐白石像》《三门峡》、中国画《牧驼图》等均为中国美术馆收藏。出版有《吴作人画集》《吴作人画辑》《吴作人速写集》《吴作人文选》等。1986年,吴作人在中国美术馆举办大型个人作品展览。

吴作人油画作品

第三节 皖江书画纸

一、池州白麻纸

从唐代起,池州的造纸业就相当发达,正史《新唐书》的"地理志"和唐代著名地理名著《元和郡县图志》的"池州"名下,所列每年奉献给朝廷的贡品,第一大宗就是纸。今天的池州境内,还存在着唐朝时形成的地名如"纸坑山""纸棚"等。

池州白麻纸是安徽池州一带的特产。自宋代以后,池州就是江南造纸业的主要生产地。池州白麻纸以苘麻为主要制作原料,白麻纸在古代一般是作为诏书的书写纸,比如赦书、德音、立后、建储、大诛讨、拜免将相等诏书。池州白麻纸耐揉搓,好保管,不虫蛀,保存年代久远,也是普通百姓的常用纸。

宣纸

纸是中国传统的"文房四宝"之一,造纸术由东汉蔡伦发明。在晋和南北朝时期,造纸业有了很大进步。东晋时,对朝中用纸的质量也有了要求。当时的造纸原料,主要是麻、藤、楮树皮,所以东晋规定朝中必须使用藤角纸。北朝时成书的科技名著《齐民要术》里,鼓励百姓广种楮树,因为楮树皮可以造纸,其利甚高:"种三十亩者,岁斫十亩,三年一遍,岁收绢一百匹。"一年的造纸原料楮皮的出卖收入,能达到购"绢一百匹"的水平,可见其利之大,因此北朝的造纸业也有了较大发展。

宋朝,池州是江南造纸业的主要生产地,以至于朝廷、皇室都喜用池州用楮树皮生产的楮纸。宋朝叶梦得《石林燕语》中有这么一段记载:"唐中书制诏有四:封拜册书用简,以竹为之;画旨而施行者曰'发日敕',用黄麻纸；承旨而行者曰'敕牒'，用藤纸；敕书皆用绢黄纸，始贞观间。或云，取其不蠹也。纸以麻为上，藤次之，用此为重轻之辨。学士制不自中书出，故独用白麻纸而已，因谓之'白麻'。今制不复以纸辨。号为白麻者，亦池州楮纸耳。"

池州纸在宋代非常有名，在书画家与官员眼中都是最上等的纸品。因为名贵价高，所以有些提倡节俭的官员建议不使用高档的池纸来办公。以下是几条关于池州纸的史料。

《说郛》卷八十八上录米芾《书史》卷下：

> 装书裱前，须用素纸一张，卷到书时，纸厚已如一轴子。看到跋尾。则不损古书，所囤轴头，以木性轻者纸，多有益于书。油拳麻纸硬坚，损书第一。池纸匀硾之，易软少毛，澄心其制也。今人以歙为澄心，可笑。一卷即两分理，软不耐卷，易生毛。古澄心以水洗浸一夕，明日铺于车上晾干，浆硾已去，纸复元性，乃今池纸也，特□得细无筋耳。古澄心有一品薄者，最宜背书，台藤背书，滑无毛，天下第一，余莫及。

《说郛》卷九十八录费著（元代人）《蜀笺谱》：

> 然姑苏纸多布纹，而假苏笺皆罗纹，惟纸骨柔薄耳。若加厚壮，则可胜苏笺也。蜀笺体重，一夫之力，仅能荷五百番，四方例。贵川笺盖以其远，号难致。然徽纸、池纸、竹纸在蜀，蜀人爱其轻，细客贩至成都，每番视川笺价几三倍。范公在镇二年，止用蜀纸，省公帑费甚多。且怪蜀诸司及州县缄牍必用徽、池纸，范公用蜀纸，重所轻也。

> 造于冉村，曰清水；造于龙溪乡，曰竹纸。蜀中经史子籍，皆以此纸传印，而竹丝之轻细，似池纸，视上三色价稍贵。近年又仿徽、池法作，胜池纸，亦可用，但未甚精致尔。

宋桑世昌《兰亭考》卷十一《传刻》：

> 陈氏本。

> 简斋用池纸，临中阙痛字。

以上史料见于宋元人的记载。米芾是北宋中叶人。桑世昌是著名诗人陆游的外甥，宋末元初的学者。史料中的"简斋"是北宋诗人陈与义。费著是元代人。他们笔下提到的"池纸"就是池州白麻纸，因为这种纸软滑无毛,故号称"天下第一"。

乾隆《池州府志》第二十五卷载:"唐宋池州土贡纸。"宋代为池州造纸业的鼎盛期。《石林燕语》曰:"宋学士制用白麻纸。白麻者池州楮纸也。"《东坡志林》曰:"竹纸岂宜墨。若池、歙精白版,真乃可试墨。"宋王安石题诗《次韵酬微之赠池纸并诗》(王哲,字微之,宋嘉祐初任池州府知州):

微之出守秋浦时,椎冰看捣万谷皮。波工龟手咤今样,鱼网肯数荆州池。
霜纨夺色贾不售,虹玉丧气山无辉。方船稳载献天子,善价徐取供吾私。
十年零落尚百一,持以赠我随清诗。君宁久寄金谷地,方执赐笔磨坳螺。
当留此物朝上国,日侍帝侧书新仪。不然名山副史本,襃拔元凯诛穷奇。
咨予文章非世用,画镂空尔靡冰脂。挥毫才足记姓字,窃学又耻从师宜。
匆匆点污亦何忍,嘉贶但觉难为辞。篇终有意责赵璧,穷国恐误连城归。
倾囊倒箧聊一报,安敢坐以秦为雌。

由此可见,池纸已成为官宦、文人互赠的极为珍贵的礼品,可见当时池州造纸业技术的先进和质地的精良。南宋时,池州紫岩(今贵池区涓桥镇紫岩村境内)纸特别出名。明清以来,池州造纸业更为发达,范围更为扩大,九华河、秋浦河、清溪河等流域村庄皆利用山溪水力建多处造纸作坊,所产纸大多销往京城,极受士大夫的欢迎。近代以来,由于造纸原料匮乏、消费市场变化、工艺落后等原因,池州造纸业逐渐衰落下去。20世纪80年代初,贵池区清溪、秋浦二河上游还有零星的一两个小作坊以巴茅杆为原料,用传统工艺制造纸张。池州古代造纸原料主要为青桐树皮、青檀树皮和楮树皮,青桐为人工栽培,后二者为野生。据民间经验,造纸以楮皮为最佳,因其纤维细腻而柔韧。青桐树皮纤维粗而长,色白,也可用来搓绳,为纸宜墨。

二、泾县宣纸

宣纸是中国传统的古典书画用纸,是汉族传统造纸工艺之一。宣纸"始于唐代、产于泾县",因唐代泾县隶属宣州府管辖,故因地得名宣纸,迄今已有1500余年历史。2002年,泾县被国家确定为宣纸原产地域。

由于宣纸有易于保存、经久不脆、不会褪色等特点,故有"纸寿千年"

之誉。宣纸的原材料主要是青檀，配料是稻草等农产品。宣纸按加工方法分为原纸和加工纸。按纸张洇墨程度分为生宣、半熟宣和熟宣。熟宣是采用特种再加工技术形成更多花色品种的加工宣纸，主要分蜡宣、矾宣、色宣、色矾宣等百余种。书法和写意画用生宣，工笔画用熟宣。按原料配比分为棉料、净皮、特种净皮三大类。规格按大小有四尺、五尺、六尺、七尺金榜、尺八屏、八尺、丈二、丈六；按丝路有单丝路、双丝路、罗纹、龟纹等。宣纸制品有素白册页、印谱、信笺和仿古对联等。

2006年，宣纸制作技艺被列入首批《国家级非物质文化遗产名录》，宣纸传统制作技艺传人邢春荣被指定为国家级非物质文化遗产项目代表性传承人。2009年9月30日，宣纸传统制作技艺获联合国教科文组织肯定，列入《人类非物质文化遗产名录》。

1. 宣纸起源

造纸术是中国的四大发明之一。民间传说，东汉安帝建光元年（121），东汉造纸家蔡伦死后，他的弟子孔丹在皖南以造纸为业，很想造出一种世上最好的纸，为师傅画像修谱，以表怀念之情。但年复一年，难以如愿。一天，孔丹偶见一棵古老的青檀树倒在溪边。由于终年日晒水洗，树皮已腐烂变白，露出一缕缕修长洁净的纤维，孔丹取之造纸，经过反复试验，终于造出一种质地轻妙的纸，这便是后来有名的宣纸。宣纸中有一种名叫"四尺丹"的，就是为了纪念孔丹，一直流传至今。

宣纸的闻名始于唐代。唐代书画评论家张彦远所著《历代名画记》说："好事家宜置宣纸百幅，用法蜡之，以备摹写。"这说明唐代已把宣纸用于书画了。另据《旧唐书》记载，天宝二年（743），江西、四川、皖南、浙东都产纸进贡，而宣城郡纸尤为精美。《旧唐书》载：唐天宝二年，陕西太守韦坚向朝廷进贡时，各郡贡品就有"宣城郡船载纸、笔、黄连等物"。《新唐书·地理志》和《唐六典》上记载有"宣州贡纸、笔"等文字，可见该地所产纸、笔在当时已甲于全国。因唐代的泾县、宣城、宁国、旌德和太平等均属于宣州管辖，而据《宣州府志》载，宣纸主要集中在泾县一带，由此推断，宣纸之名的产生与当时所管辖的州府息息相关，也即与地理位置的关系极其密切。可见宣纸在当时已冠于各地。南唐后主李煜，曾亲自监制的"澄心堂"纸，就是宣纸中的珍品，它"肤如卵膜，坚洁如玉，细薄光润，冠于一时。"

关于宣纸生产的记载则可以追溯到宋末元初。清乾隆年间重修《小岭曹氏族谱》序言云："宋末争攘之际，烽燧四起，避乱忙忙。曹氏钟公八世孙曹大三，由虬川迁泾，来到小岭，分从十三宅。此系山陬，田地稀少，无法耕种，因贻蔡伦术为业，以维生计。"宋末曹大三因避战乱而迁至泾县小岭，以制宣纸为业，世代相传。曹氏一族历来是宣纸生产技艺的主要传承者，直到近代才有外姓人介入，传至今天已有三十余代。因纸的集散地多在州治宣城，故名宣纸。

2. 宣纸特点

宣纸是一种历史悠久的纸品，同时也是一种特殊的纸品，宣纸用于创作中国传统的书画具有不可替代的作用。这是因为宣纸具有以下显著的特点。

（1）润墨性好，耐久耐老化强，不易变色。这与生产它的纤维及工艺有关系。目前，中国故宫博物院、其他国家的博物馆里基本上都保存有画在宣纸上的画。如保存至今的一千多年前的唐代古画。

（2）有独特的渗透、润滑性能。写字则骨神兼备，作画则神采飞扬，宣纸成为最能体现中国艺术风格的书画纸。所谓"墨分五色"，即一笔落成，深浅浓淡，纹理可见，墨韵清晰，层次分明，这是书画家利用宣纸的润墨性，控制了水墨比例，运笔疾徐有致而达到的一种艺术效果。

（3）少虫蛀，寿命长。宣纸自古有"纸中之王、千年寿纸"的誉称。19世纪，宣纸在巴拿马国际纸张比赛会上获得金牌。宣纸除了题诗作画外，还是书写外交照会、保存高级档案和史料的最佳用纸。我国流传至今的大量古籍珍本、名家书画墨迹，大都用宣纸保存，依然如初。

3. 宣纸分类

（1）按加工方法

宣纸一般可分为宣纸原纸和加工纸。

宣纸原纸：宣纸在经过最后一道工艺"烘焙"之后，纸性基本已经确定了，这种"后续没有再进行影响纸性"的成品纸，即为宣纸原纸。

加工纸：在原纸的基础上对纸进行改变纸面性质、外观视觉效果等的再加工的纸的统称,再加工过程如印刷、过矾、打磨。

（2）按纸面洇墨程度。

宣纸分为生宣、半熟宣、熟宣。生宣吸水性和沁水性都强,易产生丰富的墨韵变化,以之行泼墨法、积墨法,能收水晕墨,达到水走墨留之艺术效果。生宣作画追求的便是这种"多变"的墨趣,落笔即定,水墨渗沁迅速,非熟练者不易掌握,也正是这种神奇的多变性,吸引了自古至今无数的名人巨匠在追求墨韵、变化的方面付诸了不懈的探索,至今未间断。写意山水画多用生宣。

熟宣是加工时用明矾等涂过的宣纸,故纸质较生宣硬,吸水能力弱,使得使用时墨和色不会洇散开来。因此特性,熟宣宜于绘工笔画而非水墨写意画。其缺点是久藏会出现"漏矾"或脆裂问题。熟宣可再加工,珊瑚、云母笺、冷金、洒金、蜡生金花罗纹、桃红虎皮等皆为由熟宣再加工的花色纸。

半熟宣（亦称煮锤宣）也是从生宣加工而成的,吸水能力介乎前两者之间。"玉版宣"即属此一类。简单区分生宣和熟宣的方法就是用水接触纸面,水立即散开的即为生宣,凝聚基本无变化的即为熟宣,散开速度较慢的为半熟宣。

（3）按原料。

可分为棉料、净皮、特净三大类。一般来说,棉料是指原材料檀皮含量在四成左右的纸,较薄、较轻;净皮是指檀皮含量达到六成以上的;而特净指原材料檀皮的含量达到八成以上。皮料成分越高,纸张更能经受拉力,质量也越好。对应使用效果上就是檀皮比例越高的纸,更能体现丰富的墨迹层次和更好的润墨效果,更能经受笔力反复搓揉而纸面不会破。这或许就是书法用棉料宣纸居多、画画用皮类纸居多的原因之一。

（4）按规格。

可分为三尺、四尺、五尺、六尺、八尺、丈二、丈六多种。

（5）按厚薄。

可分为扎花、绵连、单宣、重单、夹宣、二层、多层等。

（6）按纸纹。

可分为单丝路、双丝路、罗纹、龟纹、特制等。

4. 宣纸工艺

宣纸的选料和其原产地泾县的物产有十分密切的关系。宣纸的生产原料主要由以下几种组成：

（1）主要原料青檀树皮。青檀树是泾县当地主要的树种之一，故青檀树皮便成为了宣纸的主要原料。

（2）主要辅料稻草。初期所用原料并无稻草，后在皮料加工过程中，以稻草填衬堆脚，发现其亦能成为洁白的纸浆，以后稻草就成了宣纸的主要原料之一。而稻草中以泾县优质沙田长秆籼稻草最佳，这是因为此稻草比一般的稻草纤维性强、不易腐烂、容易自然漂白，所以自古便有"宁要泾县的草，不要铜陵的皮"的说法。至宋、元之后，原料中又添加了楮、桑、竹、麻，以后扩大到十余种。经过浸泡、灰掩、蒸煮、漂白、制浆、水捞、加胶、贴洪等十八道工序，历经一年方可制成。

（3）杨桃藤。在制浆过程中，还要在纸浆里加入杨桃藤汁。杨桃藤中含有胶质，可使浆液更为均匀，捞出的湿纸便于叠放，提高出纸率。于是，杨桃藤也成了不可缺少的原料之一。

宣纸工艺的特色非常鲜明。宣纸具有独特的渗透、润滑性能。宣纸是最能体现中国艺术风格的书画纸。再加上耐老化、不变色、少虫蛀、寿命长等特点，宣纸被誉为"纸中之王"，当之无愧。

第四节 芜湖铁画

芜湖铁画，原名"铁花"，安徽省芜湖地区特产，是芜湖市特有的工艺美术品。

铁画制作起源于宋代，盛行于北宋。至清代康熙年间，安徽芜湖铁画才自成一体，并逐渐享誉四海，至今已有300多年历史，是中国工艺美术百花园中的一朵奇葩。

铁画吸取了我国传统国画工艺技法的特点,以低碳钢作原料,以铁代墨,以锤代笔,经过出稿、剪、砸、烧打、上漆蜡、上框等工序和"打活""钻活"等工艺,精制成各种艺术品。它将民间剪纸、雕刻、镶嵌等各种艺术的技法融为一体,采用中国画章法,黑白对比,虚实结合,别有一番情趣。

铁画《前程似锦》

一、铁画特点

铁画既有国画、水墨画之境,又有强烈的艺术立体感,黑白分明,苍劲凝重,被称为"巧夺万代所未有"。

芜湖铁画锻铁为画,鬼斧神工,气韵天成,以历史悠久、风格独特、工艺精湛、技艺高超著称于世。芜湖铁画源于国画,具有新安画派落笔瘦劲简洁、风格冷峭奇崛的基本艺术特征,是纯手工锻技艺术。它以铁为原料,经红炉冶炼后,再经锻、钻、抬压焊、锉、凿等技巧制成。因此,铁画既具有国画的神韵,又具有雕塑的立体美,还表现了钢铁的柔韧性和延展性,是一种独具风格的艺术。

2006年5月,芜湖铁画锻制技艺被列入第一批《国家级非物质文化遗产名录》。2007年6月,经国家文化部确定,安徽省芜湖市的杨光辉为该文化遗产项目代表性传承人。

二、发展历史

芜湖铁画始于清康熙年间,由芜湖铁工汤鹏与芜湖画家萧云从相互砥砺而成。清代《芜湖县志》所录《铁画歌·序》载,芜湖人汤鹏"少为铁工,与画室为邻,日窥其泼墨势,画师叱之。鹏发愤,因煅铁为山水嶂,寒汀孤屿,生趣宛然"。可见,汤鹏是从国画中受到启迪而创造出铁画的。

铁画一经问世,不仅"远客多购之",而且"名噪公卿间",士大夫把它作为"斋壁雅玩"之物欣赏,文人墨客更是推崇备至,赋诗著文加以赞扬。清代金石家朱文藻在《题铁画》一诗中对铁画做了生动的描述:"乍看似墨泼素绢,山水人物皆空嵌。风飘秀色动兰竹,雪催老杆撑松杉。华轩逼人有寒气,盛暑亦欲添衣裳。最宜桦烛晓风夜,千枝万蕊发翠岩。元明旧迹共谛视,转觉暗淡精神减。"他认为元明时代丹青高手之画与铁画相比也黯然失色。清代诗人梁同书称铁画"无不入妙""世罕见之",曾作《铁画歌》。

芜湖铁画先后参加过法国巴黎世界博览会和匈牙利布达佩斯造型艺术展,并赴日本、科威特、意大利、尼日利亚、沙特、香港等二十多个国家和地区展出。1958年,毛泽东、刘少奇先后在安徽省博物馆欣赏了芜湖铁画,称赞铁画艺术技艺精湛,提出要将之加以发展。

铁画《三匹马》

1959年至1960年,老艺人储炎庆和其几位弟子制作的大型铁画《迎客松》《梅山水库》和铁书法《沁园春·雪》陈设在人民大会堂,这些作品与陈列于毛主席纪念堂的铁书法《长征诗》,都是芜湖铁画的传世经典之作。

三、创始人物

汤鹏,字天池,清顺康间(1644—1722)铁画艺人,祖籍徽州,迁居江苏溧水。幼年时为避兵荒而流落到铁冶之乡——芜湖定居。他少为铁工,与画室为邻,"日窥其泼墨势",从中受到启迪而创出铁画。当时芜湖铁业十分兴盛,且又集中了许多技艺精湛的铁工,所以,民谚有"铁到芜湖自成钢"的美誉。汤鹏初学铁工技艺,清康熙年间租赁乾隆进士黄钺的曾祖父之临街门面,自营铁业作坊。

当时,芜湖既是水陆交通要道和各种物资集散中心,又靠近中国佛教四大名山之一的九华山,不仅万商云集、人流如潮,而且其间也有众多香客,他们皆喜购芜湖铁铺中生产和出售的彩色铁花枝、铁花灯,作为上山敬佛之用。汤天池也打制这些物品出售。后其又将铁花和铁花灯的内容移植到一起,先"冶之使薄,且缕析之,以意屈伸",再经锤煅"为山水、为竹石、为败荷、为衰柳、为蜩螗。郭索点缀位置,一如丹青家",制成"山水花卉,各极其妙"的别具艺术风格的铁画。

铁画《鱼乐图》

汤天池所作的铁画作品流传下来的很少,现知仅有《四季花鸟》(藏故宫博物院)、草书对联"晴帘流竹露,夜雨长兰芽"(藏安徽博物馆院)、山水画《溪山烟霭》(藏镇江市博物馆)。

铁画《荷塘清趣》

汤天池制作的铁画,有山水、人物、花鸟、树木等,是"以锤代笔,以铁当墨"热锻冷作,揉铁而成半浮雕的完整画面,成为能独立成画的欣赏艺术品。它区别于单枝铁花，铁花只是一枝枝的花，而不是一幅画；也区别于铁花灯上的铁花，那种铁花，只是依附在其他器物上的装饰物。所以铁画一出现，就立即受到人们的喜爱，不仅本地求购者甚众，而且外地人亦闻其名而"多购之"；其不仅为普通群众所喜爱，而且为"豪家一笑倾金贵"，购作"斋壁雅玩"。汤天池与铁画皆"名噪公卿间"。

四、工艺特色

芜湖铁画源于国画，具有新安画派落笔瘦劲简洁、风格冷峭奇崛的艺术特征，纯靠手工锻打完成。

铁画吸取了我国传统国画的构图法以及金银首饰、剪纸、雕塑等工艺技法，以熟铁为原料。艺人们以锤为笔，以炉为砚，以铁为墨，以钻为案，锻铁为画，依据画稿取料入炉，经冶炼后，再经过锻打、焊接、钻锉、整形、防锈烘漆，然后衬以白底，装框成画。画面保持铁的本色，不涂彩，成山水、人物、花卉、虫鱼、飞禽、走兽等各种艺术品。

铁画的品种分为三类：一类为尺幅小景，多以松、梅、兰、竹、菊、鹰等为题材，这类铁画衬板镶框，挂于粉墙之上，黑白分明，线条刚劲挺秀，结构清晰，更显端庄醒目。第二类为灯彩，一般由4~6幅铁画组成，内糊以纸或素绢，中间可点蜡烛，光彩照人，富于情趣。第三类为屏风，多为山水风景，古朴典雅，蔚为壮观。

五、文化意义

铁画的构图采用中国画的章法布局和笔意，远景赋以疏细线条，近物则以粗犷布势，使山水能分远近之趣，楼阁能得透视之感，人物能具传神之态，花鸟能显栩栩之姿，锤锻之巧与画理相通，绘画与工艺品结合。

芜湖铁画经过300多年的承传和发展，在传统形式的尺幅小景、画灯、屏风等基础上，又创立体铁画、盆景铁画、瓷板铁画、纯金和镀金铁画等形式，形成了座屏、壁画、书法、装饰陈设和文化礼品五大系列200多个品种，以其独特的艺术风格和魅力，在艺坛独树一帜。其主要的文化意义有三。

1. 芜湖铁画是中华民族独特气质的载体。芜湖铁画，以锤作笔、以铁作墨、以砧作纸，汇中国传统国画的构图和民间剪纸、雕塑等艺术技法于一炉，运用黑白对比、虚实相兼的手法，刚劲、豪放、瑰丽，以独树一帜的奇特著称于世。铁画的艺术效果是与铁的质地紧密相连的。郭沫若生前观赏铁画，为之激情地题词："以铁的资料创造优美的图画，以铁的意志创造伟大中华。"1980年秋，时年85岁高龄的国画大师刘海粟先生慕名前往参观芜湖铁画，对铁画艺术和铁画艺人赞不绝口，并即兴挥毫写下了"精神万古，气节千载"这八个苍劲雄浑的大字。铁是黑色金属，质硬而又富于弹性，量重而又善于造型，因而其并非单个的实物形态，而是赋予铁画坚实而又有很强表现力的精神价值，反映出中华民族英勇刚强、坚韧不拔的艺术气质。

2. 芜湖铁画是中华民族几千年来的智慧与创造的结晶。关于铁画的诞生，当前学术界一致认为由清初安徽芜湖铁工汤鹏（字天池）所首创。传说汤鹏和画家萧云从毗邻而居，艺术上受到熏陶，自己试验以铁片仿制书画，经剪、锻、焊漆等工艺程序制成铁画，形成一门别出心裁的金属工艺，诗人赞之曰："百炼化为绕指柔，直教六法归洪炉。"

3. 芜湖铁画是创新文化的代表。我国书法早有"铁划银钩"的要求，在国画中也有"铁线描"的技法。铁画借鉴国画大写意的手法，与图画的笔法极为相似，以线条勾勒轮廓特别是对于粗细、黑白、虚实的对比更为讲究，达到了新的艺术境界，实现了书法艺术和打铁技艺的结合。日本著名的风景画家东山魁夷于1981年在芜湖参观铁画后惊奇地说："把铁打成画，这是中国艺人的伟大创造。我是画家，但是无法达到这种高超的艺术水平。"从科学发展创造上看，冶铁和绘画，一个技术，一个艺术，芜湖铁画就是在这两个相距甚远的行业的边缘实现了交叉创新。

第五节 青阳农民画

　　青阳县是池州市的一个属县。青阳农民画是安徽省青阳县的传统工艺美术品,和陕西户县、上海金山、安徽萧县农民画齐名。它是在青阳县及周边地区古代砖雕、石雕、木雕、剪纸、墙饰画等汉族民间艺术的基础上,逐渐发展起来的绘画艺术,具有文人画与农民画互补的特点。青阳农民画以身边人、身边事为主要题材,具有很强的时代特征和浓郁的生活气息,以色彩丰富、线条细腻、构图独特著称于世。

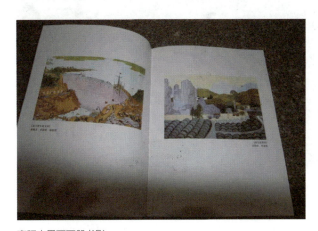

青阳农民画画册书影

　　青阳县位于长江中下游南岸,安徽"两山一湖"(黄山、九华山、太平湖)旅游腹地,古来文人墨客流连忘返于此,酬唱答和,挥毫泼墨,文化积淀深厚,史有"诗文之地、书画之乡"美称。《青阳县志》载,明清时期,邑人林恒山等人以画交友,甚是热和。到了清代,乡村出现了书画爱好者群体。同治年间,乡人张家顺等组织民间画社,广交雅士,书画相习,乡民求画者络绎不绝。到了20世纪70年代,县内崛起一批农民书画家,如张平安、吴秀玉、罗国良、李八寿、许正强等,他们的画,不仅为当地百姓所喜爱,而且开始登上大雅之堂,不少作品在市、省及全国展览中获奖。

　　1982年5月,全省农村美术工作座谈会在青阳召开,促进了青阳农民画的发展。在1983年的全国农民画展览中,青阳农民张平安创作的《山村养鱼》获三等奖,吴秀玉的《大水之年》获二等奖。之后,全县农民书画爱好者发展达百人之多,时有作品在市、省、国家级报刊发表,影响波及省内外。

一、兴起过程

青阳农民画的兴起,与青阳地区的社会、经济、文化等有着直接的关系。据《青阳县志》的记载,青阳农民画的传统可以追溯到明中后期的林恒山,他专画事,且喜以画交友,可见明中后期青阳乡村已经出现了农民画。究其原因,约略有三:一是以文化圈而论,青阳应属徽文化圈,日常文化(如饮食、家居、教育等)中的徽文化传统深厚,诗书传家的流风遗韵深入人心,这在很大程度上形成与促进了乡村的艺术氛围。如青阳民居属徽派建筑,以灰白为主调,重雕饰,外墙多壁画,厅堂多字画,有条件的还多有"三雕"(砖雕、石雕、木雕),于是乡村中的工匠,大都能画能刻,这些人很大一部分便成了乡村画家也即农民画家。

青阳农民画《牧牛》

二是青阳旧属"千载诗人地"的池州,境内有佛教圣地九华山,骚人墨客往来其间,因而地方文化资源浑厚,这对农民画兴起的影响不可谓小。尤其是到了明中后期,政治黑暗,阉党专权,社会经济开始走下坡路,围绕权力中心展开的藩王之间、藩王与皇室之间的斗争,使社会动乱频仍。人人自危的现实,使一些士人为远离祸乱而避身僻远。于是山清水秀又安宁的青阳,便成为他们的去处之一。这些士人的落户或滞留,客观上增添了青阳书画艺术的资源,一定程度上促进了书画艺术在乡村的传播。三是青阳盛产粮棉、蚕桑、竹木、柴炭,地域经济相对富庶,这为艺术的产生准备了坚实的经济基础。青阳乡村素重礼仪,每有寿诞、婚庆、造屋等庆典,乡民多喜以书画等致贺恭喜,这种习俗使乡民们多向近乡邻村的画家求画索书，这无疑为农民画和农民画家提供了很好的市场资源。

二、发展历程

青阳农民画的历史，约略可以分为四个时期。第一个时期是明清时期。明中后期的青阳邑人林恒山，喜以画交友，于是乡村中有些文化或者喜好画画的人，便以画互相往来切磋，这应该是青阳农民画兴起的肇始。青阳农民画的第一次兴盛当在清同治年间。其时邑人张家顺不仅性喜习画，而且还领头组织民间画社，于是画友们时或书画相习，所谓"奇画共欣赏，疑处相与析"，画艺相与长进。晚清至民国时期，随着社会的动乱不安，乡村画家作画的兴致大减，民间画社开始零落解体。

青阳农民画《磨磨子》

第二个时期是20世纪五六十年代。1958年大跃进时期"诗画上墙"运动，虽然是"浮夸风"的产物，但诗画上墙客观上使农民画在广大乡村又一次流转成风，使农民画家和不是农民身份却画农民画的"土画家"们有了难得的机会。20世纪60年代的"文革"，到处一片"红海洋"，墙壁宣传画触目皆是，于是农村中的"土画家"、回乡和下乡的"知青"中，便有一些人当起了"红色画者"。这种普及性的"墙壁画"，这种人人都能当画家的风气，深深影响了这一时期的青阳城乡的青少年。

第三个时期是20世纪70年代和80年代，可称之为复兴期。这个时期应该从1974年当时的省革委会文化局为庆祝新中国成立二十五周年举办的一次"芜湖、青阳、阜阳三县农民画展览"算起。鉴于当时特定的政治环境,这次展览上的青阳农民画恐怕也逃不掉"三突出"的紧箍咒,算不得真正意义上的农民画,但因为"农民画展览"是对农民画形式的肯定,故对于后来农民画的发展还是有一定的推动作用。值得指出的是,当时的县文化局领导,出于对地方文化的珍爱和保护,带着一班人对本县的农民画进行考察调研,开始了对农民画的研究、发掘和保护,以办培训班的方式培养了一批农民画作者,这批画家后来基本上都成了青阳农民画的骨干。1982年5月,为迎接全国第三届农民画展览,省文联省文化局在青阳召开的全省农村美术工作座谈会。这次会议对青阳农民画的复兴和崛起有着不同寻常的意义和作用,青阳的农民画家觉得自己的画得到了上级和社会的肯定和赏识。在这样的鼓励和鞭策下,最终在1983年的全国农民画展览中,吴秀玉创作的《大水之年》、张平安创作的《山村养鱼》在大展中分别荣获二等奖和三等奖。农民画家们的小试牛刀,让青阳农民画终于崭露头角。

青阳农民画《山乡双抢》

　　第四个时期是21世纪初至今,此应是青阳农民画的振兴时期。经过20世纪七八十年代短暂的复兴,青阳农民画很快遭遇了20世纪末的转型期社会浮躁与物欲泛滥的冲击,面对着艰难的选择,农民画家中不少人无奈地放下了自己的画笔,加入了打工人潮,而少数年龄较大留守下来的画

青阳农民画《福满堂》

家,也无法集中精神去专攻农民画创作。农民画的这种处境,很快引起了县委、县政府的高度重视,振兴农民画提上了政府议事日程。青阳县委宣传部和青阳文化局、青阳文联、青阳文化馆的同志们,为振兴农民画作出了一系列努力:农民画申报省非物质文化遗产项目成功,政府投入数百万元建设了200多平方米的画展大厅,举办了第三届青阳农民书画展览。文化局和文化馆的同志们还组织农民画家研习创作,为他们解决生活和创作中的困难。他们还准备投入巨资,建设农民画艺术档案馆,成立青阳农民画研究会和农民画培训中心。另外,还把振兴农民画列进了青阳县文化观光旅游产业的发展规划之中。

三、艺术特征

作为与中国文人画(国画)相对的一种画种,农民画应该更具世俗性和本土性。世俗性特质,规定了农民画的内容与乡村农耕时代原始神话、宗教信仰、民风民俗息息相关;本土性特质,使农民画有着浓烈的皖南徽文化特征。

青阳农民画在审美意蕴上大概具有这样几个显著特点:一是对现世生活的热爱和肯定。青阳农民画和所有农民画一样,作品均以再现日常生活、乡村场景为主。二是对未来的憧憬。这类作品多为呈现寿年丰、五谷丰登、六畜兴旺等喜庆吉祥景象。三是对宗教的信仰，构图多取材于民间故事、宗教（主要是佛教）神话，如惩恶劝善、菩萨渡世、神仙点化……这一类农民画中还有相当一部分是体现中华民族历史和民族性格的题材故事，这些画面里透露出中国农民世代信守的朴素价值观和认同感。

从审美形式上看青阳农民画所具有的活泼、明朗、鲜明的风格，大大加强了题材内蕴的表达和呈现。这首先表现在构图的饱满充实上。农民画不似文人画那样以黑白或青绿为基本元素，也不刻意追求气韵、虚实，而往往是线条密集、色块浓艳，给人以真实、强烈、稳定的视觉冲击。例如张平安的《苎麻丰收》，晾晒在竹竿上雪白的麻丝，如静静倾泻而下的瀑布，占据了整个画面，穿红着绿的男女劳作其间，与徽派民居青灰屋面形成了强烈的辉映。其次是寓柔美于质感之中。相比于国画的灵动飘逸，农民画的线条显得很实，但因为摹拟对象的丰富细腻，比物赋形的线条便柔美如飞天壁画中飘逸的线条。例如作

青阳农民画《反腐倡廉》

品《葡萄丰收》里，满纸的葡萄藤蔓纵横缠绕，藤叶铺展于藤蔓之间，一串串晶莹剔透的紫葡萄布满画面，装满葡萄的金黄色箩筐组成一个"乐"字，作品中的线条有意为之而浑化无迹，寓浪漫于摹物赋形的写实之中。再次是着色丰富灿烂，秾而不腻，杂而不乱，画面绚丽，视觉效果强烈。孙根生的作品《二月》中，为了表现新春佳节农村的欢乐、热闹，画面于多种色彩杂呈中突出了渲染欢乐的红色。最后是农民画兼收并蓄，吸纳其他画种的艺术长处化入其中。青阳农民画中既融入了西方油画的浑厚笃实，也吸纳了速写的重线条长处；既有工笔画的细微毕现，也能如漫画般将对象特征予

以夸张；既有版画的简淡强烈，也有水粉画的鲜丽；既能如剪纸画般寓灵动于朴拙，也具有宣传画的直率。如沈杨林的《垛草》，画家运用了漫画的夸张手法，将草把的锯齿状特征凸现出来，而扔在空中的橙黄色草把、与大树同高的橙黄色草垛，又在黑色的背景下恰如一帧精致的剪纸画。整个画面色块厚重，给读者一种油画般强烈的视觉快感。青阳农民画就是这样通过丰富的艺术语言，完美精致地表达出农民画家对乡村日常生活的审美情趣。

四、代表画家

沈扬林，男，1963年元月出生，汉族，中专文化程度。现在青阳县杨田镇猴山村务农，为池州市美协会员、青阳县民间艺术家协会农民画分会会长。其自幼爱好画画，1980年至1987年每年参加县文化馆举办的农民画培训班，为日后农民画创作打下基础。农闲时坚持农民画创作，练习书法。所绘作品，乡土气息浓厚，地方特色明显，构图饱满，色彩明快，富有装饰趣味。1987年作品《乡间小道》《垛草》参加芜湖市民间艺术展。2008年作品《龙腾》参加首届全国农民歌会"农民画、画农民"美术作品展，获优秀奖。2009年作品《龙腾盛世》参加池州市庆祝新中国成立六十周年美展。2009年，作品《祷福》参加第二届全国农民歌会"农民画、画农民"美术作品展，其间沈扬林受展览组委会邀请现场作画，受到省委主要领导接见。2009年，作品《正月》入选青阳县农民画挂历，近十幅作品编入青阳农民画册。

第十讲

山水人文皖江游

皖江地区是连接长三角和川渝鄂赣的重要区段。其安庆、池州、芜湖、铜陵、马鞍山、宣城等市在地理位置上相邻,有着共同的文化基因,彰显出移民文化特征。皖江山水飘逸空灵,有着兼容并蓄的开发包容意识,常常能得风气之先,具有很强的文化辐射能力。皖江一带自然旅游资源有佛教圣地九华山、古南岳天柱山、长江绝岛小孤山,皖河、秋浦河、青弋江、巢湖等江河湖泊滋养着这片土地;古皖文化、宗教文化、铜文化、戏剧文化、诗歌文化等多种文化在此交会,不同程度上上升到主流文化圈。皖江旅游文化历史悠久,文化底蕴丰厚,诗、词、曲、赋、楹联点缀各地景观遗存,它们是皖江旅游文化的精神内核。

第一节 皖江名山与名水

一、名山

1. 万岳归宗天柱山

天柱山位于安庆市潜山县西部、长江北岸,主峰天柱峰海拔1488.4米,高耸挺立,如巨柱擎天,山也因之称为天柱山;其主峰周围有40多座群峰环拱簇拥,虚实相掩,因此,天柱山又名"潜山",潜山县因山得名。《史记》记载,公元前106年,汉武帝刘彻南巡登临天柱山,筑坛祭岳:"登临潜之天柱山,号曰南岳。"2011年,天柱山景区获批5A级旅游景区,景区面积约82.46平方千米,同年9月被联合国教科文组织批准为世界地质公园。

天柱山自然景色奇绝,苍松、翠竹、怪石、奇洞、飞瀑、深潭遍布。唐代大诗人李白写下《江上望皖公山》一诗,其中"奇峰山奇云,秀木含秀气"句赞美天柱山风景奇秀,"待吾还丹成,投迹归此地"句流露出选天柱山为自己归宿的愿望。《天柱山志》称天柱山"峰无不奇,石无不怪,洞无不幽,泉无不秀"。白居易赞美天柱山："天柱一峰擎日月，洞门千仞锁云雷。"明代诗人李庚赞曰："天下有奇观，争似此山好。"

天柱山人文景观丰富。唐末佛、道两教均在此造刹建观，传经布道，其中以中华禅宗第三代祖庭三祖寺和山谷流泉摩崖石刻遗址遗迹最具价值。三祖寺又名山谷寺，又书乾元禅寺，为天柱山风景区南大门，始建于南朝梁武帝时，现被列为我国佛教重点寺院。三祖寺西的"山谷流泉摩崖石刻"，共镌唐贞元以来，至民国晚期期间的各种石刻近300方。有唐李翱、宋王安石、黄庭坚真书手迹。石刻诗、文、题、记俱全，行、楷、隶、篆、草皆有，是一座古代书法名作的天然博物馆。

天柱山

2. 长江绝岛小孤山

小孤山坐落于宿松县城东南60公里的长江中，周围1里，海拔78米。其原是江中石屿，开始形成于两百万年前第四纪冰川时期，以奇、险、独、孤而著称，素有"长江绝岛，中流砥柱""长江天柱""江上蓬莱"之美称。"东看太师椅、南望一支笔、西观似悬钟、北眺啸天龙"为对其最形象的描写。世人因其山形如古代妇女头上发髻，故又称之为髻山。因小孤与小姑同音，人们又将此山称为小姑山。小孤山与江西彭泽县的彭郎矶隔江相望，当地流传着"小姑嫁彭郎"的故事，人们在小孤山上建成的小姑庙里塑了彭郎像，在彭郎矶上造起的彭郎庙里立了小姑像。

小孤山孤峰独立，虽属弹丸之地，但风姿秀逸，自山下至山顶，亭、塔、楼、阁错落有致、古树翠竹掩映，天水一色。登山揽胜的唯一门户"一天门"上，镌刻着乾隆"灵昭江屿"篆书题额。小孤山自古为兵家必争之地，被称

小孤山

为"海门第一关"，朱元璋与陈友谅、太平天国军与曾国藩的湘军、王阳明与朱宸濠都曾在此角逐交锋。

动人的传说与奇秀的风光使小孤山充满浪漫情调。苏东坡的"大孤小孤江中央"是脍炙人口的名句。陆游《游小孤山记》说："凡江中独山，如金山、焦山、落星之类，皆名天下。然峭拔秀丽，皆不可与小孤比。"小孤山为诗人们所青睐，最初有谢灵运，既而有顾况、卢仝、王安石、王十朋、陆游、王守仁、袁枚……连明朝皇帝朱元璋、朱厚熜也来附庸风雅。画家们则纷纷将小孤山入画，唐代李思训的《长江绝岛图》，画的就是小孤山与鄱阳湖上的大孤山。泊船小孤山下，沿着那365级石阶登高纵目，樯帆逶迤，大江澎湃，水阔天高，实有"独立苍苔听鸟啼"的意境。

3. 火山运动造浮山

浮山位于铜陵市枞阳县境内，古名浮渡山，因其"东西南北皆水汇""山浮水面水浮山"而得名，面积15平方公里，最高峰海拔165米，大部分山峰海拔在100米左右，1983年被列为省级风景名胜区，1992年被

列为国家森林公园，2001年又被列为国家地质公园。

浮山是一座沉睡亿年之久的神奇古火山。在距今约1.4亿年至1亿年的侏罗纪晚期至白垩纪早期近4000万年中，浮山曾几度喷发，中间还有一次岩浆侵入活动，火山地貌典型完整，有陡崖、叠嶂、岩洞、龟裂纹、柱状节理、喷气孔等。大自然一亿多年风雨的精雕细刻，让山上遍布叠嶂、峭壁、岩洞、怪石、岩钟、涧流、幽谷，形成了壮美的地质奇观：奇峰突兀盆地之中，石壁耸入云霄之上，幽洞藏于山壁，天池生于绝顶。

浮山自然奇观和人文景观交相辉映。这里佛教文化浓厚，高僧辈出、名刹林立，还有江南最大的岩洞摩崖石刻长廊和宋代莲花座及石雕佛像群。浮山摩崖石刻长廊现存唐宋至民国时期石刻480余块，其中唐刻11幅、宋刻24幅、元刻2幅，明清居多。石刻作者有文学巨匠、禅师高僧、官宦名流

枞阳浮山雪浪岩

等，内容不一而足，涉及诗词、游记、庵堂碑记、题诗留名等。石刻风格各异，有的铁画银钩，有的清瘦严谨，有的丰韵饱满，有的端庄秀丽，有的龙飞凤舞。字体大者1米见方，小者不及1寸。1981年，摩崖石刻被列为省级重点文物保护单位。

4. 莲花佛国九华山

九华山位于安徽省南部的池州市青阳县，是中国四大佛教名山之一。九华山主体由花岗岩构成，以峰为主，盆地峡谷、溪涧流泉交织其中。九华山有名峰70余座，千米以上高峰30余座，最高峰十王峰海拔1342米。九华山风景区面积120平方千米，山间深沟峡谷遍布，垂涧渊潭，流泉飞瀑，气象万千。九华山处处有景，移步换景，加之四季分明的时景和日出、晚

霞、云海、雾凇、雪霰、佛光等天象奇观,美不胜收,令人流连忘返,素有"秀甲江南""东南第一山"之誉。九华山是国家首批自然与文化双遗产地,现为国家5A级旅游景区、全国文明风景旅游区示范点。

九华山古称陵阳山,南朝时,因此山奇秀,高出云表,峰峦异状,其数有九,故称九子山。唐天宝十三年(754)冬,诗人李白因目睹九华山秀异,九峰如莲花,触景生情,在与友人唱和的《改九子山为九华山联句并序》中曰"妙有分二气,灵山开九华",因此改"九子山"为"九华山"。天宝十四年(755),李白游山期间作诗赠友韦仲堪云:"昔在九江(长江)上,遥望九华峰,天河挂绿水,秀出九芙蓉。我欲一挥手,谁人可相从?君为东道主,于此卧云松。"其中"天河挂绿水,秀出九芙蓉"一句更使九华山名扬千古。自李白之后,许多文人学者接踵而至,唐代刘禹锡观山时赞叹"奇峰一见惊魂魄""自是造化一尤物""江边一幅王维画,石上千年李白诗"。另外,还有杜牧、梅尧臣、王安石等名家留有大量诗文。九华山还有太白书堂、阳明书院、甘泉书院等20余处书院遗址。九华山宗教文化、建筑文化、石刻文化、民俗文化、饮食文化、茶文化等文化,异彩纷呈,独具特色,令人惊叹。

唐开元年间,新罗国圣僧金乔觉(俗称金地藏)在九华山苦心修炼数十载,圆寂后肉身三年不腐,僧众认定其为"地藏菩萨灵迹示现",建肉身塔和肉身殿以供奉。九华山因此成为地藏菩萨的道场。据记载,九华山在清代佛教鼎盛时有寺庙300余座,僧尼4000多人。今存寺庙90余座(其中9座被列为全国重点寺院,30座被列为省级重点寺院),有僧尼近600人,存真身(肉身)5尊,佛像6300余尊,历代佛学经籍、法器等文物2000余件。1978年以来,九华山佛教协会每年都举行"地藏法会"或"祈祷世界和平法会",悬挂"南无大愿地藏王菩萨法会"飘幡。来山参加地藏法会的港澳同胞、海外侨胞、四众弟子及十方善男信女,逐年增多。

5. "长江锁钥"天门山

天门山是东、西梁山的合称,雄踞芜湖市北郊长江畔,夹江而立。《舆地志》记载:"博望、梁山,东西隔江,相对如门,相去数里,谓之天门。"故名天门山。东梁山,原名博望山,海拔81米。西梁山,原名梁山,海拔90米,由大陀山和小陀山组成。西梁山古有"天门八景",且随早晚和四季的变化而各不相同，赏心悦目，美不胜收。天门山以"奇、险、峻、秀"著称，"天门烟浪"是芜湖市新十景之一。

天门山扼守长江咽喉，素有"长江要塞""长江锁钥""吴楚天门"之称，历来为兵家必争之地。早在鲁昭公十七年（前525），"吴伐楚战于长岸（指西梁山）"，楚夺吴国宝"余皇"船藏于峭壁下洞坑，今洞窟旧址犹存。继后，魏晋南北朝，宋、齐、梁、陈、元，历代定都建邺（今南京），均把天门山作为军事门户，屯兵设防。太平天国在南京建都后，曾以"芜湖为屏障，以东西梁山为锁钥"，同清军展开多次鏖战，至今尚留有营盘和炮台遗址。在新民主主义革命战争史上，西梁山是渡江战役的重要战场。新中国成立后在西梁山上建了人民英雄纪念碑，革命烈士塔、亭、墓等系列建筑，以缅怀英烈们的丰功伟绩。

天门山文化积淀深厚。始建于公元1246年的天门书院和别具特色的铜佛寺是两处不可多得的人文景观。东晋王羲之在西梁山留下十分珍贵的"振衣濯足"之石，经1600多年风雨剥蚀仍清晰可辨。唐开元十四年（726），李白的《望天门山》"天门中断楚江开，碧水东流至此回。两岸青山相对出，孤帆一片日边来"成千古绝唱。李白之后，历代诗人纷至沓来。南宋杨万里，宋代贺铸，明代王世贞、解缙，清代越南使者阮莹辉都有关于天门山的诗文存世，使得天门山成为皖江边上一颗耀眼的明珠。

6. "千古一秀"采石矶

采石矶位于马鞍山市区西南约5公里长江东岸的翠螺山，是山西麓突兀于江中的悬崖峭壁，古称牛渚矶。采石矶和岳阳城陵矶、南京燕子矶合称"长江三矶"。采石矶以山势险峻、风光绮丽、古迹众多而被列为三矶之首，素有"千古一秀"之誉。相传采石矶为李白醉酒捉月溺死之处，至今仍有太白楼、捉月亭、李白衣冠冢等古迹，为游览胜地。1987年，采石矶被批准为首批省级风景名胜区；2002年被国务院列为国家重点风景名胜区；2003年被评为国家4A级旅游景区。

翠螺山原名牛渚山，相传古有金牛在此出渚。翠螺山平地拔起，山西北临大江，三面为牛渚河环抱，海拔131米，最高处是翠螺峰，犹如一只硕大的碧螺浮在水面。采石矶自古为大江南北重要津渡，因其突兀江中，绝壁临空，扼据大江要冲，水流湍急，地势险要，故为江防重镇。公元1161年，金主完颜亮发动侵宋战争，宋金双方在采石矶进行了一场决定性的水战，以完颜亮被部下杀死，侵宋战争彻底失败告终。

唐代大诗人李白，多次来采石矶登临吟咏，在这里写下了《横江词》《牛渚矶》《夜泊牛渚怀古》等脍炙人口的诗篇，民间还广为流传他身披宫锦袍、泛舟赏月、跳江捉月、骑鲸升天的神话故事。古往今来，吸引着白居易、王安石、苏东坡、陆游、文天祥等文人名士来此题诗咏唱，留下了许多著名的诗篇。

7. "江南诗山"敬亭山

敬亭山位于安徽省宣城市北，水阳江畔，原名昭亭山，晋初为避帝讳，改名敬亭山。其属黄山支脉，山势呈西南—东北走向，大小山峰60座，坐拥一峰、净峰、翠云峰三大主峰，最高峰翠云峰海拔324.1米。周围60余座山头如群鸟朝凤，似众星捧月簇拥在一峰周围。敬亭山虽不高，但在此丘陵地带拔地而起。远看满目青翠，云漫雾绕，犹如猛虎卧伏；近观林壑幽深，泉水淙淙，显得格外灵秀。历代修建的楼台亭阁、寺庙宫观、摩崖石刻等风景名胜多达50余处，现有全国重点文物保护单位广教寺双塔、弘愿寺、古昭亭牌坊、皇姑坟等遗址遗迹。同时，这里动植物资源丰富，包括国家一级保护动物扬子鳄和敬亭特产的敬亭蝾螈等。其中，杜鹃花为敬亭山花，李白有"蜀国曾闻子规啼，宣城又见杜鹃花"之名句。敬亭山有四大文化特色——诗、茶、佛、酒。"敬亭绿雪"是产于敬亭山的历史文化名茶，初创于明代，盛于清代，郭沫若先生曾挥毫为其题名。清代诗人施闰章（宣城人）在《叔父寄敬亭茶题封曰手制》中写道："枝枝经手摘，贵真不贵多。念我骨肉亲，欲归会无因。游子感故物，惆怅江南春。"

敬亭山是中国历史文化名山，也是宣城文化魂之所在。正所谓"山不在高，有仙则名"。自南齐谢朓《游敬亭山》和唐朝李白《独坐敬亭山》诗篇被广为传颂后，敬亭山声名鹊起，白居易、杜牧、韩愈、刘禹锡、王维、孟浩然、李商隐、颜真卿、韦应物、陆龟蒙、苏东坡、梅尧臣、汤显祖、施闰章、梅清、梅庚等名家纷纷慕名登临，吟诗作赋，绘画写记。清朝画僧石涛更是驻锡于敬亭山脚下的广教寺，以敬亭风光为背景，留下传世名作《石涛罗汉百开册页》。中国历代颂扬敬亭山的诗、文、词、画达千数,敬亭山遂被称为"江南诗山",正如唐朝著名诗人刘禹锡所说:"宣城谢守一首诗,遂使声名齐五岳。"抗日战争时期,陈毅将军率部东进,途经宣城时即兴吟《由宣城泛湖东下》七绝一首:"敬亭山下橹声柔,雨洒江天似梦游。李谢诗魂今在否?湖光照破万年愁。"

二、名水

1. 孔雀东南飞——皖河

皖河属长江支流,由皖水、潜水、长河三大支流组成。其发源于安徽省岳西县境黄梅尖南麓(以长河为正源),经岳西、潜山、太湖、望江、怀宁、安庆5县1市,在安庆市西郊沙帽洲南注入长江。河道全长227公里,总流域面积6442平方公里。皖河是安庆人心中的母亲河,在安庆的历史、文化等方面占有重要地位,安徽因历史上有古皖国和境内的皖山、皖河而简称"皖"。

皖河北滨有古皖口,背依柏子山,北望石门湖。这里发生过三国时期

皖河

诸葛恪屯兵与曹魏之水战、太平军挥师东（南）京之战、当地抗日游击队与日本侵略军的战斗。

皖河边的怀宁县小市镇，是经久不衰的《孔雀东南飞》之发祥地，有焦仲卿与刘兰芝的合葬墓冢，成为国内影视基地之一。京剧鼻祖程长庚、严凤英、韩再芬等一批黄梅戏表演艺术家，都出生在皖河岸边。

2. 不越雷池一步——雷池

雷池位于安徽省望江县城东南10公里处，入江处为雷港。古雷水一说源自湖北黄梅县界东流；另一说源自宿松隘口以下之水均为雷水。雷水东流至此，积而成池，故名雷池，亦名大雷池。"江湖吞天胸，蛟龙垂涎口"，此乃历代兵家必争之地。今天人们常常引用的一句成语"不越雷池一步"即源于此，

雷池

典出东晋丞相庾亮《报温峤书》：晋咸和二年（327），历阳太守苏峻反，东晋都城建康（今南京）被围，驻守寻阳的平南将军温峤准备率大军驰援，庾亮回书劝阻道："吾忧西陲，过于历阳，足下无过雷池一步也。"（见《晋书·庾亮传》）。明天启年间（1621—1627），雷池口为大量流沙所塞，雷水改道从望江县华阳镇流入长江。雷池历史悠久，文化底蕴深厚。这片乡土人文荟萃，清代钱币学家、收藏家、著作家倪模，曾任河南巡抚的倪文蔚均出生于此。

3. 流淌着诗的河——秋浦河

秋浦河原名秋浦江，又名云溪河。发源于李吴山（古属秋浦县，今归安徽省石台县珂田乡），至贵池杏花村杜坞入长江，全长180公里，从南向北穿镇而过。沿岸风光旖旎，景色迷人，有古石城遗址、昭明钓台、仰天堂等名胜古迹，是省级风景名胜区"秋浦仙境"主要组成部分。在"安徽省皖江

城市带旅游发展总体规划"中,秋浦河被列为重点综合整治和开发利用规划的四大河流之一,也是近期池州市重点打造的"秋浦河乡村旅游带"核心。

秋浦河在流经矶滩乡兴隆村处,形成了一个2千米长的龙形河湾,人们称之为"大龙湾"。现存的仙石岩刻,是一个横约60厘米竖约80厘米的窗式石刻,边框凿进约3厘米深,正对西边,石刻表面现已被苔藓沾满,字迹模糊难辨。

相传,昭明太子在其封地池州期间,因为解决老百姓很多实际的困难,帮助渡过大饥荒,所以深受老百姓的爱戴和尊敬。在昭明太子死后,当地老百姓感其恩德,向朝廷申请在当地建造衣冠冢并新建太子庙,以示纪念。时至今日,当地老百姓在每年农历正月初七和九月十九日,仍然自发地为纪念昭明太子而进行"游案"活动,演出誉为"中国戏剧活化石"的傩戏,其戏中人物原型就是昭明太子。古人有诗为证:"萧梁今已远,千古仰风流。犹见高台峙,常怀帝子游。"昭明太子在世时深爱秋浦山水风光,特别喜爱食用鳜鱼,曾称赞秋浦"水好鱼美"为"贵池",后人据此改秋浦县为贵池县,一直沿用至今。

诗仙李白曾五到秋浦,留下了许多脍炙人口的诗作。《秋浦歌十七首》

秋浦河

已成为秋浦的宣传名片。其十诗云:"千千石楠树,万万女贞林。山山白鹭满,涧涧白猿吟。君莫向秋浦,猿声碎客心。"秋浦秀美的山水、动人的神话传说和丰富的佛教文化吸引着历代文人墨客纷至沓来,留下大量诗文佳作。因此,秋浦河被誉为"流淌着诗的河"。

4. 青弋江村柳拂桥——青弋江

青弋江

青弋江主源头为安徽省黟县清溪河(又名美溪河),穿过芜湖市区后入长江。它是安徽省境内长江最大的一条支流,同时也是长江下游地区最大的支流,全长275千米,有大小支流30余条。青弋江古称"清水""泠水"或"泾溪""泾水"。唐及北宋时称青弋水。之所以称其为青弋江,是因为它发源于黄山,会石台、太平、旌德、泾县诸水后,河身渐广,春暖水涨,波涛汹涌,故曰江。

青弋江两岸风光旖旎,沙洲、农田、竹林、村舍,组成一幅优美恬静的画图。疏柳细草,江水青青,微风徐拂,沙禽掠岸,白帆远去。"青弋波光"为"南陵十景"之一。在以操舟行船为主要运输方式的历史河流中,青弋江滋润了两岸居民的生活。历代诗人骚客留下很多咏叹青弋江美丽风光的诗句。唐宝历元年(826),杜牧送好友裴坦去舒州赴任时,写下了"九华山路云遮寺,青弋江村柳拂桥"的诗句。唐代顾况《青弋江》:"凄清回泊夜,沦波激石响。村边草市桥,月下罟师网。"明人袁启旭吟咏:"青弋江头一叶舟，山光云影共沉浮。门前多是桃花水，未到春深不肯流。"汤显祖则咏道："青弋秋江接赏溪，赏心人望竹园西；青衫草色兼晴雨，白荡开花山鹩啼。"这些诗作，使得青弋江的人文底蕴愈加深厚。

5. 八百里湖天——巢湖

巢湖亦称焦湖，古称㵐湖、居巢湖，是中国第五大淡水湖，为合肥、巢湖、肥东、肥西、庐江二市三县所环抱。巢湖是中生代三叠纪断裂褶皱成湖，距今约1万年。安徽省环境科学研究所考证，古巢湖湖面约2000平方千米，由于湖泊自然变迁和历代围垦，湖面逐渐缩小。目前湖水位10米时，周长173千米，东西长54.5千米，南北宽21千米，湖面积774平方千米，总容积32.52亿立方米。巢湖水系发达，自古号称"三百六十汊"。其中较大的河流有杭埠河、白石天河、派河、南淝河、烔炀河、柘皋河、兆河等。这些河流从南、西、北三面汇入湖内，然后在巢湖市城关出湖，经裕溪河东南流至裕溪口注入长江。

巢湖地处南北地理要冲，巢湖水系遍布整个皖中，形成皖中水网，上接淮河，下达长江。巢湖南可截天堑长江，北控"淮右襟喉"合肥，左与大别山形成犄角之势，右威胁古都南京。清末李鸿章说："全皖之险为湖。"巢湖在军事上历来为"天下有事是必争之地"。巢湖唯一的通江入口——裕溪口，"正扼其（指长江）中，东西两关又从而辅翼之""虽有十万之师，未能寇大江"。

巢湖为国家级重点风景名胜区，宛如"一面宝镜"，镶嵌在江淮大地。姥山庙门上的这副长联，高度概括了巢湖千古名湖的瑰丽景观。

百八里形胜参差，欲盖览绮丽春光，正烟消雨霁，岑楼上洞启疏棂，远黛修容环献媚；

万千层涛澜汹涌，若别领清幽秋景，迨风息波恬，长夜间徒倚山渚，冰轮跃彩遍浮金。

姥山岛为八百里巢湖最大最美的一座"湖上绿洲"，与建于汉代的中庙遥遥相望，被誉为"湖天第一胜境"。2015年，中庙·姥山岛景区被批准为4A级旅游景区。姥山岛上一塔三亭六山九峰，安谧宁静，林木葱郁，景色四季宜人，岛上至今居住有90余户的原始渔家。司马光登姥山诗云："湖岛映微寒，荷菱连水天。"八百里湖天胜境独有的"巢湖新月"，居巢湖十大美景之首。"一色湖光万顷秋"，一轮明月倒映在波漪微微的湖中，犹如一颗玉珠镶在湖面上，月光、灯光、湖光交相辉映，月影、塔影、云影融成一片，四周环峰绕屏，湖面平滑如镜，月色泻落湖面，星汉映照湖中，桅灯渔火交映，汇成水天一色的气象。

巢湖自古就流传着"陷巢州，涨庐州"的传说。相传古巢湖为州，有一年大旱，小白龙私自降雨除旱，触犯了天条，被打下凡尘，遇焦姥相救。为报焦姥救命之恩，小白龙泄露天帝将陷巢湖的天机，并告知灾难来临前城门口石狮子的眼睛会变红。焦姥得讯，天天去城门口看石狮子的眼睛，有顽皮的孩子把石狮子的眼睛用颜料涂红，焦姥一看大惊，四处奔走告知巢湖百姓，很多人因此而得救。但是焦姥母女却因告知众邻而错失了逃生的机会，被滔滔洪水吞没。焦姥的身体幻化成今天的"姥山岛"，她的女儿焦姑幻化成"姑山"，焦姥跑丢的鞋子幻化成今天的"鞋山"。后人敬仰焦姥舍己救人的高尚品德，遂将所陷之湖命名为"焦湖"。这一传说在《搜神记》中有记载，《淮南子》中也有记述："夫历阳之都，一夕化而为湖。"唐代著名诗人罗隐在诗中感叹道："借问邑人沉水事，已经秦汉几千年。"康熙《巢湖志》载："湖陷于吴赤乌二年（239）七月二十三日戌时。"汉代以前的多部史书里

巢湖

都提到过"巢伯""南巢""居巢"这一诸侯国,但在汉代以后,和"巢"这座城市相关的记载却很少。2001年,在巢湖唐咀行政村发现了水下古城遗址,这可能是中国历史上资料保存最完整、最具考古价值的一座古代城市遗址。因为它已经被确认是一座城市的雏形,有专家认为这座水下城市很可能就是古巢国的都城。"陷巢州""居巢国"的说法,以前只停留在以史料为依据的历史学范畴,而唐咀水下古城遗址的发现,从考古学的角度证实了史料的记载,为研究和考证这一段历史提供了依据,为美丽的巢湖再添神秘色彩。

第二节 皖江两岸的文化名镇

一、江南名镇

1. 采菊东篱东流镇

东流镇属于池州市东至县,濒临长江南岸,因北宋大诗人黄庭坚"沧江百折来,及此始东流"诗句中的"东流"而得名。陶渊明曾隐居东流艺菊,留下了"采菊东篱下,悠然见南山"的千古名句,古称东流为"菊所""菊邑";因镇内秀峰、天然两古塔对峙,故又称"双塔"。

东流镇境内河湖交织,港口密集。世界著名湿地、国家级自然保护区——升金湖的核心区坐落在该镇。早在明代,便为皖江南岸最繁盛的地区。东流古城为国家3A级旅游景区,古民居建筑群依江而建,清一色砖木结构,错落有致,鳞次栉比,青砖灰瓦,红窗飞檐,保留了江南古镇风姿,素有"青砖小瓦马头墙、朱角飞檐鱼悬梁"之誉。风格与黄山市的屯溪老街和西递宏村古民居一脉相承,同为徽派建筑的经典之作。走进东流,扑面而来的不仅有现代城镇的风范、江南水乡的气息,而且还有田园风貌的雅韵。

《东流县志》记载,自秦汉以来,大小兵事无数,争掠不休。东流镇为安徽历史文化名镇,梁朝昭明太子萧统曾游历东流,为陶渊明立传。唐颜真卿,宋陆游、范仲淹、朱熹、辛弃疾、梅尧臣、黄庭坚、杨万里,元揭奚斯,明孔贞运、郑三俊、于谦等朝廷重臣和文人墨客都曾过访东流,留下了难以计数的诗篇。东流镇文物古迹众多,拥有陶公祠、秀峰塔、天然塔、东流古街、东流古城、曾国藩大营、炎帝庙、天主教堂等众多历史遗存和文南词等非物质文化遗产。

东流镇老街

2. 炉火天地梅龙镇

梅龙镇位于池州市东北方,东临铜陵市,西接池州市区,北濒长江。梅龙镇历史悠久,文化底蕴丰厚。西汉时称为"梅根",东汉建安年间由于在此地发现铜铁矿开始冶铁铸钱,又称为"梅根冶";三国时期,官府在其境内的五步溪(只有五步宽,故名)冶铜铸钱,人称"钱溪"。魏晋至隋唐时期,梅龙镇是江南的铜矿采冶和铸造中心,尤以铸造钱币闻名。在李白的诗篇中,就有"炉火照天地,红星乱紫烟"描写冶铜的繁忙场景的诗句。民国十二年(1923),筑大同圩,堤埂穿过梅龙,又称"梅埂"。

梅龙山清水秀,历史悠久,文化积淀丰富。新石器时代文化遗址、铸钱冶炼遗址、乾隆皇帝游迹等古迹尚存。有"圩田锦绣""江堤雄风""古冶梅根""峰台古韵""九龙戏水""游龙戏凤""青通渔歌""梅港帆影"等美丽景观。历代诗人陶渊明、李白、罗隐、姚鼐等在此写出大量诗文,"水溢梅根野,烟迷杨叶州""炉火照天地,歌曲动寒川"等脍炙人口的诗句,被传唱千秋。流行在梅龙民歌中的"早插秧苗早生根,寸金难买寸光阴""夫妻二人一条心，门前黄土变成金"等歌词，也十分朴实而优雅，说明这里传统文化积淀丰厚，品位高雅。清朝时期，梅龙镇经济非常发达，商业繁华。乾隆路过这里称赞其为"金銮殿"。从此，"泥湾府，灌口县，殷家汇象个金銮殿"成了世代相传的民谣。

梅龙镇

众多影视作品取材于梅龙镇的神话传说。相传明朝正德皇帝微服私访乘舟泊岸梅根，奇遇才女李凤姐，演出了游龙戏凤的佳话，京剧《梅龙镇》即取材于此。近年来，在此拍摄的相关影视作品有《天下无双》和《龙凤店》等。

3. 通衢要津大通镇

大通镇地处长江下游南岸，位于铜陵市西南角，是一座拥有千年历史的江南小镇，是九华山头天门所在地，古名澜溪。史志记载，唐朝时在大通镇开始设立水驿，称为大通水驿。到了南宋时期，这种"日出而市，及午而散"的集市活动被常态化的经济单位"镇"所代替。诗人杨万里《舟过大通镇》中"渔罾最碍船""鱼蟹不论钱"的诗句，是农村渔民生活的生动写照。除经济活动比较繁荣外，大通镇也逐渐成为当地的政治中心。明代洪武初年，大通设立巡检司、河泊所、驿运站等机构，清朝时设大通水师营，"辖枞阳以下水东至荻港水面"。同治初年，兴建大通参将衙，驻参将统帅水陆清军近千人，还设有"纳厘助饷"的厘金局和专征江西、两湖及安徽中路盐税的盐务督销局。到清末民初，大通与安庆、芜湖、蚌埠齐名，为安徽四大商埠之一。

大通兼揽山水之胜，临扬子江，接青通河，傍天目湖，依长龙山。有利的地形、得天独厚的自然地理条件，铸就了古镇大通山水相间、风景秀丽诗画般的美景。"澜溪罾网、羊山塔影、红庙钟声、梅冶风帆、南湖胜览、龙山夕照、鹊渚晨曦、新州灯火"为古镇八景,为人们留下风帆樯动、鱼蟹满街、岸柳如烟、人烟稠密、笙簧与钟鼓声相闻,鸟语与书声相和的滨江乡村田园古港镇形象。

大通镇的旅游资源丰富并极具特色,镇内澜溪、和悦两条古街保存完好,都是省级历史文化保护区,著名景点有:大九华头天门——大士阁、明清古井、天主教堂、古牌坊、水口景点、澜溪八景(即羊山塔影、红庙钟声、梅冶风帆、南湖胜览、龙山夕照、鹊渚晨曦、澜溪罾捕、新洲灯火)。历史名人朱元璋、洪秀全、孙中山和众多文人墨客曾在此驻足停留,游览咏唱,留下无数诗篇;封火山墙、飞檐翘角、镂花窗台、水上吊楼等明清结构建筑仍楚楚可观。镇内长龙山、慈堂湖山水相映,天然成趣。新洲万亩沙滩被誉为"水中沙漠"。

大通镇天主教钟楼

4. 五松圣地五松镇

五松镇位于安徽省铜陵市铜陵县,坐落在天井湖畔、笠帽山下,是铜陵县县政府所在地。南唐保大九年(951),改义安县为铜陵县后,将县治由顺安镇移至铜官镇(即今天的铜陵县五松镇),当时称江浒。民国二十九年(1940)始称五松镇。乾隆时《铜陵县志》载:在县南四里有五松山,镇以此得名。境内五松山依江而立,绝顶处原有古松,南宋《舆地纪胜》记载:"山旧有松,一本五枝,苍鳞老干,黛色参天。"故名"五松山"。

唐代大诗人李白,于天宝十三年(754)来到铜陵游览,在此松下同友人饮酒,见松起兴,题诗名山,诗云:"我来五松下,置酒穷跻攀,征古绝遗老,因名五松山。"五松山由此而得名。诗仙李白与五松山深有情缘,上元二年（761）再次光临五松山，在古松下赋诗赞曰："五松何清幽，胜境美沃州。"并作《绝句》抒发豪情："我爱铜官乐，千年未拟还。要须回舞袖，拂尽五松山。"李白深爱五松山的幽雅环境，在山上建起了房屋，用作读书、会友之所，后世称之为"太白书堂"，又名"五松书院"。李白之后，王安石、苏东坡、黄庭坚、李纲、王十棚、汤显祖等名士相继慕名游览、题诗、作赋。从此，"五松圣地"被历代列为"铜陵八景"之一，成为游人必到之处。

五松镇天井湖

5. 吊脚民楼西河镇

西河古镇位于芜湖县城南，与宣城、南陵、芜湖三地交界，东濒青弋江。明洪武年间，挑圩筑堤，百姓开始迁此安居，此地逐渐成为集镇，因其坐落于青弋江西岸，故得名"西河"，距今已有700多年历史。虽遭兵毁重建，其沿河老建筑屹立岸边，风貌犹存，因逐年防汛加固堤埂，故屋基低于路面1.5米左右。街道南北走向，青石路面，粉墙黛瓦，蜿蜒曲折约1200米。沿河一侧的旧宅，屋高墙峭，基部麻石驳砌，拔地数丈，汛期任凭水冲浪击岿然不动；外河沿岸青石护栏，人可通行。内侧房屋店铺多为数进串连，从街心踏青石台阶下入室内，可延伸十余米，有"皖南吊脚楼"的美誉。此外，上街头外侧有章家巷、土地巷，下街头外侧有徐会兰巷、江东巷，中街内侧有芮家巷，均为老街横连，通往沈公圩内，也可通向沿河水运埠头，显得古朴典雅。镇中还有古万年台、文昌阁、吕祖庙等遗址。

街镇坐落于青弋江畔，水路交通方便，往来船只常泊于此歇宿，此地成为山区竹、木、柴、炭销售集散地，来自下游的粮商在此设点收购粮食，商业市场非常繁荣。特色小吃闻名遐迩，有名的糕饼店有王义隆、元泰和，加工的糕点花色繁多，尤其是方片糕制作精细，片薄匀整而香甜。古镇上王家腊肠、王家腊肉等秘制腊味，有近300年的历史，肉香醇美，回味无穷。电视剧《米市春秋》就拍摄于此地。

西河镇

6. 会馆鼻祖桃花潭镇

桃花潭镇位于长江支流青弋江的源头，泾县西南部，南与黄山市接壤，西与九华山毗邻。境内自然风光优美，有全省最大的水电站——陈村水电站和烟波浩渺的太平湖。桃花潭镇历史悠久，文化底蕴丰厚，文化遗存丰富，保留了规模庞大密集的古建筑群，有屹立千年的垒玉墩、深藏奥妙的书板石、李白醉卧的彩虹岗、踏歌声声的古岸阁、青砖黑瓦的古民居。

唐天宝十四年（755），泾县名士汪伦十分仰慕李白的为人和才学，很希望结识李白。于是他给李白写了一封信：先生好游乎？此地有十里桃花。先生好饮乎？此地有万家酒店。李白接信后欣然前往，到后才发现信中所言"十里桃花"是一个又大又深的水潭——桃花潭，"万家酒店"是一家酒店，店主姓万，并不是一万家酒店。但泾县之约并没有让李白失望，主人的深情厚谊深深地打动了他，临别时，李白动情地吟出了"桃花潭水深千尺，不及汪伦送我情"这一千古绝唱，从此，桃花潭声名鹊起，文人雅士游踵不绝。为了纪念李白与泾县的深厚

桃花潭镇

情谊，后人兴建了太白楼、踏歌岸阁等，历代又陆续建了义门、怀仙阁、梦潭轩、中华第一祠（翟氏宗祠）、文昌阁、万村和水东老街、南阳镇门楼等古建筑群，古街、祠、阁、塔，遍及整个景区。画龙雕凤的古民居现保存一百多幢，尤其是被中国高级古建筑专家罗哲文题名为"中华第一祠"的翟氏宗祠，占地面积、建筑风格和特色，都超过了省内外一些大宗祠，仅历代皇帝将臣赐名的匾额就有100多块，在国内实属罕见。此地闻名全国的皖南三雕——石雕、砖雕、木雕多且完整。隋开皇年间，万姓始祖万鹏举率乡民从陕西扶风县转辗江西南昌，最后落居泾县桃花潭。扶风会馆是安徽创立最早的一家姓氏会馆，被国内外文物专家称为"中国会馆的鼻祖"，形成别具一格的桃花潭景区。先后曾有多家电视台来此拍摄10多部影视剧，如《乡亲》《翡翠麻将》《太白仙踪》《唐诗的故事》《唐诗50首》《没有桃花的桃花潭》等。一位新加坡友人如此评价："桃花潭的自然景观和人文景观简直是一座天然的艺术馆。"国际旅游组织专家恩莱特来景区考察后，欣然挥笔题词："桃花潭一天胜似天堂一年。"

7. 徽风皖韵水东镇

水东镇位于宣城市宣州区东南，始建于唐代，距今已有1100多年历史。水阳江沿镇西南流过，与水西村（现杨林乡西戴村）隔河相望，故名"水东"。

水东镇是国家级文明村镇、省级历史文化名镇、省最佳旅游乡镇和省级重点中心镇。明清时期，古镇水东因水阳江这条"黄金水道"而成为鼎盛的商埠码头。水东镇文化底蕴极为丰富，并遗留下许多文物古迹和人文景观。与徽派建筑一脉相承的水东老街，上街头、下街头、正街、横街、当铺街、网子街、沈家巷等街巷纵横交错，形成连环街市。青石板铺成的街

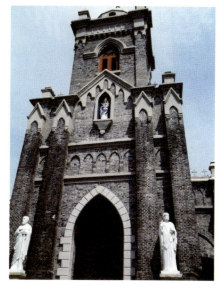

水东镇的天主教堂

道两侧，青砖灰瓦，飞檐重叠，更显盎然古意和徽风皖韵。建筑内部架构简洁匀称，雕梁画栋，独具匠心，有很高的工艺水准和研究价值。其中，代表性建筑有"大夫第""乌龙院""防火钟楼""汪同发油坊""庆昌仁当铺"等。老街入口处的宁东寺（又名三官殿），始建于唐代，是宣州现存最古老的寺庙。老街一隅伫立的水东圣母堂，是皖南第一座哥特式天主教堂，也是华东六省市两座最大的天主教堂之一。水东圣母堂与上海佘山圣母堂齐名，在东南亚具有很高的知名度。

老街极具特色的历史遗留是"十八踏"和"五道井"。建筑选址时，充分考虑到地理、水文等自然因素，古镇商业街区及居住区分布在地理位置较高、河流上游地段，整个镇区与水阳江地段形成落差。因此，古人在横街、当铺街、正街的交界处用当地青石砌筑十八级台阶，石板铺路直通水阳江水运码头，成为古镇对外交通的必经之路，故得名"十八踏"。"十八踏"入口处建有一幢二层门楼，古朴典雅，与老街风貌浑然一体。水东镇共建有古井五道，分布在老街的主要出入口，自"十八踏"沿后街依次排列，每道井相距五十余米。水井全由青石砌成，成方形。井下部建有长二十余米的淘洗水池，一道石拱小桥落在井之间，从而划分了用水类别：桥上饮用，桥下盥洗。井水为地下泉水，冬暖夏凉，清澈见底，甘洌可口，终年不涸。

8. 韵学流芳胡乐镇

胡乐镇位于宁国市西南部，港口湾水库上游，是一座具有千年历史的安徽历史文化名镇。相传胡乐地名来自人名胡乐，胡乐一家从江西迁至黄山脚下，当时这里一片荒凉，渺无人烟，一家人在此开荒种地，后代繁衍发展，成为当地颇有名气的氏族，因此把此地命名为"胡乐"。又有人认为胡乐由徽庆乡胡骆坑一词音变转换而来，胡骆当地发音与胡乐相近，逐渐混淆成为胡乐。南宋初年，诗人杨万里经过胡乐时曾赋诗《过胡骆坑二首》，说明南宋时期此地即称"胡乐"了。明代初期，朝廷在全国36座水陆交通重镇设立直隶中央巡检司，胡乐巡检司就是其中之一，并有巡检兵卒。

胡乐镇文化属徽文化体系，千年古镇徽派建筑一条街保存较好。尤其是清代著名神童周赟的故居，始建于1848年，建筑面积约465平方米。周赟精通韵律，首创《六声韵学》，将固有的汉字四声增分为六声，即取平、去两声字横列阴平、阳平、上阳、阳去、阴去、入阴六字为六声。其因此得到清廷兵部尚书曾国藩赏识，奏请清廷授以二品教官，亲手书赠"六声堂"匾额和"二品教官天下有，六声韵学古来无"的对联。周氏祠堂是砖木结构，其间有大量的柱础和文字、雕刻，属于典型的清代建筑，2004年被列为省重点文物保护单位。

胡乐镇

胡乐拥有华东地区面积最大的原始红豆杉群落，红豆杉核心区面积3000亩，保护区面积达1.2万亩。胡乐"笔石"，是一种古生物化石，是中奥陶纪、晚奥陶纪的分界标志物，在地质学界，"宁国组"及"胡乐组"作为专门词汇，长期以来备受地质学家和古生物学家的高度关注。

9. 吴风遗泽梅渚镇

梅渚镇地处皖东南边陲，距郎溪县城16公里，有皖东南"门户"之称。梅渚镇形成于南北朝时期，迄今约1500年。

梅渚古为春秋时吴国辖区，在社会经济、文化教育、民间风俗等方面与"吴风"有着千丝万缕的联系。其地方言主承古吴语，兼有其他地方语言的影响，在历史的演变过程中，形成独特风格，被称为土著语，又称定埠话，在全国方言体系中独一无二。梅渚的民俗文化沿袭千年，闻名遐迩。2008年11月，梅渚被国家文化部命名为"中国民间文化艺术之乡"。最具代表性的古老习俗首推定埠的"跳五猖"和"走马灯"。"跳五猖"为濒临失传的民间古典神舞，约传承于明末，属"傩戏"的一个支流，已列入《国家级非物质文化遗产名录》。作为民间艺术形式，它有着独特风格。跳舞时由善舞者带盔披甲，头插雉尾，背插威武旗，双手执长刀，戴上神脸面具。除"五猖"神外，还配有以和尚、道士、土地、判官四神，也戴面具。其装束与戏剧形象相似，唯和尚特殊，面具是整个头像套戴，青光头，笑容露齿，又穿袈裟，宽服大袖，手拿一把大纸扇。

梅渚镇"跳五猖"

整个神舞布局是"五猖"神围圆形端坐，其余神先后出场。定埠小马灯充满乡土味，玩灯者皆为十岁左右的孩童，以阵式多变，舞姿优美，音乐动听等特色著称于世。大小马灯、大小锣鼓已列为省级非物质文化遗产。

二、江北名镇

1. 佛塔圣地响肠镇

响肠镇位于岳西县城东南约9公里处，是安徽省历史文化名镇，拥有省、市、县级文物保护单位28处。响肠镇人杰地灵，文化名人陈独秀、赵朴初、朱光潜、张恨水等皆出自此地，素有"文墨之乡"的美誉。响肠镇是一块红色土地，著名的请水寨暴动就发祥于这里。古遗迹千佛塔、惜字亭和古村落被誉为响肠"三宝"。

千佛塔始建于东晋咸和年间，距今近1700年。《安庆府志》记载："后山寺，一名法云寺，晋创明末寇焚。"四方七层28米（残高20.6米），青砖砌筑而成，塔基宽3.5米，为条石砌成。中有塔心室，中空至顶。每层内外壁各有40个砖雕神龛，每龛内有一大二小三尊佛像，系印模烧制图案，中为如来佛祖，左为伽叶右为阿傩，因每层皆雕有大量佛像，共计有1680尊。类似于这样的方形古塔全国仅存四座。千佛塔堪称世界级文化瑰宝，是第七批全国重点文物保护单位。

惜字亭是一座三层楼高的青砖塔，建于清代。高16.7米，基座周长18

米，三层六方形，砖石结构塔式建筑。每层飞檐斗拱，下饰各式花纹图案，底层空心室，空高 3.35 米。塔顶有自生藤树雀恋鸠飞；塔下流水潺潺，桥横闹市，景色宜人。在响肠镇古时候人们烧有字的东西，不能在家里烧，要拿到惜字亭边烧才没有罪过，反映了当地人们尊重文化、敬惜字纸的民风和传统。响肠镇的响肠、清水寨两村建筑兼具皖西南徽派、江西围屋、北方大院特征，是皖南建筑代表作。建于明清时期的响肠老街、大夫第、方氏宗祠、万家楼大屋、胡氏宗祠等，以厚重的历史文化、古典的建筑风格、栩栩如生的雕刻艺术备受世人瞩目，被列为第一批中国传统古村落，为研究明清建筑文化和宗法文化提供了大量的实物标本。

响肠镇惜字亭

2. 名世故里孔城镇

孔城镇位于桐城市东部，与庐江县、枞阳县接壤。孔城镇自古以来就是商埠重镇，历史悠久，人文资源丰富。1999 年被列为安徽省省级中心镇，2006 年入选省级历史文化名镇。宋《元丰九域志》载："淮南路舒州九镇，孔城即九镇之一。"镇内各种遗迹较多，特别是明清古迹比比皆是，"桐城八景"中的"孔城暮雪""荻埠归帆""桐梓晴岚"三景即出自孔城；在孔城镇的北面有"江北小九华"之称的著名佛教胜地——藻青山，山色秀美妙趣玲珑，山顶建筑鳞次栉比、亭台楼榭风格迥异；有著名旅游景点如大雄宝殿、藏经阁、拜佛堂、慈云庵等。

孔城老街已有 1800 多年历史，绵延数里，按照保甲制度将街道分为十甲，每甲之间有闸门隔挡。南北走向，呈 S 形，地势南低北高，一条主街，两条横街，另有三巷一弄。总长约 3 公里，街道宽度为 3 米左右，街、巷、弄路面均为麻石所铺，总面积 17 万平方米。老街店铺房舍皆为青砖灰瓦,属徽派建筑,飞檐翘角,木镂花窗,鳞次栉比,建筑风格古朴苍劲,木制阁楼、青石板街面更是江北奇观,尤以民居、祠堂和牌坊最为典型,被誉为"徽州古建三绝"。临街铺面保存完好,是华东地区保存最为完整、体量最大、原汁原味的老街之一,著名的桐乡书院、朝阳楼坐落其中。孔城文化名人众多,有清桐城派作家戴名世、刘开、戴钧衡等。戴名世死于康熙五十二年(1713),死后葬在今天的清水塘村南山岗,其坟墓被称为"榜眼坟",属省级重点文物保护单

孔城镇

位。为方便百姓出行所建的南山桥、永德桥、五里桥、八里桥、了了桥,皆有留存。

3. 二龙戏珠烔炀镇

烔炀镇位于巢湖北岸,巢湖、合肥两市之间。烔炀镇取名于烔炀河,原名烔炀河镇,因烔、炀两水汇合入巢湖而得名,是一块"二龙戏珠"的风水宝地。烔河原名桐河,发源于肥东县桐山南麓,炀河原名杨河,发源于镇西的杨子山,两河交汇于镇南,形成桐杨河。古时因镇区经常遭遇水灾,百姓为避水患,欲以火来克水,故将桐杨河的"桐""杨"二字的木字旁,改为火字旁,形成了今天的"烔炀河"。新华字典中的"烔"字,注释为安徽巢县烔炀河镇专用字。

"借问邑人沉水事,已经秦汉几千年"。近年来,文物考古专家在烔炀镇唐咀村前的湖滩上考古发现在巢湖水下有座古城遗址,并在遗址中发现完整的陶器、玉器、银器、等文物260余件。这座1800年前中国南方大都市,因地震而沉入湖中,被称为东方亚特兰蒂斯。它给后人留下了"陷巢

州，长庐州"的传说，为这块土地蒙上了神秘的面纱。

烔炀镇建于南宋淳熙年间，有近千年的历史。烔炀镇虽然形成较早，但直至明清时期才发展繁荣，并形成一定的规模，清同治年间建制设镇，是烔炀镇的兴旺时期，常住人口近5000人。舟楫如缕，商贾如云，街景繁荣，为当时巢县西乡重镇，重要的商贸流通集散地。镇上有四街六巷，即南北主街、东街、桥东小街、南头小街和查家巷、李家巷、刘家巷、金家巷、巴家巷、罗家巷、徐家巷等，街道皆为青石板铺成，老街房屋皆为砖木结构，青砖青瓦槽门，前店后坊，大部分建筑为二层楼阁。到晚清和民国时期，镇上有京、广、杂、山等各色商店，织、砻、磨、糖、糟等多种作坊，竹木商行、茶馆酒楼、旅栈戏园、宗祠当铺、工厂匠铺等300多家，有"祖一元""亿泰和""长春园""清河园"等一批知名老字号店，旗幡猎猎，人头攒动，盛极一时。

烔炀镇李鸿章当铺

老街中最著名的当属李鸿章当铺。该当铺占地面积一千多平方米，建筑面积850平方米，砖木结构，两进两厢，前为门厅，后为经营交易大厅，上下两层，高大宽敞，其木雕、砖雕、石雕十分精美。天井的排水系统科学、独特，雨霁水干，代表了江淮地区的建筑风格，完好时堪称古代建筑之精品。

烔炀镇人才辈出，文化底蕴丰厚。明代开国重臣俞通海、俞通渊、俞通原三兄弟，在烔炀河口训练水师，为建立明朝立下战功。巢湖"三上将"之一的李克农即诞生于此，更为千年古镇增添了风采。著名社会学家费孝通先生亲笔为古镇题词"江淮古镇烔炀河"。

另外，焖炀美食很有名气，最有名的两道菜是大碟干丝和酱肉卷子，以及受朱元璋赐名并获"味招云外客，香引洞中仙"赞誉的"一品玉带糕"。

4. 会吴名城柘皋镇

柘皋，古称橐皋，西周初期群舒一支在此建立宗国，春秋时先属楚后属吴。周敬王三十年（483）鲁哀公时，吴王夫差曾在柘皋与诸侯会盟，所以柘皋又称"会吴城"。西汉置橐皋县，属九江郡。唐置橐皋镇，属巢县。南宋时改称柘皋，清末曾为安徽三大重镇之一。很多古镇只是因为传说而立名，柘皋则有3000年的历史文字记载。它曾以"兓夻"之名刻记楚简，以"橐皋"之名载入《春秋》。无论历史怎么变迁，柘皋古镇的记载都未现断代。在漫长的历史进程中，柘皋镇以得天独厚的地理位置和复杂显要的历史资历，一直是皖中财物聚散的市埠，是南北交通商旅的枢纽和江淮军事战略的要地。它既为古代区域性文化（即楚、吴、越文化）

柘皋镇北闸老街

与中原文化分野的一尊界碑，又是长江文化和黄河文化矛盾交流、冲撞与融汇的一座通埠。

柘皋地处江淮之间，雄踞南北要冲，历代军政首脑视其为战略要地。三国时期，柘皋是魏、吴两军争夺的重要据点。宋、金、元时期，这里更是战场兵道。最为著名的是南宋绍兴十一年（1141）的"柘皋之战"。此战中，宋军部署周密，指挥果断，密切配合，连续进击，斩杀金军万余人，阻止了金军渡江南进。宋军亦伤亡900余人。名义上，由张俊指挥的宋军在这次战争中先胜后败；实际上，战争结束后金军退淮北归，宋军也退到江南，宋廷与金签订了屈辱的"绍兴和议"。这是南宋初年宋军抗金战争中的一场重要战役，被后世列为"影响中国的100次战争"之一。

北闸老街，全长 200 米，街道宽 4 米，古建筑民宅约 600 余间，街面两边是"清一色"的明末清初建筑，距今近 400 年，是皖中地区古街中保存最好的一条，2007 年被巢湖市列为重点文物保护单位。在老街中段号称"天下第一铺"的李鸿章当铺，是李氏当铺的仓库和港口运输货物集散地之一。该当铺于同治和光绪年间修建。三座高大的石门门额正中雕刻八仙图案，两侧雕刻花瓶等装饰；图案虽历经沧桑，但是画面却依然栩栩如生；外观可以看到粉墙、黛瓦、马头墙和精致的砖木雕刻；风格清新典雅，工艺精湛，造型逼真，两层多进，有古井，通水、透光、排水功能俱全。当铺当时生意规模宏大，主要从事典当业务，营业范围除了柘皋地区外，还涉及合肥、定远、凤阳、嘉山、全椒等地。

柘皋镇环境优美，名胜古迹随处可见，河光、山色、古洞并存，最著名的就是"浮槎乳泉""玉栏古桥""晒书古墩""九步三井"等"柘皋八景"。柘皋早点闻名遐迩，品种繁多，精细美味，除了鸡蛋锅贴、炒面皮、三鲜锅巴和凉拌干丝"4 大件"外，红绿丝、马蹄酥、烧卖、狮子头等也风味独特。

柘皋人文荟萃，精英辈出。明代有武臣荣禄大夫、沂国公金朝兴等；清代有户部员外郎、刑部郎中汤懋纲、进士杨欲仁等；现代有国民政府考试院副院长"总统府"资政杨亮功；现代文人高植是我国第一位翻译托尔斯泰长篇巨著《复活》《安娜·卡列尼娜》的译者，郭沫若曾为其处女译本《战争与和平》作序，并与之共同出版发行。

5. 玉龙福地铜闸镇

含山县铜闸镇始建于三国赤乌年间，距今已有 1760 多年的历史，原为一条小溪绕街而过，因而早年得名"铜溪古镇"，后在此建造铜城堰闸，故更名为铜城闸。铜城堰闸地理位置重要，曾管辖 72 个圩口 110 万亩良田，古有"倒掉铜城闸，淹到和州塔"之说。铜城闸境内有享誉"江北小九华"之称的太湖寺和全国重点保护文物单位——凌家滩古文化遗址，以及华东最大的养鹿场——太湖山养鹿场和太湖山国家森林公园。

凌家滩聚落遗址发现于 1985 年，经碳 14 测定，其年代距今 5500 年至 5300 年，是目前我国考古发现的唯一一处新石器时代的远古文明，为探索中华文明的源流提供了可靠的依据，被评为 1998 年全国十大考古新发现之一。在凌家滩遗址发现的红陶块建筑遗迹,是目前为止我国新石器时代发现最早、面积最大的红陶块建筑。陶块是我国砖的祖先,是研究我国建筑史的实物资料。同时,在凌家滩墓葬出土的大批玉礼器制作工艺堪称一绝,尤其是管钻技术表现出极高水准。凌家滩出土的玉龙首尾相接,两角耸起,脑门阴刻皱纹,显得庄重、威严,龙须、嘴、鳞、爪等各种龙的要素都已齐备,其造型和神韵都一如近人之作,令人惊叹,有"中华第一玉龙"的美誉,这也足以说明巢湖流域是龙文化的神圣故乡之一。此外,凌家滩遗址还有

铜闸镇凌家滩遗址出土文物现场

同样充满神秘色彩的巨石文化遗存。所有的这些都表明了凌家滩先民已经脱离了对自然和图腾崇拜的低级阶段,体现出玉器文明古国的特征,将中华文明史向前推进了一千多年。

6. 九福之地汤池镇

汤池,位于庐江县西部,地处大别山东部余脉,古称"坑泉"。历史上经改朝换代、建置沿革,汤池相继归属庐江郡、庐州府、庐江县。汤池街始建于明朝成化元年(1465)。明清时期,汤池街为舒、庐、桐关驿古道,上街头建有走递公文的马铺舍。清朝中期,汤池街声誉三县,名扬四方,人称"长街二里,店铺百家"。房屋构造为青砖小瓦防火墙,二层小木楼,窗格别致,门前大都有青石门槛、石狮、石蹲等。汤池境内自然风光优美,湖光、山色、翠林、温泉、人文景观众多,古有张良隐居地,近有叶挺渡江留佳句,著名的新四军江北指挥部坐落于此。

人称汤池有三宝:名茶、山珍、温泉澡。汤池得名于泉,成名于泉,盛名更因泉。被誉为"华东第一泉"的汤池温泉堪称一绝,具有水温高、水质

好、流量大的特点，有"千年池，亿年汤"之称，曾被古人誉为"九福之地"。据传，宋代王安石曾来此濯足，留下"寒泉诗所咏，独此沸如蒸；一气无冬夏，诸阳自发兴。人游不附火，虫出亦疑冰；更忆骊山下，欣然雪满塍"的诗句。

汤池白云山

汤池以特产茶叶及其他山货而成为商贸重镇。汤池盛产名茶，兰花茶、百花翠毫、雨前毛尖、春兰、炒青远销省内外。其绿茶中的珍品"白云春毫"，被评为安徽省著名茶叶。"林海寿翁"银杏树全身是宝，有800多年历史，被称为"植物活化石"；"大红宝珠"古山茶花有600年树龄，枝繁叶茂，红花争艳，人称"花坛奇观"。

7. 皖江首镇乌江镇

乌江镇，地处和县东北，自长江逆水而上，是八百里皖江的第一镇，素有"金陵门户"之美誉。"乌江"作为地名，首见《史记·项羽本纪》，项羽兵败垓下后，"乃欲东渡乌江，乌江亭长舣船待"。两千多年来，"乌江"之名一直沿用至今。乌江自古就是长江下游经济文化发达重镇之一。西晋至明朝，乌江共有1083年的县治历史，南北朝时还曾有120年的郡治历史。特别是在明朝和民国时期，乌江因临近当时的"国都"南京而受其辐射影响，市况繁荣，鼎盛一时。

乌江古镇，街道纵横，建筑多呈低矮的深巷，青石板路面，狭窄而长，惠北社区至今还较好地保存了明清商业古街和古民居风貌。"乌江卫花"美名远扬，清代诗人吴本锡对其大为赞叹："湖广丝棉甲天下，温暖不如乌江花。贾舶欲来天气好，家家白雪晒檐牙。"乌江卫花色白，纤维细腻，质地柔软，是棉花中的上品。民国时期，宋美龄曾在乌江建造了一座全套美国设备的轧花厂，美国经济顾问团也曾在这里挂起"棉花实验区"的招牌，企图垄断棉花经营。

乌江文化底蕴深厚，是唐代乐府诗人张籍，南宋爱国词人张孝祥、书法家张即之，当代书豪范培开、草圣林散之的故里。两千年前，西楚霸王项羽在乌江"不肯过江东"，自刎身亡，结束了楚汉之争，乌江也因此而驰名天下，现留有西楚霸王灵祠和霸王墓等众多遗迹。霸王灵祠也称项亭、项王亭、楚庙、项羽庙，历代屡经修葺与扩建，有正殿、青龙宫、行宫、水灵宫等共99间半。传说皇帝方可建祠百间，项羽虽功高业伟，但终未成帝业，故少建半间。殿内有项羽、虞姬、范增等人塑像，并有石狮、旱船、钟、鼎碑等文物。项羽叱咤风云的英雄气概引无数墨客骚人来此凭吊，唐、宋诗人孟郊、杜牧、苏舜钦、陆游、王安石、李清照等均有题诗。经过历年来多次修葺，现已修复建成了亭、台、楼、阁，四周松柏环绕，典雅古朴，吸引了络绎不绝的中外游客。项羽突围的驷马山古战场，现已建成一座引江工程水利枢纽。

乌江镇霸王祠

第三节 诗情画意游皖江

便利的水路交通，使得皖江自汉代开始经济就比较活跃。经济的繁荣带来文化的兴盛，文人雅士汇聚于皖江地区，留下大量华美诗文，皖江成为一条真正的诗歌之江。较早来到皖江的当属谢朓，他描写马鞍山的诗作《治宅》《游山》和描写宣城的诗作《之宣城郡出新林浦向板桥诗》《宣城郡内登望诗》《游敬亭山诗》等是中国山水景物诗文的开山之作。之后的李白描绘皖江地区的诗文有200多首，占他现存诗歌近四分之一。自李白后，大批文化名人如贾岛、杜牧、孟浩然、白居易、苏轼、刘禹锡、杜荀鹤、曾巩、王安石、李之仪等纷纷来到皖江，和皖江地方文化名人一起，为皖江谱写了众多壮丽的诗篇。

乾隆《铜陵县志》中收录了李白5首有关五松山的作品，既涉及美丽的景致，又涉及淳朴的民情。《铜官山》（梅尧臣）、《题灵窦泉》（王安石）、《登天王山》（吴文梓）、《登杏山有怀》（潘美恭）、《过禅定寺》（钟一元）、《铜官山》（贡奎）描绘了铜陵的铜官山、灵窦泉、天王山、杏山、禅定寺等景观。《道光繁昌县志》中收录的《隐静山》（张伯玉）、《马仁山八首》（徐傑）、《桂月峰》（夏之符）、《金峨山两首》（戴之瑾）、《偕友人登峨山桃坞》（魏康孙）、《石芸仙人洞》（魏康孙）、《游龙华寺》（古傅诗）、《游九莲洞》（黄钺）、《繁昌七景七首》（严允谐）、《锦雲峰》（徐傑）、《金峨洞》（吴升东）描绘了繁昌的隐静山、马仁山、桂月峰、金峨山、仙人洞、龙华寺、九莲洞、繁昌七景、金峨洞等繁昌县几乎所有代表性的景观。《太平府志》和《当涂县志》收录了刘禹锡、李白、梅尧臣、文天祥、苏轼、汤显祖等描绘马鞍山采石矶、天门山等代表性景观的诗文作品。这些作品都可谓水平极高的大家之作。各类古籍方志中大量的写景诗文为我们描绘出当年皖江一带的山川河流之态，如："众鸟高飞尽，孤云独去闲"的宣州敬亭山；"天柱一峰擎日月，洞门千仞锁云雷"的天柱山，"坚如勇士专场立，危比孤臣末世难"的安庆小孤山；"大龙山色碧嶙峋，春日登临祀事新。异物蜿蜒原有窟，灵湫瑞应岂无神"的安庆大龙山;"万壑染秋云,乾坤怪未了。游人无古今,天风醉花鸟"的枞阳浮山;"住锡峰头不计年,周遭螺髻簇青莲。菩提点点空山石,鸟语松风共话禅"的马仁山;"岸映松色寒,石分浪花碎"的当涂天门山;"龟游莲叶上,鸟宿芦花里"的丹阳湖;"夹岸楼台杨柳月,对船灯火荻花风"的当涂姑熟溪;"花明柳暗丹青国,日薄云浓水墨天"的无为锦绣溪;"一溪流水碧如蓝,日暖溪花醉欲酣""溪上山光翠欲流,云边泉落石崖幽"的桐溪;等等,这些名山大川都是诗人笔下歌咏描写的对象。不止如此,方志中还收录了大量的描述亭台楼阁、风土物产的诗文。诗人们以饱满细腻的笔触描绘了皖江地区的动植物,如杜鹃、松树、兰花、杨柳、梧桐、竹子、云木、枫树、石榴、杨树、荷花、藤萝、菊花、芦花、桃李、丹桂、茱萸等树木花草,山鸡、白鹭、白鹇、猿、锦驼鸟、山鹧鸪、山鹊、白鹤、鸥、鹭鸶等具有江南水乡特色的鸟兽,这些鸟兽在诗人的笔下无不给人以美的享受。又如"松寺曾同一鹤栖,夜深台殿月高低"的开元寺,"天下宣城花木瓜,日华沾露绣成花"的木瓜,"瑶浆仿佛金茎露,莹色分明玉井冰"的雪梨,"兰秋香风远,松寒不改容。松兰相因依,萧艾徒丰茸"中的松和兰等。诗人们还以热情的笔触赞美讴歌了皖江地区劳动人民的纯朴和热情,方志中辑录了大量的描写皖江人民日常生活交往和劳作场面的诗歌,冶铜、采铅、捕鱼、捕鸟、采莲、伐木、撑船、摆渡等劳动场面,月夜放歌、水边轻舞、少男少女边采莲边谈情、老年夫妻共同劳作,以及客人来时洒扫、烹茗、酤酒、对酌等生活场面,无不体现皖江地方特色。如诗人沈泌的《采茶谣》《种姜谣》《割蜜谣》《割漆谣》《斫笋谣》《捕狸谣》《雪梨谣》《木瓜谣》等,既歌咏了家乡的风物,又赞美了劳动人民的勤劳,这类诗文在方志中辑录的也尤其多。

  皖江不仅每一处有代表性的风景名胜都有诗人歌咏,甚至同一处景观都有历代不同诗人作诗赞美,而且在不同诗人的笔下呈现出很大的不同。如九华山,李白遥望九华山"天河挂绿水,秀出九芙蓉",写出了九华山的秀丽和奇丽;杜牧遥望九华山"凌空瘦骨寒如削,照水清光翠且重",写出了九华山的秀丽和山水相映;宋人潘阆雨后江边望九华山"好是雨后江上望,白云堆里泼浓兰",写出了九华山的飘渺和神秘。同一个九华山,在这些诗人的笔下呈现了她多彩多姿的美。

2014年2月，经国务院批准，《皖南国际文化旅游示范区建设发展规划纲要》(以简称《纲要》)正式颁布实施，提出将该区打造成世界一流旅游目的地，为美丽中国建设提供示范。示范区范围包括黄山、池州、安庆、宣城、铜陵、马鞍山、芜湖等七市，共47个县(市、区)，国土面积5.7万平方公里。其中黄山市、池州市、安庆市和宣城市为核心区。除黄山市外，其余均属于皖江城市带的范围。《纲要》指出，皖南国际文化旅游示范区今后将着力打造"一圈两带"文化旅游发展格局。"一圈"是指古徽州文化旅游发展圈，充分展示新安理学、新安医学、新安画派、徽派建筑、徽商文化、文房四宝、徽菜、徽茶等历史文化魅力，保持徽州文化的完整性，推动徽州文化与青山秀水、美好乡村联动，形成以黄山为中心、辐射周边的山水文化旅游圈，不断提升国际知名度和美誉度，把古徽州文化旅游发展圈打造成美丽中国建设的典范。"两带"是指"三山三湖"山水观光旅游发展带和皖江城市文化旅游发展带。"三山三湖"山水观光旅游发展带，以黄山、九华山、天柱山、太平湖、升金湖、花亭湖为节点，将皖南高品质的山水风光连为一线，充分展示精、奇、清、秀的特色，联动开发观光、文化与度假组合型旅游产品，联手开拓国际国内旅游市场，打造一批重点旅游区，培育形成世界级黄金旅游带；皖江城市文化旅游发展带，充分发挥长江黄金旅游通道的作用，突出都市休闲、生态旅游、工业旅游、游轮观光、主题公园体验、健康运动养生等主题，串接马鞍山、芜湖、宣城、铜陵、池州、安庆等皖江城市及重要景区，努力打造面向长三角、联动长江中游城市群、具有全国影响力的文化旅游带。2015年，安徽围绕打造世界一流旅游目的地，推出皖南世界遗产之旅、佛教文化观光之旅、生态休闲养生之旅等国际经典旅游线路。与此同时，黄山机场新开、加密国际航线，拓展国际游客来皖通道。黄山、池州、宣城等7市将联手谋建具有浓郁徽文化特色的世界级旅游胜地。

一、牧童遥指杏花村

唐武宗会昌四年(844)，杜牧调任池州刺史。在他任池州刺史期间，他的一位诗人朋友张祜经常在其政务闲暇时来访，两人一起饮酒论诗。古时的重阳节，人们有登高的习俗，公元 845 年的重阳节，杜牧与张祜相约携酒登上了池州的齐山。齐山，在今池州市东南约 2 公里处，山有十余峰，高度相齐，故名齐山。齐山方圆约 5 公里，状如卧虎昂首，山上怪石嶙峋，并有洞窟通幽，山色秀美。齐山脚下有清溪流过，齐山山顶还建有"翠微亭"。现在齐山石壁上所刻"齐山"二字，乃出自宋代名震四方的大清官包拯之手。

杜牧与张祜气喘吁吁攀上齐山制高点翠微亭之后，向下极目眺望，只见山脚下的清溪之水在一抹残阳斜照之下如一条玉带蜿蜒而过，山下的田园、村落都是那样苍茫而渺小。杜牧感慨良多，于是即兴吟诵一首《九日齐山登高》：

江涵秋影雁初飞，与客携酒上翠微。尘世难逢开口笑，菊花须插满头归。

但将酩酊酬佳节，不用登临恨落晖。古往今来只如此，牛山何必独沾衣。

不久，张祜别杜牧而去。又一个黄昏时分，杜牧独自登上池州九峰楼，想起宦游的孤独以及前次重阳与张祜的聚会，想起张祜虽然才华横溢，但是却不被重用，很为他鸣不平。于是，写下了一首七律《登池州九峰楼寄张祜》：

百感中来不自由，角声孤起夕阳楼。碧山终日思无尽，芳草何年恨即休。

睫在眼前长不见，道非身外更何求。谁人得似张公子，千首诗轻万户侯。

古来知音世所稀，张祜有杜牧这样一个知音，夫复何求？杜牧还写过一首脍炙人口的《清明》诗：

清明时节雨纷纷，路上行人欲断魂。

借问酒家何处有，牧童遥指杏花村。

这首诗经过长期流传，以至于后来"杏花村"就成了"产美酒的地方"的代名词。但这并不是说池州的杏花村此前是籍籍无名的，历史上，池州"杏花村"也曾名满天下。古时的池州杏花村位于池州城西，山岗上杏花遍野，村子里酒垆如肆，尤以"黄公酒垆"著名。清《杏花村志》记载："酒垆茅舍，坐落于红杏丛中，竹篱柴扉，迎湖而启，乌桕树梢，酒旗高挑，猎猎生风，令人未饮先醉。酒垆院里有一口'黄公井'，水似香泉，汲之不竭，用此水酿出的酒，为时人所争饮。"每当清明时节，春风醉雨，杏花盛开，杏花村"十里烟村一色红""村酒村花两共幽",池州杏花村曾被盛誉为"天下第一诗村"。然而,自清朝以后,兵燹四起,战乱频仍,美丽的池州杏花村渐渐被摧残得面目全非,唯有那口黄公井自唐代留存至今,井水清澈如故,成为池州杏花村千百年历史的坎坷见证。

二、追随李白的脚步

李白的一生与长江有缘。他在四川度过了少年时代,25岁离开故土,一直沿江徘徊,对八百里皖江尤为衷情。根据安旗主编的《李白全集编年注释》初步统计,李白游历安徽多达十余次。从时间上看,自诗人二十几岁"仗剑去国,辞亲远游",江行初经安徽,到晚年六十多岁流寓当涂而仙逝,跨越了人生大半。其中李白游安徽绝大多数都是在其人生第四个阶段,即中年以后。从地域范围上看,诗人先后到过唐时皖北的亳州,皖中的和州、庐州,皖西的舒州,皖南的宣州和歙州等地,涉及安徽全境。尤其是地处江南的宣州,诗人往来最多、盘桓最久,当时宣州所属诸县如宣城、南陵、秋浦、青阳、泾县、太平和当涂等地均留下了诗人往返流连的足迹。李白最后将"十之存一"的诗文托付给当涂县令李阳冰编纂成《草堂集》。如果李白不选择当涂,如果李阳冰不接受李白的托付,李白的诗文就可能散失于民间,这将是中华文化巨大的损失。当李白长眠于青山之后,因仰慕他的才华,刘禹锡、白居易、苏轼、王安石、李之仪……一直到当代的郭沫若、林散之等著名文人,像雁群般来到皖江地区拜谒李白之墓并留下难以计数的华章佳句,这些诗文是中国文化宝库中璀璨的珍珠。

李白一生多次转徙于金陵、秋浦、浔阳间,晚年更是徘徊于历阳、宣城二郡,皖江沿岸秀丽的山川风物多次出现在李白的诗文中。据统计,李白在安徽境内所作的诗歌有170多首,约占其全部诗作的六分之一,而其中又大多是称赞皖江两岸山水风光、抒发个人情怀、与皖江地区社会各阶层人士交往唱和之作。可以说,皖江山水风物之所以能吸引李白多次到此游览,乃至最终"盘桓利居,竟卒于此",是因为其自有独特之处。而李白的如椽大笔亦更进一步令此地河山生色,让后人不胜神往。李白关于皖江地区的绝妙诗文及其独特的诗人情怀,构成了皖江地区深厚的历史文化底蕴的重要组成部分。其中许多名篇佳构千古传诵,屡被后世唐诗选本所采撷,如《望天门山》《夜泊牛渚怀古》《秋登宣城谢朓北楼》《宣城谢朓楼饯别校书叔云》《独坐敬亭山》《秋浦歌·白发三千丈》《赠汪伦》《宿五松山下荀媪家》《赠张相镐二首》《宣城见杜鹃花》《哭宣城善酿纪叟》等。

皖江地区自上游沿江东下,第一站即是安庆市。李白晚年在此盘桓,写有《赠闾丘宿松》《赠闾丘处士》等几首诗。他对闾丘处士建在沙塘陂的别业十分喜爱,不仅将"竹影扫秋月,荷衣落古池。闲读山海经,散帙卧遥帷"的闲适惬意生活描写得十分诱人,而且表达了"且耽田家乐,遂旷林中期""如能树桃李,为我结茅茨"的心愿。今潜山县境内的天柱山,同样是李白向往之地,他在《江上望皖公山》一诗中描写此山"奇峰出奇云,秀木含秀气。青宴皖公山,巉绝称人意",并表达了"待吾还丹成,投迹归此地"的意愿。其中,"奇峰""奇云""秀木""秀气""青宴""巉绝"这一系列词语抓住了天柱山独有的景物特征,写得十分传神。

自安庆沿江东下,即到池州地界,境内的秋浦是李白在池州游览并作诗较多的一个地方。日本著名学者松浦友久曾经指出:"李白晚年游历秋浦,有感于秋浦地区山水之美丽而连作十七首诗,其中咏叹秋浦地区的具体事物、风景的居多……十七首中除七、十二、十五三首外,其余十四首诗每一首都明明白白是咏叹秋浦地区的事物、景物、人物的。"李白在池州描写过的地方还有碧岩山、桃陂、虾湖、白笴坡、石门山、桃花坞、苦竹岭、玉镜潭、白云寺等。这些诗作,无不抓住了景物自身迷人的特色,从不同的角度细腻地描绘了古代秋浦地区的风光景物,展示了诗人高超的艺术表现才华与语言驾驭能力,宛如一幅生动活泼的皖江风情画长卷。

李白与九华山结缘尤深。他的《改九子山为九华山联句并序》记述了他为九华山改名的经过,并用"妙有分二气,灵山开九华""青荧玉树色,缥缈羽人家"来称赞九华山的灵妙。而《望九华山赠青阳韦仲堪》中"昔在九江上,遥望九华峰。天河挂绿水,秀出九芙蓉"更是成为描写九华山秀丽风光的千古绝唱。

皖江沿岸的马鞍山市唐时属宣州当涂县,不仅是李白多次游览之地,而且是其晚年寄居之所,境内的山水风光更是多次出现在李白的诗中。"天门中断楚江开,碧水东流至此回。两岸青山相对出,孤帆一片日边来。"这首《望天门山》诗描绘的是天门山矗立江岸、对峙如门的英姿和长江奔腾而过、碧水东流的气势,清代俞陛云称"此诗赋天门山,宛然楚江风景"。

天宝十二年(753),敬亭的美景加上对谢朓的仰慕,使得李白从此与敬亭山结下不解之缘,并写下了著名的《独坐敬亭山》:"众鸟高飞尽,孤云独去闲。相看两不厌,只有敬亭山。"从这以后,敬亭山声名日著,遂有"江南诗山"之誉,历代文人慕名而来者络绎不绝。此外,李白还曾游过宣城的响山、宛溪、崔八丈水亭、谢公亭、灵源寺等处。

泾县风光尤为秀丽。李白与泾县之缘亦深。除了一首《赠汪伦》传颂千古,留下桃花潭、踏歌岸阁等古迹外,李白还写过多篇关于泾县的诗文,他在《泾川送族弟錞》描述当地美景,在《过汪氏别业二首》诗中把汪伦比作窦子明、浮丘公一样的神仙加以赞赏。

古人有"读千卷书,行万里路"之说。旅游可以开阔胸襟,启迪智慧,它与"读书"一样重要,如今旅游业已成为我国国民经济新的增长点之一。李白在皖江的游历有一条清晰的线索,这条线索可谓一条自然景观与人文历史并重的高质量旅游线,我们应整合李白关于皖江的文化资源,塑造"与诗仙李白同游皖江"的旅游品牌,促进皖江地区优美的自然景观与人文景观的完美结合,使八百里皖江成为旅游胜地,以促进皖江经济、社会和文化的和谐发展。

三、皖江黄金水道游

"浩浩长江万古流,涛声依旧歌不休,东眺千帆竞渡过,西寻万船逐浪流",皖江是长江这条黄金水道的重要组成部分,具有承东启西的作用,自古是中国自然、历史、区域、文化的交汇地带,境内自然风光秀美,人文历史璀璨,是除了皖南之外安徽旅游资源第二大丰富的地区。首先皖江流域旅游资源品位高,根据《旅游资源调查、分类与评价》,全国旅游资源分为8个主类,31个亚类,155个基本类型。皖江城市带所属范围内,其旅游资源分属8大主类,25个亚类,81个基本类型。其中,主类拥有率为100%;亚类比全国少6个,拥有率为80.65%;基本类型比全国总数少74

个，拥有率为 52.26%。高品质旅游资源的集聚，有利于旅游开发和市场宣传，为皖江黄金水道旅游吸引中远距离的游客。

其次，皖江流域文化旅游资源十分丰富，自然、人文交相辉映，组合性好。既有以九华山、天柱山、巢湖为代表的大自然馈赠的山水风光，又有以桐城文化为代表的传统文化，以禅宗为代表、九华山为仙境的宗教文化，以池州傩戏、青阳腔、黄梅戏为代表的戏曲文化，以马鞍山、池州为代表的诗歌文化等，这些传统文化资源构成差异性的旅游资源，十分有利于旅游资源的组合开发，为旅游者提供多样化、个性化、灵活性的旅游产品。通过进一步挖掘古皖文化、戏曲文化、禅宗文化内涵，统筹文化旅游资源，充分发挥文化在旅游发展中的重要作用，把优秀传统文化和现代文化结合起来，把民俗风情与舞台艺术结合起来，可以弥补单纯的水上观光游的不足。

再次，皖江流域旅游资源分布相对集中。沿皖江分布着大大小小的景观和遗迹，如临上游安庆的长江绝岛小孤山，长江中唯一的一座妈祖庙，可观赏历代名人题咏，一览大江东去的壮观景色；再登安庆的迎江寺、振风塔等。沿江而下进入池州，可一边欣赏沿江美景，一边品味李白诗篇，体悟诗人的心情。抵达铜陵后，沿李白游历路线，参观沿江的五松山景区和芜湖的中江塔。抵达马鞍山可直接游览长江三大名矶之一的采石矶风景区。采石矶又称牛渚矶，是兀立于长江南岸的一座峭壁，奇拔险峻，自古为兵家必争之地，也是传说中李白跳江捉月之处，历代名人诗赋甚多，主要景点有太白楼、燃犀亭、捉月台、三元洞及书法家林散之纪念馆等。旅游资源在皖江沿线分布的相对集中性，有利于水陆旅游结合开发，便于有效整合旅游资源、科学设计旅游线路。

四、安庆—池州生态文化游

生态旅游是一种以保护自然环境、维持生物多样性、实现可持续发展为目的的现代旅游模式。近年来，旅游界兴起了一股回归自然的全新旅游之风，越来越多的人开始走向山野林间，寻求大自然的真谛，企求大自然赐予人们的健康启迪。生态游为人们提供了一个空气清新、绿化良好的环境，这对人们的身心健康十分有益。皖江城市带是生态、文化、经济、科技等高度融合的城市群，是相辅相成、互相促进、相互统一的统一体。其中，统一融合的基础是生态，是相对静止的自然系统；统一融合的核心是文化，是长期积淀的历史过程；统一融合的现实活动是经济，是主体"人"对生态和文化的现实需求和享受，也成为与生态和文化互动交流的有效载体。生态旅游、文化体验是皖江旅游发展的重点。

九华山、天柱山、杏花村、牯牛降—仙寓山、仙龙湖、齐山—平天湖、香口温泉、秋浦本身就是生态旅游区，可开发一系列的生态旅游产品，如天柱山—白马潭漂流。目前，皖江利用自身的特色民俗和文化，打造了一批文化产业园，如安庆黄梅戏文化产业区、太湖五千年文博园、岳西国际养生文化产业园、桐城文化博物园、池州中韩旅游文化合作园区、大愿文化园、九华山旅游文化创意产业园区、杏花村文化园等，已构建一个巨大的旅游文化产业聚集区；打造了印象·九华演艺、九华佛茶演艺、古傩文化演艺、青阳腔演艺、东至花灯演艺、秋浦河水上演艺、平天湖水上演艺、安庆黄梅戏演艺、桐城派文化演艺等一系列旅游文化演艺精品。在旅游商品方面，皖江也依托自身的生态和文化优势，以九华佛事用品、茶叶、中药材、舒席、桑皮纸、青天养生布鞋等为重点素材，打造了一批旅游商品研发产销基地。

五、铜芜马时尚休闲游

皖江城市带铜陵、芜湖、马鞍山旅游资源时尚感强，如马鞍山的沐浴、铜陵的天井湖铜官府等产品，都是时尚的休闲旅游产品。遵循"城市即旅游"理念，建设了芜湖主题公园城市、铜陵铜文化主题城市、马鞍山诗歌文化主题城市。根据安徽省皖南国际旅游文化示范区旅游发展总体规划（2011—2020），可形成如下旅游线路：

以芜湖方特欢乐世界、方特梦幻王国、马仁—丫山旅游区、天井山旅游区，铜陵天井湖景区、"青铜帝国"铜文化博览园、大通古镇，马鞍山采石矶旅游区、大青山李白文化旅游区等为重点，构建一批以5A级旅游景区为龙头的精品旅游区；

以芜湖马仁楠海温泉度假区、阳光半岛旅游度假区，铜陵七洲旅游度假区，马鞍山濮塘旅游度假区、和县香泉温泉度假区、含山昭关温泉度假区等为重点，构建一批国家级、省级旅游度假区；

以芜湖古城和主题公园群为核心，构建芜湖时尚旅游城市；

以天井湖和大通镇为核心，构建铜陵铜文化主题城市；

以采石矶为核心，构建马鞍山诗歌文化主题城市；

以芜湖县、繁昌县、南陵县、铜官山区、铜陵县、当涂县、和县、含山县等为重点，构建旅游经济强县；以何湾镇、陶辛镇、大通古镇、老洲乡、采石古镇、濮塘镇、西河古镇等为重点，构建一批旅游名镇；

以芜湖动漫创意产业聚集区、汽车文化产业聚集区、大浦现代农业科技园，铜陵"青铜帝国"铜文化博览园、江南文化园，马鞍山采石矶诗歌文化创意产业园等为重点，构建旅游文化产业聚集区；

以皖江、青弋江等为重点，构建水上旅游带；

以铜陵天井湖、芜湖古城、芜湖滨江带和马鞍山采石矶等为重点，开展夜景旅游带；以青弋江水上演艺、芜湖动漫时尚演艺、芜湖世界风情演艺、马鞍山诗歌文化演艺、民歌演艺、铜陵铜文化演艺、民俗演艺等为重点，打造旅游文化演艺精品；

以芜湖铁画、动漫作品、傻子瓜子、铜艺术品、东华绿松石和洪滨丝画等为重点素材，打造一批旅游商品研发产销基地。

六、徽文化生态游

2014年皖南示范区上升为国家战略以来，各项建设稳步推进。皖江的宣城一带文化是徽文化的重要组成部分。加强徽文化保护开发，强化文化生态旅游是目前皖南示范区的建设要点。结合皖南示范区的旅游开发，皖江旅游也在重点打造遗产旅游、修学旅游、节庆旅游等旅游品牌，筹建了宣城文房四宝产业园、池州杏花村文化旅游区等一批重大文化旅游项目。

七、三大宗教游

宗教文化是皖江历史文化的主要特色。在皖江一带，世界三大宗教都有分布，其中以佛教和道教最具代表性。目前，已形成较为固定的宗教旅游线路。一是以天柱山为中心的禅宗文化旅游线路，天柱山（包括司空山）

是禅宗二祖和三祖的道场，是中国禅宗祖庭所在之地，达摩禅的中国化与中国禅宗文化的早期形成都是在这两个山上完成的；二是以九华山为中心的地藏文化旅游线路；三是以芜湖、马鞍山和巢湖为中心的道教文化旅游线路。芜湖是中国城隍庙的发源地，为皖江城隍文化的代表；无为县乃取道教清静"无为"之义；庐江县为东汉末年著名道士左慈的故乡；马鞍山当涂为李白长眠之地。李白是道教中人物，号"上清鉴逸真人"，人称"诗仙""谪仙人"，为道教诗歌文学的代表人物，唐道士司马子微谓"白有仙风道骨，可与神游八极之表"。《云笈七签》卷二十七之"洞天福地"记载，道教共有十大洞天、三十六小洞天、七十二福地，皖江地区共有三处，分别是潜山洞和巢湖地区的金庭山、鸡笼山。潜山洞在天柱山，左慈曾在此炼丹，被道教尊为"天柱真人"。鸡笼山在和县，为七十二福地之四十三福地，唐末著名道士杜光庭曾在此聚徒讲学。金庭山在巢湖，又名紫薇山，为道教七十二福地之十八福地。金庭山之紫薇观，据《巢湖县志》载创于晋咸康四年（338），相传周灵王太子王子乔曾在此炼丹。《楚辞·远游篇》有"轩辕不可追兮，吾将从王乔而娱戏，顺凯风以从游兮，至南巢而一息"句，可资佐证。宋宝祐二年（1254），敕建紫薇观，清雍正初，道士袁尚友在此建金庭洞万寿宫。另外，以沿江各大城市为中心的天主教、基督教和伊斯兰教文化在皖江芜湖、铜陵、宣城多有分布，也可在此基础上串联成固定的旅游线路。

参考文献

1. 裘士京:《江南铜研究——中国古代青铜铜源的探索》,黄山书社,2004年版。
2. 郭万清、朱玉龙:《皖江开发史》,黄山书社,2001年版。
3. 张南等:《简明安徽通史》,安徽人民出版社,1994年版。
4. 安徽省历史学会编:《魅力安徽》,合肥工业大学出版社,2009年版。
5. 游修龄:《中国稻作史》,中国农业出版社,1995年版。
6. 葛剑雄等:《简明中国移民史》,福建人民出版社,1993年版。
7. 程必定、汪青松:《皖江文化探微编》,合肥工业大学出版社,2005年版。
8. 程必定、汪青松:《皖江文化与东向发展——"第二届皖江地区历史文化研讨会"论文选编》,合肥工业大学出版社,2007年版。
9. 徐东平、盛厚林:《文化创新与皖江率先崛起——"第四届皖江地区历史文化研讨会"论文选编》,合肥工业大学出版社,2011年版。
10. 刘飞跃、李敬明:《文化引领与皖江发展——"第五届皖江地区历史文化研讨会"论文选编》,合肥工业大学,2013年版。
11. 《安徽大学简史》编写组:《安徽大学简史》,安徽大学出版社,2008年版。
12. 李国钧、王炳照等:《中国教育制度通史》,山东教育出版社,2000年版。
13. 宋敏求:《唐大诏令集》,商务印书馆,1959年版。

14. 董浩等:《全唐文》,中华书局,1983年版。
15. 安徽地方志编纂委员会:《安徽省志·商业志》,安徽人民出版社,1995年版。
16. 汪军:《皖江文化与近世中国:京剧、近代工业和新文化的源头》,合肥工业大学出版社,2004年版。
17. 安徽大学、安徽省文物考古研究所:《皖南商周青铜器》,文物出版社出版,2006年版。
18. 张光直:《中国青铜时代》,生活·读书·新知三联书店,1983年版。
19. 马克思、恩格斯:《马克思恩格斯全集》,人民出版社,1972年版。
20. 文物编辑委员会:《文物考古工作三十年(1949—1979)》,文物出版社,1979年版。
21. 吴承洛:《中国度量衡史》,商务印书馆,1937年版。
22. 赵崔莉:《清代皖江圩区社会经济透视》,安徽人民出版社,2006年版。
23. 张崇旺:《明清时期江淮地区的自然灾害与社会经济》,福建人民出版社,2006年版。
24. 中国大百科全书总编辑委员会《地理学》编辑委员会:《中国大百科全书·地理学》,中国大百科全书出版社,1990年版。
25. 葛剑雄:《中国移民史》,福建人民出版社,1997年版。
26. 殷书林:《禅源太湖》,安徽文艺出版社,2012年版。
27. 吴立民等:《禅宗宗派源流》,中国社会科学出版社,1998年版。
28. 杨曾文:《中国佛教基础知识》,宗教文化出版社,2005年版。
29. 《安徽文化史》编纂工作委员会:《安徽文化史》,南京大学出版社,2000年版。
30. 潘桂明:《中国居士佛教史》,中国社会科学出版社,2000年版。
31. 任继愈等:《佛教史》,中国社会科学出版社,1991年版。
32. 张总:《地藏信仰研究》,宗教文化出版社,2003年版。
33. 余秉颐:《安徽宗教》,安徽文艺出版社,2015年版。
34. 陈朝曙:《杨仁山传》,当代中国出版社,2011年版。
35. 天柱山志编辑委员会:《天柱山》,社会科学文献出版社,1992年版。
36. 陆洪非:《黄梅戏源流》,安徽文艺出版社,1985年版。
37. 周先慎:《中国文学十五讲》,北京大学出版社,2003年版。
38. 袁世硕:《中国古代文学作品选》,人民文学出版社,2002年版。
39. 余恕诚,周啸天,丁放:《诗情画意的安徽》,安徽大学出版社,2005年版。

40. 鲁迅:《鲁迅全集》第八卷,人民文学出版社,1957年版。
41. 钱钟书:《谈艺录》,生活·读书·新知三联书店,2007年版。
42. 朱光潜:《朱光潜全集》,安徽教育出版社,1992年版。
43. 朱光潜:《朱光潜美的人生》,新世界出版社,2012年版。
44. 朱光潜:《诗论》,北京出版社,2005年版。
45. 宗白华:《美学散步》,上海人民出版社,1981年版。
46. 宗白华:《艺境》,商务印书馆,2017年版。
47. 谢昭新:《现代皖籍作家艺术论》,安徽文艺出版社,1998年版。
48. 海子:《海子的诗》,人民文学出版社,2005年版。
49. 杨四平、谢昭新:《中国新诗理论概观》,中国文联出版社,2006年版。
50. 钱理群等:《中国现代文学三十年》(修订本),北京大学出版社,1998年版。
51. 沈从文:《沈从文文集》,湖南人民出版社,2013年版。
52. 吕慧鹃等,《中国历代著名文学家评传》,山东教育出版社,1984年版。
53. 安旗:《李白诗秘要》,三秦出版社,2001年版。
54. 郭沫若:《李白与杜甫》,中国长安出版社,2010年版。
55. 饶永:《黄宾虹客居池州诗画集》,安徽美术出版社,2008年版。
56. 孔凡礼:《苏轼年谱》,中华书局,1998年版。
57. 欧阳询:《艺文类聚》,上海古籍出版社,1982年版。
58. 沙鸥:《正在舒展的画卷:萧云从评传》,上海文艺出版社,2006年版。
59. 周大鸣,吕俊彪:《珠江流域的族群与区域文化研究》,中山大学出版社,2007年版。

后记

　　安徽地处中国东部、华东腹地，物华天宝，人杰地灵，地理位置优越，历史文化积淀深厚。长江与淮河将安徽自然划分为淮北地区、江淮之间以及长江以南三个部分。在淮河以北地区，我们拥有以老子、庄子道家思想为代表的老庄文化，以及曹操父子为核心的建安文学，学界称之为淮河文化圈；在长江以南地区，以徽州文化为代表的皖南文化集中反映了中国封建社会后期的主流文化，徽州也因此被称为"东南邹鲁"，学界称之为徽州文化圈。从学理上看，这两大文化圈的文化同质性高，其既是区域文化，又是文化区域。在这两大文化圈之间，既有在清代异军突起，薪火相传，讲究义理、考据、辞章的桐城文派，又有以"有巢氏"文化、三国文化、包公文化和淮军文化为著称的环巢湖区域文化；既有皖西南二、三祖寺为中心的佛教禅宗文化和九华山地藏文化的佛教文化，也有以青阳腔、傩戏和黄梅戏为代表的戏曲文化；既有滨江涉湖的圩田文化，又有因江河而兴的商贸文化。这种多质性的文化，其衍生和传承的区域正是皖江及其支流所涉的区域，我们称之为皖江文化。

为了更好地研究、传承和创新安徽优秀传统文化，中共安徽省委教育工委、安徽省教育厅实施了安徽优秀传统文化传承创新重大项目，组织全省专家学者，编写了《安徽优秀传统文化丛书》。《皖江文化十讲》是丛书之一，因《桐城文化八讲》《合肥文化十讲》已列入该套丛书并正式出版，故《皖江文化十讲》不再涉及桐城文化和合肥文化，以免重复。全书分十讲，40多万字，按照本书各讲的顺序，每一讲的作者分别是，第一讲谈家胜（池州学院）、第二讲裘士京（安徽师范大学）、第三讲徐彬（安徽师范大学）、第四讲庄华峰（安徽师范大学）、第五讲张邦启、孔华（池州市博物馆、池州市委党校）、第六讲尹文汉、余世磊（池州学院、太湖县文化局）、第七讲王平（安庆师范大学，现调任浙江传媒学院）、第八讲何家荣（池州学院）、第九讲纪永贵（池州学院）、第十讲陈恩虎（巢湖学院）。丛书由中共安徽省委教育工委原常务副书记高开华策划、设计提纲并主持编写工作，省教育厅科研处负责丛书编写的组织协调工作。池州学院皖南民俗文化与旅游发展研究院院长谈家胜教授负责本书的提纲撰写和组、统稿工作，并撰写前言、后记。池州学院领导及科技处同仁为本书编写的组织、协调工作给予了大力支持，安徽大学出版社对该书的编辑出版做了卓有成效的工作。

本书2016年底即已完成了初稿的编撰工作，但修缮、定稿工作却因人事变动而迟滞。在本书即将付梓之际，我们谨向为本书撰写与出版付出辛勤劳动的领导与专家表示衷心地感谢！本书在编写过程中，吸收了学界的一些研究成果，在此一并表示诚挚感谢！书中采用的部分图片，由于作者难以联系，谨请相关作者与出版社联系，以便赠书答谢！

鉴于学识、能力有限，书中难免有错漏之处，敬请读者批评指正。

编者
2019年1月